대방광불화엄경

대방광불화엄경 4

大方廣佛華嚴經

이운허 옮김

동국역경원

| 차례 |

제49권
36. 보현행품普賢行品 ·· 3

제50권
37. 여래출현품如來出現品 ① ································· 37
   1) 출현하시는 법 ▪ 37   2) 몸의 업 ▪ 60

제51권
37. 여래출현품 ② ·· 75
   3) 말의 업 ▪ 75   4) 마음의 업 ▪ 90

제52권
37. 여래출현품 ③ ·· 105
   5) 출현하는 경계와 행과 보리 ▪ 105
   6) 법륜·열반·이익 ▪ 116

제53권
38. 이세간품離世間品 ① ······································ 135
   1) 이백 가지 물음 ▪ 135   2) 십신十信을 답함 ▪ 140
   3) 십주十住를 답함 ▪ 148

제54권
38. 이세간품 ② ·· 159
   4) 십행十行을 답함 ① ▪ 159

제55권
38. 이세간품 ③ ·· 183
   4) 십행을 답함 ② ▪ 183   5) 십회향十回向을 답함 ▪ 191

제56권

38. 이세간품 ④ ·· 207
    5) 십회향을 답함 ② ▪ 207   6) 십지十地를 답함 ① ▪ 224

제57권

38. 이세간품 ⑤ ·· 235
    6) 십지를 답함 ② ▪ 235
    7) 인이 원만하고 과가 만족함을 답함 ▪ 256

제58권

38. 이세간품 ⑥ ·· 263
    7) 인이 원만하고 과가 만족함을 답함 ② ▪ 263

제59권

38. 이세간품 ⑦ ·· 293
    7) 인이 원만하고 과가 만족함을 답함 ③ ▪ 293
    8) 결론 ▪ 305

제60권

39. 입법계품入法界品 ① ·· 353
    1) 근본 법회 ① ▪ 353

제61권

39. 입법계품 ② ·· 399
    1) 근본 법회 ② ▪ 399
    2) 가지〔枝末〕법회 ① ▪ 417
        | (1) 문수보살을 만나다 ①   417 |

제62권

39. 입법계품 ③ ·· 425
    2) 가지 법회 ② ▪ 425
        | (1) 문수文殊보살을 만나다 ②   425 |
        | (2) 덕운德雲 비구를 찾다   439 |
        | (3) 해운海雲 비구를 찾다   443 |

차 례 7

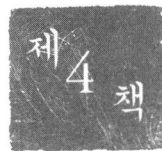

| (4) 선주善住 비구를 찾다 449 |

제63권

39. 입법계품 ④ ········· 457

2) 가지 법회 ③ ■ 457
| (5) 미가彌伽 장자를 찾다 457 |
| (6) 해탈解脫 장자를 찾다 461 |
| (7) 해당海幢 비구를 찾다 469 |

제64권

39. 입법계품 ⑤ ········· 483

2) 가지 법회 ④ ■ 483
| (8) 휴사休捨 우바이를 찾다 483 |
| (9) 비목毘目 선인을 찾다 492 |
| (10) 승열勝熱 바라문을 찾다 497 |

제65권

39. 입법계품 ⑥ ········· 509

2) 가지 법회 ⑤ ■ 509
| (11) 자행慈行 동녀를 찾다 509 |
| (12) 선견善見 비구를 찾다 514 |
| (13) 자재주自在主 동자를 찾다 519 |
| (14) 구족具足 우바이를 찾다 522 |
| (15) 명지明智 거사를 찾다 527 |

---

* 아래 내용은 제1책, 제2책, 제3책, 제5책의 차례입니다.

제1책 ─ 대방광불화엄경大方廣佛華嚴經

해제 | 서문

제1권
1. 세주묘엄품世主妙嚴品 ① ■ 7

제2권
  1. 세주묘엄품 ② ■ 29

제3권
  1. 세주묘엄품 ③ ■ 67

제4권
  1. 세주묘엄품 ④ ■ 107

제5권
  1. 세주묘엄품 ⑤ ■ 151

제6권
  2. 여래현상품如來現相品 ■ 187

제7권
  3. 보현삼매품普賢三昧品 ■ 235
  4. 세계성취품世界成就品 ■ 243

제8권
  5. 화장세계품華藏世界品 ① ■ 279

제9권
  5. 화장세계품 ② ■ 311

제10권
  5. 화장세계품 ③ ■ 341

제11권
  6. 비로자나품毘盧遮那品 ■ 377

제12권
  7. 여래명호품如來名號品 ■ 405
  8. 사성제품四聖諦品 ■ 415

제13권
  9. 광명각품光明覺品 ■ 429
  10. 보살문명품菩薩問明品 ■ 455

제14권
  11. 정행품淨行品 ■ 483

12. 현수품賢首品 ① ▪ 514

제2책 대방광불화엄경大方廣佛華嚴經

제15권
12. 현수품 ② ▪ 3

제16권
13. 승수미산정품昇須彌山頂品 ▪ 51
14. 수미정상게찬품須彌頂上偈讚品 ▪ 54
15. 십주품十住品 ▪ 76

제17권
16. 범행품梵行品 ▪ 109
17. 초발심공덕품初發心功德品 ▪ 112

제18권
18. 명법품明法品 ▪ 153

제19권
19. 승야마천궁품昇夜摩天宮品 ▪ 175
20. 야마궁중게찬품夜摩宮中偈讚品 ▪ 179
21. 십행품十行品 ① ▪ 201

제20권
21. 십행품 ② ▪ 219

제21권
22. 십무진장품十無盡藏品 ▪ 257

제22권
23. 승도솔천궁품昇兜率天宮品 ▪ 277

제23권
24. 도솔궁중게찬품兜率宮中偈讚品 ▪ 305
25. 십회향품十廻向品 ① ▪ 328 … | 1) 부처님의 가지加持 / 2) 제1회향

제24권
　25. 십회향품 ② ■ 349 ················ | 3) 제2회향 / 4) 제3회향 / 5) 제4회향

제25권
　25. 십회향품 ③ ■ 381 ················ | 6) 제5회향 / 7) 제6회향 ①

제26권
　25. 십회향품 ④ ■ 409 ················ | 7) 제6회향 ②

제27권
　25. 십회향품 ⑤ ■ 435 ················ | 7) 제6회향 ③

제28권
　25. 십회향품 ⑥ ■ 465 ················ | 7) 제6회향 ④

제29권
　25. 십회향품 ⑦ ■ 503 ················ | 8) 제7회향

제30권
　25. 십회향품 ⑧ ■ 525 ················ | 9) 제8회향

제3책　대방광불화엄경 大方廣佛華嚴經

제31권
　25. 십회향품 ⑨ ■ 3 ················ | 10) 제9회향

제32권
　25. 십회향품 ⑩ ■ 37 ················ | 11) 제10회향 ①

제33권
　25. 십회향품 ⑪ ■ 55 ················ | 11) 제10회향 ②

제34권
　26. 십지품 ① ■ 79 ················ | 1) 환희지 歡喜地

제35권
　26. 십지품 ② ■ 119 ················ | 2) 이구지 離垢地 / 3) 발광지 發光地

제36권
26. 십지품 ③ ■ 147 ……………… | 4) 염혜지焰慧地 / 5) 난승지難勝地

제37권
26. 십지품 ④ ■ 173 ……………… | 6) 현전지現前地 / 7) 원행지遠行地

제38권
26. 십지품 ⑤ ■ 207 ……………… | 8) 부동지不動地 / 9) 선혜지善慧地

제39권
26. 십지품 ⑥ ■ 245 ……………… | 10) 법운지法雲地

제40권
27. 십정품十定品 ① ■ 281 ………… | 1) 서론 / 2) 넓은 광명 큰 삼매 / 3) 묘한 광명 큰 삼매

제41권
27. 십정품 ② ■ 301 ……………… | 4) 여러 부처님 국토에 차례로 가는 신통한 큰 삼매 / 5) 청정하고 깊은 마음의 행인 큰 삼매 / 6) 과거의 장엄한 갈무리를 아는 큰 삼매 / 7) 지혜 광명의 갈무리인 큰 삼매 / 8) 모든 세계의 부처님 장엄을 아는 큰 삼매

제42권
27. 십정품 ③ ■ 321 ……………… | 9) 일체 중생의 차별한 몸 큰 삼매 / 10) 법계에 자유자재하는 큰 삼매

제43권
27. 십정품 ④ ■ 345 ……………… | 11) 걸림 없는 바퀴인 큰 삼매

제44권
28. 십통품十通品 ■ 375
29. 십인품十忍品 ■ 386

제45권
30. 아승기품阿僧祇品 ■ 419
31. 여래수량품如來壽量品 ■ 447
32. 제보살주처품諸菩薩住處品 ■ 448

제46권
　33. 불부사의법품佛不思議法品 ① ■ 453

제47권
　33. 불부사의법품 ② ■ 475

제48권
　34. 여래십신상해품如來十身相海品 ■ 499
　35. 여래수호광명공덕품如來隨好光明功德品 ■ 518

제5책　대방광불화엄경大方廣佛華嚴經

제66권
　39. 입법계품 ⑦ ■ 3 ················ | 2) 가지 법회 ⑥

제67권
　39. 입법계품 ⑧ ■ 33 ··············· | 2) 가지 법회 ⑦

제68권
　39. 입법계품 ⑨ ■ 57 ··············· | 2) 가지 법회 ⑧

제69권
　39. 입법계품 ⑩ ■ 95 ··············· | 2) 가지 법회 ⑨

제70권
　39. 입법계품 ⑪ ■ 135 ·············· | 2) 가지 법회 ⑩

제71권
　39. 입법계품 ⑫ ■ 171 ·············· | 2) 가지 법회 ⑪

제72권
　39. 입법계품 ⑬ ■ 209 ·············· | 2) 가지 법회 ⑫

제73권
　39. 입법계품 ⑭ ■ 245 ·············· | 2) 가지 법회 ⑬

제74권
　39. 입법계품 ⑮ ■ 277 ················ | 2) 가지 법회 ⑭

제75권
　39. 입법계품 ⑯ ■ 299 ················ | 2) 가지 법회 ⑮

제76권
　39. 입법계품 ⑰ ■ 351 ················ | 2) 가지 법회 ⑯

제77권
　39. 입법계품 ⑱ ■ 383 ················ | 2) 가지 법회 ⑰

제78권
　39. 입법계품 ⑲ ■ 441 ················ | 2) 가지 법회 ⑱

제79권
　39. 입법계품 ⑳ ■ 471 ················ | 2) 가지 법회 ⑲

제80권
　39. 입법계품 ㉑ ■ 493 ················ | 2) 가지 법회 ⑳

대방광불화엄경 제49권

제49권

36. 보현행품普賢行品

그 때 보현보살마하살이 다시 보살 대중에게 말하였다.

"불자들이여, 지난 적에 말한 것은 중생의 근기에 마땅함을 따라서 여래 경계의 일부분을 말한 것입니다. 왜냐 하면 부처님 세존들께서는 중생들이 지혜가 없어 나쁜 짓을 하고 나와 내 것이라 억측하며, 몸에 국집하고 뒤바뀌게 의혹하고 삿된 소견으로 분별을 내어 여러 가지 결박과 항상 어울리며, 죽살이를 따르고 여래의 도를 멀리하는 연고로 세상에 나시는 것입니다.

불자들이여, 나는 어떤 법의 허물이라도 보살들이 다른 보살에게 성내는 마음을 일으키는 것보다 큰 것을 보지 못하였습니다. 왜냐 하면 불자들이여, 만약 보살이 다른 보살에게 성내는 마음을 일으키면 백만의 장애되는 문을 이루게 되는 연고입니다.

무엇을 백만의 장애라 하는가. 이른바 보리를 보지 못하는 장애, 바른 법을 듣지 못하는 장애, 부정한 세계에 나는 장애, 악취惡趣에 나는 장애, 여러 어려운 곳에 나는 장애, 병이 많은 장애, 비방을 받는 장애, 우둔한 길에 나는 장애, 바른 생각〔正念〕을 잃는 장애, 지혜가 모자라는 장애, 눈 장애, 귀 장애, 코 장애, 혀 장애, 몸 장애, 뜻 장애, 악지식 장애, 나쁜 동무〔惡伴黨〕 장애, 소승법 익히기를 좋아하는 장애, 용렬한 이를 친근하는 장애, 큰 위력 있는 이를 믿지 않는 장애, 바른 소견 없는 사람과 함께 있기를 좋아하는 장애, 외도의 집안에 나는 장애, 마의 경계에 머무는 장애, 부처님의 바른 가르침을 여의는 장애, 선지식을 보지 못하는 장애입니다.

선근을 가로막는〔留難〕 장애, 착하지 못한 법이 느는 장애, 못난 곳〔下劣處〕을 얻게 되는 장애, 변방에 나는 장애, 악한 사람의 집에 나는 장애, 나쁜 귀신 중에 나는 장애, 나쁜 용·나쁜 야차·나쁜 건달바·나쁜 아수라·나쁜 가루라·나쁜 긴나라·나쁜 마후라가·나쁜 나찰 속에 나는 장애, 불법을 좋아하지 않은 장애, 동몽법童蒙法을 익히는 장애, 소승을 좋아하는 장애, 대승을 좋아하지 않는 장애, 놀라는 성질이 많은 장애, 마음이 항상 걱정되는 장애, 죽살이에 애착하는 장애, 불법에 전념하지 못하는 장애, 부처님의 자재한 신통을 듣고 보기를 기뻐하지 않는 장애입니다.

보살의 모든 근을 얻지 못하는 장애, 보살의 행을 닦지 못하는 장애, 보살의 깊은 마음을 겁내는 장애, 보살의 큰 서원을 내지 못하는 장애, 온갖 지혜의 마음을 내지 못하는 장애, 보살의 행에 게으른 장애, 모든 업을 깨끗이 다스리지 못하는 장애, 큰 복을 거둬들이지 못하는 장애, 지혜의 힘이 날카롭지 못한 장애, 광대한 지혜를 끊는 장애, 보살의 행을 보호해 가지지 못하는 장애, 온갖 지혜〔一切智〕로 하는 말을 비방하기 좋아하는 장애, 부처의 보리를 멀리 여의는 장애, 여러 마의 경계에 있기 좋아하는 장애, 부처의 경계를 전심으로 닦지 않는 장애, 보살의 큰 서원을 결정적으로 내지 못하는 장애입니다.

보살과 함께 있기를 좋아하지 않는 장애, 보살의 선근을 구하지 않는 장애, 성품에 의심이 많은 장애, 마음이 항상 어리석은 장애, 보살의 평등한 보시를 행하지 못하는 탓으로 버리지 못함을 일으키는 장애, 여래의 계율을 지니지 못하는 탓으로 계를 파하는 장애, 견디고 참는 문에 들어가지 못하는 탓으로 어리석고 시끄럽고 성내는 일을 일으키는 장애, 보살의 큰 정진을 행하지 못하는 탓으로 게으른 때〔懈怠垢〕를 일으키는 장애, 여러 삼매를 얻지 못하는 탓으로 산란을 일으키는 장애, 반야바라밀을 닦지 못하는 탓으로 나쁜 지혜를 일으키는 장애, 옳은 곳〔處〕과 옳지 못한 곳〔非處〕에 방편이 없는 장애, 중생을 제도하는 가운데 방편이 없는 장애, 보살의 지혜 속에서 잘 관찰하지 못하는 장애, 보살의 뛰어나는 법〔出離法〕에서 분명하게 알지 못하는 장애입니다.

보살의 열 가지 광대한 눈을 성취하지 못한 탓으로 눈이 배냇소경과 같은 장애, 귀로 걸림 없는 법을 듣지 못한 탓으로 입이 벙어리 양과 같은 장애, 상호相好를 갖추지 못한 탓으로 코가 망그러진 장애, 중생의 말을 잘 알지 못하는 탓으로 혀〔舌根〕를 성취하는 장애, 중생을 업신여긴 탓으로 몸〔身根〕을 성취하는 장애, 마음에 어지러움이 많은 탓으로 뜻〔意根〕을 성취하는 장애, 세 가지 계율을 지니지 못한 탓으로 몸의 업을 성취하는 장애, 네 가지 허물을 항상 일으킨 탓으로 말의 업을 성취하는 장애, 탐욕·성냄·삿된 소견을 많이 낸 탓으로 뜻의 업을 성취하는 장애입니다.

도둑의 마음으로 법을 구하는 장애, 보살의 경계를 끊는 장애, 보살의 용맹한 법에 겁나서 물러가는 마음을 내는 장애, 보살의 벗어나는 도에 게으른 마음을 내는 장애, 보살의 지혜 광명 문에 그만두는 마음을 내는 장애, 보살의 기억하는 힘[念力]에 용렬한 마음을 내는 장애, 여래의 가르친 법에 머물러 지니지 못하는 장애, 보살의 잘못됨이 없는 도에 닦지 못하는 장애, 이승二乘의 바른 지위를 따르는 장애, 삼세 부처님의 보살 종성種性을 멀리 여의는 장애입니다.

불자들이여, 만일 보살이 모든 보살에게 한 번 성내는 마음을 일으키면 이러한 백만 가지 장애되는 문을 이루게 되나니 무슨 연고인가. 불자들이여, 나는 어떤 법의 허물이라도 보살이 다른 보살에게 성내는 마음을 일으키는 것보다 더 큰 것을 보지 못하였습니다.

그러므로 보살마하살이 모든 보살의 행을 빨리 만족하려거든 열 가지 법을 부지런히 닦아야 하나니, 무엇이 열인가. 이른바 마음에 일체 중생을 버리지 않음과, 여러 보살에게 여래라는 생각을 내는 것과, 일체 불법을 영원히 비방하지 않음과, 모든 국토가 다하지 아니함을 아는 일과, 보살의 행에 믿고 좋아함을 내는 일과, 평등한 허공 법계 같은 보리심을 버리지 않음과, 보리를 관찰하여 여래의 힘에 들어감과, 걸림 없는 변재를 부지런히 익힘과, 중생 교화에 고달픔이 없음과, 일체 세계에 머무르되 마음에 집착이 없음이니, 이것이 열입니다.

불자들이여, 보살마하살이 이 열 가지 법에 머무르면 능히 열 가지 청정함을 구족하나니, 무엇이 열인가. 이른바 매우 깊은 법을 통달하는 청정과, 선지식을 친근하는 청정과, 부처님 법을 보호하는 청정과, 허공계를 분명히 아는 청정과, 법계에 깊이 들어가는 청정과, 그지없는 마음을 관찰하는 청정과, 일체 보살과 선근이 같은 청정과, 모든 겁에 집착하지 않는 청정과, 삼세를 관찰하는 청정과, 일체 불법을 수행하는 청정이니, 이것이 열입니다.

불자들이여, 보살마하살이 이 열 가지 법에 머무르면 열 가지 광대한 지혜를 구족하나니, 무엇이 열인가. 이른바 일체 중생의 마음과 행을 아는 지혜와, 일체 중생의 업보를 아는 지혜와, 일체 부처님 법을 아는 지혜와, 일체 불법의 깊고 비밀한 이치를 아는 지혜와, 일체 다라니 문을 아는 지혜와, 일체 문자와 변재를 아는 지혜와, 일체 중생의 말과 음성과 말 잘하는 방편을 아는 지혜와, 일체 세계에 두루 몸을 나타내는 지혜와, 여럿이 모인 모든 회중에 영상을 나타내는 지혜와, 모든 태어나는 곳에서 온갖 지혜를 갖추는 지혜니, 이것이 열입니다.

 불자들이여, 보살마하살이 이 열 가지 지혜에 머무르면 열 가지 두루 들어감에 들어가게 되나니, 무엇이 열인가. 이른바 일체 세계가 한 터럭만한 데 들어가고 한 터럭만한 것이 일체 세계에 들어가며, 일체 중생의 몸이 한 몸에 들어가고 한 몸이 일체 중생의 몸에 들어가며, 말할 수 없는 겁이 한 찰나에 들어가고 한 찰나가 말할 수 없는 겁에 들어가며, 일체 부처님 법이 한 법에 들어가고 한 법이 일체 부처님 법에 들어가며, 말할 수 없는 처소가 한 처소에 들어가고 한 처소가 말할 수 없는 처소에 들어가며, 말할 수 없는 근根이 한 근에 들어가고 한 근이 말할 수 없는 근에 들어가며, 모든 근이 근 아닌 데 들어가고 근 아닌 것이 근에 들어가며, 일체 생각이 한 생각에 들어가고 한 생각이 일체 생각에 들어가며, 일체 음성이 한 음성에 들어가고 한 음성이 일체 음성에 들어가며, 일체 삼세가 한 세상에 들어가고 한 세상이 일체 삼세에 들어가나니, 이것이 열입니다.

 불자들이여, 보살마하살이 이렇게 관찰하고는 열 가지 썩 묘한 마음〔勝妙心〕에 머무나니, 무엇이 열인가. 이른바 일체 세계의 말과 말 아닌 데 머무는 썩 묘한 마음과, 일체 중생의 생각이 의지할 바 없는 데 머무는 썩 묘한 마음과, 구경의 허공계에 머무는 썩 묘한 마음과 그지없는 법계에 머무는 썩 묘한 마음과, 일체 깊고 비밀한 불법에 머무는 썩 묘한 마음과, 매우 깊고 차별이 없는 법에 머무는 썩 묘한 마음과, 일체 의혹을 없앤 데 머무는 썩 묘한 마음과, 모든 세상이 평등하고 차별이 없는 데 머무는 썩 묘한 마음과, 삼세가 평등하고 차별이 없는 데 머무는 썩 묘한 마음과, 삼세 부처님들의 평등한 데 머무는 썩 묘한 마음과 일체 부처님 힘이 한량없는 데 머무는 썩 묘한 마음이니, 이것이 열입니다.

불자들이여, 보살마하살이 이 열 가지 썩 묘한 마음에 머물고는 열 가지 불법의 교묘한 지혜〔善巧智〕를 얻나니, 무엇이 열인가. 이른바 매우 깊은 불법을 통달하는 교묘한 지혜와, 광대한 불법을 내는 교묘한 지혜와, 가지가지 불법을 연설하는 교묘한 지혜와, 평등한 불법에 깨달아 들어가는 교묘한 지혜와, 차별한 불법을 밝게 하는 교묘한 지혜와, 차별 없는 불법을 깨닫는 교묘한 지혜와, 장엄한 불법에 깊이 들어가는 교묘한 지혜와, 한 방편으로 불법에 들어가는 교묘한 지혜와, 한량없는 방편으로 불법에 들어가는 교묘한 지혜와, 그지없는 불법에 차별 없음을 아는 교묘한 지혜와, 제 마음 제 힘으로써 모든 불법에서 물러가지 않은 교묘한 지혜니, 이것이 열입니다.

불자들이여, 보살마하살이 이 법을 듣고는 다 마음을 내어 공경하고 받아 지녀야 하나니, 무슨 연고인가. 보살마하살이 이 법을 가지는 이는 공력을 조금만 써도 빨리 아뇩다라삼먁삼보리를 얻고 일체 불법을 구족하여 삼세 부처님 법과 평등하게 됩니다."

그 때에 부처님의 신통한 힘인 연고며 으레 그러하는 연고로, 시방으로 각각 열 갑절 말할 수 없는 백천억 나유타 세계의 티끌 수 세계가 여섯 가지로 진동하며, 여러 하늘보다 지나가는 온갖 꽃 구름·향 구름·가루향 구름·의복·일산·당기·번기·마니보배와 일체 장엄거리를 내리며, 여러 가지 풍류 구름을 내리며, 모든 보살 구름을 내리며, 말할 수 없는 여래의 몸매 구름을 내리며, 말할 수 없이 여래가 잘

한다고 칭찬하는 구름을 내리며, 여래의 음성이 모든 법계에 가득하는 구름을 내리며, 말할 수 없이 세계를 장엄하는 구름을 내리며, 말할 수 없이 보리를 증장하는 구름을 내리며, 말할 수 없이 광명이 밝게 비치는 구름을 내리며, 말할 수 없는 신통한 힘으로 법을 말하는 구름을 내리었다.

이 세계 사천하의 보리수 아래 보리도량에 있는 보살의 궁전에서 여래께서 등정각을 이루고 이 법을 연설하는 것같이, 시방의 일체 세계에서도 모두 이와 같이 하였다.

그 때에 부처님의 신통한 힘인 연고며 으레 그러하는 연고로, 시방으로 각각 열 갑절 말할 수 없는 세계의 티끌 수 세계를 지나가서 거기 있는 열 세계 티끌 수 보살마하살이 이 세계에 와서 시방에 가득 차 있으면서 이렇게 말하였다.

"훌륭하고 훌륭합니다. 불자여, 능히 이 부처님 여래들의 가장 큰 서원으로 수기하는 깊은 법을 말하였도다. 불자여, 우리들은 모두 이름이 보현普賢이며, 다 각각 보승普勝세계의 보당자재普幢自在여래 계신 데로부터 이 국토에 왔으며, 다 같이 부처님의 신통한 힘으로 온갖 곳에서 이런 법을 연설하나니, 이 모임에서 이렇게 말함과 평등하여 더하고 덜함이 없습니다. 우리들이 모두 부처님의 위신력을 받잡고 이 도량에 와서 그대들을 위하여 증명하는 것이며, 이 도량에 우리들 열 부처 세계 티끌 수의 보살이 와서 증명하듯이, 시방의 일체 세계에서도 다 이와 같습니다."

그 때 보현보살마하살이 부처님의 신통한 힘과 자기의 선근의 힘으로써 시방과 온 법계를 관찰하면서, 보살의 행을 열어 보이려 하며, 여래의 보리 경계를 연설하려 하며, 큰 서원을 말하려 하며, 모든 세계의 겁의 수효를 말하려 하며, 부처님들이 때에 맞추어 나타남을 밝히려 하

며, 여래께서 근성이 성숙한 중생을 따라 나타나서 그들로 하여금 공양
케 하려는 것을 말하려 하며, 여래께서 세상에 나타나는 공이 헛되지
않음을 밝히려 하며, 이미 심은 선근으로는 반드시 과보 얻음을 밝히려
하며, 큰 위덕 있는 보살이 일체 중생을 위하여 형상을 나타내고 법을
말하여 그들을 깨닫게 하는 것을 밝히려 하여 게송으로 말하였다.

  그대들은 마땅히 기쁜 맘으로
  여러 가지 덮인 것 모두 버리고
  보살들의 여러 가지 소원과 행을
  일심으로 공경하여 들어 보시오.

  지나간 옛 세상의 모든 보살은
  가장 나은 사람 중의 사자들이니
  그네들이 닦아서 행하던 일을
  내 이제 차례차례 말하려 하며

  그 때의 여러 겁과 많은 세계와
  지은 업과 같을 이 없는 부처님
  그 세상에 태어나던 모든 일들을
  지금에 자세하게 말해 보리라.

  이렇게 지난 세상 부처님들이
  큰 서원 이 세상에 출현하여서
  어떻게 여러 중생 모두 위하여
  고통과 번뇌 망상 멸하시었나.

논리를 잘하시는 여러 사자들
닦는 행이 차례차례 원만하여서
부처들의 평등한 위없는 법과
온갖 지혜 경계를 얻으시니라.

내가 보니 지나간 여러 세상에
수많은 사람 중의 여러 사자들
큰 광명의 그물을 멀리 놓으사
시방의 모든 세계 두루 비추며

생각하고 이런 서원 세우시기를
'반드시 이 세상의 등불이 되어
부처의 모든 공덕 다 구족하고
열 가지 힘 온갖 지혜 다 얻은 뒤에

이 세상 모든 중생 탐하는 맘과
성 잘내고 어리석음 치성한 것을
내 마땅히 구제하여 해탈케 하며
나쁜 길의 괴로움을 없애 주리라.'

이렇게 세우시던 크나큰 서원
견고하여 조금도 퇴전치 않고
보살의 모든 행을 갖추 닦아서
열 가지 걸림 없는 힘을 얻었고

이러한 큰 서원을 내고 나서는
수행함을 조금도 겁내지 않고
짓는 일도 모두 다 헛되지 않아
언론의 사자라고 이름하니라.

현겁賢劫이라 이름하는 한 겁 동안에
천 부처님 세상에 나타나시니
부처님들 가지신 넓으신 눈을
내가 이제 차례로 말해 보리라.

하나의 현겁에서 나신 것처럼
한량없는 겁에서도 그러하나니
저러한 오는 세상 부처님 행을
내 이제 분별하여 말씀하오리.

하나의 세계종〔刹種〕이 그런 것처럼
한량없는 세계종도 그러하나니
오는 세상 열 가지 힘 부처님께서
행한 일을 내 이제 말씀하리라.

부처님들 차례로 세상에 나서
세운 서원 따르며 이름 따르고
그 부처 받자온 바 수기 따르고
세상에 머무시는 수명 따르며

닦으시는 바른 법 따라가면서
전심으로 걸림 없는 도를 구하고
교화할 중생들의 근성을 따라
바른 법이 세상에 오래 머물고

깨끗하게 장엄한 부처 세계와
중생들과 굴리는 법륜을 따라
옳은 때와 아닌 때 연설하여서
차례차례 중생을 청정케 하며

중생들의 착한 업 나쁜 업이나
행하는 일이거나 믿음과 지혜
상품 · 중품 · 하품이 같지 않거든
그들을 교화하여 익히게 하며

이와 같은 지혜에 깊이 들어가
거기서 가장 좋은 행을 닦으며
언제나 보현보살 선한 업 지어
수많은 중생들을 모두 건지며

몸으로 짓는 업 걸림이 없고
말로써 짓는 업도 다 청정하며
뜻으로 행하는 일 역시 그러해
삼세가 그렇지 않은 일 없고

보살의 이와 같은 행과 소원이
끝까지 보현보살 도를 이루고
청정한 지혜 해를 출생하여서
시방의 모든 법계 두루 비추며

장차 오는 세상의 모든 겁들과
다 말할 수가 없이 많은 국토를
한 생각에 낱낱이 분명히 알되
거기에는 조금도 분별이 없어

수행하는 사람은 누구나 능히
이러한 좋은 지위 들어가리니
이것은 모든 보살 실행하는 법
내가 이제 일부분 말씀하리라.

지혜는 끝 닿은 데 없는 것이니
부처의 모든 경계 통달해 알고
내 온갖 것에 모두 다 잘 들어가서
행하는 일 언제라도 퇴전치 않네.

보현보살 지혜를 모두 갖추며
보현보살 서원을 가득 이루어
같을 이 없는 지혜 들어가는 일
내가 이제 그 행을 말하려 하오.

한 개의 작은 티끌 그 가운데서
수없는 세계들을 모두 보나니
중생들은 이 말을 듣기만 해도
마음이 어지러워 발광發狂하리라.

한 개의 티끌에서 그런 것처럼
일체의 티끌마다 모두 그러해
온갖 세계 그 가운데 다 들어가니
이것은 헤아릴 수 없는 일이라.

하나하나 티끌 속에 시방세계와
삼세 모든 법이 들었었는데
여러 길과 세계들이 한량없거든
모두 다 분별하여 분명히 알며

하나하나 티끌 속에 한량이 없는
여러 종류 부처 세계 들어 있는데
종류와 종류들이 한량없거든
그 가운데 모르는 것 하나도 없고

수없는 법계 속에 들어 있는 바
가지가지 세계의 다른 종류에
여러 길과 종류들도 차별하거든
모두 다 분별하여 능히 다 아네.

가는 속에 깊이깊이 들어간 지혜
여러 가지 세계를 모두 분별해
이뤄지고 무너지는 온갖 겁들을
모두 다 분명하게 말할 수 있고

긴 겁과 짧은 겁을 다 알고 보니
삼세도 잠깐임이 틀림없으며
모든 행이 같은 것과 같지 않음을
모두 다 분별하여 자세히 알고

모든 세계 깊이깊이 들어가 보니
넓고 큰 게 넓고 크지 않은 것이요
한 몸에 한량없는 세계가 있고
한 세계는 한량없는 몸이 되나니

시방 법계 가운데 들어 있는 바
종류가 같지 않은 여러 세계의
넓고 크고 한량이 없는 모양들
온갖 것을 모두 다 능히 아오며

일체 삼세 가운데 있는
한량없고 그지없는 모든 국토들
매우 깊은 지혜를 구족하여서
이뤄지고 무너짐을 능히 다 알고

시방의 모든 세계 가운데에는
이루는 것 무너지는 것도 있어서
이와 같이 말할 수 없는 것들을
어지신 이 속속들이 모두 잘 아네.

그 가운데 어떠한 국토에서는
가지가지 장엄으로 땅을 꾸미고
여러 가지 길들도 그러하나니
이런 것은 청정한 업으로 되고

어떠한 세계에는 한량이 없는
갖가지로 물이 든 것도 있으니
이것도 중생들의 업으로 된 것
모두 다 지은 행과 같은 것이라.

한량없고 그지없는 모든 세계도
알고 보면 모두가 한 세계니
이렇게 온 세계에 들어가면은
그 수효 얼마인지 알 수가 없고

한량없는 일체의 모든 세계가
모두 다 한 세계에 들어가지만
세계들은 하나가 되지도 않고
그렇다고 잡란한 것도 아니니

세계는 잦혀지기도 엎어도 지고
높은 것도 낮은 것도 있다 하지만
모두 다 중생들의 생각뿐이니
이런 것을 분별하여 모두 다 알고

크고 넓은 온갖 가지 여러 세계들
한량없고 끝단 데도 없다 하지만
여러 가지 세계가 한 세계이고
한 세계가 여러 세계인 줄 아네.

여보시오, 보현의 불자들이여
그대들이 보현의 지혜 가지고
여러 가지 세계의 수효 아나니
그 수효 참으로 끝이 없구나.

여러 종류 세계도 변화해 되고
국토도 변화요 중생도 변화
법도 불도 변화로 된 줄 알아서
모든 것이 끝까지 이르게 되네.

일체의 모든 세계 가운데에는
작은 세계 큰 세계 모두 있어서
가지각색 다르게 장엄했나니
모두 다 업으로써 생긴 것이네.

여러분 한량없는 불자들이여
잘 배워서 법계에 들어가 보라.
자유자재 신통한 힘을 의지해
시방의 모든 세계 두루하리라.

중생들의 수효와 같은 겁 동안
저 세계의 이름을 말한다 해도
끝까지는 다 말할 도리 없나니
부처님의 보이심은 말할 것 없어

여러 가지 세계와 모든 여래의
한량없는 가지가지 모든 이름들
한량없는 세월을 지내가면서
말하여도 끝까지 못다 하거든

하물며 제일가는 훌륭한 지혜
삼세 부처님의 모든 법들이
법계를 의지하여 생기어 나서
여래의 그 지위에 그득함이랴.

청정하여 장애가 없는 생각과
그지없고 걸림 없는 지혜를 써서
법계를 분별하여 연설한다면
저 언덕에 이를 수 있게 되리라.

지난 세상 한량없는 모든 세계가
넓고 크고 미세하고 차별한 것들
수행하고 익혀서 장엄한 바를
한 생각에 골고루 알게 되오며

그 가운데 무수한 사람 사자들
부처의 가지각색 행을 닦아서
다 옳게 깨달음〔等正覺〕을 성취한 뒤에
자유자재 모든 힘을 나타내나니

이와 같이 앞으로 오는 세월에
차례차례 한량없는 모든 겁 동안
태어나는 사람 중의 높으신 이들
보살들이 모두 능히 알게 되나니

그들이 소유하신 행과 서원과
그들의 소유하신 모든 경계를
이와 같이 부지런히 닦아 행하면
그 중에서 바른 각을 이루느니라.

저들의 여러 회상 모인 이들과
수명과 교화할 바 중생을 알고
이러한 여러 가지 법문으로써
중생 위해 법륜을 굴리느니라.

보살이 이와 같이 알고 난 뒤에
보현의 행하시던 지위에 있어
깊은 지혜 모두 다 분명히 알고
수없는 부처들을 내게 되나니

현재의 이 세상에 소속해 있는
갖가지 부처님의 여러 국토들
이 모든 부처 세계 깊이 들어가
법계를 남김 없이 통달해 알며

저와 같이 수없는 세계 가운데
현재에 계시옵는 모든 부처님
여러 법에 자재함을 얻으셨으며
언론에도 거리낄 것이 없나니

저들의 모든 회상 모인 이들과
정토와 화현(化現)하는 힘을 다 알고
한량없는 억만겁이 다할 때까지
언제나 이런 일을 생각하나니

중생을 어거하는 세상 높은 이〔世間尊〕
갖고 계신 위엄과 신통한 힘과
끝이 없는 지혜의 갚아두신 광
온갖 것을 모두 다 분명히 아네.

막힘 없는 눈이며 막힘 없는 귀
막힘 없는 몸이며 막힘 없는 코
막힘 없는 넓고 긴 혀를 내어서
중생들로 하여금 기쁘게 하며

막힘 없고 위없이 훌륭한 마음
넓고 크고 원만히 청정하오며
지혜도 두루하고 충만하여서
삼세 온갖 법을 모두 잘 알고

온갖 것이 변화임을 잘 배우면
세계도 변화이고 중생도 변화
세월도 변화한 것, 조복도 변화
변화한 저 언덕에 필경 이르리.

세간에 가지각색 차별한 것들
모두가 생각으로 있는 것이니
부처의 방편 지혜 들어가면은
여기서 모든 것을 다 알게 되리.

모든 회상會上 다 말할 수가 없거든
하나하나 이 몸을 나타내어서
그네들로 여래를 다 보게 하고
그지없는 중생을 제도하리라.

모든 부처님들의 깊은 지혜는
밝은 해가 세상에 나타나는듯
여러 세계 가운데 두루 나타나
언제나 쉬는 일이 없는 것 같고

모든 세간 분명히 통달해 보니
이름만 빌리었고 실상이 없어
중생이나 세계가 꿈과도 같고
광명에 비추이는 그림자 같아.

여러 가지 세간의 모든 법에서
분별하는 소견을 내지 말아라.
분별이란 생각을 잘 여읜 이는
분별함을 보지도 아니하나니

한량없고 수효가 없는 겁들도
알고 보면 그것이 한 찰나니
생각함이 생각이 없는 줄 알면
이렇게 모든 세간 보게 되리라.

저렇게 한량없는 모든 세계를
한 생각에 모두 다 뛰어넘어서
한량없이 오랜 겁 지낸다 해도
본 고장을 떠나지 아니하오며

말로 할 수가 없는 모든 겁들도
그것이 눈 깜짝할 동안 일이니
오래고 짧은 것을 보지 말아라,
필경에는 한 찰나법이 되는 것.

이 마음은 세간에 머물러 있고
이 세간도 마음에 머물렀나니
여기에서 둘이 다 둘이 아니다,
그런 분별 허망하게 내지 말아라.

중생이나 세계나 모든 겁이나
저러한 부처님과 부처님 법이
모두가 요술 같고 변화 같아서
법계가 한결같이 평등하니라.

시방의 모든 세계 두루 가득히
한량없는 몸들을 나타내지만
이 몸이 인연으로 생긴 줄 알면
필경에 집착할 것 아주 없나니

둘이 없는 지혜를 의지하여서
사람 중의 사자가 나타나나니
둘이 없는 법에도 집착 안 해야
둘이고 둘 아님이 없음을 알리.

분명히 알지어다, 모든 세간이
아지랑이와 같고 그림자 같고
메아리와 같기도 꿈과 같기도
요술 같고 변화한 것도 같나니

이와 같이 따라서 부처님들의
행하시던 자리에 들어만 가면
보현의 큰 지혜를 성취하여서
깊고 깊은 법계를 두루 비추리.

중생이나 국토에 물든 집착을
이것 저것 모두 다 떼어 버리고
크게 자비한 마음 일으키어서
모든 세간 골고루 청정케 하며

보살들이 언제나 바른 생각에
언론하는 사자[論師子]의 미묘한 법이
청정하기 허공과 같음을 알고
크고 큰 좋은 방편 일으키나니

세상이 아득하고 뒤바뀜 보고
마음 내어 구원하고 제도하거든
행하는 일 모두 다 청정하여서
온 법계에 가득히 두루하더라.

부처님들이거나 보살이거나
부처의 법이거나 세간법들에
모두가 진실함을 보기만 하면
모든 것에 차별이 없게 되리라.

여래의 참 법신을 같은 그대로
모든 세간 가운데 두루 들었고
아무리 세간 속에 있다 하여도
세간에 집착함이 조금도 없어.

비유하면 깨끗한 물 속에 비친
영상은 오고 감이 없는 것같이
법신이 온 세간에 두루한 것도
이것과 같은 줄을 마땅히 알라.

이와 같이 물든 것을 모두 여의면
이 몸과 이 세상이 모두 청정해
고요하고 맑아서 허공 같으면
온갖 것이 생멸하지 아니하리라.

이 몸이 다하는 일 없음을 알면
나지도 아니하고 멸함도 없어
항상함도 아니고 무상 아니나
일부러 온 세간에 나타나나니

여러 가지 삿된 소견 없애 버리고
진정한 바른 소견 열어 보이면
법의 성품 오고 가는 일이 없어서
나에 나 내 것에나 집착 않는다.

비유하면 요술을 잘하는 사람
가지각색 사물을 만들지마는
오더라도 어디서 온 곳이 없고
간다 해도 어디로 이를 데 없어.

요술이란 한량이 있지도 않고
한량이 없는 것도 아니지마는
대중이 모여 있는 저 가운데서
한량 있고 한량없음 보이느니라.

이러하게 고요한 선정심으로
여러 가지 선근을 닦아 익히고
일체의 부처님들 출생하나니
한량 있고 없음 모두 아니네.

한량 있다 한량없다 하는 것들이
허망한 생각으로 하는 말이니
일체의 참된 이치 통달해 알면
한량이 있다 없다 집착 않으리.

여러 부처님들의 매우 깊은 법
넓고 크고 깊어서 적멸寂滅하나니
매우 깊어 한량없는 지혜로써야
깊고 깊은 참 이치를 알게 되리라.

보살은 아득하고 뒤바뀜 떠나
마음이 깨끗하여 계속하나니
교묘하게 신통한 힘을 가지고
한량없는 중생을 건지느니라.

편안치 못한 이는 편안케 하고
편안한 이 도 닦는 장소를 보여
이렇게 온 법계에 두루하지만
마음은 집착함이 아주 없으며

실제에 머물지도 아니하면서
열반에 드는 것도 아니지마는
이렇게 온 세간에 가득하여서
수없는 중생들을 깨우치도다.

법의 수효 중생의 모든 수효를
분명히 알면서도 집착하지 않고
불법 비를 간 데마다 널리 내려서
시방의 모든 세간 흡족케 하며

그지없는 세계에 두루 퍼져서
생각생각 바른 각을 이루면서도
보살의 행할 일을 늘 닦아서
잠깐도 물러가지 아니하더라.

세간에 가지가지 수없는 몸을
온갖 것을 모두 다 분명히 알고
이러하게 몸이란 법 모두 알고는
부처의 청정한 몸 얻게 되나니

여러 가지 중생과 여러 가지 겁
여러 가지 세계를 두루 다 알아
시방에 끝단 데가 없는 것들을
지혜로 들어가지 못할 데 없어

여러 중생 몸들이 한량없거늘
낱낱이 그들 위해 몸을 나투니
부처님의 청정한 몸 한량없지만
지혜 있는 이들이 모두 보더라.

한 찰나 동안에도 알 수가 있는
시방에 나타나는 모든 여래를
한량없는 세월을 지내가면서
칭찬해도 끝까지 다할 수 없고

여러 부처님들이 몸을 나투고
곳곳마다 열반에 드시는 일이
한 생각 가운데도 한량없으며
사리도 모두 각각 차별하더라.

이와 같이 장차 오는 여러 세상에
부처의 최상 결과 구하는 이들
한량없고 위가 없는 보리 마음을
결정한 지혜로써 모두 다 알고

이렇게 과거·현재·미래 세상에
한량없이 출현하는 모든 여래를
그런 이들 모두 다 아는 이라야
보현행에 머문다고 이름하나니.

한량없는 모든 행 닦는 지위를
이렇게 분별하여 모두 다 알고
지혜로 깨달을 곳 들어가고는
그 법륜 물러가지 아니하나니

미묘하고 넓고 큰 청정한 지혜
여래의 깊은 경계 들어가니
들어가고 물러나지 아니하여야
보현보살 지혜라 이름하나니

온갖 것에 훌륭한 높으신 이가
부처님의 경계에 널리 들어가
행을 닦고 물러가지 아니하며는
위없는 보리과菩提果를 얻게 되리라.

한량없고 그지없는 모든 마음과
제각기 같지 않은 여러 가지 업
모두가 생각으로 쌓인 것이니
평등하게 분명히 모두 아오며

물들고 물이 들지 아니한 것과
배우는 마음이나 무학의 마음
다 말할 수가 없는 모든 마음을
생각생각 가운데 모두 다 알고

알고 보니 하나도 둘도 아니고
물든 것도 깨끗함도 모두 아니며
그렇다고 어지러운 일도 없나니
모두 자기 생각으로 일어나는 것.

이러하게 분명히 보는 것이니
모든 세계 여러 가지 중생의 마음
제각기 동일하지 않음을 따라
가지각색 세간이 일어나는 것.

이와 같은 여러 가지 방편으로써
여러 가지 가장 좋은 행을 닦아서
부처님의 법에서 변화해 나면
보현이란 이름을 얻게 되리라.

모든 중생 허망한 생각으로써
좋고 나쁜 여러 길을 일으키나니
그러므로 하늘에 나기도 하고
지옥에 떨어지는 사람도 있어

보살이 살펴보니 모든 세간이
망상으로 업을 지어 일어나는 것
허망한 그 마음이 그지없으매
세간도 그를 따라 한량이 없고

법계에 널리 있는 모든 세계가
망상의 그물로써 나타나는 것
허망한 생각 그물 방편이므로
한 생각에 모두 다 들어가오며

눈과 귀와 코까지도 그렇거니와
혀와 몸과 마음도 역시 그러해
세간의 생각들이 차별하지만
평등하게 다 능히 들어가는 것

하나하나 다 다른 눈의 경계에
한량없는 눈으로 다 들어가되
가지가지 성품이 차별하여서
한량없어 말로 할 수가 없으며

눈으로 보는 바가 차별이 없고
어지럽고 복잡하지 아니하지만
자기가 지은 업을 각각 따라서
좋고 궂고 그 과보 받는 것이니

보현보살 지혜 힘 한량이 없어
저렇게 온갖 것을 모두 다 알고
갖가지 눈으로써 보는 경계에
큰 지혜로 다 능히 들어가도다.

이러한 여러 가지 모든 세간을
모두 다 분별하여 분명히 알고
그리고 온갖 행을 항상 닦으며
또 다시 물러가지 아니하였네.

부처도 말씀하고 중생도 하고
온 세계의 국토도 역시 말하며
삼세도 이와 같이 말하는 것을
가지가지 다 능히 분명히 알며

과거 세상 가운데 미래가 있고
미래 세상 가운데 현재가 있어
삼세가 서로서로 보게 되는 걸
낱낱이 분명하게 모두 다 알아

이렇게 한량없는 여러 가지로
모든 세간 중생을 깨우치나니
여러 가지 지혜와 여러 방편을
끝닿은 데 찾아도 얻을 수 없네.

대방광불화엄경 제50권

제50권

37. 여래출현품如來出現品 ①

1) 출현하시는 법

그 때 세존께서 미간眉間의 백호상白毫相으로부터 큰 광명을 놓으니 이름이 여래출현如來出現이요, 한량없는 백천억 나유타 아승기 광명으로 권속이 되었고, 그 광명이 시방 온 허공에 있는 모든 세계를 두루 비추며 오른쪽으로 열 번 돌아 여래의 한량없이 자유자재함을 나타내고, 수없는 보살 대중을 깨우치며, 일체 시방의 세계들을 진동하며, 모든 나쁜 길의 고통을 없애고 모든 마군의 궁전을 가리며, 모든 부처님 여래께서 보리좌에 앉아서 바른 깨달음을 이루는 일과 모든 도량에 모인 대중을 나타내시었으며, 이런 일을 하고는 다시 와서 보살 대중을 오른쪽으로 돌고는 여래성기묘덕如來性起妙德보살의 정수리로 들어갔다.

이 때 이 도량에 있는 일체 대중이 몸과 마음이 기뻐서 크게 뛰놀면서 이렇게 생각하였다.

'매우 신기하고 희유하여라. 지금 여래께서는 큰 광명을 놓으시니, 반드시 매우 깊은 큰 법문을 연설하시리라.'

그 때에 여래성기묘덕보살이 연꽃 자리 위에서 오른 어깨를 드러내고 오른 무릎을 꿇고 합장하고 한결같은 마음으로 부처님을 향하여 게송을 말하였다.

바른 각의 공덕으로 큰 지혜 나서
경계를 통달하고 저 언덕 가니
삼세 여래들과 평등하옵기
그러므로 내가 지금 경계합니다.

형상 없는 저 언덕 이미 오르고
묘한 몸매 나타내어 몸 장엄하며
때 여읜 일천 광명 멀리 놓아서
마군들을 부수어 다해 버렸네.

시방에 널려 있는 모든 세계를
모두 능히 진동하여 남음 없지만
한 중생도 공포하게 한 일 없나니
선서善逝의 위신력이 이러하니라.

온 허공 모든 법계 성품이 평등
이러하게 편안히 머물러 있어
한량없는 중생의 악을 멸하고
여러 가지 더러운 때 없애 주시네.

고행苦行하며 애쓰기 수없는 겁
가장 높은 보리를 성취하시고
여러 경계 아는 지혜 걸림이 없어
모든 부처님들과 성품이 같다.

도사께서 이러한 큰 광명 놓아
시방의 모든 세계 진동케 하며
한량없이 신통한 힘 이미 나투고
도로 와서 내 몸에 들어오나니

결정한 법문들을 모두 잘 배운
한량없는 보살이 모이어 와서
법문 물을 마음을 일으키오매
내가 지금 법왕께 청하옵니다.

이 곳에 모인 대중 모두 청정해
모든 세간 중생을 해탈케 하며
지혜가 그지없고 물들지 않은
그러한 성현들이 모였습니다.

세상을 이익하는 길잡이[導師]께서
지혜와 노력하심 한량이 없고
광명으로 이 대중을 비추시어서
나를 시켜 위없는 법 묻게 하시니

누가 능히 부처님 깊은 경계를
진실하고 구족하게 연설하오며
불법의 맏아들이 누구시온지
세간의 도사께서 보여 주소서.

이 때에 여래께서 입으로 큰 광명을 놓으시니 이름이 걸림 없고 두려움 없음〔無礙無畏〕이요, 백천억 아승기 광명으로 권속이 되었고, 시방의 온 허공과 같은 법계에 있는 세계들을 비추며 오른쪽으로 열 번 돌아서 여래의 가지가지 자유자재함을 나타내고 한량없는 보살 대중을 깨우치며, 일체 시방의 세계들을 진동하며, 모든 나쁜 길의 고통을 없애고 모든 마군의 궁전을 가리며 모든 부처님 여래께서 보리좌에 앉으시어 바른 깨달음을 이루는 일과 모든 도량에 모인 대중을 나타내 보이었으며, 이런 일을 하고 다시 와서 보살 대중을 오른쪽으로 돌고는 보현보살마하살의 입으로 들어갔다. 그 광명이 들어간 뒤에는 보현보살의 몸과 사자좌가 본래 있던 것보다 백 갑절 지나가고 다른 보살의 몸이나 자리보다도 백 갑절이나 지나갔거니와, 오직 여래의 사자좌는 제외하였다.

이 때 여래성기묘덕보살이 보현보살마하살에게 물었다.

"불자시여, 부처님께서 나타내 보이시는 광대한 신통 변화가 여러 보살들에게 기쁨을 내게 하시며, 불가사의하여 세상이 알 수 없사오니 이것이 어떠한 상서이오니까?"

보현보살마하살이 대답하였다.

"불자여, 내가 지난 옛적에 여러 여래·응공·정등각을 뵈오니, 이렇게 광대한 신통 변화를 보이시고는 곧 여래께서 출현하는 법문을 말씀하시었습니다. 내 생각에는 지금 이 현상을 나타내시니 마땅히 그 법을 말씀하시리라 생각합니다."

이런 말을 할 적에 모든 땅덩이가 진동하며 한량없이 법을 묻는 광명을 내었다.
　그 때 성기묘덕보살이 보현보살에게 물었다.
　"불자시여, 보살마하살은 어떻게 부처님·여래·응공·정등각이 출현하는 법을 아시나이까? 저에게 말씀하소서.
　불자시여, 이 한량없는 백천억 나유타 보살 대중은 다 오래 전부터 깨끗한 업을 닦아 지혜를 성취하고 한껏 크게 장엄한 언덕에 이르렀으며, 모든 부처님의 의젓한 행을 갖추었고 부처님을 바르게 생각하여 잊지 않았으며, 큰 자비로 모든 중생을 관찰하고 여러 큰 보살의 신통한 경계를 결정하게 알며, 부처님들의 신통한 힘으로 가피함을 얻고 모든 여래의 미묘한 법을 받게 되었사오매, 이렇게 한량없는 공덕을 갖춘 이들이 모두 와서 모였나이다.
　불자시여, 당신께서는 이미 한량없는 백천억 나유타 부처님을 받자와 섬기고 공양하여 보살의 가장 묘한 행을 성취하였으며, 삼매의 문에 자유자재함을 얻고 모든 부처님의 비밀한 곳에 들어갔으며, 부처님들의 법을 알고 여러 의혹을 끊었으며, 여러 여래의 신통으로 가피하심을 받았고 중생의 근기를 알며, 그들이 좋아하는 대로 진실하게 해탈하는 법을 말하며, 부처님의 지혜를 따라 불법을 연설하며, 저 언덕에 이르게 하는 이러한 한량없는 공덕을 가지었나이다.
　거룩하시어라. 불자시여, 여래·응공·정등각의 출현하는 법을 말씀하며 몸매와 음성과 마음과 경계와 닦는 행과 도를 이루심과 법륜을 굴리심과, 내지 열반에 드심과 보고 듣고 친근하여 생기는 선근, 그러한 것을 다 말씀하여지이다."
　이 때에 여래성기묘덕보살이 이 뜻을 거듭 펴려고 보현보살을 향하여 게송을 말하였다.

거룩하고 걸림 없는 크신 지혜여
그지없고 평등함을 깨달았으니
한량없는 부처의 행 말씀하소서.
불자들이 듣고서는 기뻐하리라.

보살들은 어떻게 따라 들었고
부처님은 세상에 나시었으며
어떤 것이 몸과 말과 뜻의 경계며
행하시던 곳인지 말씀하소서.

어떻게 부처님들 정각 이루고
어떻게 여래께서 법륜 굴리며
선서께서 어떻게 열반에 드시는지를
대중들이 들으면 마음 기쁘리.

부처님 대법왕大法王을 뵈온 이거나
친근하여 선근을 증장하는 일
저러한 공덕 광을 말씀하소서.
그를 보면 무엇을 얻게 되는지.

만일 누가 여래 이름 얻어 듣거나
부처님 계실 때나 열반한 뒤나
저 복광에 깊은 믿음 내는 이에겐
어떤 이익 있는지 말씀하소서.

이 모든 보살들이 모두 합장코
여래와 당신과 나 쳐다보오니
바다같이 깊은 공덕 넓고 큰 경계
중생 교화하는 이 말씀하소서.

바라건대 인연이나 또는 비유로
묘한 법과 맞는 뜻을 연설하소서.
중생들이 들으면 큰 마음 내어
의심 끊고 지혜 맑아 허공 같으리.

온 국토에 가득한 여러 부처님
훌륭하게 장엄한 몸 나타내듯이
묘한 음성 인연이나 혹은 비유로
저와 같이 보리도를 보여 주소서.

시방세계 천만의 국토에서도
억 나유타 한량없는 오랜 겁에도
지금에 여기 모인 보살 대중은
어디서도 만나 보기 어려우리라.

이러한 모든 보살 공경하옵고
미묘하고 깊은 이치 갈망하오니
여래의 출현하는 광대한 법문.
청정하온 마음으로 연설하소서.

그 때 보현보살마하살이 여래성기묘덕보살과 여러 보살 대중에게 말하였다.

"불자들이여, 이것은 헤아릴 수 없나니, 이른바 여래·응공·정등각께서는 한량없는 법으로써 출현하십니다. 왜냐 하면, 한 가지 인연이나 한 가지 사실로써 여래가 출현하여 성취하는 것이 아니고, 열 가지 한량없는 백천 아승기 일로써 성취하시기 때문입니다.

무엇이 열인가. 이른바 과거에 한량없이 일체 중생을 거두어 주려는 보리심으로 이루는 연고며, 과거에 한량없이 일체 중생을 구호하려는 대자대비로 이루는 연고며, 과거에 한량없이 계속하는 행과 원으로 이루는 연고며, 과거에 한량없이 복덕을 닦으면서 만족한 줄 모르는 마음으로 이루는 연고며, 과거에 한량없이 부처님께 공양하고 중생을 교화함으로 이루는 연고며, 과거에 한량없는 지혜와 방편과 청정한 도로써 이루는 연고며, 과거에 한량없이 청정한 공덕장으로 이루는 연고며, 과거에 한량없이 장엄한 도의 지혜로 이루는 연고며, 과거에 한량없이 통달한 법과 이치로 이루는 연고입니다.

불자들이여, 이와 같이 한량없는 아승기 법문이 원만하여서 여래를 이루는 것입니다.

불자들이여, 비유컨대 삼천대천세계가 한 인연이나 한 사실로써 이루어지는 것이 아니고 한량없는 인연과 한량없는 사실로써 이루어지는 것과 같나니, 이른바 큰 구름을 일으켜서 큰 비를 내리거든, 네 가지 바람 둘레[風輪]가 서로 계속하여 의지가 되는 것입니다.

네 가지는 무엇인가. 하나는 능히 지님[能持]이니 큰 물을 지니는 까닭이요, 둘은 능히 소멸함[能消]이니 큰 물을 소멸하는 까닭이요, 셋은 건설함[建立]이니 모든 처소를 건설함이요, 넷은 장엄함이니 장엄하여 퍼뜨림이 다 교묘한 까닭입니다.

이런 것은 모두 중생들의 함께업(共業)과 보살들의 선근으로 일으키는 것인데, 그 가운데서 일체 중생으로 하여금 각각 마땅한 대로 받아서 사용하게 합니다.

불자들이여, 이러한 한량없는 인연으로 삼천대천세계를 이루거니와 법의 성품이 으레 그런 것이고, 내는 이(生者)도 없고 짓는 이(作者)도 없고 아는 이(知者)도 없으며, 이루는 것도 없지마는 그러나 저 세계가 성취되는 것이니 여래께서 출현함도 그와 같아서 하나의 인연이나 한 가지 사실로써 성취하는 것이 아니고 한량없는 인연과 한량없는 사실로써 성취하는 것입니다. 이른바 과거에 부처님 계신 데서 큰 법의 구름과 비를 듣고 받아 지니었으므로, 능히 여래의 네 가지 큰 지혜 바람 둘레(大智風輪)를 일으키나니 무엇이 넷인가. 하나는 기억하고 잊지 않는 총지(陀羅尼)의 큰 지혜 바람 둘레니, 모든 큰 여래의 법 구름과 비를 능히 지니는 연고요, 둘은 그치고(止) 관찰함(觀)을 내는 큰 지혜 바람 둘레니, 일체 번뇌를 능히 소멸하는 연고요, 셋은 교묘하게 회향하는 큰 지혜 바람 둘레니, 모든 선근을 능히 성취하는 연고요, 넷은 때를 여의는 차별한 장엄을 내는 큰 지혜 바람 둘레니, 과거에 교화한 일체 중생으로 하여금 선근이 청정하여 여래의 새지 않는(無漏) 선근의 힘을 성취케 하는 연고입니다. 여래께서 이와 같이 하여 다 옳게 깨달음(等正覺)을 성취하거니와, 법의 성품이 으레 그런 것이고 내는 이도 없고 짓는 이도 없지마는 성취되는 것입니다.

불자들이여, 이것이 여래·응공·정등각이 출현하는 첫째 모양이니, 보살마하살은 마땅히 이렇게 알아야 합니다.

또 불자들이여, 비유컨대 삼천대천세계가 이루어지려 할 적에 큰 구름에서 퍼붓는 비를 억수장마라 하나니, 온갖 처소에서 받아들일 수도 없고 지닐 수도 없거니와, 오직 대천세계가 이루어지려는 때는 제할 것입니다. 불자들이여, 여래·응공·정등각도 그와 같아서 큰 법 구름을 일으키고 큰 법 비를 내리는 것을 이름하여 여래의 출현을 성취한다 합니다.

일체 이승二乘의 좁은 마음으로는 받을 수도 없고 지닐 수도 없거니와 오직 대보살들의 마음으로 서로 계속하는 힘은 제할 것입니다.

불자들이여, 이것이 여래·응공·정등각이 출현하는 둘째 모양이니 보살마하살은 마땅히 이렇게 알아야 합니다.

또 불자들이여, 비유컨대 중생들의 업의 힘으로 큰 구름에서 비가 내려도 어디로부터 온 데도 없고 가도 이를 데가 없나니, 여래·응공·정등각도 그와 같아서 모든 보살의 선근의 힘으로 큰 법 구름을 일으키고 큰 법 비를 내리지마는 어디로부터 온 데도 없고 가서 이를 데도 없습니다.

불자들이여, 이것이 여래·응공·정등각이 출현하는 셋째 모양이니 보살마하살은 마땅히 이렇게 알아야 합니다.

또 불자들이여, 비유컨대 큰 구름에서 큰 비를 내리는 것을 대천세계의 일체 중생들은 그 수효를 아는 이가 없으며, 그 수효를 계산하려면 한갓 발광할 뿐이거니와, 대천세계의 주인인 마혜수라摩醯首羅는 제할 것이니, 과거에 닦은 선근의 힘으로 내지 한 방울까지라도 분명히 셉니다. 불자들이여, 여래·응공·정등각도 그와 같아서 큰 법 구름을 일으키고 큰 법 비를 내리는 것을 일체 중생과 성문과 독각은 알지 못하는 것이며, 헤아리고자 하면 마음이 어지러우려니와, 일체 세간의 주인인 보살마하살은 제할 것이니 과거에 닦은 깨달은 지혜의 힘으로 내지 한 글자 한 구절까지라도 중생의 마음에 들어가 분명히 알지 못할 것이 없기 때문입니다.

불자들이여, 이것이 여래·응공·정등각이 출현하는 넷째 모양이니 보살마하살은 마땅히 이렇게 알아야 합니다.

또 불자들이여, 비유컨대 큰 구름이 큰 비를 내릴 적에 큰 구름 비가 있어 이름을 능히 멸함[能滅]이라 하나니 능히 화재를 멸하며, 큰 구름 비가 있어 이름을 능히 일으킴[能起]이라 하나니 큰 물을 일으키며, 큰 구름 비가 있어 이름을 능히 멈춤[能止]이라 하나니 큰 물을 멈추며, 큰 구름 비가 있어 이름을 능히 이룸[能成]이라 하나니 온갖 마니보배를 이루며, 큰 구름 비가 있어 이름을 능히 분별함[爲分別]이라 하나니 삼천대천세계를 분별합니다.

불자들이여, 여래의 출현도 그와 같아서 큰 법 구름을 일으키고 큰 법 비를 내리는데, 큰 법 비가 있어 이름을 능히 멸함이라 하나니 일체 중생의 번뇌를 멸하며, 큰 법 비가 있어 이름을 능히 일으킴이라 하나니 일체 중생의 선근을 일으키며, 큰 법 비가 있어 이름을 능히 멈춤이라 하나니 일체 중생의 볼 때의 의혹[見惑]을 멈추며, 큰 법 비가 있어 이름을 능히 이룸이라 하나니 일체 지혜의 법보를 이루며, 큰 법 비가 있어 이름을 능히 분별함이라 하나니 일체 중생의 좋아하는 마음을 분별합니다.

불자들이여, 이것이 여래·응공·정등각이 출현하는 다섯째 모양이니 보살마하살은 마땅히 이렇게 알아야 합니다.

또 불자들이여, 비유컨대 큰 구름에서 한결같은 비를 내리어도 그 비 내릴 데를 따라서 한량없이 차별하나니 여래의 출현함도 그와 같아서 크게 불쌍히 여기는 한결같은 법 물을 내리어도 마땅한 대로 법을 말함이 한량없이 차별합니다.

불자들이여, 이것이 여래·응공·정등각의 출현하는 여섯째 모양이니 보살마하살은 마땅히 이렇게 알아야 합니다.

또 불자들이여, 비유컨대 삼천대천세계가 처음 이루어질 적에 먼저 형상 세계(色界)의 하늘 궁전을 이루고 다음에 욕심 세계(欲界)의 하늘 궁전을 이루고 그 다음에 사람과 다른 중생의 거처할 처소를 이룹니다.

불자들이여, 여래의 출현함도 그와 같아서 먼저 보살의 행과 지혜를 일으키고 다음에 연각의 행과 지혜를 일으키고 다음에 성문의 선근의 행과 지혜를 일으키고 나중에 다른 중생들의 함이 있는(有爲) 선근의 행과 지혜를 일으키나니, 불자들이여, 마치 큰 구름이 한결같은 비를 내릴 적에 중생들의 선근이 다름을 따르는 연고로 일으키는 궁전이 가지 각색으로 같지 않은 것처럼, 여래의 크게 자비한 한결같은 법 비도 중생의 그릇을 따라서 차별이 있습니다.

불자들이여, 이것이 여래·응공·정등각이 출현하는 일곱째 모양이니 보살마하살은 마땅히 이렇게 알아야 합니다.

또 불자여, 비유컨대 세계가 처음 이루어질 적에 큰 물이 생겨 삼천대천세계에 가득하고 큰 연화가 나나니 이름이 여래출현공덕보장엄如來出現功德寶莊嚴이며 물 위에 가득 덮이어 빛이 시방의 모든 세계에 비추거든 그 때 마혜수라 정거천淨居天들이 이 연화를 보고는 이 겁에 그러한 부처님께서 세상에 나실 것을 결정코 압니다.

불자들이여, 그 때에 그 가운데 바람 둘레(風輪)가 일어나니 이름은 매우 깨끗한 광명(善淨光明)이며 형상 세계의 여러 하늘 궁전을 이룹니다. 또 바람 둘레가 일어나니 이름은 깨끗한 빛 장엄(淨光莊嚴)이며 욕심 세계의 여러 하늘 궁전을 이룹니다. 또 바람 둘레가 일어나니 이름은 견고하고 빽빽하여 깨뜨릴 수 없음(堅密無能壞)이며 큰 철위산鐵圍山·작은 철위산·금강산을 이룹니다. 또 바람 둘레가 일어나니 이름은 훌륭하고 높음(勝高)이며 수미산을 이룹니다. 또 바람 둘레가 일어나니 이름은 흔들리지 않음(不動)이며 열 가지 큰 산을 이루나니 무엇이 열인가. 가타라佉陀羅산·선인산·복마伏魔산·큰복마산·지쌍持雙산·니민다라

尼民陀羅산·목진린타曰眞隣陀산·마하목진린타산·향산·설산입니다.

또 바람 둘레가 일어나니 이름은 편안히 머무름[安住]이며 땅덩이를 이룹니다. 또 바람 둘레가 일어나니 이름은 장엄이며 땅에 있는 하늘궁전·용의 궁전·건달바 궁전을 이룹니다. 또 바람 둘레가 일어나니 이름은 무진장이며 삼천대천세계의 모든 바다를 이룹니다. 또 바람 둘레가 일어나니 이름은 보광명장普光明藏이며 삼천대천세계의 모든 마니보배를 이룹니다. 또 바람 둘레가 일어나니 불자들이여, 큰 구름에서 내리는 한결같은 물이 분별이 없지마는 중생들의 선근이 같지 아니하므로 바람 둘레가 같지 않고 바람 둘레가 차별하므로 세계가 차별한 것입니다.

불자들이여, 여래의 출현함도 그와 같아서 모든 선근의 공덕을 구족하고 위없는 큰 지혜 광명을 놓으니 이름이 여래의 종성을 끊지 않는 부사의한 지혜[不斷如來種不思議智]며 시방 모든 세계를 두루 비추며 보살들에게 모든 여래의 정수리에 물 붓는 수기를 주되 마땅히 바른 깨달음을 이루어 세상에 출현하리라 합니다.

불자들이여, 여래가 출현하는 데 또 위없는 큰 지혜 광명이 있으니 이름은 청정하여 때를 여읨[淸淨離垢]이며 여래의 새지 않고[無漏] 다하지 않는 지혜를 이룹니다. 또 위없는 큰 지혜 광명이 있으니 이름은 널리 비춤[普照]이며 여래가 법계에 두루 들어가는 부사의한 지혜를 이룹니다. 또 위없는 큰 지혜 광명이 있으니 이름은 부처의 종성을 지님[持佛種性]이며 여래의 흔들리지 않는 힘을 이룹니다. 또 위없는 큰 지혜 광명이 있으니 이름은 멀리 뛰어나 깨뜨릴 수 없음[廻出無能壞]이며 여래의 두려움 없고 깨뜨릴 수 없는 지혜를 이룹니다. 또 위없는 큰 지혜 광명이 있으니 이름은 온갖 신통[一切神通]이며 여래의 함께하지 않는 법인 온갖 지혜의 지혜를 이룹니다. 또 위없는 큰 지혜 광명이 있으니 이름은 변화를 냄〔出生變化〕이며 여래께서 보고 듣고 친근하여 생긴 선근을 잃어버리지 않게 하는 지혜를 이룹니다.

또 위없는 큰 지혜 광명이 있으니 이름은 널리 따라줌〔普隨須〕이며 여래의 그지없는 복덕과 지혜의 몸을 이루어 일체 중생을 위하여 이익을 짓게 합니다. 또 위없는 큰 지혜 광명이 있으니 이름은 끝까지 할 수 없음〔不可究竟〕이며 여래의 매우 깊은 묘한 지혜를 이루고 간 데마다 깨우치어 삼보의 종자가 영원히 끊기지 않게 합니다. 또 위없는 큰 지혜 광명이 있으니 이름이 가지각색 장엄〔種種莊嚴〕이며 여래의 상호로 장엄한 몸을 이루어 일체 중생을 모두 환희케 합니다. 또 위없는 큰 지혜 광명이 있으니 이름이 깨뜨릴 수 없음〔不可壞〕이며 여래의 법계와 허공계와 같이 훌륭한 수명을 이루어 다함이 없게 합니다.

불자들이여, 여래의 크게 자비하신 한결같은 물〔一味之水〕은 분별이 없지마는, 중생들의 욕망이 같지 않고 근성이 각각 다르므로 가지가지 큰 지혜인 바람 둘레를 일으켜 보살들로 하여금 여래의 출현하는 법을 이루게 합니다. 불자들이여, 일체 여래의 동일한 성품인 큰 지혜 바퀴에서 가지가지 지혜 광명을 냅니다.

불자들이여, 그대들은 이렇게 알지니, 여래의 한 해탈맛〔一解脫味〕에서 한량없고 헤아릴 수 없는 갖가지 공덕을 내는 것을 중생들이 생각하기를, 이것은 여래의 신통한 힘으로 짓는 것이라 하거니와, 불자들이여, 이것은 여래의 신통한 힘으로 짓는 것이 아닙니다. 불자들이여, 내지 한 보살이라도 부처님 계신 데서 선근을 심지 않고서 여래의 일부분 지혜라도 얻는다는 것은 그럴 리가 없고, 다만 부처님들의 위엄과 공덕의 힘으로써 중생들로 하여금 부처 공덕을 갖추게 하지마는 여래는 분별이 없어서 이름도 없고 깨뜨림도 없고 지을 이도 없고 지을 법도 없습니다.

불자들이여, 이것이 여래·응공·정등각이 출현하는 여덟째 모양이니 보살마하살은 마땅히 이렇게 알아야 합니다.

 또 불자들이여, 마치 허공을 의지하여 네 가지 바람 둘레를 일으켜서 물 둘레〔水輪〕를 지니게 함과 같습니다. 무엇을 네 가지라 하는가. 하나는 편안히 머무름〔安住〕이요, 둘은 항상 머무름〔常住〕이요, 셋은 끝까지 이름〔究竟〕이요, 넷은 견고함〔堅固〕이니, 이 네 바람 둘레는 물 둘레를 지니고, 물 둘레는 땅덩이를 지니어 흩어지지 않게 하는 것입니다. 그러므로 땅 둘레는 물 둘레를 의지하고 물 둘레는 바람 둘레를 의지하고 바람 둘레는 허공을 의지하고 허공은 의지한 데가 없다 하나니, 비록 의지한 데가 없으나 삼천대천세계로 하여금 능히 머물게 합니다.

 불자들이여, 여래의 출현함도 그와 같아서 걸림 없는 지혜 광명을 의지하여 부처님의 네 가지 큰 지혜 바람 둘레를 일으켜서 일체 중생의 선근을 지니게 하나니, 무엇이 넷인가. 이른바 중생들을 두루 거두어 주어 모두 환희케 하는 큰 지혜 바람 둘레와, 바른 법을 세워서 중생들로 사랑을 내게 하는 큰 지혜 바람 둘레와, 일체 중생의 선근을 수호하는 큰 지혜 바람 둘레와, 모든 방편을 갖추어 새지 않는 세계〔無漏界〕를 통달하는 큰 지혜 바람 둘레 등 넷입니다.

 불자들이여, 부처님 세존들은 크게 인자함으로 일체 중생을 구호하고 크게 불쌍히 여김으로 일체 중생을 해탈케 하고 대자대비로 두루 이익케 합니다. 그러나 대자대비는 큰 교묘한 방편을 의지하고 큰 교묘한 방편은 여래의 출현함을 의지하고 여래의 출현은 걸림 없는 지혜 광명을 의지하고 걸림 없는 지혜 광명은 의지한 데가 없습니다.

 불자들이여, 이것이 여래·응공·정등각이 출현하는 아홉째 모양이니 보살마하살은 마땅히 이렇게 알아야 합니다.

 또 불자들이여, 비유컨대 삼천대천세계가 이미 성취하고는 한량없는 가지가지 중생을 이익케 하나니, 이른바 물의 중생은 물의 이익을 얻고 육지 중생은 땅의 이익을 얻고 궁전 중생은 궁전의 이익을 얻고 허공 중생은 허공의 이익을 얻는 것과 같습니다.

여래의 출현함도 그와 같아서 가지가지로 한량없는 중생을 이익케 하나니, 이른바 부처를 보고 환희하는 이는 환희하는 이익을 얻고, 깨끗한 계율에 머무르는 이는 깨끗한 계율의 이익을 얻고, 모든 선정과 한량없는 데 머무는 이는 성인이 출세하는 큰 신통의 이익을 얻고, 법문의 광명에 머무는 이는 인과 과보가 무너지지 않는 이익을 얻고, 아무것도 없는 광명에 머무는 이는 온갖 법이 무너지지 않는 이익을 얻습니다. 그러므로 말하기를 여래의 출현함은 한량없는 일체 중생을 이익케 한다 합니다.

불자들이여, 이것이 여래·응공·정등각이 출현하는 열째 모양이니 보살마하살은 마땅히 이렇게 알아야 합니다.

불자들이여, 보살마하살이 여래의 출현함을 알면 곧 한량없음을 아나니, 한량없는 행을 성취함을 아는 연고입니다. 곧 광대함을 아나니 시방에 두루함을 아는 연고입니다. 곧 오고 감이 없음을 아나니 나고 머물고 사라짐을 여읜 줄을 아는 연고입니다. 곧 행함도 없고 행할 바도 없음을 아나니, 마음과 뜻과 인식을 여읨을 아는 연고입니다. 곧 몸이 없음을 아나니 허공과 같음을 아는 연고입니다. 곧 평등함을 아나니, 일체 중생이 다 나가 없음을 아는 연고입니다.

곧 다함이 없음을 아나니 일체 세계에 두루하여 다하는 일이 없음을 아는 연고입니다. 곧 물러감이 없음을 아나니 오는 세상이 끝나도록 끊임이 없음을 아는 연고입니다. 곧 무너짐이 없음을 아나니 여래의 지혜는 상대가 없음을 아는 연고입니다. 곧 둘이 없음을 아나니 평등하게 함이 없음을 살필 줄 아는 연고입니다. 곧 일체 중생이 모두 이익 얻음을 아나니 본래 서원을 회향하여 자유자재하게 만족한 연고입니다."
　그 때 보현보살마하살이 이 뜻을 다시 펴려고 게송을 말하였다.

　　열 가지 힘 크신 영웅 위가 없으며
　　허공처럼 견줄 이가 없이 같으사
　　경계가 넓고 커서 측량 못하니
　　공덕이 제일이고 세간을 초월.

　　열 가지 힘 공덕은 한량이 없어
　　마음으로 생각해도 못 미치나니
　　사람 중의 사자의 한 가지 법문
　　중생들이 억겁에도 알지 못하고

　　시방 국토 부수어 만든 티끌은
　　계산하여 그 수효 알 수 있지만
　　여래의 한 털 끝에 있는 공덕은
　　천만겁에 말하여도 다할 수 없고

　　어떤 사람 자를 들고 허공 재는데
　　다른 이는 따라가며 수효 세어도
　　허공의 끝난 데는 찾을 수 없어
　　여래의 저 경계도 그와 같나니

　　말하자면 어떤 이가 잠깐 동안에
　　삼세 중생 마음 안다 하여도

중생 수효 같은 겁을 지내면서도
부처의 찰나 성품 알지 못하며

법계가 일체 것에 두루했지만
그를 보고 일체라고 할 수 없나니
열 가지 힘 경계도 그와 같아서
일체에 두루하나 일체 아니며

진여는 허망 떠나 항상 고요해
생멸하는 일이 없이 두루했나니
부처님의 경계도 그와 같아서
성품이 평등하여 증감 없으며

실제實際라도 진실한 짬이 아니며
삼세가 두루하나 두루 아니니
길잡이[導師]의 경계도 그와 같아서
삼세에 두루하여 걸림이 없고

법의 성품 지음 없고 변치도 않아
허공이 본래 청정함과 같나니
부처 성품 청정함도 그와 같아서
본 성품도 아니고 유무有無 여의어

법의 성품 언론에 있지 않나니
말 없고 말을 떠나 항상 고요해

열 가지 힘 경계 성품 그와 같아서
일체의 글과 말로 분별 못하고

법의 성품 적멸한 줄 분명히 아나
허공에 나는 새 자취 없는 듯
본래 서원 힘으로 육신 나투니
여래의 신통 변화 이제 보도다.

누구나 부처 경계 알고자 하면
그 뜻을 깨끗하기 허공과 같이
망상과 모든 집착 멀리 여의고
마음의 향하는 곳 걸림 없도록

그러므로 불자들은 잘 들으시오.
잔[少] 비유로 부처님 경계 밝히고
열 가지 힘 공덕을 측량 못하나
중생을 깨우치려 조금 말하리.

길잡이의 나타내신 몸의 업이나
말의 업과 마음의 업 모든 경계와
묘한 법륜 굴리고 열반에 드는
일체의 선근을 이제 말하리.

세계가 처음으로 생겨날 적에
한 가지 인연으로 된 것 아니요

한량없는 방편과 인연으로써
이 삼천대천세계 이루었나니

여래의 출현함도 그와 같아서
한량없는 공덕으로 이룬 것이니
세계 티끌 같은 마음 안다 하여도
십력의 생긴 인연 측량 못하리.

맨 처음에 큰 구름이 비를 퍼부어
네 가지 큰 바람 둘레 일으키듯이
중생 선근의 보살 힘으로
이 대천세계 생겨 머물렀나니

십력의 법 구름도 그와 같아서
지혜의 바람 둘레 뜻을 일으켜
옛적에 회향하온 여러 중생을
인도하여 위없는 과果 이루게 하고

퍼붓듯이 내리는 억수장마 비
어디에도 받아둘 처소 없건만
대천세계 이루어지려 할 때의
맑은 허공 큰 바람 제할 것이니

여래의 출현함도 그와 같아서
법 비를 널리 내려 법계에 가득

용렬한 소견으로 못 지니지만
청정하고 광대한 맘 제할지니라.

허공에서 큰 비를 퍼부을 적에
비롯하여 온 데 없고 간 데도 없고
짓는 이도 받는 이도 다 없지마는
자연히 저러하게 흡족하나니

열 가지 힘 법 비도 그와 같아서
오고 가는 일 없고 지음도 없고
본래 행이 원인 되어 보살 힘으로
큰 맘 가진 모든 사람 받아 듣나니

허공의 구름에서 내리는 큰 비
아무도 빗방울을 셀 수 없지만
삼천세계 자재천왕 제할 것이니
공덕 힘을 갖추어 모두 다 알고

잘 가신 이(善逝) 법 비도 그와 같아서
모든 중생 헤아리지 못하지마는
세상에 자재한 이 제할 것이니
손바닥에 있는 보배 보는 듯하네.

허공의 구름에서 내리는 큰 비
없애고 일으키고 끊기도 하여

여러 가지 귀중한 보배 이루고
삼천세계 있는 것 다 분별하니

열 가지 힘 법 비도 그와 같아서
혹惑 없애고 선善 일으켜 소견 끊어서
여러 가지 지혜 보배 이루게 하고
중생들의 마음을 다 분별하네.

공중에서 내리는 비 한맛이지만
비로 적실 것 따라 같지 않나니
비의 성품 분별이 있지 않으나
물건이 다르므로 그러하니라.

여래 법 비 같지도 다르지도 않아
평등하고 고요하여 분별 없지만
교화할 바 갖가지 다름을 따라
자연히 이와 같이 그지없도다.

비유하면 세계가 처음 이룰 때
형상 세계 하늘 궁전 먼저 생기고
다음에 욕심 하늘 다음에 인간
건달바의 궁전은 나중 이루어

여래의 출현함도 그와 같아서
그지없는 보살행 먼저 일으키고

고요함을 즐기는 연각이 다음
그 다음은 성문들 나중에 중생.

하늘들이 연꽃 상서 처음 보고서
부처님 나시리라 환희하더니
물 인연 바람의 힘 세간 생기며
궁전과 산과 강이 모두 생기고

여래의 지난 세상 착한 광명이
보살 근기 분별하여 수기를 주고
지혜의 바람 둘레 모두 청정해
제각기 부처님 법 열어 보이네.

나무 숲은 땅덩이를 의지해 있고
땅은 물을 의지해 안 무너지며
물은 바람 의지하고 바람은 허공
그렇지만 허공은 의지 없나니

모든 불법 자비를 의지하였고
자비는 좋은 방편 의지해 있고
방편은 지혜 의지, 지혜는 슬기〔慧〕
걸림 없는 슬기는 의지가 없어.

비유컨대 세계가 이룬 뒤에는
여러 종류 중생들 이익 얻나니

땅과 물과 허공에 사는 것들과
두 발·네 발 가진 중생 모두들 이익.

법왕의 출현함도 그와 같아서
여러 종류 중생들 이익 얻나니
보는 이나 듣는 이·친근하는 이
모두 다 번뇌 의혹 소멸케 하네.

여래 출현하는 법 그지없거늘
세간은 미혹하여 알지 못하니
알음알이 있는 것들 깨우치려고
비유할 수 없는데 비유 말한다.

2) 몸의 업

"불자들이여, 보살마하살들이 마땅히 어떻게 여래·응공·정등각의 몸을 보아야 하는가.

불자들이여, 보살마하살들은 마땅히 한량없는 곳에서 여래의 몸을 보아야 합니다. 왜냐 하면 보살마하살들은 한 가지 법이나 한 가지 일이나 한 몸이나 한 국토나 한 중생에서 여래를 볼 것이 아니고, 모든 곳에 두루하여 여래를 보아야 하기 때문입니다.

불자들이여, 마치 허공이 모든 물질과 물질 아닌 곳에 두루 이르지마는, 이르는 것도 아니고 이르지 않는 것도 아닌 것과 같나니, 왜냐 하면 허공은 몸이 없는 연고입니다.

여래의 몸도 그와 같아서 모든 곳에 두루하고 모든 중생에 두루하고 모든 법에 두루하고 모든 국토에 두루하지마는, 이르는 것도 아니고 이르지 않는 것도 아니니, 왜냐 하면 여래의 몸은 몸이 없는 연고입니다. 그러나 중생을 위하여서 그 몸을 나타내는 것입니다.

불자들이여, 이것이 여래의 몸의 첫째 모양이니 보살마하살들은 마땅히 이렇게 보아야 합니다.

또 불자들이여, 마치 허공이 넓고 형상이 아니지마는, 모든 형상을 능히 나타내면서도 허공은 분별도 없고 희롱의 말도 없는 것과 같습니다. 여래의 몸도 그와 같아서 지혜의 광명이 널리 비춤으로써 일체 중생으로 하여금 세간과 출세간의 모든 선근의 업을 성취케 하면서도 여래의 몸은 분별도 없고 희롱의 말도 없나니, 왜냐 하면 본래부터 모든 집착과 모든 희롱의 말을 아주 끊은 연고입니다.

불자들이여, 이것이 여래의 몸의 둘째 모양이니 보살마하살들은 마땅히 이렇게 보아야 합니다.

또 불자들이여, 마치 해가 뜨면 염부제의 한량없는 중생이 이익을 얻는데, 이른바 어둠을 깨뜨려 밝게 하고 젖은 것을 마르게 하며 초목을 나서 자라게 하고 곡식을 성숙하게 하며, 허공을 환하게 하고 연꽃을 피게 하며, 다니는 이는 길을 보고 집에 있는 이는 일을 하게 하는 것과 같나니, 왜냐 하면 해가 한량없는 광명을 내는 연고입니다.

불자들이여, 여래의 지혜 해도 그와 같아서 한량없는 일로 중생을 이익케 하나니, 이른바 나쁜 짓을 없애고 착한 일을 내며 어리석음을 깨뜨리고 지혜 있게 하며 크게 인자함으로 구호하고 크게 슬피 여김으로 해탈케 하며, 뿌리〔根〕와 힘〔力〕과 깨달음〔覺分〕을 늘게 하여 깊은 신심을 내고 흐린 마음을 여의게 하며, 보고 들어서 원인과 결과를 깨뜨리지 않게 하며, 하늘 눈을 얻어서 죽고 나는 곳을 보게 하고 마음이 장애가 없어 선근을 무너뜨리지 않게 하며, 지혜를 닦아 밝혀서 깨달음의 꽃을 피게 하고 마음을 내어 본래의 행을 성취케 하나니, 왜냐 하면 여래의 광대한 지혜 해가 한량없는 광명을 놓아 널리 비추는 연고입니다.

불자들이여, 이것이 여래의 몸의 셋째 모양이니 보살마하살들은 마땅히 이렇게 보아야 합니다.

또 불자들이여, 마치 해가 뜨면 염부제에서 먼저 수미산 등의 여러 산에 비치고 다음에 흑산에 비치고 그 다음에 높은 벌에 비치고 나중에 모든 땅에 비치거니와, 해가 생각하기를 내가 먼저 여기 비추고 뒤에 저기 비추리라 하지 않지마는, 산과 땅이 높고 낮은 데가 있으므로 비추기가 먼저 하고 뒤에 하는 것과 같습니다.

여래·응공·정등각도 그와 같아서 그지없는 법계의 지혜 바퀴를 성취하고 걸림 없는 지혜 광명을 항상 놓을 적에 먼저 보살마하살의 큰 산에 비추고 다음에 연각에게 비추고 다음에 성문에게 비추고, 그 다음에 선근이 결정된 중생에게 비추되, 그 마음 그릇을 따라 넓고 큰 지혜를 보인 뒤에 일체 중생에게 두루 비추며, 내지 잘못 결정된 이에게도 미치어 미래에 이익할 인연을 지어 성취케 하지마는, 여래의 지혜 해가 생각하기를, 내가 먼저 보살의 크게 수행하는 이에게 비추고, 내지 나중에 잘못 결정된 중생에게 비추리라 하지 않고, 다만 광명을 놓아 평등하게 두루 비추어 걸림도 없고 막힘도 없고 분별함도 없습니다.

불자들이여, 마치 해와 달이 때를 따라 나타나서 큰 산과 깊은 골짜기에 사사로움 없이 두루 비치는 것 같이 여래의 지혜도 그와 같아서 온갖 것에 두루 비추고 분별함이 없지마는, 중생들의 근성과 욕망이 같지 아니하므로 지혜의 광명도 가지가지로 다른 것입니다.

불자들이여, 이것이 여래의 몸의 넷째 모양이니 보살마하살들은 마땅히 이렇게 보아야 합니다.

또 불자들이여, 비유컨대, 해가 뜨는 것을 배냇소경〔生盲〕인 중생은 눈이 없으므로 한번도 보지 못하였는데, 비록 보지는 못하였으나 햇빛의 이익을 받나니, 왜냐 하면 이것을 인하여 낮과 밤의 시간을 알고 가지가지 음식과 의복을 수용受用하여 몸이 알맞게 하고 여러 근심을 여의는 연고입니다.

여래의 지혜 해도 그와 같아서 믿음이 없고 알음이 없고 계율을 파하고 바른 소견이 없고 잘못되게 살아가는 배냇소경의 부류들은 믿는 눈이 없으므로 부처님들의 지혜 해를 보지 못합니다. 비록 부처님의 지혜 해를 보지는 못하나 또한 지혜 해의 이익을 받나니, 왜냐 하면 부처의 위력으로써 저 중생들의 가진 몸의 고통과 모든 번뇌와 미래에 괴로움이 될 원인을 모두 소멸하는 연고입니다.

불자들이여, 여래에게 광명이 있으니 이름은 모든 공덕을 모아 쌓음〔積集一切功德〕이요, 또 광명이 있으니 이름은 온갖 것을 두루 비춤〔普照一切〕이요, 또 광명이 있으니 이름은 청정하고 자유롭게 비춤〔淸淨自在照〕이요, 또 광명이 있으니 이름은 크고 묘한 음성을 냄〔出大妙音〕이요, 또 광명이 있으니 이름은 여러 말하는 법을 두루 알아서 다른 이를 기쁘게 함〔普解一切語言法令他歡喜〕이요, 또 광명이 있으니 이름은 모든 의심을 아주 끊어 자유자재한 경계를 나타냄〔示現永斷一切疑自在境界〕이요, 또 광명이 있으니 이름은 머무름이 없는 지혜로 자유롭게 두루 비춤〔無住智自在普照〕이요, 또 광명이 있으니 이름은 모든 희롱거리를 아주 끊은 자유자재한 지혜〔永斷一切戱論自在智〕요, 또 광명이 있으니 이름은 마땅한 대로 묘한 음성을 냄〔隨所應出妙音聲〕이요, 또 광명이 있으니 이름은 청정하고 자유로운 음성을 내어 국토를 장엄하고 중생을 성숙함〔出淸淨自在音莊嚴國土成熟衆生〕입니다.

불자들이여, 여래의 낱낱 털구멍에서 이러한 일천 가지 광명을 내어서, 오백 광명으로는 하방에 두루 비추고 오백 광명으로는 상방 가지가지 세계의 가지가지 부처님 처소에 있는 보살 대중에게 비춥니다.

그 보살들이 이 광명을 보고는 한꺼번에 여래의 경계를 얻어 열 머리·열 눈·열 귀·열 코·열 혀·열 몸·열 손·열 발·열 지위·열 지혜가 청정하고, 저 보살들의 먼저 성취한 모든 처處와 모든 지위도 이 광명을 보고 더욱 청정하여지며 모든 선근이 모두 성숙하여 온갖 지혜에 나아가고, 이승二乘에 머문 이는 모든 때를 소멸하고, 그 외의 한 부분인 배냇소경인 중생도 몸이 쾌락하고 마음도 청정하며 부드럽고 조복되어 지혜를 닦게 되며, 지옥·아귀·축생의 길에 있는 중생들도 즐거움을 얻고 고통에서 해탈하며, 목숨이 마치면 모두 하늘과 인간에 납니다.

불자들이여, 저 중생들은 무슨 인연과 무슨 신통한 힘으로 여기에 와서 나는지를 알지 못하고, 저 배냇소경은 생각하기를 '내가 범천이다. 범천의 변화함이다' 합니다. 그 때 여래는 두루 자재하는 삼매에 머물러서 예순 가지 묘한 음성을 내어 말씀하기를 '너희들은 범천도 아니고 범천의 변화한 것도 아니며 제석천왕이나 호세 사천왕이 지은 것도 아니고, 다 여래의 위엄과 신통의 힘이니라' 합니다.

저 중생들이 이 말을 듣고는 부처님의 신통하신 힘으로 지난 세상의 일을 알고 즐거워하며 마음이 즐거우므로 저절로 우담바라꽃 구름·향 구름·음악 구름·옷 구름·일산 구름·당기 구름·번기 구름·가루향 구름·보배 구름·사자 당기 반달 누각 구름·노래 찬탄 구름·가지각색 장엄 구름을 내어 존경하는 마음으로 여래께 공양합니다. 왜냐 하면 이 중생들이 깨끗한 눈을 얻은 연고로 여래께서 그들에게 아뇩다라삼먁삼보리 수기를 주는 것입니다. 불자들이여, 여래의 지혜 해는 이렇게 배냇소경인 중생을 이익케 하여 선근을 얻어 구족히 성숙케 합니다.

불자들이여, 이것이 여래의 몸의 다섯째 모양이니 보살마하살들은 마땅히 이렇게 보아야 합니다.

또 불자들이여, 비유컨대 달에는 네 가지 기특한 전에 없는 법[未會有法]이 있으니, 무엇이 넷이냐. 하나는 모든 별의 광명을 가림이요, 둘은 때를 따라서 찼다 기울었다 함이요, 셋은 염부제의 맑은 물 속에는 모두 그림자가 나타남이요, 넷은 모든 보는 이가 자기의 눈앞에 있다 함입니다. 그러나 달은 분별도 없고 희롱의 말도 없습니다.

불자들이여, 여래의 몸도 달도 그와 같아서 네 가지 기특한 전에 없는 법이 있나니, 무엇이 넷이냐. 이른바 모든 성문과 독각의 배우는[學] 이와 배울 것 없는[無學] 중생들을 가리는 것이고, 그들에게 마땅한 대로 수명을 보이어 장수하고 단명함이 같지 않지마는 여래의 몸은 증감이 없는 것이고, 모든 세계에 있는 마음이 깨끗한 중생의 보리 그릇에는 모두 그림자가 나타나는 것이고, 모든 중생으로서 여래를 대하는 이는 모두 자기 앞에 계시다고 하는 것입니다. 그러나 그들의 좋아함을 따라서 법을 말하며 그들의 지위를 따라서 해탈을 얻게 하며, 교화 받을 만한 이로 하여금 부처의 몸을 보게 하지마는, 여래의 몸은 분별도 없고 희롱의 말도 없되 지으시는 이익은 모두 끝까지 이릅니다.

불자들이여, 이것이 여래의 몸의 여섯째 모양이니 보살마하살들은 마땅히 이렇게 보아야 합니다.

또 불자들이여, 비유컨대 삼천대천세계의 대범천왕은 조그만 방편으로써 대천세계에 몸을 두루 나타내거든 모든 중생들이 각각 범왕이 자기 앞에 있다고 보지마는 이 범천왕은 몸을 나누지도 않고 가지가지 몸도 없는 것과 같습니다. 불자들이여, 부처님 여래들도 그와 같아서 분별도 없고 희롱의 말도 없고 몸을 나누지도 않고 가지가지 몸도 없지마는, 모든 중생의 좋아함을 따라서 몸을 나타내면서도 여러 몸을 나타낸다는 생각을 하지 않습니다.

불자들이여, 이것이 여래의 몸의 일곱째 모양이니 보살마하살들은 마땅히 이렇게 보아야 합니다.

또 불자들이여, 비유컨대 어떤 의사가 여러 가지 약과 여러 가지 주문을 잘 알며 염부제에 있는 모든 약들을 쓰지 않는 것이 없고, 또 전생의 선근의 힘과 좋은 주문의 힘으로써 방편을 삼았으므로 그를 보는 중생들은 모두 병이 쾌차하였습니다. 저 의사가 목숨이 다한 줄을 알고 생각하기를 '내가 죽은 뒤에는 모든 중생이 의지할 데가 없으리니, 내가 이제 방편을 보이리라' 하고, 이에 약을 만들어 몸에 바르고 주문의 힘으로 부지하여, 죽은 뒤에도 몸이 흩어지지 않고 시들지도 않고 마르지도 않아서 행동이나 보고 들음이 본래와 다르지 아니하며, 병을 치료하면 모두 쾌차하였습니다.

불자들이여, 여래·응공·정등각인 위없는 의사도 그와 같아서, 한량없는 백천억 나유타 겁 동안에 연습하여 법약法藥을 성취하였고, 모든 방편과 교묘한 주문을 닦아 배운 힘이 모두 저 언덕에 이르렀으며, 일체 중생의 여러 가지 번뇌 병을 능히 소멸하고 목숨도 한량없는 겁까지 살며, 몸이 청정하여 생각함도 없고 작용도 없으면서도 모든 불사를 쉬지 아니하거든, 그를 보는 중생들은 모든 번뇌의 병이 모두 소멸합니다.

불자들이여, 이것이 여래의 몸의 여덟째 모양이니 보살마하살들은 마땅히 이렇게 보아야 합니다.

또 불자들이여, 큰 바다에 마니보배가 있어 이름을 집일체광명비로자나장集一切光明毘盧遮那藏이라 하는데, 어떤 중생이나 그 광명에 비추이면 그 빛과 같아지고, 광명을 보는 이는 눈이 청정하여지며, 그 광명이 비치는 데는 안락이라는 마니보배가 비내려 중생들로 하여금 괴로움을 여의고 화평케 합니다.

불자들이여, 여래들의 몸도 그와 같아서 큰 보배덩이로써 모든 공덕 큰 지혜 장이 되나니, 어떤 중생이나 부처 몸 보배의 지혜 광명에 비추이는 이는 부처님 몸빛과 같아지고, 그 빛을 보는 이는 법 눈이 청정하여지며, 그 광명이 비치는 곳에는 중생들의 빈궁한 고통을 여의게 되며, 내지 부처 보리의 낙을 구족합니다. 불자들이여, 여래의 법신은 분별도 없고 희롱의 말도 없지마는 두루 일체 중생을 위하여 큰 불사를 짓습니다.

불자들이여, 이것이 여래의 몸의 아홉째 모양이니 보살마하살들은 마땅히 이렇게 보아야 합니다.

또 불자들이여, 큰 바다에 큰 여의주 마니보배가 있으니 이름은 일체세간장엄장一切世間莊嚴藏이라, 백만 공덕을 구족하게 성취하였으므로 머무는 곳마다 중생들로 하여금 재앙은 소멸되고 소원을 만족케 합니다. 그러나 이 여의주 마니보배는 복이 적은 중생들은 보지 못합니다.

여래의 몸 여의주 보배도 그와 같아서 일체 중생들로 하여금 환희케 함이라 이름하나니, 만일 그 몸을 보거나 이름을 듣고 공덕을 찬탄하면 죽살이 하는 고통을 아주 여의며, 가령 모든 세계의 모든 중생들이 한꺼번에 전일 한 마음으로 여래를 보고자 하더라도 모두 보고 소원이 만족하게 됩니다. 불자들이여, 부처님의 몸은 복이 적은 중생들은 볼 수가 없거니와, 여래의 자유자재한 신통의 힘으로 조복할 수 있는 이는 제외합니다. 만일 중생이 부처님 몸을 보면 곧 선근을 심어서 마침내 성숙할 것이며, 성숙시키기 위하여서 여래의 몸을 보게 합니다.

불자들이여, 이것이 여래의 몸의 열째 모양이니 보살마하살들은 마땅히 이렇게 보아야 합니다.

그 마음이 한량없어 시방에 두루한 연고며, 다니는 것이 걸림이 없어서 허공과 같은 연고며, 법계에 널리 들어가는 연고며, 진실한 짬에 머무는 연고며, 나지도 않고 없어지지도 않는 연고며, 삼세에 평등하게 머무는 연고며, 모든 분별을 영원히 여읜 연고며, 맨 나중까지의 서원에 머무는 연고며, 일체 세계를 깨끗이 하는 연고며, 낱낱 부처의 몸을 장엄하는 연고입니다."

그 때에 보현보살마하살이 이 이치를 거듭 펴려고 게송을 말하였다.

　　허공이 온 시방에 두루하여서
　　빛[色]이고 빛 아니고 있고 안 있고
　　삼세 중생들의 몸과 국토가
　　이렇게 두루 있어 그지 없나니

　　부처님의 참 몸도 그와 같아서
　　온 법계에 고루고루 두루했는데
　　볼 수도 취할 수도 모두 없지만
　　중생을 교화하려 형상 나투고

　　허공은 붙잡을 수 없는 것인데
　　중생들을 모든 업 짓게 하지만
　　내가 지금 짓는다고 생각 않거니
　　내가 짓다 다른 이가 짓다 하리요.

　　부처들의 몸의 업도 그와 같아서
　　중생들로 착한 법을 닦게 하지만
　　여래는 본래부터 분별 없거니
　　내가 지금 온갖 것을 짓는다 하랴.

마치 해가 염부제에 뜨게 되면은
광명으로 모든 어둠 다 깨뜨려서
산에 나무 못에 연꽃 모든 물건들
가지 각색 종류들이 이익 받나니

부처님의 해가 뜸도 그와 같아서
인간 천상 착한 행을 자라게 하고
우치함을 깨뜨리고 지혜를 얻어
높고 귀한 온갖 낙을 받게 하리라.

비유컨대 해가 처음 뜰 적에
높은 산을 비추고 다음 낮은 산
고원高原과 평지에는 나중 비추나
해는 본래 분별이 있지 아니해

잘 가신 이〔善逝〕 광명도 그와 같아서
먼저는 보살이요 다음은 연각
성문과 다른 중생 나중 비추나
부처님의 생각은 동치 않나니

배냇소경들은 해를 못 보나
햇빛은 그에게도 이익을 입혀
밤낮의 때를 찾아 음식을 먹고
여러 걱정 여의고 몸이 편안해

신심 없는 중생들 부처 못 보나
부처는 그에게도 이치를 알려
이름 듣고 광명도 받게 되어서
필경에 보리도를 얻기까지에

비유컨대 맑은 달 허공에 떠서
모든 별 가리우며 찼다 기울다
간 데마다 물 속에 비친 그림자
보는 이들 자기 앞에 있다 하나니

여래의 맑은 달도 그와 같아서
삼승을 가리우고 길다 짧았다
인간 천상 마음 물에 나타나거든
모든 중생 자기 앞에 대했다 하고

범천왕이 제 궁전에 머물러 있어
삼천의 여러 범천 나타나거든
모든 인간·하늘들 모두 보지만
몸을 나눠 저들을 향하지 않아

부처님들 나투는 몸 그와 같아서
시방에 두루하지 않은 데 없어
그 몸이 수가 없어 말 못하지만
몸 나누는 일 없고 분별도 없어.

어떤 의사 신기한 방문을 알아
모든 병 보는 족족 잘 고치더니
죽을 임시 몸에다 약을 발라서
보고 듣고 오가기 예전과 같아

가장 높은 의사왕〔醫王〕 그와 같아서
방편과 온갖 지혜 구족하다가
예전처럼 부처 몸 나타내거든
중생들 보는 족족 번뇌 소멸해

비유컨대 바닷속 보배 왕들이
한량없는 광명을 널리 내거든
광명을 받는 중생 그 빛과 같고
그 빛을 보는 이는 눈이 깨끗해

가장 높은 보배왕 그와 같아서
그 광명 비추는 이 그 빛과 같고
보는 이는 다섯 눈 모두 열려서
어둠을 깨뜨리고 부처 되나니.

비유컨대 화수분 마니보배가
찾는 대로 그 마음 채워 주는데
복이 없는 중생들 보지 못하나
보배는 분별하는 생각이 없어

잘 가시는 보배왕 그와 같아서
구하는 이 모든 욕망 채워 주지만
신심 없는 중생들 보지 못함은
부처님이 버리는 것이 아니라.

대방광불화엄경 제51권

제51권

37. 여래출현품 ②

3) 말의 업

"불자여, 보살마하살이 어떻게 여래·응공·정등각의 음성을 알아야 하는가. 불자여, 보살마하살은 여래의 음성이 두루 이르는 줄을 알아야 하나니, 한량없는 음성에 두루하는 연고입니다. 여래의 음성이 그들의 좋아하는 마음을 따라 환희케 함을 알아야 하나니, 법문 연설하기를 분명히 하는 연고입니다. 여래의 음성이 그들의 믿고 이해함을 따라 환희케 함을 알아야 하나니, 마음이 청량해지는 연고입니다. 여래의 음성이 교화하는 때를 놓치지 않음을 알아야 하나니, 들을 만한 이는 듣지 못함이 없는 연고입니다. 여래의 음성이 나고 없어짐이 없음을 알아야 하나니, 메아리와 같은 연고입니다.

여래의 음성이 주재(主)가 없음을 알아야 하나니, 온갖 업을 닦아서 일어나는 연고입니다. 여래의 음성이 매우 깊은 줄을 알아야 하나니,

헤아리기 어려운 연고입니다. 여래의 음성이 삿되고 굽음이 없음을 알아야 하나니, 법계로부터 나는 연고입니다. 여래의 음성이 끊어짐이 없음을 알아야 하나니, 법계에 두루 들어가는 연고입니다. 여래의 음성이 변함이 없음을 알아야 하나니, 끝까지 이르는 연고입니다.

불자여, 보살마하살은 여래의 음성이 한량이 있지도 않고 한량이 없지도 않으며 주재가 있지도 않고 주재가 없지도 않으며 보여 주는 것도 아니고 보여 줌이 없음도 아님을 알아야 합니다.

무슨 까닭인가. 불자여, 비유컨대 세계가 무너지려 할 적에 주재함도 없고 지음도 없지마는 으레 네 가지 음성을 내는 것과 같습니다. 무엇이 넷인가. 하나는 '너희들이 마땅히 알라. 초선初禪은 안락하여서 나쁜 욕심을 여의고 욕심 세계를 초월하였다' 하거든, 중생들이 듣고는 자연히 초선정을 성취하여 욕심 세계의 몸을 버리고 범천에 나는 것이며, 둘은 '너희들이 마땅히 알라. 이선은 안락하여서 머터럽게 생각함도 없고 자세하게 생각함도 없다' 하거든, 중생들이 듣고는 자연히 이선정을 성취하여 범천의 몸을 버리고 광음천光音天에 나는 것이며, 셋은 '너희들이 마땅히 알라. 삼선은 안락하여서 허물이 없어 광음천을 초월한다' 하거든, 중생들이 듣고는 자연히 삼선정을 성취하여 광음천의 몸을 버리고 변정천徧淨天에 나는 것입니다.

넷은 '너희들이 마땅히 알라. 사선은 고요하여서 변정천을 초월하였다' 하거든, 중생들이 듣고는 자연히 사선정을 성취하여 변정천의 몸을 버리고 광과천廣果天에 나는 것이니, 이것이 넷입니다. 불자여, 이 음성들은 주재함도 없고 짓는 이도 없건마는, 다만 중생들의 착한 업의 힘으로 나는 것입니다.

불자여, 여래의 음성도 그와 같아서 주재함도 없고 짓는 이도 없고 분별도 없고, 들어가고 나옴도 아니지마는, 여래의 공덕과 법의 힘으로

부터 네 가지 광대한 음성을 내는 것입니다.

무엇이 넷인가. 하나는 '너희들이 마땅히 알라. 모든 행하는 것이 다 괴로운 것이니, 이른바 지옥의 괴로움, 축생의 괴로움, 아귀의 괴로움, 복덕이 없는 괴로움, 나와 내 것에 집착하는 괴로움, 여러 나쁜 짓을 하는 괴로움 들이니, 인간과 천상에 나려거든 선근을 심고 인간이나 천상에 나서 여러 가지 어려운 곳(難處)을 여의라' 하거든, 중생들이 듣고는 뒤바뀜을 버리고 착한 행을 닦아서 어려운 곳을 떠나서 인간이나 천상에 나는 것입니다.

둘은 '너희들이 마땅히 알라. 모든 행하는 것은 뭇 괴로움이 치성하여 뜨거운 철환(鐵丸)과 같으며, 모든 행하는 것은 무상하여 없어지는 법이며, 열반은 고요하고 함이 없이 안락하여 치성한 괴로움을 여의고 번뇌를 소멸하였다' 하거든, 중생들이 듣고는 착한 법을 부지런히 닦아 성문법에서 음성을 따르는 지혜(忍)를 얻는 것입니다.

셋은 '너희들이 마땅히 알라. 성문승은 남의 말을 따라서 아는 것이므로 지혜가 얕고, 그보다 높은 법이 있으니 이름이 독각승이라. 스승을 의지하지 않고 아는 것이니, 너희들은 훌륭한 길을 좋아함을 배우라' 하거든, 이 말을 듣고는 성문의 도를 버리고 독각승을 닦는 것입니다.

넷은 '너희들은 마땅히 알라. 이승(二乘)을 지나서 다시 훌륭한 길이 있으니 이름이 대승이라. 보살이 행하는 것이어서 육바라밀을 따르며, 보살의 행을 끊지 않고 보리심을 버리지 않으며, 한량없이 나고 죽는 데 있으면서도 고달프지 않느니라. 이승보다 초과한 것이므로 대승이라, 제일승이라, 좋은 승이라, 가장 좋은 승이라, 높은 승이라, 위없는 승이라, 일체 중생을 이익하는 승이라 하나니, 만일 중생이 신심과 이해가 광대하고 근기가 맹렬하며 전세에 선근을 심었으면 여래의 신통한 힘으로 가피함을 받으며, 훌륭한 욕망이 있어 부처님의 과보를 희망하리라' 하거든, 이 음성을 듣고 보리심을 내나니, 불자여, 여래의 음성은 몸에서 나지도 않고 마음에서 나지도 않지마는 한량없는 중생을 이익케 합니다.

　불자여, 이것이 여래의 음성의 첫째 모양이니 보살마하살들은 마땅히 이렇게 알아야 합니다.

　또 불자여, 마치 메아리는 골짜기와 음성을 의지하여 생기는 것으로서, 형상이 없어 볼 수도 없고 분별도 없지마는 모든 말을 능히 따르는 것과 같습니다. 여래의 음성도 그와 같아서 형상이 없어 볼 수가 없으며, 처소가 있지도 않고 처소가 없지도 않지마는, 중생의 욕망과 이해하는 인연을 따라 나는 것이므로 그 성품이 끝까지 말함도 없고 보임도 없어 설명할 수 없습니다.

　불자여, 이것이 여래의 음성의 둘째 모양이니 보살마하살들은 마땅히 이렇게 알아야 합니다.

　또 불자여, 여러 하늘에 깨우침이란 큰 북이 있어서 여러 천자들이 방일할 때는 허공에서 소리를 내어 말하기를 '너희들은 마땅히 알라. 모든 욕심의 향락은 다 무상하고 허망하고 뒤바뀐 것으로서 잠깐 동안에 무너지는 것이니라. 어리석은 사람을 속여서 연연케 하는 것이니 너는 방일하지 말라. 만일 방일하면 나쁜 길에 떨어져 후회하여도 쓸 데가 없으리라' 하거든, 방일하던 천인들이 이 소리를 듣고는 매우 걱정하고 공포하여 그의 궁전 안에서 누렸던 향락을 버리고 천왕에게 나아가 법을 구하고 도를 닦습니다. 불자여, 저 하늘 북 소리가 주재도 없고 지음도 없고 일어남도 스러짐도 없지마는, 한량없는 중생들을 이익하는 것입니다.

　여래도 그와 같아서 방일하는 중생을 깨우치려고 한량없는 법의 음성을 내나니, 이른바 집착 없는 음성·방일하지 않는 음성·무상하다는 음성·괴롭단 음성·나[我]가 없단 음성·부정하단 음성·고요한 음성·열반의 음성·한량없는 자연한 지혜의 음성·깨뜨릴 수 없는 보살행 음성·온갖 곳에 이르는 여래의 하염없는 지혜 음성입니다.

이런 음성으로 법계에 두루하여 깨우치거든, 무수한 중생들이 이 음성을 듣고 환희한 마음을 내며 착한 법을 부지런히 닦아서 각각 자기의 승乘에서 벗어남을 구하나니, 이른바 성문승을 닦기도 하고 독각승을 닦기도 하고 보살의 위없는 대승을 익히기도 하지마는, 여래의 음성은 방소에 머무르지 아니하여 말이 없습니다.

불자여, 이것이 여래의 음성의 셋째 모양이니 보살마하살들은 마땅히 이렇게 알아야 합니다.

또 불자여, 자재천왕에게 하늘 처녀가 있으니 이름은 선구善口라. 입으로 한 음성을 내면 그 음성이 백천 가지 음악과 서로 응하며, 낱낱 음악 가운데 다시 백천 가지 차별한 음성이 있습니다.

불자여, 선구 천녀가 한 음성으로부터 이렇게 한량없는 음성을 내듯이, 여래도 그와 같아서 한 음성 가운데서 한량없는 음성을 내어 중생들의 차별한 마음을 따라 골고루 이르러서 그로 하여금 해탈케 합니다.

불자여, 이것이 여래의 음성의 넷째 모양이니 보살마하살들은 마땅히 이렇게 알아야 합니다.

또 불자여, 마치 대범천왕이 범천 궁전에 있으면서 범천의 음성을 내면, 모든 범천의 대중들이 듣지 못하는 이가 없으며, 그 음성도 대중 밖에 나는 것 아니지마는, 범천 대중들은 모두 생각하기를 '대범천왕이 나만을 위하여 말씀한다' 하는 것과 같습니다.

여래의 묘한 음성도 그와 같아서 도량에 모인 대중들이 듣지 못하는 이가 없으며 그 음성도 대중 밖에 나는 것 아니니, 근기가 성숙하지 못한 이는 듣지 못하는 연고며 듣는 이는 모두 생각하기를 '여래 세존이 나만을 위하여 말씀한다' 합니다.

　불자여, 여래의 음성은 나는 일도 없고 머무는 일도 없지마는, 모든 사업을 능히 성취합니다. 이것이 여래의 음성의 다섯째 모양이니 보살마하살들은 마땅히 이렇게 알아야 합니다.

　또 불자여, 마치 여러 물이 다 맛이 같지마는 그릇이 다르므로 물에 차별이 있으나 물은 생각도 없고 분별도 없는 것과 같습니다. 여래의 음성도 그와 같아서 오직 같은 맛이니 곧 해탈하는 맛이거니와, 중생의 마음 그릇이 다르므로 한량없이 차별하지마는, 생각도 없고 분별도 없습니다.

　불자여, 이것이 여래의 음성의 여섯째 모양이니 보살마하살들은 마땅히 이렇게 알아야 합니다.

　또 불자여, 마치 아나바달다용왕이 큰 구름을 일으켜 염부제를 두루 덮고 비를 내리면, 모든 곡식의 싹이 잘 자라고 강과 내와 샘들이 모두 가득 차나니, 이 큰 비는 용의 몸이나 마음으로부터 나는 것 아니지마는 능히 여러 가지로 중생을 이익케 하는 것과 같습니다.

　불자여, 여래 · 응공 · 정등각도 그와 같아서 크게 자비한 구름을 일으켜 시방세계에 가득하고 위없는 감로 법 비를 널리 내리어 일체 중생으로 하여금 환희심을 내고 착한 법을 증장하며 여러 가지 승을 만족케 하나니, 불자여, 여래의 음성은 밖으로부터 오지도 아니하고 속으로부터 나오지도 아니하지마는 능히 일체 중생을 이익케 합니다. 이것이 여래의 음성의 일곱째 모양이니 보살마하살들은 마땅히 이렇게 알아야 합니다.

　또 불자여, 마치 마나사摩那斯용왕이 비를 내리려 할 적에 즉시 내리지 아니하고, 먼저 큰 구름을 일으키어 허공에 가득 덮고 이레를 지체

하면서 중생들이 하는 일을 마치도록 기다리는 것과 같나니, 무슨 까닭인가. 그 용왕이 자비한 마음이 있어 중생들을 시끄럽게 하지 아니할 양으로 이레를 기다려서 가는 비를 내려 땅을 적시는 것입니다.

불자여, 여래・응공・정등각도 그와 같아서 장차 법 비를 내리려 하되 곧 내리지 아니하고, 먼저 법 구름을 일으켜 중생을 성숙케 하나니, 그들의 마음에 놀라움이 없게 하여 성숙함을 기다려서 감로의 법 비를 내려 매우 깊고 미묘한 좋은 법을 연설하여 여래의 온갖 지혜의 지혜인 위없는 법의 맛을 점점 만족케 합니다.

불자여, 이것이 여래의 음성의 여덟째 모양이니 보살마하살들은 마땅히 이렇게 알아야 합니다.

또 불자여, 마치 바다 가운데 큰 용왕이 있으니 이름이 대장엄大莊嚴이라 하는데 바다 가운데에서 비를 내릴 적에, 열 가지 장엄한 비를 내리기도 하고, 혹은 백 가지・천 가지・백천 가지 장엄한 비를 내리기도 하거니와, 불자여, 물은 분별이 없고 다만 용왕의 부사의한 힘으로 장엄케 하며, 내지 한량없는 차별이 있게 하는 것과 같습니다. 여래・응공・정등각도 그와 같아서 중생들에게 법을 말할 적에 혹은 열 가지 차별한 음성으로 말하고, 혹은 백 가지・천 가지・백천 가지 팔만 사천 가지 음성으로 팔만 사천 가지 행을 말하며, 내지 한량없는 백천억 나유타 음성으로 각각 차별하게 법을 말하거든, 듣는 이가 모두 환희하지마는 여래의 음성은 분별함이 없고, 다만 부처님들이 깊은 법계를 원만하게 청정하고 중생들의 근기에 마땅한 대로 가지가지 음성을 내어 환희케 합니다.

불자여, 이것이 여래의 음성의 아홉째 모양이니 보살마하살들은 이렇게 알아야 합니다.

또 불자여, 저 사갈라沙竭羅용왕이 크게 자유자재한 힘으로 중생들을 이익하여 환희케 하려 할 적에, 사천하로부터 타화자재천他化自在天에 이르기까지 큰 구름 그물을 일으켜 두루 덮거든, 그 구름 빛깔이 한량없이 차별하나니, 혹 염부단금 광명 빛·비유리 광명 빛·백은白銀 광명 빛·파리 광명 빛·모살라牟薩羅 광명 빛·마노 광명 빛·승장勝藏 광명 빛·적진주 광명 빛·한량없는 향 광명 빛·때 없는 옷 광명 빛·깨끗한 물 광명 빛·가지 가지 장엄거리 광명 빛들이라, 이런 구름 그물이 두루 덮입니다.

두루 덮이고는 갖가지 빛 번개를 내는데, 이른바 염부단금빛 구름은 비유리빛 구름을 내고, 비유리 빛 구름은 금빛 번개를 내고, 은빛 구름은 파리빛 번개를 내고, 파리빛 구름은 은빛 번개를 내고, 모살라빛 구름은 마노빛 번개를 내고, 마노빛 구름은 모살라빛 번개를 내고, 승장 보배빛 구름은 적진주빛 번개를 내고, 적진주빛 구름은 승장 보배빛 번개를 내고, 한량없는 향빛 구름은 때 없는 옷빛 번개를 내고, 때 없는 옷빛 구름은 한량없는 향빛 번개를 내고, 깨끗한 물빛 구름은 가지가지 장엄거리빛 번개를 내고, 가지가지 장엄거리빛 구름은 깨끗한 물빛 번개를 내며, 내지 가지가지 빛 구름은 하나의 빛 번개를 내고 하나의 빛 구름은 가지가지 빛 번개를 냅니다.

또 저 구름 속에서 가지가지 우레 소리를 내어 중생의 마음을 따라 기쁘게 하나니, 이른바 하늘 아씨의 노래 소리 같고, 하늘의 풍류 소리 같고, 용녀의 노래 소리 같고, 건달바녀의 노래 소리 같고, 긴나라녀의 노래 소리 같고, 땅이 진동하는 소리 같고, 바다의 파도 소리 같고, 사자의 영각 같고, 아름다운 새의 우는 소리 같으며, 그 외에 한량없는 여러 가지 소리입니다.

우레 소리가 진동하고는 다시 서늘한 바람을 일으켜 중생의 마음을 즐겁게 하며, 또 다시 가지가지 비를 내려 한량없는 중생을 이익하고 안락케 하는데, 타화자재천에서 땅 위에 이르기까지 온갖 곳에 내리는 비가 같지 아니합니다.

 이른바 큰 바다에는 맑고 찬 물을 내리니 이름이 끊기지 않음[無斷]이요, 타화자재천에는 저와 퉁소 따위의 풍악 소리를 내리니 이름이 미묘함[美妙]이요, 화락천에는 큰 마니보배를 내리니 이름이 큰 광명 놓음[放大光明]이요, 도솔천에는 큰 장엄거리를 내리니 이름이 드리운 상투[垂髻]요, 야마천에는 크고 묘한 꽃을 내리니 이름이 가지가지 장엄거리[種種莊嚴具]요, 삼십삼천에는 여러 가지 묘한 향을 내리니 이름이 기쁘게 함[悅意]이요, 사천왕천에는 하늘 보배 옷을 내리니 이름이 덮은 일산[覆蓋]이요, 용궁에는 적진주를 내리니 이름이 광명이 솟음[涌出光明]이요, 아수라궁에는 모든 병장기를 내리니 이름이 원수를 항복 받음[降伏怨敵]이요, 울단월鬱單越에는 가지각색 꽃을 내리니 이름이 활짝 핌[日開敷]이요, 다른 세 천하에도 이와 같아서 간 곳마다 내리는 비가 같지 아니합니다. 저 용왕의 마음은 평등하여 피차가 없지마는, 중생들의 선근이 다르므로 비가 차별이 있는 것입니다.

 불자여, 여래·응공·정등각의 위없는 법왕도 그와 같아서, 바른 법으로 중생을 교화하려 할 적에 먼저 몸 구름을 일으켜 법계에 두루 덮고 그들의 좋아함을 따라 나타냄이 같지 아니하니, 이른바 어떤 중생을 위하여는 살아 있는 몸 구름을 나타내고, 어떤 중생을 위하여는 화신 구름을 나타내고, 어떤 중생에게는 형상 몸 구름을 나타내고, 어떤 중생에게는 잘난 몸매 구름을 나타내고, 어떤 중생에게는 복덕 몸 구름을 나타내고, 어떤 중생에게는 지혜 몸 구름을 나타내고, 어떤 중생에게는 모든 힘 깨뜨릴 수 없는 몸 구름을 나타내고, 어떤 중생에게는 두려움 없는 몸 구름을 나타내고, 어떤 중생에게는 법계 몸 구름을 나타냅니다.

불자여, 여래께서는 이렇게 한량없는 몸 구름으로 시방의 일체 세계에 두루 덮고는 중생들의 좋아함을 따라서 가지가지 빛난 번개를 따로따로 나타내니, 이른바 어떤 중생에게 나타내는 빛난 번개 이름은 안 가는 데 없음〔無所不至〕이요, 어떤 중생에게 나타내는 빛난 번개 이름은 그지없는 광명〔無邊光明〕이요, 어떤 중생에게 나타내는 빛난 번개 이름은 부처의 비밀한 법에 듦〔入佛秘密法〕이요, 어떤 중생에게 나타내는 빛난 번개 이름은 그림자 나타내는 광명〔影現光明〕이요, 어떤 중생에게 나타내는 빛난 번개 이름은 광명이 밝게 비춤〔光明照耀〕이요, 어떤 중생에게 나타내는 빛난 번개 이름은 끝없는 다라니 문에 듦〔入無盡陀羅尼門〕이요, 어떤 중생에게 나타내는 빛난 번개 이름은 바른 생각 어지럽지 않음〔正念不亂〕이요, 어떤 중생에게 나타내는 빛난 번개 이름은 끝까지 무너지지 않음〔究竟不壞〕이요, 어떤 중생에게 나타내는 빛난 번개 이름은 여러 길에 따라 듦〔順入諸趣〕이요, 어떤 중생에게 나타내는 빛난 번개 이름은 모든 소원을 만족하여 환호케 함〔滿一切願皆令歡喜〕입니다.

불자여, 여래·응공·정등각이 이렇게 한량없는 빛난 번개를 나타내고는, 다시 중생들의 좋아함을 따라서 한량없는 삼매 뇌성을 내나니, 이른바 잘 깨달은 지혜 삼매 뇌성과, 치성하게 때 여읜 바다 삼매 뇌성과, 온갖 법에 자재한 삼매 뇌성과 금강 바퀴 삼매 뇌성과, 수미산 당기 삼매 뇌성과 해인海印 삼매 뇌성과 해 등잔〔日燈〕 삼매 뇌성과, 무진장 삼매 뇌성과, 무너지지 않는 해탈의 힘 삼매 뇌성입니다.

불자여, 여래의 몸 구름 속에서 이렇게 한량없이 차별한 삼매 뇌성을 내고는 장차 법 비를 내리려 할 적에 먼저 상서를 나투어 중생을 깨우치나니, 이른바 걸림 없는 큰 자비심으로 여래의 큰 지혜 바람 둘레를 나타내니 이름이 일체 중생으로 하여금 부사의한 환희심을 내어 기뻐하게 함〔能令一切衆生生不思議歡喜適悅〕입니다.

이 현상이 나타나니 모든 보살과 중생들의 몸과 마음이 다 상쾌하여지고, 그런 뒤에 여래의 큰 법신 구름과 큰 자비 구름과 큰 부사의 구름으로부터 부사의하고 광대한 법 비를 내려 일체 중생의 몸과 마음을 청정케 합니다. 이른바 보리도량에 앉은 보살을 위하여 큰 법 비를 내리니 이름은 법계가 차별 없음〔法界無差別〕이요, 맨 나중 몸〔最後身〕 보살을 위하여 큰 법 비를 내리니 이름은 보살이 유희하는 여래의 비밀한 교법〔菩薩遊戲如來秘密敎〕이요, 한 생에 얽매인 보살을 위하여 큰 법 비를 내리니 이름은 깨끗하고 넓은 광명〔淸淨普光明〕이요, 정수리에 물 붓는〔灌頂〕 보살을 위하여 큰 법 비를 내리니 이름은 여래의 장엄거리로 장엄함〔如來莊嚴具所莊嚴〕이요, 법인〔忍〕을 얻은 보살을 위하여 큰 법 비를 내리니 이름은 공덕 보배 지혜 꽃이 피어 보살 대비의 행을 끊지 않음〔功德寶智慧華開敷不斷菩薩大悲行〕입니다.

십주·십행·십회향 보살을 위하여 큰 법 비를 내리니 이름은 눈앞에서 변화하는 깊은 문에 들어가 보살행을 닦으면서 쉬지도 않고 고달프지도 않음〔入現前變化甚深門而行菩薩行無休息無疲厭〕이요, 처음 마음 낸〔初發心〕 보살을 위하여 큰 법 비를 내리니 이름은 여래의 대자비행을 내어 중생을 구호함〔出生如來大慈悲行救護衆生〕이요, 독각승 구하는 중생을 위하여 큰 법 비를 내리니 이름은 연기법을 알고 두 끝을 여의어 무너지지 않은 해탈의 과를 얻음〔深知緣起法遠離二邊得不壞解脫果〕이요, 성문승 구하는 중생을 위하여 큰 법 비를 내리니 이름은 큰 지혜검으로 모든 번뇌의 원수를 끊음〔大智慧劍斷一切煩惱怨〕이요, 선근을 쌓되 결정하고 결정하지 못한 중생을 위하여 큰 법 비를 내리니 이름은 가지가지 법문을 성취하여 크게 기뻐함〔能令成就種種法門生大歡喜〕입니다.

불자여, 부처님 여래들이 중생의 마음을 따라서 이렇게 넓고 큰 법 비를 내려 온갖 그지없는 세계에 가득하거니와, 불자여, 여래·응공·

정등각은 마음이 평등하여 법에 인색하지 않으며, 중생들의 욕망이 같지 아니함을 따라서 내리는 법 비에 차별이 있음을 보입니다.

이것이 여래의 음성의 열째 모양이니 보살마하살들은 마땅히 이렇게 알아야 합니다.

또 불자여, 마땅히 알라. 여래의 음성에 열 가지 한량없음이 있으니 무엇이 열인가. 허공계와 같이 한량이 없으니 온갖 곳에 이르는 연고며, 법계와 같이 한량이 없으니 두루하지 않은 데가 없는 연고며, 중생계와 같이 한량이 없으니 여럿의 마음을 기쁘게 하는 연고며, 모든 업과 같이 한량이 없으니 그 과보를 말하는 연고며, 번뇌와 같이 한량이 없으니 모두 없애는 연고며, 중생의 말과 같이 한량이 없으니 이해하는 대로 듣게 하는 연고며, 중생의 욕망·이해와 같이 한량이 없으니 두루 보아 제도하는 연고며, 삼세와 같이 한량이 없으니 끝닿은 데가 없는 연고며, 지혜와 같이 한량이 없으니 모든 것을 분별하는 연고며, 부처의 경계와 같이 한량이 없으니 부처의 법계에 들어가는 연고입니다.

불자여, 여래·응공·정등각의 음성은 이러한 아승기 한량없음을 성취하였으니 보살마하살들은 마땅히 이렇게 알아야 합니다.”

그 때 보현보살마하살이 이치를 거듭 밝히려고 게송을 말하였다.

> 삼천대천세계가 무너지려는 때
> 중생들의 복으로 소리가 있어
> 제4선천 고요하고 괴로움 없다 해
> 그 말 듣고 욕심을 떠나게 하니
>
> 열 가지 힘 세존도 그와 같아서
> 묘한 음성 내어서 법계에 가득

모든 행은 괴롭고 무상하다고
나고 죽는 바다를 여의게 하네.

비유하면 깊은 산 큰 골짜기에
소리를 따라가며 메아리 울려
다른 이의 소리를 따르지마는
그 메아리 끝까지 분별 없나니

십력 세존 말씀도 그와 같아서
근기가 익은 이에게 몸을 나투어
그들을 조복하여 기쁘게 하나
내가 능히 말한다는 생각이 없네.

하늘에 깨우치는 북이 있는데
공중에서 법문 음성 항상 내어서
방일한 하늘들을 깨우쳐 일러
그 말 듣고 고집을 떠나게 하니

십력 세존 법 북도 그와 같아서
가지가지 미묘한 음성을 내며
갖가지 중생들을 깨우치어서
모두 다 보리과를 증득케 하네.

자재천 임금에게 딸이 있어서
입으로 아름다운 음악을 연주

한 음성에 백천 가지 소리를 내고
낱낱 소리 가운데 또 백천 음성

잘 가신 이 음성도 그와 같아서
한 음성에 갖가지 소리를 내며
근성과 욕망 따라 차별이 있어
각각 듣고 번뇌를 끊게도 하며

범천왕이 한 소리 입 밖에 내면
여러 범천 무리를 기쁘게 하니
범천만 소리 듣고 밖엔 안 가나
자기만 듣는다고 모두 말하니

십력 가진 범왕도 그와 같아서
한 말을 연설하여 법계에 가득
대중에만 들리고 멀리 안 가나
믿는 마음 없어서 듣지 못하네.

비유하면 온갖 물이 한 가지 성품
여덟 가지 공덕 맛 차별 없지만
원인 닦는 그릇이 각각 다르매
그러므로 가지가지 같지 않나니

온갖 지혜 음성도 그와 같아서
법의 성품 한맛이요 분별 없지만

중생들의 소행이 같지 않으매
듣는 이도 가지가지 다르게 되고

비유하면 무열無熱 대용왕이
비를 내려 염부제 모두 적시어
나무들과 풀들을 생장케 하되
몸이나 마음으로 내는 것 아님

부처의 묘한 음성 그와 같아서
법계에 비를 내려 흡족히 적셔
착한 일 생장하고 악을 없애나
안과 밖을 따라서 있지 않으며

비유하면 마나사용왕이
이레 동안 구름 끼고 비 안 내리며
중생들이 하던 일 다 마친 후에
비로소 비를 주어 이익하나니

십력 세존 법문도 그와 같아서
중생을 먼저 교화 성숙케 하고
그 뒤에 매우 깊은 법을 말하여
듣는 이를 놀라지 않게 하오며

대장엄 용왕이 바다 속에서
열 가지의 장엄한 비를 내리매

백 가지 천 가지며 백천 가지니
물은 비록 한맛이나 장엄은 각각

한껏 가는 변재도 그와 같아서
열 가지 스무 가지 법을 말하여
백 가지 천 가지로 한량없지만
마음과 생각에는 차별이 없고

가장 높은 사갈라 훌륭한 용왕
사천하에 구름을 두루 덮고서
모든 곳에 내리는 비 각각 다르나
그 용왕의 마음은 둘이 아니니

부처님 법왕들도 그와 같아서
대자비의 몸 구름 시방에 가득
수행하는 사람 따라 비는 다르나
모든 것에 대하여 분별이 없다.

4) 마음의 업

"불자여, 보살마하살들이 어떻게 여래·응공·정등각의 마음을 알아야 하는가. 불자여, 여래의 마음과 뜻과 의식은 모두 얻어 볼 수 없으나, 다만 지혜가 한량없음으로써 여래의 마음을 알아야 합니다.

마치 허공이 모든 물건의 의지가 되지마는 허공은 의지한 데가 없나니, 여래의 지혜도 그와 같아서 모든 세간 지혜와 출세간 지혜의 의지가 되지마는, 여래의 지혜는 의지한 데가 없는 것과 같습니다.

불자여, 이것이 여래의 마음의 첫째 모양이니 보살마하살들은 마땅히 이렇게 알아야 합니다.

또 불자여, 비유하면 법계에서 온갖 성문과 독각과 보살의 해탈을 항상 내지마는, 법계는 더하고 덜함이 없는 것과 같습니다. 여래의 지혜도 그와 같아서 온갖 세간과 출세간의 가지가지 지혜를 내지마는, 여래의 지혜는 더하고 덜함이 없습니다.

불자여, 이것이 여래의 마음의 둘째 모양이니 보살마하살들은 마땅히 이렇게 알아야 합니다.

또 불자여, 비유하면 큰 바다의 물이 사천하의 땅과 팔십억 작은 섬의 속으로 흘러서 땅을 파면 다 물을 얻지마는, 내가 물을 낸다고 분별하지 않는 것과 같습니다. 부처의 지혜 바다 물도 그와 같아서 일체 중생의 마음 가운데로 흘러 들어가므로, 중생들이 경계를 관찰하거나 법문을 닦으면 지혜가 청정하고 분명하게 되거니와, 여래의 지혜는 평등하고 둘이 없고 분별이 없으면서도 중생의 마음과 행이 다르므로 얻은 지혜도 각각 같지 아니합니다.

불자여, 이것이 여래의 마음의 셋째 모양이니 보살마하살들은 마땅히 이렇게 알아야 합니다.

또 불자여, 비유하면 큰 바다에 보배 구슬 넷이 있어 한량없는 덕을 갖추고서 바닷속 모든 보배를 내나니, 만일 바다에 보배 구슬이 없다면 한 가지 보배도 있을 수 없는 것과 같습니다. 무엇이 넷인가. 하나는 모아 쌓는 보배요, 둘은 무진장이요, 셋은 치성함을 멀리 여읨이요, 넷은 장엄을 구족함입니다.

불자여, 이 네 보배 구슬을 모든 범부나 용과 귀신들이 보지 못하니, 왜냐 하면 사갈라용왕이 이 보배 구슬을 단정하고 장엄하다고 해서 궁중의 비밀한 곳에 간직한 연고입니다.

불자여, 여래·응공·정등각의 큰 지혜 바다도 그와 같아서, 그 가운데 네 큰 지혜 보배 구슬이 있어 한량없는 복과 지혜와 공덕을 갖추었으므로 일체 중생과 성문과 독각과 배우는 이〔學位〕와 배울 것 없는 이〔無學位〕와 보살들의 지혜 보배를 냅니다. 무엇이 넷인가. 물들지 않는 교묘한 방편인 큰 지혜 보배와, 함이 있고 함이 없는 법을 잘 분별하는 큰 지혜 보배와, 한량없는 법을 분별하여 연설하여도 법의 성품을 깨뜨리지 않는 큰 지혜 보배와, 때와 때 아님을 알아서 그르치지 않는 큰 지혜 보배입니다.

만일 여래의 큰 지혜 바다에 이 네 보배 구슬이 없다면 한 중생도 대승에 들어갈 수 없거니와, 이 네 보배를 박복한 중생은 보지 못하나니, 왜냐 하면 여래의 비밀장에 둔 연고입니다. 이 네 지혜 보배는 평균하고 정직하고 단정하고 조촐하고 아름다워서 보살 대중을 두루 이익하여 모두 지혜의 광명을 얻게 합니다.

불자여, 이것이 여래의 마음의 넷째 모양이니 보살마하살들은 마땅히 이렇게 알아야 합니다.

또 불자여, 비유하면 큰 바다에 치성한 광명 내는 큰 보배 넷이 그 바닥에 퍼져 있는데, 성질이 매우 뜨거워서 여러 강에서 흘러 들어오는 한량없이 많은 물을 빨아들이므로 바닷물이 늘거나 줄거나 하지 않는 것과 같습니다.

무엇이 넷인가. 하나는 일장日藏이요, 둘은 축축함을 여읨〔離潤〕이요, 셋은 불꽃 빛〔火焰〕이요, 넷은 남김 없이 다함〔盡無餘〕입니다.

불자여, 만일 바다에 이 네 가지 보배가 없으면 사천하에서부터 형상 세계 꼭대기에 이르기까지 그 가운데 있는 것들이 모두 물에 잠길 것입니다.

불자여, 이 일장 보배의 광명이 바다에 비치면 물이 모두 변하여 젖이 되고, 축축함을 여의는 보배의 광명이 비치면 이 젖이 변하여 타락〔酪〕이 되고, 불꽃 빛 보배의 광명이 비치면 타락이 변하여 소〔酥〕가 되고, 남김 없이 다함 보배의 광명이 비치면 소가 변하여 제호醍醐가 되나니, 마치 불이 치성하면 모두 다하고 남김이 없는 듯합니다.

불자여, 여래·응공·정등각의 큰 지혜 바다도 그와 같아서, 네 가지 큰 지혜 보배가 있어 한량없는 위덕과 광명을 갖추었나니, 이 지혜 보배의 광명이 보살들에게 비치면, 내지 여래의 큰 지혜를 얻게 됩니다. 무엇이 넷인가. 모든 흩어진 착함〔散善〕의 물결을 멸하는 큰 지혜 보배와 지혜 빛이 두루 비추는 큰 지혜 보배와 여래와 평등하여 그지없고 하염없는 큰 지혜 보배입니다.

불자여, 모든 보살이 도를 돕는 모든 법을 닦아 모을 때에, 한량없는 흩어진 착함의 물결을 일으키는 것을 모든 세간의 하늘과 사람과 아수라들은 능히 깨뜨리지 못하거니와, 여래께서는 모든 흩어진 착함의 물결을 멸하는 큰 지혜 보배의 광명으로 그 보살에게 비추어 모든 흩어진 착함의 물결을 버리고 마음을 한 경계에 두어 삼매에 머물게 합니다.

또 온갖 법의 애착을 제하는 큰 지혜 보배의 광명으로 그 보살에게 비추어 삼매에 맛들임을 여의고 광대한 신통을 일으키게 합니다.

또 지혜 빛이 두루 비추는 큰 지혜 보배의 광명으로 그 보살에게 비추어 일으킨 광대한 신통을 버리고 크게 밝은 하염 있는 행〔功用行〕에 머물게 합니다.

또 여래와 평등하여 그지없고 하염없는 큰 지혜 보배의 광명으로 그 보살에게 비추어 일으킨 바 크게 밝은 하염 있는 행을 버리고, 내지 여래의 평등한 자리를 얻으며 모든 하염을 쉬어서 남음이 없게 합니다.

불자여, 여래께서 이 네 가지 지혜 보배의 광명으로 비추는 일이 없으면 내지 한 보살도 여래의 자리를 얻을 수 없습니다.

불자여, 이것이 여래의 마음의 다섯째 모양이니 보살마하살들은 마땅히 이렇게 알아야 합니다.

또 불자여, 저 물 둘레 짬[水際]으로부터 생각도 생각 아님도 아닌 하늘[非想非非想天]에 이르기까지 그 가운데 있는 대천 국토와 욕심 세계·형상 세계·무형 세계의 중생이 있는 곳들이 모두 허공을 의지하여 일어나고 허공을 의지하여 머무나니, 왜냐 하면 허공이 두루한 연고며, 저 허공이 삼계를 모두 둘러싸고 있으면서도 분별이 없는 연고입니다.

불자여, 여래의 지혜도 그와 같아서 성문의 지혜나 독각의 지혜나 보살의 지혜나 함이 있는 행의 지혜나 함이 없는 행의 지혜나 모든 것이 다 여래의 지혜를 의지하여 일어나고 여래의 지혜를 의지하여 머무나니, 왜냐 하면 여래의 지혜는 모든 것에 두루한 연고며, 비록 한량없는 지혜를 두루 용납하면서도 분별이 없는 연고입니다.

불자여, 이것이 여래의 마음의 여섯째 모양이니 보살마하살들은 마땅히 이렇게 알아야 합니다.

또 불자여, 설산 꼭대기에 약 나무[藥王樹]가 있으니 이름은 다하잖은 뿌리[無盡根]며, 저 약 나무 뿌리가 16만 8천 유순 밑에 있는 금강 둘레 아래의 물 둘레 짬에서 났습니다. 저 약 나무에서 뿌리가 날 때에는 염부제에 있는 모든 나무의 뿌리가 나고, 약 나무에서 줄기가 날 때에는 염부제에 있는 모든 나무의 줄기가 나고, 가지나 잎이나 꽃이나 열매도 모두 그러합니다. 이 약 나무뿌리에서는 줄기를 내고 줄기에서는 뿌리를 내어서 뿌리가 끝날 때가 없으므로 다하잖은 뿌리라 합니다.

불자여, 저 약 나무가 어디서든지 나서 자라지마는, 오직 두 곳에서만은 나서 자라는 이익을 짓지 못하나니 지옥이란 깊은 구렁과 물 둘레 속입니다. 그러나 거기서도 싫어하거나 버리지 않습니다.

불자여, 여래의 지혜의 약 나무도 그와 같아서, 과거에 심었던 온갖 지혜를 성취하려는 선한 법으로써 일체 중생계를 두루 덮고, 모든 나쁜 길의 괴로움을 제멸하는 광대한 자비와 서원으로 뿌리가 되며, 모든 여래의 진실한 지혜의 성품 속에 나서 견고하여 동요하지 않으며, 교묘한 방편으로 줄기가 되고, 법계에 두루하는 지혜와 여러 바라밀로 가지가 되고, 선정·해탈·큰 삼매로 잎이 되고, 다라니[摠持]와 변재와 보리분법으로 꽃이 되고, 끝까지 변하지 않는 부처들의 해탈로 열매가 되었습니다.

불자여, 여래의 지혜의 약 나무를 어찌하여 다하잖은 뿌리라 하는가. 끝까지 쉬지 않는 연고며, 보살의 행을 끊지 않는 연고며, 보살의 행이 곧 여래 성품이요, 여래 성품이 곧 보살의 행이므로 다하잖은 뿌리라고 합니다.

불자여, 여래의 지혜의 약 나무에서 뿌리가 날 때에는 모든 보살로 하여금 중생을 버리지 않는 대자대비한 뿌리를 내게 하고, 가지가 날 때에는 모든 보살로 하여금 모든 바라밀의 가지를 자라게 하고, 잎이 필 때에는 모든 보살로 하여금 깨끗한 계율과 두타의 공덕을 내어 욕심이 없고 만족함을 아는 잎을 피게 하며, 꽃이 필 때에는 모든 보살로 하여금 선근을 갖추고 상호로 장엄한 꽃을 피게 하고, 열매가 맺을 때에는 모든 보살로 하여금 죽살이 없는 법의 지혜[無生忍]와 내지 모든 부처님의 정수리에 물 붓는 지혜의 열매를 맺게 합니다.

불자여, 여래의 지혜의 약 나무는 오직 두 곳에서는 나서 자라는 이익을 짓지 못하나니, 함이 없는 크고 넓고 깊은 구렁에 떨어진 이승二乘과, 선근이 파괴된 그릇이 아닌 중생으로서 크게 삿된 소견과 탐심과 애욕의 물에 빠진 이들입니다. 그러나 거기서도 싫어하거나 버리지 않습니다. 불자여, 여래의 지혜는 늘고 주는 일이 없나니 뿌리가 잘 머물러서 쉬지 않는 연고입니다.

불자여, 이것이 여래의 마음의 일곱째 모양이니 보살마하살들은 마땅히 이렇게 알아야 합니다.

또 불자여, 비유하면 삼천대천세계에 겁말劫末의 불이 일어날 적에는 모든 초목과 숲을 태우며, 내지 철위산과 큰 철위산이 모두 타 버리고 남는 것이 없는 것과 같습니다.

불자여, 가령 어떤 사람이 손으로 마른 풀을 들어 저 불구렁에 던진다면 어떻게 생각합니까. 타지 아니할 수 있겠습니까? 없다고 대답할 것입니다. 불자여, 그 던진 풀은 혹 타지 않는다 하더라도, 여래의 지혜로 삼세의 모든 중생과 모든 국토와 모든 겁과 모든 법을 분별함은 하나도 모를 것이 없나니, 만일 모를 것이 있다고 말하면 옳지 아니합니다. 왜냐 하면 지혜가 평등하여 모두 분명히 통달하는 연고입니다.

불자여, 이것이 여래의 마음의 여덟째 모양이니 보살마하살들은 마땅히 이렇게 알아야 합니다.

또 불자여, 비유하면 풍재風災가 세계를 무너뜨릴 때에 산괴散壞라는 큰 바람이 불어서는 삼천대천세계와 철위산들이 부서져 가루가 되고, 또 능장能障이란 큰 바람이 불어서는 삼천대천세계를 두루 돌며 산괴풍을 막아서 다른 세계에 이르지 못하게 합니다. 불자여, 만일 이 능장이란 큰 바람이 없더라면 시방세계가 모두 파괴되었을 것입니다.

여래·응공·정등각도 그와 같아서 큰 지혜 바람이 있으니 이름이 능멸能滅입니다. 모든 대보살의 번뇌와 습기를 멸하고, 큰 지혜 바람이 있으니 이름이 교지巧持며, 근기가 성숙하지 못한 보살들을 교묘하게 붙들어서 능멸이란 큰 지혜 바람으로 하여금 모든 번뇌와 습기를 끊지 못하게 합니다. 불자여, 만일 여래의 교지란 지혜 바람이 없었다면 한량없는 보살이 성문이나 벽지불 자리에 떨어지련마는 이 지혜로 말미암아서 보살들로 하여금 이승二乘의 지위를 초월하여 여래의 끝가는 자리에 머물게 합니다.

　불자여, 이것이 여래의 마음의 아홉째 모양이니 보살마하살들은 마땅히 이렇게 알아야 합니다.

　또 불자여, 여래의 지혜는 이르지 못하는 데가 없으니, 왜냐 하면 한 중생도 여래의 지혜를 갖추어 가지지 않은 이가 없지마는, 다만 허망한 생각을 여의기만 하면 온갖 지혜와 저절로 생기는 지혜와 걸림 없는 지혜가 곧 앞에 나타나게 되기 때문입니다.

　불자여, 비유하면 큰 경책[經卷]이 있어 분량이 삼천대천세계와 같은데 삼천대천세계에 있는 일을 죄다 썼으며, 이른바 큰 철위산 가운데 일을 쓴 것은 분량이 큰 철위산 만하고, 땅덩이 가운데 일을 쓴 것은 분량이 땅덩이 만하고, 중천中千세계의 일을 쓴 것은 분량이 중천세계 만하고, 소천小千세계의 일을 쓴 것은 분량이 소천세계 만하며, 이와 같아서 사천하나 큰 바다나 수미산이나 땅에 있는 하늘 궁전이나 욕심 세계의 허공에 있는 하늘 궁전이나 형상 세계의 궁전이나 무형 세계의 궁전이나를 낱낱이 쓴 것은 그 분량이 다 그와 같습니다. 이 큰 경책의 분량이 비록 대천세계와 같지마는, 전체가 한 작은 티끌 속에 있으며, 한 작은 티끌 속과 같이 모든 작은 티끌들도 역시 그러합니다. 이 때 어떤 지혜가 밝은 사람이 청정한 하늘 눈을 구족히 성취하여, 이 경책이 작은 티끌 속에 있으면서도 중생들에게 이익을 주지 못함을 보고는 '내가 꾸준히 노력하는 힘으로 저 티끌을 깨뜨리고 이 경책을 내어서 모든 중생을 이익케 하리라'라고 생각하고 즉시 방편을 내어서 작은 티끌을 깨뜨리고 이 큰 경책을 꺼내어 모든 중생으로 하여금 모두 이익을 얻게 하였으며, 한 티끌과 같이 모든 티끌을 다 그렇게 하였습니다.

　불자여, 여래의 지혜도 그와 같아서 한량이 없고 걸림이 없어서 일체 중생을 두루 이익케 하는 것이 중생들의 몸 속에 갖추어 있건마는, 어리석은 이의 허망한 생각과 집착함으로써 알지 못하고 깨닫지 못하여 이익을 얻지 못합니다.

　이 때 여래께서 장애가 없이 청정한 지혜 눈으로 법계의 모든 중생을 두루 관찰하고 이렇게 말씀하셨습니다.

　'이상하고 이상하다. 중생들이 여래의 지혜를 구족하고 있으면서도 어째서 어리석고 미혹하여 알지도 못하고 보지도 못하는가. 내가 마땅히 성인의 도로 가르쳐서 허망한 생각과 집착을 영원히 여의고 자기의 몸 속에서 여래의 광대한 지혜가 부처와 같아서 다름이 없음을 보게 하리라.'

　그리고 곧 저 중생들로 하여금 성인의 도를 닦아서 허망한 생각을 여의게 하며, 허망한 생각을 여의고는 여래의 한량없는 지혜를 얻어서 일체 중생을 이익하여 안락케 합니다.

　불자여, 이것이 여래의 마음의 열째 모양이니 보살마하살들은 마땅히 이렇게 알아야 합니다."

　이 때 보현보살마하살이 이 뜻을 거듭 밝히려고 게송을 말하였다.

　　　부처님 마음 알고자 하면
　　　부처님 지혜 자세히 보라.
　　　의지함 없는 부처님 지혜
　　　허공과 같이 의지가 없어

　　　여러 중생의 갖가지 낙樂과
　　　그 밖에 모든 방편과 지혜
　　　부처님 지혜 의지했지만
　　　부처님 지혜는 의지가 없고

성문들이나 독각들이나
여러 부처님 모든 해탈이
모두 법계를 의지했지만
법계는 늘고 주는 일 없어

부처 지혜도 그와 같아서
온갖 지혜를 내는 것이나
더함도 없고 덜함도 없고
나지도 않고 다함도 없어

그윽히 땅 속 흐르는 물을
구하여 얻지 못함 없으나
생각도 없고 다하잖지만
공덕의 힘이 시방에 두루해.

부처 지혜도 그와 같아서
중생 마음에 두루 있어서
부지런하게 수행만 하면
지혜의 광명 빨리 얻으리.

용에게 네 개 구슬이 있어
온갖 보배를 내는 것이나
깊고 비밀한 곳에 있어서
보통사람은 보지 못하니

부처 네 지혜 그와 같아서
온갖 지혜를 내는 것이나
다른 사람은 보지 못하고
오직 대보살만이 보나니

바다에 네 개 보배가 있어
온갖 물들을 빨아 먹어서
바다의 물이 넘치지 않고
늘고 주는 일 아주 없나니

부처님 지혜 그와 같아서
물결을 쉬고 법 애착 없애
넓고도 커서 그지없으며
부처와 보살 능히 내나니

밑에서부터 유정有頂계까지
욕심 세계·형상 세계·무형 세계가
모두 허공을 의지했지만
허공은 분별 없는 것같이

성문들이나 독각들이나
보살 대중의 모든 지혜가
부처 지혜를 의지했지만
부처 지혜는 분별이 없어.

설산에 있는 약 나무 이름
다하지 않는 뿌리라 하여
모든 나무의 뿌리와 줄기
잎새와 꽃과 열매 내나니

부처님 지혜 그와 같아서
여래의 성품 속에서 나고
보리를 이미 얻고 나서는
다시 보살의 행을 내도다.

누가 마른 풀 손으로 잡아
세계가 타는 불에 넣으면
금강산들도 활활 타는데
이 풀이 타지 않을 리 없어.

삼세 겁과 모든 세계와
그 속에 있는 여러 중생들
저 풀은 설사 안 탄다 해도
부처가 이를 모를 리 없고

큰 바람 이름 산괴라 하여
대천세계를 깨뜨리는데
다른 바람이 막지 않으면
모든 세계를 파괴하리니

큰 지혜 바람 그와 같아서
모든 보살의 의혹 멸할 때
교묘한 바람 따로 있어서
여래 지위에 머물게 하네.

여기 크나큰 경책 있어서
삼천세계와 분량 같은데
한 작은 티끌 속에 있으며
온갖 티끌도 모두 그러해

어떤 총명한 사람이 있어
맑은 눈으로 분명히 보고
티끌 쪼개고 경책을 내어
여러 중생을 모두 이익케

부처님 지혜 그와 같아서
중생 마음에 두루 있지만
허망한 생각 얽힌 바 되어
알지 못하고 못 깨닫거늘

여러 부처님 크신 자비로
허망한 생각 덜게 하려고
이런 세상에 출현하여서
모든 보살을 이익케 하네.

대방광불화엄경 제52권

제52권

37. 여래출현품 ③

5) 출현하는 경계와 행과 보리

"불자여, 보살마하살이 어떻게 여래·응공·정등각의 경계를 알아야 하는가. 불자여, 보살마하살은 막힘이 없고 걸림이 없는 지혜로 모든 세간의 경계가 여래의 경계임을 알며, 모든 삼세 경계와 모든 세계의 경계와 모든 법의 경계와 모든 중생의 경계와 진여의 차별 없는 경계와 법계의 걸림 없는 경계와 실제의 그지없는 경계와 허공의 분량 없는 경계와 경계 없는 경계가 여래의 경계임을 알아야 합니다.

불자여, 모든 세간의 경계가 한량없듯이 여래의 경계도 한량이 없으며, 모든 삼세 경계가 한량없듯이 여래의 경계도 한량이 없으며, 내지 경계 없는 경계가 한량없듯이 여래의 경계도 한량이 없고, 경계 없는 경계가 온갖 곳에 있는 것 아니듯이, 여래의 경계도 그와 같아서 온갖 곳에 있는 것 아닙니다.

불자여, 보살마하살은 마땅히 마음의 경계가 여래의 경계임을 알며, 마음의 경계가 한량없고 그지없고 속박도 없고 해탈도 없는 것 같이, 여래의 경계도 한량없고 그지없고 속박도 없고 해탈도 없음을 알아야 합니다. 왜냐 하면 이러이러하게 생각하고 분별함으로써 이러이러하게 한량없이 나타나는 연고입니다.

불자여, 마치 큰 용왕이 마음대로 비를 내리지마는, 그 비는 안에서 나오는 것도 아니고 밖에서 나오는 것도 아니듯이, 여래의 경계도 그와 같아서 이렇게 생각하고 분별함을 따라서 이렇게 한량없이 시방에 나타나지마는, 비롯하여 오는 데가 없습니다.

불자여, 마치 바닷물이 다 용왕의 마음으로 생기듯이, 부처님 여래의 온갖 지혜의 바다도 그와 같아서 다 여래의 과거의 큰 서원으로부터 생기는 것입니다.

불자여, 온갖 지혜의 바다는 한량없고 그지없고 헤아릴 수 없고 말할 수 없지마는, 내 이제 간략히 비유를 말하리니 그대들은 자세히 들으십시오.

불자여, 이 염부제에는 2천 5백 강이 흘러서 바다에 들어가고, 서구야니西拘耶尼에는 5천 강이 흘러 바다에 들어가고, 동불바제東弗婆提에는 7천 5백 강이 흘러서 바다에 들어가고, 북울단월北鬱單越에는 일만 강이 흘러서 바다에 들어갑니다. 불자여, 이 사천하에서 이러한 2만 5천 강이 계속하여 끊이지 않고 흘러서 바다에 들어가는 것을 어떻게 생각합니까. 이 물이 많겠습니까?"

대답하되 "매우 많겠나이다" 하였다.

"불자여, 다시 열 광명용왕이 바다에 내리는 물은 앞의 것보다 배가 되고, 백 광명용왕이 바다에 내리는 물은 또 앞의 것보다 배가 되고, 대장엄용왕과 마나사용왕과 뇌진雷震용왕과 난다・발난다용왕과 무량

광명용왕과 연주부단連霍不斷용왕과 대승大勝용왕과 대분신大奮迅용왕 등의 80억 용왕들이 바다에 내리는 비는 차례차례 앞의 것보다 또 배가 되며, 사갈라용왕의 태자 염부당閻淨幢이 바다에 내리는 물은 또 앞의 것보다 배가 됩니다.

불자여, 열 광명용왕의 궁전에 물이 흘러서 바다에 들어가는 것은 또 앞의 것보다 배가 되고, 백 광명용왕의 궁전에 물이 흘러서 바다에 들어가는 것은 또 앞의 것보다 배가 되고, 대장엄용왕과 마나사용왕과 뇌진용왕과 난다·발난다용왕과 무량광명용왕과 연주부단용왕과 대승용왕과 대분신용왕 등의 80억 용왕의 궁전이 각각 다르며, 그 가운데 있는 물이 흘러서 바다에 들어가는 것이 차례차례 앞의 것보다 또 배가 되며, 사갈라용왕의 태자 염부당의 궁전에 물이 흘러서 바다에 들어가는 것은 또 앞의 것보다 배가 됩니다. 불자여, 사갈라용왕의 계속하여 바다에 내리는 물은 또 앞의 것보다 배가 되고, 사갈라용왕의 궁전에 물이 솟아올라서 바다에 들어가는 것은 또다시 앞의 것보다 배가 되며, 그 솟아오르는 물은 아청 유리〔紺瑠璃〕빛으로서 솟는 때가 있으므로 바다에 조수가 때를 어기지 않습니다.

불자여, 이렇게 큰 바다에는 물이 한량이 없고 보배도 중생도 한량이 없고 의지한 땅덩이도 한량이 없습니다.

불자여, 그대의 뜻은 어떻습니까. 저 큰 바다는 한량이 없겠습니까?"

"실로 한량이 없으며 비유할 수가 없겠나이다."

"불자여, 이 바다의 한량없는 것으로, 저 한량이 없는 여래의 지혜 바다에 비하면, 백분의 일에도 미치지 못하고 천분의 일에도 미치지 못하고 내지 우파니사타분의 일에도 미치지 못하나니, 다만 중생의 마음대로 비유를 하지마는, 부처의 경계는 비유도 할 수가 없습니다.

불자여, 보살마하살은 마땅히 여래의 지혜가 한량없음을 알지니, 처음 마음 낼 적부터 모든 보살의 행을 닦아 끊이지 않는 연고입니다. 마땅히 보배덩이가 한량없음을 알지니, 모든 보리분법이 세 가지 보배가 끊이지 않는 연고입니다. 마땅히 머물 바 중생이 한량없음을 알지니, 모든 배우고〔學〕 배울 것 없는〔無學〕 성문과 독각이 얻어서 사용하는〔所受用〕 연고입니다. 마땅히 머무는 자리가 한량없음을 알지니, 처음 환희지로부터 내지 끝까지 장애가 없는 자리〔無障礙地〕에 이른 보살들이 사는 데인 연고입니다.

불자여, 보살마하살이 한량없는 지혜에 들어가 일체 중생을 이익케 하기 위하여 여래 · 응공 · 정등각의 경계를 이렇게 알아야 합니다."

그 때 보현보살마하살이 이 뜻을 거듭 밝히려고 게송을 말하였다.

　　마음의 경계들이 한량없듯이
　　부처님의 경계도 그와 같나니
　　마음 경계 뜻으로부터 났듯이
　　부처 경계 이렇게 관찰하시오.

　　용왕이 본처本處를 떠나지 않고
　　마음의 위력으로 큰비 내리니
　　빗물이 오고 가는 곳이 없어도
　　용왕의 마음 따라 흡족히 젖어.

　　열 가지 힘 무니도 그와 같아서
　　오는 데도 없으며 간 데 없으나
　　깨끗한 맘 있으면 몸을 나투어
　　법계처럼 큰 것이 털구멍에 들고.

바다의 진기함이 한량없거든
중생과 땅덩이도 그와 같으며
물의 성품 평등하여 차별 없으나
그 속에 나는 것은 이익이 각각.

여래의 지혜 바다 그와 같아서
갖가지 있는 것이 한량이 없어
학學과 무학無學과 지위[地] 있는 이
그 가운데 있어서 이익 얻는다.

"불자여, 보살마하살은 어떻게 여래·응공·정등각의 행을 알아야 하는가.

불자여, 보살마하살은 걸림 없는 행이 여래의 행임을 알아야 하며, 진여의 행이 여래의 행임을 알아야 합니다.

불자여. 진여는 앞 짬[前際]에서 나지도 아니하고 뒤 짬에서 동하지도 아니하고 현재에 일어나지도 않듯이 여래의 행도 그러하여 나지도 않고 동하지 않고 일어난 것도 아닙니다.

불자여, 마치 법계가 한량 있는 것도 아니고 한량없는 것도 아니니, 형상이 없는 연고입니다. 여래의 행도 그와 같아서 한량 있는 것도 아니고 한량없는 것도 아니니, 형상이 없는 연고입니다.

불자여, 마치 새가 허공에 날면서 백 년을 지난다 하여도 이미 지나간 곳이나 지나지 못한 곳이나 모두 측량할 수 없는 것과 같나니, 왜냐하면 허공계가 끝이 없는 연고입니다.

여래의 행도 그와 같아서 어떤 사람이 백천억 나유타 겁을 지내면서 분별하여 연설하였다 하여도 이미 말하였거나 말하지 못한 것을 측량할 수 없나니, 왜냐 하면 여래의 행은 끝이 없는 연고입니다.

불자여, 여래·응공·정등각이 걸림 없는 행에 머물러서는 머물 곳이 없지마는 일체 중생을 두루 위하여 행할 일을 보이어서 그들이 보고는 온갖 장애 되는 길을 벗어나게 합니다.

불자여, 마치 금시조왕金翅鳥王이 허공에 떠서 돌아다니면서 청정한 눈으로 바닷속 용왕들의 궁전을 살펴보고 용맹한 힘으로 좌우의 날개를 뽐내며 바닷물을 쳐서 두 쪽으로 헤치고 암용과 수용의 목숨이 다한 것을 골라서 움켜 가는 것과 같습니다.

여래·응공·정등각인 금시조왕도 그와 같아서 걸림 없는 행에 머물러 있으면서 청정한 부처 눈으로 법계 궁전 안에 있는 모든 중생을 살펴보고 만일 일찍이 선근을 심어 성숙하였거든, 여래께서 용맹한 십력을 떨치어 지止와 관觀의 두 날개로 나고 죽는 애착의 바닷물을 쳐서 두 쪽으로 헤치고 들어다가 불법 가운데 두어 온갖 허망한 생각과 희롱의 말을 끊어버리고 여래의 분별 없고 걸림 없는 행에 머물게 합니다.

불자여, 마치 해와 달이 짝이 없이 홀로 허공에 돌면서 중생을 이익하면서도 '내가 어디로부터 와서 어디로 간다'고 생각하지 아니하는 것과 같나니, 부처님 여래도 그와 같아서 성품이 본래 고요하고 분별이 없이 모든 법계에 다니면서 중생들을 이익케 하기 위하여 불사를 쉬지 않고 지으면서도 그렇게 희롱거리로 분별하여 '내가 어디로부터 와서 어디로 향하여 간다'는 생각을 내지 않습니다.

불자여, 보살마하살은 마땅히 이렇게 한량없는 방편과 한량없는 성품과 형상으로써 여래·응공·정등각의 행하시는 행을 알고 보아야 합니다."

이 때 보현보살이 이 뜻을 거듭 밝히려고 게송을 말하였다.

진여는 멸하지도 나지도 않고
있는 곳도 없으며 볼 이 없으나
크게 이익하는 이의 행이 이러해
삼세를 지나가서 요량 못하고

법계는 계界 아니고 비계非界도 아니며
유량有量도 아니면서 무량 아니니
큰 공덕 있는 이의 행도 그러해
유량·무량 아님은 몸이 없는 탓.

나는 새가 억천 년 날아다녀도
허공은 예와 오늘 차별 없나니
많은 겁에 여래의 행 연설하여도
말하고 아니한 것 요량 못하네.

금시조왕 허공에서 큰 바다 보고
물 헤치고 수용 암용 움켜 가듯이
십력으로 선근 중생 가려 내어서
생사 바다 벗어나 의혹 없애며

해와 달이 허공에 떠서 다니며
모든 것 비추지만 분별 없듯이
세존도 온 법계에 두루 다니며
중생들 교화하되 동하지 않네.

"불자여, 보살마하살들이 어떻게 여래·응공·정등각의 바른 깨달음을 알아야 하는가.

불자여, 보살마하살은 여래께서 바른 깨달음을 이룸이 온갖 이치에 관찰함이 없고, 법에 평등하여 의혹이 없으며, 둘이 없고 모양이 없으며 행도 없고 그침도 없으며, 한량이 없고 짬이 없으며, 양 쪽을 떠나서 중도中道에 머물며, 모든 글자와 말을 넘어설 줄을 알아야 합니다.

모든 중생의 마음에 행하는 바와 근성과 욕망과 번뇌와 습기를 알아야 하나니, 중요한 것을 말한다면 한 생각에 삼세 모든 법을 알아야 합니다. 불자여, 비유컨대 큰 바다에서는 사천하에 있는 모든 중생의 몸과 형상을 두루 나타내므로 다 같이 바다라 말하듯이, 부처님의 보리도 그와 같아서 모든 중생의 마음과 근성과 욕망을 두루 나타내면서도 나타내는 것이 없으므로 부처님들의 보리라 이름합니다.

불자여, 부처님의 보리는 모든 글자로도 표현할 수 없으며, 모든 음성으로도 미칠 수 없으며, 모든 말로도 말할 수 없건마는, 다만 마땅함을 따라서 방편으로 열어 보입니다.

불자여, 여래·응공·정등각이 바른 깨달음을 이룰 때에 모든 중생의 분량과 같은 몸[量等身]을 얻으며, 모든 법의 분량과 같은 몸을 얻으며, 모든 국토의 분량과 같은 몸을 얻으며, 모든 삼세의 분량과 같은 몸을 얻으며, 모든 부처님의 분량과 같은 몸을 얻으며, 모든 말의 분량과 같은 몸을 얻으며, 진여의 분량과 같은 몸을 얻으며, 법계의 분량과 같은 몸을 얻으며, 허공계의 분량과 같은 몸을 얻으며, 걸림 없는 경계의 분량과 같은 몸을 얻으며, 모든 서원의 분량과 같은 몸을 얻으며, 모든 행의 분량과 같은 몸을 얻으며, 적멸한 열반계의 분량과 같은 몸을 얻나니, 불자여, 얻은 바 몸과 같이 말과 마음도 그와 같아서 이렇게 한량없고 수없는 청정한 세 바퀴[三輪]를 얻습니다.

불자여, 여래께서 바른 깨달음을 이룰 때에 그 몸에서 모든 중생이 바른 깨달음 이루는 것을 두루 보며, 내지 모든 중생이 열반에 드는 것을 두루 보는 데, 모두 같은 성품으로 이른바 성품이 없음이니' 무슨 성품이 없는가. 이른바 모양의 성품이 있고, 다하는 성품이 없고, 나는 성품이 없고, 멸하는 성품이 없고, 나라는 성품이 없고, 나가 아닌 성품이 없고, 중생의 성품이 없고, 중생 아닌 성품이 없고, 보리의 성품이 없고, 법계의 성품이 없고, 허공의 성품이 없으며, 바른 깨달음을 이루는 성품도 없나니, 모든 법이 다 성품이 없음을 아는 연고로 온갖 지혜를 얻고 크게 가엾이 여김이 서로 계속하여 중생을 제도합니다.

불자여, 비유하면 허공은 모든 세계가 이루어지거나 무너지거나 간에 늘고 줄음이 없나니, 왜냐 하면, 허공은 나는 일이 없는 연고입니다. 부처님의 보리도 그와 같아서 바른 깨달음을 이루거나 이루지 못하거나 간에 늘고 줄음이 없나니, 왜냐 하면 보리는 모양도 없고 모양 아님도 없으며 하나도 없고 여러 가지도 없는 연고입니다.

불자여, 가령 어떤 사람이 항하의 모래와 같은 마음을 변화하여 만들고, 낱낱 마음마다 항하의 모래 같은 부처를 변화하여 만들되, 다 빛도 없고 형상도 없고 모양도 없으며, 이와 같이 항하의 모래 같은 겁이 다 하도록 쉬는 일이 없다면, 불자여, 그대는 어떻게 생각합니까? 저 사람이 마음을 변화하여 만들고 부처를 변화하여 만든 것이 얼마나 되겠습니까?"

여래성기묘덕보살이 말하였다.

"내가 알기에는 당신이 말씀하신 뜻이 변화하고 변화하지 않는 것이 평등하여 차별이 없삽거늘 어찌하여 '얼마나 되겠는가' 물으십니까?"

보현보살이 말하였다.

"훌륭하고 훌륭합니다, 불자여, 그대의 말과 같아서 가령 모든 중생이 잠깐 동안에 모두 바른 깨달음을 이루더라도 바른 깨달음을 이루지 못한 것과 평등하고 다르지 않으리니, 왜냐 하면 보리는 모양이 없는 연고입니다. 만일 모양이 없으면 더함도 없고 덜함도 없을 것입니다.

불자여, 보살마하살이 마땅히 이렇게 정등각을 이루는 것이 보리와 같아서 한모양이며, 모양이 없음을 알아야 합니다.

여래께서 바른 깨달음을 이룰 때에 한 모양 방편으로 잘 깨닫는 지혜의 삼매에 들고, 들어가서는 바른 깨달음을 이룬 한 광대한 몸에 온갖 중생 수와 같은 몸을 나타내어 몸 가운데 머물며, 바른 깨달음을 이룬 한 광대한 몸과 같이, 모든 바른 깨달음을 이룬 한 광대한 몸도 그와 같습니다.

불자여, 여래는 이와 같이 한량없는 바른 깨달음을 이루는 문이 있나니, 그러므로 마땅히 알지니 여래께서 나투는 몸은 한량이 없으며, 한량이 없음으로써 여래의 몸을 말하여 한량없는 경계〔界〕며 중생계와 같다고 합니다.

불자여, 보살마하살은 마땅히 여래의 몸의 한 털구멍 속에 일체 중생 수효와 같은 부처의 몸이 있음을 알아야 하나니, 왜냐 하면 여래의 바른 깨달음을 이룬 몸은 끝까지 나고 멸함이 없는 연고입니다.

한 털구멍이 법계에 두루하듯이 모든 털구멍도 그러하니, 마땅히 조그마한 허공에도 부처의 몸이 없는 데가 없음을 알아야 합니다. 왜냐 하면 여래께서 바른 깨달음을 이루는 것은 이르지 않은 데가 없는 연고입니다.

그 능함을 따르고 그 세력을 따라서 도량의 보리수 아래 사자좌 위에서 갖가지 몸으로 바른 깨달음을 이루는 것입니다.

불자여, 보살마하살은 자기의 마음에 생각생각마다 항상 부처가 있어 바른 깨달음을 이루는 것을 알아야 하나니, 왜냐 하면 부처님 여래들이 이 마음을 떠나지 않고 바른 깨달음을 이루는 연고며, 자기의 마음과 같이 모든 중생의 마음도 그와 같아서, 다 여래가 있어 바른 깨달음을 이룹니다. 넓고 크고 두루하여 있지 않은 데가 없으며, 여의지 아니하고 끊이지 아니하여 헤아릴 수 없는 방편 법문에 들어갑니다.

불자여, 보살마하살은 마땅히 이렇게 여래가 바른 깨달음을 이루는 것을 알아야 합니다."

이 때 보현보살마하살이 이 뜻을 거듭 밝히려고 게송을 말하였다.

> 깨달은 이 모든 법 분명히 아니
> 둘 없고 둘 여의어 모두 평등해
> 제 성품 청정하기 허공과 같아
> 나와 나 아닌 것을 분별치 않네.
>
> 바다에 중생의 몸 나타나듯이
> 그러므로 큰 바다라 말을 하나니
> 보리에 마음과 행 모두 나타나
> 그리하여 이름을 바른 깨달음.
>
> 세계가 이뤄지고 무너지어도
> 허공은 더하거나 덜하지 않아
> 모든 부처 세간에 출현하시나
> 보리는 한모양이고 모양 없음이니
>
> 사람의 마음 화해 부처 지으나
> 화하고 화하잖고 성품 안 달라

모든 중생 보리를 이루거니와
이루고 안 이루고 증감이 없네.

부처의 삼매 이름 좋게 깨달음
보리 나무 아래서 이 선정 들고
한량없는 중생 수 광명을 놓아
여러 중생 깨우치기 연꽃이 피듯

삼세 여러 겁의 세계와 중생
그들의 생각이나 근성과 욕망
이렇게 많은 수효 몸을 나툴새
바르게 깨달음을 한량없다 해.

6) 법륜·열반·이익

"불자여, 보살마하살이 어떻게 여래·응공·정등각의 법륜 굴리심을 알아야 하는가.

불자여, 보살마하살은 이렇게 알아야 합니다. 여래는 마음의 자유자재한 힘으로써 일어남도 없고 굴림도 없이 법륜을 굴리나니, 모든 법이 항상 일어남이 없음을 아는 연고입니다. 세 가지 굴림으로써 끊을 것을 끊고서 법륜을 굴리나니, 모든 법이 치우친 소견〔邊見〕을 여읨을 아는 연고입니다. 욕심의 짬〔欲際〕과 짬 아닌 것〔非際〕을 여의고서 법륜을 굴리나니 모든 법의 공한 짬에 들어간 연고며, 말이 없이 법륜을 굴리나니 모든 법이 말할 수 없음을 아는 연고며, 끝까지 적멸하게 법륜을 굴리나니 모든 법이 열반의 성품임을 아는 연고입니다.

온갖 글자와 온갖 말로써 법륜을 굴리나니 여래의 음성은 이르지 않는 곳이 없는 연고며, 소리가 메아리임을 알고 법륜을 굴리나니 모든 법의 진실한 성품을 아는 연고며, 한 음성 속에서 모든 음성을 내어서 법륜을 굴리나니 필경에 주재가 없는 연고며, 남김이 없고 다함이 없이 법륜을 굴리나니 안과 밖에 집착이 없는 연고입니다.

 불자여, 비유컨대 모든 글자와 말을 오는 겁이 끝나도록 말하여도 할 수 없는 것처럼, 부처님의 법륜을 굴리심도 그와 같아서 모든 글자로 잘 정돈하여 나타내기를 쉬지 아니하여도 다할 수 없습니다.

 불자여, 여래의 윤법이 모두 모든 말과 글자에 들어갔지마는 머무는 데가 없나니, 마치 글자가 모든 일·모든 말·모든 산수·모든 세간과 출세간으로 들어가지마는, 머무는 데가 없는 것과 같습니다. 여래의 음성도 그와 같아서 모든 처소·모든 중생·모든 법·모든 업·모든 과보 가운데 두루 들어가지마는 머무는 데가 없습니다.

 일체 중생의 갖가지 말이 다 여래의 법륜을 떠나지 않았으니, 왜냐하면 말과 음성의 실상이 곧 법륜인 연고입니다.

 불자여, 보살마하살은 여래의 법륜 굴리는 것을 이렇게 알아야 합니다.

 또 불자여, 보살마하살이 여래가 굴리는 법륜을 알려거든, 마땅히 여래의 법륜이 생긴 곳을 알아야 하나니, 어떤 것이 여래의 법륜이 생긴 곳인가. 불자여, 여래는 모든 중생의 마음과 행과 욕망이 한량없이 차별함을 따라서 여러 가지 음성을 내어 법륜을 굴립니다.

 불자여, 여래·응공·정등각이 삼매가 있으니 이름이 끝까지 걸림 없고 두려움 없음[究竟無礙無畏]이며, 이 삼매에 들고는 바른 깨달음을 이룬 낱낱 몸과 낱낱 입에서 각각 온갖 중생의 수효같은 음성을 내고, 낱낱 음성에 여러 음성이 구족하여 각각 차별한 것으로 법륜을 굴리어서 모든 중생들을 기쁘게 합니다. 이렇게 법륜을 굴리는 것을 알면 이 사람은 모든 부처님 법을 순종함이요, 이렇게 알지 않는 이는 순종하지 아니함입니다. 불자여, 보살마하살들은 마땅히 이렇게 부처님의 법륜 굴리심을 알아야 하나니, 한량없는 중생 세계에 두루 들어가는 연고입니다."

그 때 보현보살마하살이 이 뜻을 거듭 밝히려고 게송을 말하였다.

여래의 법 바퀴는 굴림 없으며
삼세에 잃지 않고 얻음 없나니
글자들이 다하는 때 없음 같아서
열 가지 힘 법륜도 그와 같도다.

글자가 들어가도 간 데 없듯이
정각正覺의 법륜도 그와 같아서
모든 말에 들어가도 든 데 없으나
중생들로 하여금 기쁘게 하고

삼매 이름 '끝까지 걸림 없다'고
이 선정에 들어서 법을 말하며
여러 가지 중생들 그지없거늘
그 음성 모두 내어 깨달아 알게.

낱낱 음성 가운데 각각 차별한
한량없는 말들을 다시 연설해
세상에 자재하여 분별 없으나
그들의 욕망 따라 듣게 하나니

글자는 안팎에서 나지 않으며
무너지고 쌓이지도 아니 하지만
중생을 위하여서 법륜 굴리니
이렇게 자재함이 매우 기특해.

"불자여, 보살마하살이 어떻게 여래·응공·정등각의 반열반하심을 알아야 하는가.

불자여, 보살마하살이 여래의 큰 열반을 알고자 하면 마땅히 근본 성품을 알아야 하나니, 진여의 열반처럼 여래의 열반도 그러하고, 실제의 열반처럼 여래의 열반도 그러하고, 법계의 열반처럼 여래의 열반도 그러하고, 허공의 열반처럼 여래의 열반도 그러하고, 법의 성품의 열반처럼 여래의 열반도 그러하고, 욕심의 짬을 여읜 열반처럼 여래의 열반도 그러하고, 모양 없는 짬의 열반처럼 여래의 열반도 그러하고, 나의 성품의 짬 열반처럼 여래의 열반도 그러하고, 모든 법의 성품의 짬 열반처럼 여래의 열반도 그러하고, 진여의 짬의 열반처럼 여래의 열반도 그러하니, 왜냐 하면 열반은 생겨나는 일도 없고 벗어나는 일도 없는 연고입니다. 만일 법이 생겨남도 없고 벗어남도 없으면 멸함이 없는 것입니다.

불자여, 여래는 보살을 위하여 여래의 필경 열반을 말하지 아니하며, 저들에게 그 일을 나타내지도 아니하나니, 왜냐 하면 모든 여래가 그 앞에 항상 있음을 보게 하려 하며, 잠깐 동안에 지난 세상 오는 세상의 부처님들의 모습이 원만하여 모두 현재와 같음을 보게 하려는 때문이며, 둘이라 둘이 아니라는 생각도 일으키지 아니하니, 왜냐 하면 보살마하살은 모든 생각에 집착함을 아주 여읜 연고입니다.

불자여, 부처님 여래는 중생들로 하여금 즐김을 내게 하려고 세상에 출현하며 중생들로 하여금 사모함을 내게 하려고 열반함을 보이지마는, 여래는 참으로 세상에 출현함도 없고 열반함도 없나니, 왜냐 하면 여래는 청정한 법계에 항상 계시면서 중생의 마음을 따라서 열반함을 나타내기 때문입니다.

불자여, 비유컨대 해가 떠서 세간에 두루 비치되 무릇 깨끗한 물이 있는 그릇에는 되비쳐 나타나서 여러 곳에 두루하지마는 오거나 가는 일이 없으며, 한 그릇이라도 깨지면 되비쳐 나타나지 않는 것과 같습니다. 불자여, 어떻게 생각합니까. 저 되비쳐 나타나지 않음이 해의 탓이겠습니까. 아니겠습니까?"

"아닙니다. 그릇이 깨진 탓이요, 해의 허물은 아닙니다."

"불자여, 여래의 지혜 해도 그와 같아서 법계에 두루 나타나되, 먼저도 없고 나중도 없으며, 모든 중생의 깨끗한 마음에는 부처님이 나타나지 않는 데가 없어서, 마음 그릇이 항상 깨끗하면 부처님 몸을 항상 보고, 마음이 흐리고 그릇이 깨지면 보지 못합니다.

불자여, 만일 열반함으로써 제도할 중생이 있으면 여래께서 곧 열반을 보이거니와, 실상으로는 여래는 나는 일도 없고 없어지는 일도 없고 열반하는 일도 없습니다.

불자여, 비유컨대 화대火大가 모든 세간에서 불붙는 일을 하다가, 혹 한 곳에서 불이 꺼진다면 어떻게 생각합니까. 여러 세간의 불이 모두 꺼지겠습니까?"

"아닙니다."

"불자여, 여래 · 응공 · 정등각도 그와 같아서 모든 세계에서 불사를 지으시다가, 혹 세계에서 할 일을 마치면 열반에 드심을 보이거니와, 모든 세계의 여래들이 모두 열반함이 아닙니다.

불자여, 보살마하살은 마땅히 이렇게 여래 · 응공 · 정등각의 크게 반열반하심을 알아야 합니다.

 또 불자여, 비유컨대 요술쟁이가 요술하는 방법을 잘 알고서 요술의 힘으로 삼천대천세계의 여러 국토와 도시와 마을에서 눈어리 몸〔幻身〕을 나타낼 적에 요술의 세력으로 여러 겁을 머물거니와, 다른 데서 요술하는 일이 마치면 몸을 숨기고 나타내지 않나니, 불자여, 어떻게 생각합니까. 저 요술쟁이가 한 곳에서 몸을 감춘다고 여러 곳에서 모두 없어지겠습니까?"

 "아닙니다."

 "불자여, 여래·응공·정등각도 그와 같아서 한량없는 지혜 방편인 갖가지 요술로 모든 법계에 몸을 나타내어 항상 머물러 오는 세월이 끝나도록 하다가도 한 곳에서 중생의 마음을 따라서 하는 일이 끝나면 열반함을 보이거니와, 한 곳에서 열반한다고 해서 온갖 것이 모두 없어진다 하겠습니까.

 불자여, 보살마하살은 마땅히 이렇게 여래·응공·정등각의 크게 반열반함을 알아야 합니다.

 또 불자여, 여래·응공·정등각이 열반함을 보일 적에는 부동삼매不動三昧에 드나니, 이 삼매에 들고는 낱낱 몸에서 각각 한량없는 백천억 나유타 큰 광명을 놓고 낱낱 광명마다 아승기 연화를 내고 낱낱 연화에 각각 말할 수 없는 묘한 보배 꽃술이 있으며, 낱낱 꽃술에 사자좌가 있고, 낱낱 사자좌 위에 여래께서 가부하고 앉으셨으니, 그 부처님 몸 수효가 일체 중생의 수효와 같으며, 모두 가장 묘한 공덕과 장엄을 갖추었으니, 본래의 원력으로부터 생긴 것입니다.

 어떤 중생이나 선근이 성숙한 이가 부처님 몸을 보고는 교화를 받거니와, 저 부처님 몸은 오는 세월이 끝나도록 필경까지 편안히 머물면서 마땅한 대로 모든 중생을 교화하되 한 번도 때를 놓치지 않습니다.

불자여, 여래의 몸은 방소가 있는 것 아니어서 실제의 것도 아니고 허망한 것도 아니며, 다만 부처님들의 본래 서원한 힘으로써 중생이 제도를 받을 만하면 나타나는 것이니, 보살마하살들은 마땅히 이렇게 여래·응공·정등각의 크게 반열반하심을 알아야 합니다.

불자여, 여래는 한량없고 걸림 없는 끝까지인 법계와 허공계에 머무시나니, 진여법의 성품은 나는 일도 멸하는 일도 없으며 아울러 진실한 쫌이거니와 중생들을 위하여 때를 따라 나타나고, 본래의 서원으로 쉬지 아니하며 모든 중생과 모든 세계와 모든 법을 버리지 않습니다."

그 때 보현보살마하살이 이 뜻을 거듭 밝히려고 게송을 말하였다.

　　해에서 광명 펴서 법계 비추되
　　그릇 깨져 물 새면 그림자 없듯
　　가장 좋은 지혜 해도 그와 같아서
　　중생이 믿음 없어 열반을 보고

　　화대가 세간에서 불이 타다가
　　도시나 시골에서 혹시 꺼지듯
　　부처님 몸 법계에 두루하시나
　　교화가 끝난 데선 열반을 보이고

　　요술쟁이 모든 곳에 몸을 나투다
　　할 일이 끝난 곳엔 없어지나니
　　여래 교화 끝난 곳도 그와 같지만
　　다른 데선 부처님 항상 뵙나니

부처님의 삼매는 이름이 부동
중생 교화 마치면 이 정에 들어
몸에서 한량없는 광명 놓으니
광명에는 연꽃 나고 연꽃엔 부처.

부처님 몸 수없어 법계 같거든
복 지은 중생들이 능히 보나니
이렇게 수효 없는 낱낱 몸에는
목숨이나 장엄을 모두 구족해

나는 성품 없듯이 부처 나시고
멸하는 성품 없는 부처님 열반
말이나 비유들이 모두 끊어지니
온갖 이치 이루어 짝할 이 없네.

"불자여, 보살마하살은 여래·응공·정등각을 보고 듣고 친근하여 심은 선근을 어떻게 알아야 하는가. 불자여, 보살마하살은 마땅히 여래의 계신 데서 보고 듣고 친근하여 심은 선근이 모두 헛되지 않은 줄을 알아야 하나니, 다하지 않는 깨달음의 지혜를 내는 연고며, 모든 장난 障難을 여의는 연고며, 결정코 끝닿은 데까지 이르는 연고며, 허탄함이 없는 연고며, 모든 소원이 만족하는 연고며, 함이 있는 행을 다하지 않는 연고며, 함이 없는 지혜를 따르는 연고며, 여러 부처의 지혜를 내는 연고며, 오는 세월의 짬까지 다하는 연고며, 온갖 가지 훌륭한 행을 이루는 연고며, 하염없는 지혜의 지위〔無功用智地〕에 이르는 연고입니다.
불자여, 비유하면 장부가 금강을 조금만 삼켜도 마침내 소화되지 않고 몸을 뚫고서 밖에 나오는 것과 같나니, 왜냐 하면 금강은 육신에 섞여서 함께 있지 않는 연고입니다. 여래에게 조그만 선근을 심은 것도 그와 같아서, 모든 함이 있는 여러 행과 번뇌의 몸을 뚫고 지나가서 함이 없이 가장 높은 지혜에 이르나니, 왜냐 하면 이 작은 선근은 함이 있는 행과 번뇌와 더불어 함께 머물지 않는 연고입니다.

불자여, 가령 마른 풀을 수미산처럼 쌓았더라도 그 가운데 겨자씨만 한 불을 던지면 죄다 타고 마는 것과 같나니, 왜냐 하면 불은 능히 태우는 연고입니다. 여래에게 조그만 선근을 심은 것도 그와 같아서 반드시 모든 번뇌를 태워 버리고 필경에 남음이 없는 열반을 얻나니, 왜냐 하면 이 작은 선근의 성품이 끝까지 가는 연고입니다.

불자여, 설산에 선견善見이란 약 나무가 있어서 보는 이는 눈이 깨끗하고 듣는 이는 귀가 깨끗하고 맛보는 이는 혀가 깨끗하고 닿는 이는 몸이 깨끗하며, 어떤 중생이 그 흙을 가져오면 병을 없애는 이익을 짓게 되는 것과 같습니다.

불자여, 여래·응공·정등각의 위없는 약왕도 그와 같아서 모든 중생을 이익케 하나니, 여래의 육신을 보는 이는 눈이 깨끗하고, 여래의 이름을 들은 이는 귀가 깨끗하고, 여래의 계행 향기를 맡는 이는 코가 깨끗하고, 여래의 법을 맛본 이는 혀가 깨끗하여 넓고 긴 혀를 갖추어 말하는 법을 알고, 여래의 광명에 닿은 이는 몸이 깨끗하여 필경에 위없는 법신을 얻고, 여래를 생각하는 이는 염불하는 삼매가 청정하여집니다.

만일 중생이 여래께서 지나가신 땅이나 탑에 공양하면 역시 선근을 갖추어서 모든 번뇌와 근심을 제멸하고 성현의 즐거움을 얻습니다.

불자여, 내가 지금 그대에게 말하노니, 어떤 중생이 부처님을 보거나 들으면서도 업에 덮이어서 믿고 좋아함을 내지 못하더라도, 역시 선근을 심게 되어 헛되지 않을 것이며, 내지 필경에는 열반에 들게 되나니, 불자여, 보살마하살이 마땅히 이와 같이 여래의 계신 데서 보고 듣고 친근하면 그 선근으로 모든 나쁜 법을 여의고 착한 법을 구족할 것입니다.

불자여, 여래께서 모든 비유로 여러 가지 일을 말하더라도 이 법을 말할 비유는 없는 것이니, 왜냐 하면 마음과 지혜의 길이 끊어져서 생각하거나 말할 수가 없는 연고입니다. 부처님이나 보살들이 중생들의 마음을 기쁘게 하려고 비유를 말함이언정 최고의 법은 아닙니다.

불자여, 이 법문의 이름은 여래의 비밀한 곳[如來秘密之處]이며, 또 모든 세간이 알지 못하는 것[一切世間所不能知]이며, 또 여래의 법인에 들어감[入如來印]이며, 또 큰 지혜의 문을 열음[開大智門]이며, 또 여래의 종자 성품을 나타냄[示現如來種性]이며 또 모든 보살을 성취함[成就一切菩薩]이며 또 모든 세간이 깨뜨리지 못함[一切世間所不能壞]이며 또 한결같이 여래의 경계를 따름[一向隨順如來境界]이며 또 모든 중생의 세계를 깨끗이 함[能淨一切諸衆生界]이며 또 여래의 근본 성품으로 헤아릴 수 없는 끝까지 이르는 법[演說如來根本實性不思議究境法]이라 합니다.

불자여, 이 법문은 여래께서 다른 중생에게는 말하지 않고, 오직 대승에 나아가는 보살에게 말하며 부사의한 수레를 타는 보살에게 말하는 것이므로, 이 법문은 모든 중생의 손에는 들어가지 않거니와 보살마하살만은 제할 것입니라.

불자여, 마치 전륜왕에게 있는 일곱 가지 보배와 같아 이 보배로 말미암아 전륜왕임을 보이나니, 이 보배는 다른 중생의 손에는 들어가지 않거니와, 오직 첫째 부인이 낳은 태자로서 전륜왕의 모습을 갖춘 이는 제할 것입니다.

만일 전륜왕의 이런 태자로서 여러 덕을 갖춘 이가 없으면, 이 일곱

보배는 전륜왕이 죽은 뒤 이렛 동안에 모두 없어집니다.

불자여, 이 보배 경전도 그와 같아서 다른 중생의 손에는 들어가지 않거니와, 오직 여래의 참 아들로 여래의 가문에 나서 여래의 모습과 선근을 심은 이는 제할 것입니다. 불자여, 만일 이와 같은 부처님의 참 아들이 없으면 이런 법문이 오래지 않아 없어지나니, 왜냐 하면 온갖 이승(二乘)은 이 경을 듣지도 못하거든 하물며 받아 지니고 읽고 외고 쓰고 분별하여 해석함이겠습니까, 오직 보살만이 이러할 수 있습니다.

그러므로 보살마하살은 이 법문을 듣고는 크게 기뻐하며 소중히 여기는 마음으로 받아야 하나니, 왜냐 하면 보살마하살이 이 경을 믿고 좋아하면 아뇩다라삼먁삼보리심을 빨리 얻게 되기 때문입니다.

불자여, 보살들이 설사 한량없는 백천억 나유타 겁에 여섯 바라밀을 행하고 여러 가지 보리분법을 닦더라도, 만일 이 여래의 부사의하고 큰 위덕 있는 법문을 듣지 못하였거나, 듣고도 믿지 않고 알지 못하고 따르지 않고 들어가지 못한다면, 참된 보살이라 이름하지 못하나니, 여래의 가문에 나지 못하는 연고입니다.

이 여래의 한량없고 부사의하고 막히지 않고 걸림이 없는 지혜의 법문을 들었으며, 듣고는 믿고 이해하고 따르고 깨달아 들어간다면, 이 사람은 여래의 가문에 나서 여래의 경계를 따르고 온갖 보살의 법을 구족하고 갖가지 지혜(一切種智)의 경계에 머물고 모든 세간의 법을 여의고 모든 여래의 행하시던 일을 내며, 모든 보살법의 성품을 통달하여 부처님의 자유자재에 대하여 마음에 의혹이 없고 스승이 없는 법에 머물러 여래의 걸림 없는 경계에 깊이 들어갈 것입니다.

불자여, 보살마하살이 이 법을 들으면 능히 평등한 지혜로 한량없는 법을 알고, 정직한 마음으로 모든 분별을 떠나고, 훌륭한 욕망으로 부처님을 뵈옵고, 생각을 내는 힘(作意力)으로 평등한 허공계에 들어가고,

자유자재한 생각으로 그지없는 법계에 행하고, 지혜의 힘으로 모든 공덕을 구족하고, 자연한 지혜로 모든 세간의 때를 여의고, 보리심으로 모든 시방의 그물에 들어가고, 크게 관찰함으로 삼세 부처님들의 동일한 성품을 알고, 선근을 회향하는 지혜로 이런 법에 널리 들어가되 들어가지 아니하면서 들어가며 한 법에도 반연하지 아니하고 항상 한 법으로써 모든 법을 관찰합니다.

불자여, 보살마하살이 이런 공덕을 이루고는 조그만 공을 들여도 스승 없이 자연한 지혜를 얻습니다."

그 때 보현보살이 이치를 거듭 펴려고 게송을 말하였다.

부처님을 보고 듣고 공양하오면
그 공덕을 헤아릴 수가 없나니
함이 있는 가운데서 다하지 않아
모든 번뇌 멸하고 괴로움 여의리.

어떤 사람 금강을 조금 먹어도
언제나 녹지 않고 나올 것이니
부처님께 공양한 여러 공덕도
의혹 끊고 금강 지혜 이르느니라.

마른 풀이 수미산 같다 하여도
겨자씨 같은 불로 다 태우나니
부처님께 공양한 작은 공덕이
번뇌를 모두 끊고 열반 얻으리.

설산에 선견이란 약이 있어서
보고 듣고 맡는 이 병이 소멸돼
열 가지 힘 부처를 뵙고 들으면
좋은 공덕 얻어서 부처 이루리.

  이 때 부처님의 신통한 힘과 으레 그러한 법으로, 시방에 각각 열 갑절 말할 수 없는 백천억 나유타 세계가 여섯 가지로 진동하니, 이른바 동에서 솟고 서에서 빠지며 서에서 솟고 동에서 빠지며, 남에서 솟고 북에서 빠지며 북에서 솟고 남에서 빠지며, 변두리에서 솟고 복판에서 빠지며 복판에서 솟고 변두리에서 빠지는 것이었다. 또 열 여덟 가지 모양으로 흔들리니, 이른바 흔들흔들 · 두루 흔들흔들 · 온통 두루 흔들흔들 · 들썩들썩 · 두루 들썩들썩 · 온통 두루 들썩들썩 · 울쑥불쑥 · 두루 울쑥불쑥 · 온통 두루 울쑥불쑥 · 우르르 · 두루 우르르 · 온통 두루 우르르 · 와르릉 · 두루 와르릉 · 온통 두루 와르릉 · 와지끈 · 두루 와지끈 · 온통 두루 와지끈하는 것이다.
  하늘의 것보다도 더 좋은 모든 꽃 구름 · 모든 일산 구름 · 당기 구름 · 번기 구름 · 향 구름 · 화만 구름 · 바르는 향 구름 · 장엄거리 구름 · 큰 광명 마니보배 구름 · 모든 보살 찬탄하는 구름 · 말할 수 없는 보살들의 차별한 몸 구름을 비내리고, 바른 깨달음을 이루는 구름과 깨끗하고 부사의한 세계구름을 비내리며, 여래의 말씀 소리 구름을 비내려서 그지없는 법계에 가득하였다.
  이 사천하에서 여래의 신통한 힘으로 이렇게 나타내어 보살들을 모두 기쁘게 하듯이, 시방에 가득한 모든 세계에서도 역시 이와 같았다.
  이 때 시방으로 각각 팔십 갑절 말할 수 없는 백천억 나유타 세계의 티끌 수 세계 밖에 각각 팔십 갑절 말할 수 없는 백천억 나유타 세계의 티끌 수 여래가 있으니 이름은 다 같은 보현普賢이라, 앞에 나타나시어 이렇게 말씀하셨다.

"장하다, 불자여, 능히 부처님의 위신의 힘을 받잡고 법의 성품을 따라서 여래가 출현하는 부사의한 법을 연설하는구나. 불자여, 시방의 팔십 갑절 말할 수 없는 백천억 나유타 세계의 티끌 수 이름 같은 우리 부처들도 다 이 법을 말하며, 우리가 말하는 것 같이 시방세계의 모든 부처들도 그렇게 말씀하느니라.

불자여, 이 회중에 있는 십만 부처 세계의 티끌 수 보살마하살이 모든 보살의 신통과 삼매를 얻었으니, 우리들이 모두 수기를 주어 한 생에 아뇩다라삼먁삼보리를 얻으리라 하며, 부처 세계의 티끌 수 중생들이 아뇩다라삼먁삼보리 마음을 낸 이들도 우리들이 수기를 주어 오는 세상에 말할 수 없는 세계의 티끌 수 겁을 지내서 모두 부처를 이루어 불수승경계佛殊勝境界라 이름하리라 하며, 우리는 또 미래의 여러 보살이 이 법을 듣게 하려고 함께 보호하노라. 이 사천하에서 제도하는 중생과 같이 시방의 백천억 나유타 한량없고 수없고 말할 수 없이 말할 수 없는 법계와 허공계의 모든 세계에서 제도하는 중생도 이와 같으니라.

그 때에 시방 부처님들의 위신의 힘과 비로자나불의 본래 서원한 힘과 으레 그러한 연고와 선근의 힘과 여래가 지혜를 일으키어 생각을 뛰어 넘지 않는 연고와 여래가 인연을 따라 때를 놓치지 않음과 때를 따라 보살들을 깨우침과 과거에 지은 것을 잃어버리지 않음과 보현의 광대한 행을 얻게 하려는 연고와 온갖 지혜의 자유자재함을 나타내려는 연고로, 시방으로 각각 열 갑절 말할 수 없는 백천억 나유타 세계의 티끌 수 세계 밖에 있는 열 갑절 말할 수 없는 백천억 나유타 세계의 티끌 수 보살들이 여기 와서 시방의 모든 법계에 가득하였으며, 보살들의 광대한 장엄을 나타내고 큰 광명 그물을 놓아서 시방의 모든 세계를 진동하고 온갖 마군의 궁전을 깨뜨리며, 모든 나쁜 갈래의 고통을 소멸하고 모든 여래의 위덕을 나타내며, 여래의 한량없이 차별한 공덕의 법을 찬탄하고 모든 가지가지 비를 널리 내리며 한량없이 차별한 몸을 보이고 한량없는 부처님 법을 받았느니라."

부처의 신통한 힘으로 각각 이렇게 말하였다.

"장하다, 불자여, 여래의 깨뜨릴 수 없는 법을 능히 말하는구나. 불자여, 우리들의 이름은 다 같은 보현이라. 각각 보광명普光明 세계의 보당자재普幢自在여래 계신 데로부터 왔으니, 저 모든 곳에서도 이 법을 말하며, 이런 글귀와 이런 이치와 이렇게 말함과 이렇게 결정함이 모두 여기 같아서 더하지도 않고 덜하지도 않느니라. 우리들은 부처님의 신통한 힘을 받잡고 여래의 법을 얻었으므로 여기 와서 그대들을 위하여 증명하나니, 우리가 여기 온 것처럼 시방의 허공과 법계에 가득한 모든 세계의 사천하에도 이와 같으니라."

그 때 보현보살이 부처님의 신통한 힘을 받자와 모든 보살 대중을 관찰하고, 여래의 출현하시는 광대한 위덕과, 여래의 바른 법을 무너뜨릴 수 없음과 한량없는 선근이 모두 공하지 않음과, 부처님들이 세상에 나시면 온갖 훌륭한 법을 갖춤과 중생들의 마음을 잘 살핌과 마땅한 대로 법을 말하되 때를 놓치지 않음과, 보살들의 한량없는 법의 광명을 내는 일과, 모든 부처님의 자재한 큰 행으로부터 생기는 것을 거듭 밝히려고 게송을 말하였다.

    한량없는 여래의 지으시는 일
    세간의 비유로는 말 못하지만
    중생들을 깨우쳐 알게 하려고

비유 아닌 비유로 보이시나니

이렇게 비밀하고 깊고 깊은 법
백천만겁 지나도 못 듣지마는
정진과 지혜로써 조복한 이야
이렇게 깊은 이치 얻어 들으리.

누구나 이 법 듣고 기뻐하는 인
한량없는 부처님을 공양하옵고
부처님의 가지加持로 거둬 주신 이
천상 인간 찬탄하고 공양하리라.

이는 세상 뛰어난 제일 보배며
이는 여러 중생들 구제할 이며
이가 능히 청정한 도를 내리니
그대들이 지니고 방일치 말라.

대방광불화엄경 제53권

제53권

38. 이세간품離世間品 ①

1) 이백 가지 물음

　그 때 세존께서 마갈제국 아란야법阿蘭若法 보리도량의 보광명전普光明殿에서 연화장 사자좌에 앉으셨는데, 묘하게 깨달음이 다 원만하시어 두 가지 행이 영원히 끊어졌으며, 모양 없는 법을 통달하여 부처의 머무는 데 머무르고, 부처의 평등함을 얻어 막힘이 없는 곳에 이르며, 움직일 수 없는 법[不可轉法]에 행함이 걸림 없으며, 헤아릴 수 없는 데 서서 삼세를 두루 보며, 몸은 모든 국토에 항상 가득하고 지혜는 온갖 법을 밝게 통달하였으며, 모든 행을 분명히 알고 모든 의심을 끊었으며, 측량할 수 없는 몸과 모든 보살의 구하는 지혜로 부처의 둘이 없이 끝 닿은 저 언덕에 이르며, 여래의 평등한 해탈을 갖추고 복판과 언저리가 없는 부처의 평등한 곳을 증득하였으므로 법계와 동등하고 허공계와 같았다.

말할 수 없는 백천억 나유타 세계의 티끌 수 보살마하살과 함께 계셨으니 모두 한 생에 아뇩다라삼먁삼보리를 이룰 이들이라, 각각 다른 지방의 가지가지 국토로부터 와서 모이었다.

그들은 모두 보살 방편과 지혜를 갖추었으니, 이른바 일체 중생을 잘 관찰하고 방편의 힘으로 그를 조복하여 보살의 법에 머물게 하며, 일체 세계를 잘 관찰하고 방편의 힘으로 두루 나아가며, 열반의 경계를 잘 관찰하여 생각하고 요량하며, 모든 희롱거리와 분별을 아주 떠나서 묘한 행을 닦아 간단함이 없으며, 일체 중생을 잘 거두어주고 한량없는 방편에 잘 들어가며, 중생들이 공하여 아무것도 없는 줄을 알면서도 업과 과보를 깨뜨리지 아니하며, 중생들의 마음과 여러 근과 경계와 방편이 갖가지로 차별함을 잘 알며, 삼세의 불법을 잘 받들어 스스로 이해하고 다른 이에게 말하며, 세간·출세간의 한량없는 법에 잘 머물러서 그 참됨을 알며, 함이 있고 함이 없는 모든 법을 잘 관찰하여 둘이 아님을 알았다.

잠깐 동안에 삼세 부처님들의 가진 지혜를 모두 얻고, 잠깐잠깐마다 다 옳게 깨달음〔等正覺〕을 성취하는 것을 보이어서, 모든 중생으로 하여금 마음을 내어 도를 이루게 하며, 한 중생이 마음으로 반연하는 데서 모든 중생의 경계를 알며, 여래의 온갖 지혜에 들어갔지마는 보살의 행을 버리지 아니하고 여러 가지 짓는 업은 지혜와 방편이므로 짓는 일이 없으며, 낱낱 중생을 위하여 한량없는 겁에 머물지마는 아승기겁에도 만날 수 없으며, 바른 법륜을 굴리어 중생을 조복함이 헛되지 아니하고 삼세 부처님들의 청정한 행과 원을 모두 구족하였다.

이렇게 한량없는 공덕을 성취한 것은 모든 여래가 그지없는 겁 동안 말하여도 다할 수 없었다.

그들의 이름은 보현보살·보안보살·보화普化보살·보혜보살·보견

普見보살・보광보살・보관普觀보살・보조普照보살・보당普幢보살・보각普覺보살이니, 이러한 열 갑절 말할 수 없는 백천억 나유타 세계의 티끌 수 보살이 모두 보현의 행과 원을 성취하여, 깊은 마음과 큰 서원을 다 원만하였고, 모든 부처님이 세상에 출현하는 곳에는 다 나아가서 법륜 굴리기를 청하며, 부처님들의 법 눈을 잘 받아 지니고 모든 부처님의 종자 성품을 끊지 않으며, 모든 부처님이 세상에 나심과 수기하는 차례와 이름과 국토와 다 옳게 깨달음을 이루심과 법륜 굴리심을 잘 알며, 부처가 없는 세계에서 몸을 나투어 부처를 이루며, 모든 물든 중생들을 다 청정케 하며, 모든 보살의 업과 장애를 능히 없애고 걸림 없이 청정한 법계에 들어갔었다.

그 때 보현보살마하살이 넓고 큰 삼매에 들었으니 이름이 불화장엄佛華莊嚴이요, 이 삼매에 들었을 때에 시방에 있는 모든 세계가 여섯 가지 열여덟 모양으로 진동하며 큰 소리를 내는 것을 듣지 못하는 이가 없었으며, 그런 뒤에 그 삼매에서 일어났다.

그 때 보혜보살은 대중이 모두 모인 줄을 알고 보현보살에게 물었다.
"불자시여, 바라건대 말씀하소서. 무엇이 보살마하살의 의지며 무엇이 신기한 생각이며 무엇이 행이며 무엇이 선지식이며 무엇이 부지런히 정진함이며 무엇이 마음에 편안함이며 무엇이 중생을 성취함이며 무엇이 계행이며 무엇이 스스로 수기 받을 줄을 아는 것이며 무엇이 보살에 들어감이며 무엇이 여래에 들어감이며 무엇이 중생의 마음에 들어감이며 무엇이 세계에 들어감이며 무엇이 겁에 들어감이며 무엇이 삼세를 말함이며 무엇이 삼세에 들어감이며 무엇이 고달프지 않은 마음을 냄이며 무엇이 차별한 지혜며 무엇이 다라니며 무엇이 부처를 연설함이오니까?

무엇이 보현의 마음을 냄이며 무엇이 보현의 행하는 법이며 무슨 연고로 큰 자비를 일으키며 무엇이 보리심을 내는 인연이며 무엇이 선지식에게 존중한 마음을 일으킴이며 무엇이 청정함이며 무엇이 모든 바라밀이며 무엇이 지혜가 따라 깨달음이며 무엇이 증명하여 아는 것이며 무엇이 힘이며 무엇이 평등이며 무엇이 불법의 진실한 뜻〔實義句〕이며 무엇이 법을 말함이며 무엇이 지님〔持〕이며 무엇이 변재며 무엇이 자유자재며 무엇이 집착 없는 성품이며 무엇이 평등한 마음이며 무엇이 지혜를 냄이며 무엇이 변화오니까?

무엇이 힘으로 지님이며 무엇이 큰 위안을 얻음이며 무엇이 불법에 깊이 들어감이며 무엇이 의지함이며 무엇이 두려움 없는 마음을 냄이며 무엇이 의혹 없는 마음을 냄이며 무엇이 부사의며 무엇이 교묘하고 비밀한 말이며 무엇이 교묘하게 분별하는 지혜며 무엇이 삼매에 들어감이며 무엇이 두루 들어감이며 무엇이 해탈하는 문이며 무엇이 신통이며 무엇이 밝음이며 무엇이 해탈이며 무엇이 동산과 숲이며 무엇이 궁전이며 무엇이 즐기는 것이며 무엇이 장엄이며 무엇이 동하지 않는 마음을 냄이며 무엇이 깊고 큰 마음을 버리지 않음이며 무엇이 관찰함이며 무엇이 법을 말함이며 무엇이 청정이며 무엇이 인〔印〕이며 무엇이 지혜 광명이 비침이며 무엇이 같을 이 없는 데 머무름이며 무엇이 못났다는 생각이 없는 마음이며 무엇이 산처럼 더하는 마음이며 무엇이 위없는 보리에 들어가는 바다 같은 지혜오니까?

무엇이 보배처럼 머무름이며 무엇이 금강 같은 대승의 서원하는 마음을 냄이며 무엇이 크게 발기發起함이며 무엇이 끝까지 큰일〔究竟大事〕이며 무엇이 무너지지 않는 믿음이며 무엇이 수기며 무엇이 선근을 회향함이며 무엇이 지혜를 얻음이며 무엇이 그지없이 광대한 마음을 냄이며 무엇이 묻힌 갈무리〔伏藏〕며 무엇이 계율과 위의며 무엇이 자재함이며 무엇이 걸림 없는 작용이며 무엇이 중생의 걸림 없는 작용이며 무엇이 세계의 걸림 없는 작용이며 무엇이 법의 걸림 없는 작용이며 무엇이 몸의 걸림 없는 작용이며 무엇이 소원의 걸림 없는 작용이며 무엇이 경계의 걸림 없는 작용이며 무엇이 지혜의 걸림 없는 작용이며 무엇이 신통의 걸림 없는 작용이며 무엇이 신력神力의 걸림 없는 작용이며 무엇이 힘의 걸림 없는 작용이며 무엇이 유희며 무엇이 경계며 무엇이 힘이며 무엇이 두려움 없음이며 무엇이 함께하지 않는 법[不共法]이며 무엇이 업이며 무엇이 몸이오니까?

　무엇이 몸의 업이며 무엇이 몸이며 무엇이 말이며 무엇이 말의 업을 깨끗이 닦음이며 무엇이 수호함을 얻음이며 무엇이 큰 일을 마련함이며 무엇이 마음이며 무엇이 마음을 냄이며 무엇이 두루한 마음이며 무엇이 여러 근根이며 무엇이 깊은 마음이며 무엇이 더 느는 깊은 마음이며 무엇이 부지런히 닦음이며 무엇이 결정한 지해[解]며 무엇이 결정한 지해로 세계에 들어감이며 무엇이 결정한 지해로 중생계에 들어감이며 무엇이 익힌 버릇[習氣]이며 무엇이 가짐[取]이며 무엇이 닦음이며 무엇이 불법을 성취함이며 무엇이 불법에서 물러감이며 무엇이 생사를 여의는 길이며 무엇이 결정한 법이며 무엇이 불법을 내는 길이며 무엇이 대장부의 이름이며 무엇이 도道며 무엇이 한량없는 도며 무엇이 도를 도움이며 무엇이 도를 닦음이며 무엇이 도를 장엄함이며 무엇이 발이며 무엇이 손이며 무엇이 배며 무엇이 오장이며 무엇이 마음이며 무엇이 갑옷을 입음이며 무엇이 싸우는 도구며 무엇이 머리며 무엇이 눈이며 무엇이 귀며 무엇이 코며 무엇이 혀며 무엇이 몸이며 무엇이 뜻이며 무엇이 다님[行]이며 무엇이 머무름이며 무엇이 앉음이며 무엇이 누움이며 무엇이 머무를 곳이며 무엇이 다닐 곳이오니까?

　무엇이 관찰함이며 무엇이 두루 관찰함이며 무엇이 기운을 가다듬음[奮迅]이며 무엇이 사자후며 무엇이 청정한 보시며 무엇이 청정한 계율이며 무엇이 청정한 참음이며 무엇이 청정한 정진이며 무엇이 청정한 선정이며 무엇이 청정한 지혜며 무엇이 청정한 인자〔慈〕며 무엇이 청정한 어여삐 여김〔悲〕이며 무엇이 청정한 기쁨〔喜〕이며 무엇이 청정한 버림〔捨〕이며 무엇이 이치며 무엇이 법이며 무엇이 복덕으로 도를 돕는 거리〔助道具〕며 무엇이 지혜로 도를 돕는 거리며 무엇이 밝음이 만족함이며 무엇이 법을 구함이며 무엇이 법을 밝히 앎이며 무엇이 법을 수행함이며 무엇이 마며 무엇이 마의 업이며 무엇이 마를 여의는 업이며 무엇이 부처를 봄이며 무엇이 부처의 업이며 무엇이 교만한 업이며 무엇이 지혜의 업이며 무엇이 마에게 거두어 잡힘이며 무엇이 부처에게 거두어 잡힘이며 무엇이 법에 거두어 잡힘이며 무엇이 도솔천에 머물러서 짓는 업이며, 무엇이 도솔천궁에서 없어짐이며 무엇이 태에 들음을 나툼이며 무엇이 미세한 길을 나타냄이며 무엇이 처음 태어남을 나툼이며 어째서 히죽이 웃으며 어째서 일곱 걸음을 걸으며 어째서 동자의 처지를 나투며 어째서 내전에 있음을 나투며 어째서 출가함을 나투며 어째서 고행함을 보이며, 어떻게 도량에 나아가며 어떻게 도량에 앉으며 무엇이 도량에 앉았을 때의 특수한 모습이며 어째서 마군을 항복 받으며 무엇이 여래의 힘을 이룸이며 어떻게 법륜을 굴리며 어째서 법륜 굴림을 인하여 깨끗한 법〔白淨法〕을 얻었으며 어째서 여래·응공·정등각께서 반열반하심을 보이었나이까?

　거룩하신 불자시여, 이런 법들을 연설하시옵소서."

2) 십신十信을 답함

　이 때 보현보살이 보혜보살과 여러 보살들에게 말하였다.

　"불자들이여, 보살마하살은 열 가지 의지가 있나니, 무엇이 열인가. 이른바 보리심으로 의지를 삼나니 항상 잊지 않는 연고며, 선지식으로 의지를 삼나니 화합하여 한결같은 연고며, 선근으로 의지를 삼나니 닦아 모아 증장하는 연고며, 바라밀로 의지를 삼나니 구족하게 수행하는 연고며, 온갖 법으로 의지를 삼나니 필경에 벗어나는 연고며, 큰 서원으로 의지를 삼나니 보리를 증장케 하는 연고며, 여러 행으로 의지를 삼나니 다 성취하는 연고며, 모든 보살로 의지를 삼나니 지혜가 같은 연고며, 부처님께 공양함으로 의지를 삼나니 믿는 마음이 청정한 연고며, 일체 여래로 의지를 삼나니 자애로운 아버지의 가르침과 같이 끊이지 않는 연고로 이것이 열입니다.

만일 보살들이 이 법에 편안히 머물면, 여래의 위없는 큰 지혜의 의지할 곳이 됩니다.

불자여, 보살마하살은 열 가지 기특한 생각이 있으니 무엇이 열인가. 이른바 온갖 선근에 자기의 선근이라는 생각을 내며, 모든 선근에 보리의 종자라는 생각을 내며, 일체 중생에게 보리의 그릇이란 생각을 내며, 모든 소원에 자기의 소원이란 생각을 내며, 온갖 법에 벗어날 생각을 내며, 온갖 행에 자기의 행이라는 생각을 내며, 온갖 법에 부처의 법이란 생각을 내며, 모든 말하는 법에 말의 길이란 생각을 내며, 모든 부처에게 아버지라는 생각을 내며, 모든 여래에게 둘이 없다는 생각을 내나니, 이것이 열입니다.

만일 보살들이 이 법에 편안히 머물면, 위없이 교묘한 생각을 얻습니다.

불자여, 보살마하살은 열 가지 행이 있으니, 무엇이 열인가. 이른바 일체 중생의 행이니 두루 성숙케 하는 연고며, 모든 법을 구하는 행이니 다 닦아 배우는 연고며, 온갖 선근의 행이니 모두 증장케 하는 연고며, 모든 삼매의 행이니 한결같은 마음이 산란치 않은 연고며, 온갖 지혜의 행이니 알지 못함이 없는 연고며, 모든 것을 닦아 배우는 행이니 닦지 못할 것이 없는 연고며, 온갖 부처 세계의 행이니 다 장엄하는 연고며, 모든 선지식의 행이니 공경하고 공양하는 연고며, 일체 여래의 행이니 존중하고 받자와 섬기는 연고며, 온갖 신통한 행이니 변화가 자재한 연고로 이것이 열입니다.

 만일 보살들이 이 법에 편안히 머물면, 여래의 위없는 큰 지혜의 행을 얻습니다.

 불자여, 보살마하살이 열 가지 선지식이 있으니, 무엇이 열인가. 이른바 보리심에 머물게 하는 선지식이며, 선근을 내게 하는 선지식이며, 모든 바라밀을 행하게 하는 선지식이며, 모든 법을 해석하여 말하게 하는 선지식이며, 일체 중생을 성숙케 하는 선지식이며, 결정한 변재를 얻게 하는 선지식이며, 모든 세간에 집착하지 않게 하는 선지식이며 온갖 겁에 수행하되 게으르지 않게 하는 선지식이며, 보현의 행에 편안히 머물게 하는 선지식이며, 모든 부처의 지혜로 들어간 데 들게 하는 선지식이니, 이것이 열입니다.

 불자여, 보살마하살은 열 가지 부지런한 정진이 있으니 무엇이 열인가. 이른바 일체 중생을 교화하는 부지런한 정진이며 모든 법에 깊이 들어가는 부지런한 정진이며 모든 세계를 깨끗이 하는 부지런한 정진이며 모든 보살의 배우던 바를 수행하는 부지런한 정진이며 모든 중생의 나쁜 짓을 제멸하는 부지런한 정진이며 모든 마의 무리를 꺾어버리는 부지런한 정진이며 일체 중생의 청정한 눈이 되려는 부지런한 정진이며 모든 부처님께 공양하는 부지런한 정진이며 모든 여래로 하여금 환희케 하는 부지런한 정진이니 이것이 열입니다.

 만일 보살들이 법에 편안히 머물면 여래의 위없는 정진바라밀을 구족하게 됩니다.

 불자여, 보살마하살은 열 가지 마음이 편안하여짐이 있으니 무엇이 열인가. 이른바 스스로 보리심에 머물고 또 다른 이도 보리심에 머물게 하여 마음이 편안하여지며 스스로 끝까지 분하여 다툼〔忿諍〕을 여의고 또 다른 이도 분하여 다툼을 여의게 하여 마음이 편안하여지며, 스스로 범부의 법을 여의고 또 다른 이도 범부의 법을 여의게 하여 마음이 편안하여지며, 스스로 선근을 부지런히 닦고 또 다른 이도 선근을 부지런히 닦게 하여 마음이 편안하여지며, 스스로 바라밀 도에 머물고 또 다른 이도 바라밀 도에 머물게 하여 마음이 편안하여지며, 스스로 부처의 가문에 태어나고 또 다른 이도 부처의 가문에 태어나게 하여 마음이 편안하여지며, 스스로 제 성품 없는 진실한 법에 깊이 들어가고 또 다른 이도 제 성품 없는 진실한 법에 들어가게 하여 마음이 편안하여지며, 스스로 모든 부처의 법을 비방하지 않고 또 다른 이도 모든 부처의 법을 비방하지 않게 하여 마음이 편안하여지며, 스스로 온갖 지혜의 보리원菩提願을 만족하고 또 다른 이도 온갖 지혜의 보리원을 만족케 하여 마음이 편안하여지며, 스스로 모든 여래의 다함 없는 지혜의 장에 깊이 들어가고 또 다른 이도 모든 여래의 다함 없는 지혜의 장에 들어가게 하여 마음이 편안하여지나니, 이것이 열입니다.

만일 보살들이 이 법에 편안히 머물면 여래의 위없는 큰 지혜의 편안함을 얻습니다.

불자여, 보살마하살은 열 가지 중생을 성취함이 있으니 무엇이 열인가. 이른바 보시로 중생을 성취하고 육신으로 중생을 성취하고 법을 말하여 중생을 성취하고 함께 행함으로 중생을 성취하고 물들지 않음으로 중생을 성취하고 보살의 행을 열어 보임으로 중생을 성취하고 모든 계를 치성하게 나툼으로 중생을 성취하고 불법의 큰 위엄과 덕을 나타냄으로 중생을 성취하고 가지가지 신통과 변화로 중생을 성취하고 가지가지 비밀하고 교묘한 방편으로 중생을 성취하나니, 이것이 열입니다.

보살은 이것으로 중생계를 성취합니다.

불자여, 보살마하살은 열 가지 계戒가 있으니 무엇이 열인가. 이른바 보리심을 버리지 않는 계와 이승二乘의 지위를 여의는 계와 일체 중생들을 불법에 머물게 하는 계와 모든 보살의 배우는 것을 닦는 계와 모든 법에 얻을 것이 없는 계와 온갖 선근으로 보리에 회향하는 계와 모든 여래의 몸에 집착하지 않는 계와 모든 법을 생각하여 집착을 여의는 계와 모든 근의 계율과 의식의 계니, 이것이 열입니다.

만일 보살들이 이 법에 편안히 머물면 여래의 위없고 광대한 지계바라밀을 얻습니다.

불자여, 보살마하살은 열 가지 수기 받는 법이 있어 이것으로써 스스로 수기 받을 줄을 아나니, 무엇이 열인가. 이른바 썩 좋은 뜻〔殊勝意〕으로 보리심을 내고 스스로 수기 받을 줄을 알며, 보살의 행을 영원히 버리지 않고 스스로 수기 받을 줄을 알며, 온갖 겁에 머물러 보살행을 행하고 스스로 수기 받을 줄을 알며, 온갖 부처의 법을 닦고 스스로 수기 받을 줄을 알며, 모든 부처의 교법에 한결같이 깊이 믿고 스스로 수기 받을 줄을 알며, 온갖 선근을 닦아 모두 성취케 하고 스스로 수기 받을 줄을 알며, 일체 중생을 부처님의 보리에 두고 스스로 수기 받을 줄을 알며, 모든 선지식에게 화합하여 둘이 없이 하고 스스로 수기 받을 줄을 알며, 모든 선지식에 여래라는 생각을 내고 스스로 수기 받을 줄을 알며, 보리의 본래 소원을 부지런히 수호하고 스스로 수기 받을 줄을 아나니, 이것이 열입니다.

불자여, 보살마하살은 열 가지 들어감이 있어 모든 보살에 들어가나니, 무엇이 열인가. 이른바 본래의 소원에 들어가고 행에 들어가고 모음〔聚〕에 들어가고 여러 바라밀에 들어가고 성취에 들어가고 차별한 소원에 들어가고 가지가지 이해(解)에 들어가고 불국토를 장엄함에 들어가고 신통의 힘이 자재함에 들어가고 일부러 태어나는 데를 들어가나니, 이것이 열입니다.

보살이 이것으로써 삼세의 모든 보살에 널리 들어가는 것입니다.

불자여, 보살마하살은 열 가지 들어감이 있어 여래에 들어가나니, 무엇이 열인가. 이른바 그지없이 바른 깨달음을 이루는 데 들어가며, 그지없이 법륜을 굴리는 데 들어가며, 그지없는 방편법에 들어가며, 그지없는 차별한 음성에 들어가며, 그지없이 중생을 조복함에 들어가며, 그지없이 신통의 힘이 자재함에 들어가며, 그지없이 가지가지로 차별한 몸에 들어가며, 그지없는 삼매에 들어가며, 그지없는 힘과 두려움 없음에 들어가며, 그지없이 열반을 나투는 데 들어가나니 이것이 열입니다.

보살이 이것으로 삼세의 모든 여래에 들어가는 것입니다.

불자여, 보살마하살은 열 가지 중생의 행에 들어감이 있으니, 무엇이 열인가. 이른바 일체 중생의 과거의 행에 들어가며, 일체 중생의 미래의 행에 들어가며, 일체 중생의 현재의 행에 들어가며, 일체 중생의 착한 행에 들어가며, 일체 중생의 착하지 못한 행에 들어가며, 일체 중생의 마음의 행에 들어가며, 일체 중생의 근성의 행에 들어가며, 일체 중생의 이해하는 행에 들어가며 일체 중생의 번뇌 습기(習氣)의 행에 들어가며, 일체 중생의 교화하고 조복하는 때와 때 아닌 행에 들어가나니 이것이 열입니다.

보살이 이것으로 일체 중생의 행에 널리 들어가는 것입니다.

불자여, 보살마하살은 열 가지 세계에 들어감이 있으니, 무엇이 열인가. 이른바 더러운 세계에 들어가며 깨끗한 세계에 들어가며 작은 세계에 들어가며 큰 세계에 들어가며 티끌 속 세계에 들어가며 미세한 세계에 들어가며 엎어진 세계에 들어가며 잦혀진 세계에 들어가며 부처 있는 세계에 들어가며 부처 없는 세계에 들어가나니, 이것이 열입니다.

보살이 이것으로 시방의 모든 세계에 두루 들어가는 것입니다.

불자여, 보살마하살은 열 가지 겁에 들어감이 있으니 무엇이 열인가. 이른바 지나간 겁에 들어가며 오는 겁에 들어가며 지금 겁에 들어가며, 셀 수 있는 겁에 들어가며, 셀 수 없는 겁에 들어가며, 셀 수 있는 겁이 곧 셀 수 없는 겁인 데 들어가며, 셀 수 없는 겁이 곧 셀 수 있는 겁인 데 들어가며, 모든 겁이 곧 겁 아닌 데 들어가며, 겁 아닌 것이 곧 모든 겁인 데 들어가며, 모든 겁이 곧 한순간인 데 들어가나니, 이것이 열입니다.

보살이 이것으로 모든 겁에 두루 들어가는 것입니다.

불자여, 보살마하살은 열 가지로 삼세를 말함이 있으니, 무엇이 열인가. 이른바 과거 세상에 과거 세상을 말하며, 과거 세상에 미래 세상을 말하며, 과거 세상에 현재 세상을 말하며, 미래 세상에 과거 세상을 말하며, 미래 세상에 현재 세상을 말하며, 미래 세상에 다함이 없음을 말하며, 현재 세상에 과거 세상을 말하며, 현재 세상에 미래 세상을 말하며, 현재 세상에 평등함을 말하며 현재 세상에 삼세가 곧 한 순간임을 말하나니, 이것이 열입니다.

보살이 이것으로 삼세를 두루 말합니다.

불자여, 보살마하살은 열 가지 삼세를 아는 일이 있으니, 무엇이 열인가. 이른바 나란히 정돈함을 알며 모든 말을 알며 모든 의논을 알며 모든 법칙을 알며 모든 일컬음을 알며 모든 법령을 알며 그 붙인 이름을 알며 그 다함이 없음을 알며 그 적멸함을 알며 모든 것이 공함을 아나니, 이것이 열입니다. 보살이 이것으로 모든 삼세의 여러 법을 두루 압니다.

불자여, 보살마하살은 열 가지 고달프지 않은 마음을 내나니, 무엇이 열인가. 이른바 모든 부처님을 공양하는 데 고달프지 않은 마음과 모든 법을 구하는 데 고달프지 않은 마음과 바른 법을 듣는 데 고달프지 않은 마음과 바른 법을 말하는 데 고달프지 않은 마음과 일체 중생을 교화하고 조복하는 데 고달프지 않은 마음과 일체 중생을 부처의 보리에 두는 데 고달프지 않은 마음과 낱낱 세계마다 말할 수 없이 말할 수 없는 겁을 지내면서 보살의 행을 행하는 데 고달프지 않은 마음과 모든 세계에 다니는 데 고달프지 않은 마음과 온갖 부처의 법을 관찰하고 생각하는 데 고달프지 않은 마음이니, 이것이 열입니다.

만일 보살들이 이 법에 편안히 머물면 여래의 고달프지 않은 위없는 큰 지혜를 얻습니다.

불자여, 보살마하살은 열 가지 차별한 지혜가 있으니, 무엇이 열인가. 이른바 중생의 차별을 아는 지혜와 근기의 차별을 아는 지혜와 업과 과보의 차별을 아는 지혜와 태어나는 차별을 아는 지혜와 법계의 차별을 아는 지혜와 부처님의 차별을 아는 지혜와 법의 차별을 아는 지혜와 삼세의 차별을 아는 지혜와 일체 말하는 길의 차별을 아는 지혜니, 이것이 열입니다.

만일 보살들이 이 법에 편안히 머무르면 여래의 위없이 광대하게 차별한 지혜를 얻습니다.

불자여, 보살마하살은 열 가지 다라니가 있으니 무엇이 열인가. 이른바 들어 지니는[聞持] 다라니니 온갖 법을 지니고 잊지 않는 연고며, 닦아 행하는[修行] 다라니니 모든 법을 사실대로 교묘하게 관찰하는 연고며, 생각하는[思惟] 다라니니 모든 법의 성품을 분명히 아는 연고며, 법의 광명 다라니니 부사의한 부처들의 법을 비추는 연고며, 삼매 다라니니, 현재의 모든 부처님 계신 데서 바른 법을 들어도 마음이 어지럽지 않은 연고며, 뚜렷한 음성 다라니니 부사의한 음성과 말을 이해하는 연고며, 삼세 다라니 삼세의 부사의한 부처님 법을 연설하는 연고며, 가지가지 변재 다라니 그지없는 부처님들의 법을 연설하는 연고며, 걸림 없는 귀를 내는 다라니 말할 수 없는 부처님의 말씀한 법을 모두 듣는 연고며, 온갖 불법 다라니 여래의 힘과 두려움 없는 데 편안히 머무는 연고니 이것이 열입니다.

만일 보살들이 이 법을 얻으려거든 마땅히 부지런히 닦아 배워야 합니다.

불자여, 보살마하살은 열 가지 부처가 있으니 무엇이 열인가. 이른바 바른 깨달음을 이루는 부처와 서원 부처와 업보의 부처와 머물러 지니는 부처와 열반한 부처와 법계인 부처와 마음 부처와 삼매 부처와 본성품 부처와 따라 즐기는 부처니, 이것이 열입니다.

3) 십주十住를 답함

불자여, 보살마하살은 열 가지 보현의 마음[普賢心]을 내나니, 무엇이 열인가. 이른바 크게 인자한 마음을 내나니 일체 중생을 구호하는 연고며, 크게 어여삐 여기는 마음을 내나니 일체 중생을 대신하여 고통을 받는 연고며, 온갖 것을 보시하는 마음을 내나니 가진 것을 모두 버리는 연고며, 온갖 지혜를 생각함으로 으뜸을 삼는 마음을 내나니 일체 불법을 구하기 좋아하는 연고며, 공덕으로 장엄하는 마음을 내나니 모든 보살의 행을 배우는 연고며, 금강과 같은 마음을 내나니 모든 곳에 태어남을 잊지 않는 연고며, 바다와 같은 마음을 내나니 온갖 희고 깨끗한 법이 모두 흘러 들어가는 연고며, 큰 산과 같은 마음을 내나니 온갖 나쁜 말을 다 참고 받는 연고며, 편안한 마음을 내나니 모든 중생에게 두려움 없음을 주는 연고며, 반야바라밀의 끝가는 마음[究竟心]을 내나니 온갖 법이 아무것도 없음을 교묘하게 관찰하는 연고로 이것이 열입니다.

만일 보살들이 이 법에 편안히 머물면 보현의 교묘한 지혜를 빨리 성취할 것입니다.

불자여, 보살마하살은 열 가지 보현의 행하는 법이 있으니, 무엇이 열인가. 이른바 미래의 모든 겁에 머물기를 원하는 보현의 행하는 법이며, 미래의 모든 부처님께 공양하고 공경하기를 원하는 보현의 행하는 법이며, 일체 중생을 보현보살의 행에 두기를 원하는 보현의 행하는 법이며 온갖 선근을 모으기 원하는 보현의 행하는 법이며, 모든 바라밀에 들어가기를 원하는 보현의 행하는 법이며, 모든 보살의 행을 만족하기 원하는 보현의 행하는 법이며, 일체 세계를 장엄하기 원하는 보현의 행하는 법이며, 모든 부처님 세계에 나기를 원하는 보현의 행하는 법이며, 모든 법을 잘 관찰하기를 원하는 보현의 행하는 법이며, 모든 부처의 국토에서 위없는 보리를 이루기를 원하는 보현의 행하는 법이니, 이것이 열입니다.

만일 보살들이 이 법을 부지런히 닦으면 보현의 행과 원을 빨리 만족할 것입니다.

불자여, 보살마하살은 열 가지로 중생을 관찰하고 큰 자비를 일으키나니, 무엇이 열인가. 이른바 중생이 의지할 데 없고 믿을 데 없음을 관찰하고 큰 자비를 일으키며 중생의 성품이 고르지 못함을 관찰하고 큰 자비를 일으키며, 중생이 가난하여 선근이 없음을 관찰하고 큰 자비를 일으키며, 중생이 긴긴 밤에 잠들어 있는 것을 관찰하고 큰 자비를 일으키며, 중생이 착하지 못한 법을 행함을 관찰하고 큰 자비를 일으키며, 중생이 욕심에 얽매임을 관찰하고 큰 자비를 일으키며, 중생이 생사 바다에 빠짐을 관찰하고 큰 자비를 일으키며, 중생이 병고에 길이 얽혔음을 관찰하고 큰 자비를 일으키며, 중생이 착한 법에 욕망이 없음을 관찰하고 큰 자비를 일으키며, 중생이 부처의 법을 잃음을 관찰하고 큰 자비를 일으키나니, 이것이 열입니다. 보살은 항상 이 마음으로 중생을 관찰합니다.

　불자여, 보살마하살은 열 가지 보리심을 내는 인연이 있으니, 무엇이 열인가. 이른바 일체 중생을 교화하고 조복하기 위하여 보리심을 내며, 일체 중생의 고통 무더기를 제멸하기 위하여 보리심을 내며, 일체 중생에게 구족한 안락을 주기 위하여 보리심을 내며, 일체 중생의 어리석음을 끊기 위하여 보리심을 내며, 일체 중생에게 부처 지혜를 주기 위하여 보리심을 내며, 모든 부처님을 공경하고 공양하기 위하여 보리심을 내며, 여래의 가르침을 따라서 부처님이 환희케 하기 위하여 보리심을 내며, 모든 부처님의 육신의 잘생긴 모습을 보기 위하여 보리심을 내며, 모든 부처님의 광대한 지혜에 들어가기 위하여 보리심을 내며, 여러 부처님의 힘과 두려움 없음을 나타내기 위하여 보리심을 내나니, 이것이 열입니다.

　불자여, 만일 보살이 위없는 보리심을 내고 온갖 지혜의 지혜에 들어가기 위하여 선지식을 친근하고 공양할 때에는 마땅히 열 가지 마음을 일으킬지니, 무엇이 열인가. 이른바 시중들 마음·환희한 마음·어기지 않는 마음·순종하는 마음·따로 구함이 없는 마음·한결같은 마음·선근이 같은 마음·소원이 같은 마음·여래의 마음·원만한 행이 같은 마음이니, 이것이 열입니다.

　불자여, 만일 보살마하살이 이런 마음을 일으키면 열 가지가 청정하여지나니, 무엇이 열인가. 이른바 깊은 마음이 청정하니 끝까지 이르도록 없어지지 않는 연고며, 육신이 청정하니 마땅한 대로 나타내는 연고며, 음성이 청정하니 온갖 말을 모두 통달하는 연고며, 변재가 청정하니 그지없는 부처님 법을 잘 연설하는 연고며, 지혜가 청정하니 모든 어리석음을 여의는 연고며, 태어남이 청정하니 보살의 자유자재한 힘을 구족한 연고며, 권속이 청정하니 과거에 함께 행하던 중생의 선근을 성취하는 연고며, 과보가 청정하니 모든 업장을 제멸한 연고며, 큰 서원이 청정하니 여러 보살과 더불어 성품이 둘이 없는 연고며, 모든 행이 청정하니 보현의 법으로 벗어나는 연고로 이것이 열입니다.

불자여, 보살마하살은 열 가지 바라밀이 있으니, 무엇이 열인가. 이른바 보시〔施〕바라밀이니 모든 가진 것을 다 버리는 연고며, 계율〔戒〕바라밀이니 부처의 계율을 깨끗이 한 연고며, 인忍바라밀이니 부처님 인욕에 머무는 연고며, 정진精進바라밀이니 모든 짓는 일이 물러나지 않는 연고며, 선정〔禪〕바라밀이니 하나의 경계를 생각하는 연고며, 반야般若바라밀이니 모든 법을 사실대로 관찰하는 연고며, 지혜〔智〕바라밀이니 부처의 힘에 들어가는 연고며, 서원〔願〕바라밀이니 보현의 여러 가지 큰 서원을 만족하는 연고며, 신통神通바라밀이니 온갖 자유자재한 작용을 나타내는 연고며, 법法바라밀이니 모든 부처님 법에 두루 들어가는 연고로 이것이 열입니다.

만일 보살들이 이 법에 편안히 머물면 위없는 큰 지혜바라밀을 구족할 것입니다.

불자여, 보살마하살은 열 가지 지혜가 따라 깨달음〔智隨覺〕이 있으니, 무엇이 열인가. 이른바 모든 세계의 한량없이 차별한 것을 지혜가 따라 깨달음이며, 일체 중생계의 부사의한 것을 지혜가 따라 깨달음이며, 모든 법이 하나가 가지가지에 들어가고 가지가지가 하나에 들어가는 것을 지혜가 따라 깨달음이며, 온갖 법계의 광대한 것을 지혜가 따라 깨달음이며, 모든 허공계의 끝닿는 데를 지혜가 따라 깨달음이며, 모든 세계가 과거 세상에 들어감을 지혜가 따라 깨달음이며, 모든 세계가 미래 세상에 들어감을 지혜가 따라 깨달음이며, 모든 세계가 현재 세상에 들어감을 지혜가 따라 깨달음이며, 모든 여래의 한량없는 행과 원이 한 지혜에 원만함을 지혜가 따라 깨달음이며, 삼세 부처님들의 같은 행으로 벗어남 얻음을 지혜가 따라 깨달음이니, 이것이 열입니다.

만일 보살들이 이 법에 편안히 머물면 모든 법의 자재한 광명을 얻고 소원이 다 만족하여 잠깐 동안에 모든 불법을 다 이해하고 정등각을 이룰 것입니다.

불자여, 보살마하살은 열 가지 증득하여 앎이 있으니, 무엇이 열인가. 이른바 모든 법이 한 모양임을 알며, 모든 법이 한량없는 모양임을 알며, 모든 법이 한 생각에 있음을 알며, 일체 중생의 마음의 행이 걸림 없음을 알며, 일체 중생의 여러 근기가 평등함을 알며, 일체 중생의 번뇌와 습기의 행을 알며, 일체 중생의 마음의 행을 알며, 일체 중생의 착하고 착하지 못한 행을 알며, 모든 보살의 원과 행이 자재하게 머물러 가지며 변화함을 알며, 모든 여래가 십력을 구족하고 정등각을 이룸을 아나니, 이것이 열입니다.

만일 보살들이 이 법에 편안히 머물면 모든 법의 교묘한 방편을 얻을 것입니다.

불자여, 보살마하살은 열 가지 힘이 있으니, 무엇이 열인가. 이른바 모든 법의 제 성품에 들어가는 힘과, 모든 법이 변화와 같은 데 들어가는 힘과, 모든 법이 요술과 같은 데 들어가는 힘과, 모든 법이 불법인 데 들어가는 힘과, 모든 법에 물들지 않는 힘과, 모든 법을 밝게 이해하는 힘과, 모든 선지식을 항상 떠나지 않고 존중하는 마음의 힘과, 모든 선근으로 위없는 지혜 왕에 이르게 하는 힘과, 모든 불법을 독실히 믿고 비방하지 않는 힘과, 온갖 지혜의 마음이 물러가지 않게 하는 공교한 힘이니, 이것이 열입니다.

만일 보살들이 이 법에 편안히 머물면 여래의 위없는 여러 가지 힘을 갖출 것입니다.

불자여, 보살마하살은 열 가지 평등이 있으니, 무엇이 열인가. 이른바 일체 중생에 평등함과, 일체 법에 평등함과, 일체 세계에 평등함과, 모든 깊은 마음에 평등함과, 모든 선근에 평등함과, 일체 보살에 평등함과, 모든 원에 평등함과, 모든 바라밀에 평등함과, 모든 행에 평등함과, 모든 부처에 평등함이니, 이것이 열입니다.

만일 보살들이 이 법에 편안히 머물면 모든 부처의 위없는 평등한 법을 얻을 것입니다.

불자여, 보살마하살은 열 가지 불법의 참된 이치의 글귀〔實義句〕가 있으니, 무엇이 열인가. 이른바 모든 법이 이름만 있음과, 모든 업이 요술과 같음과, 모든 업이 그림자와 같음과, 모든 법이 인연으로 생김과, 모든 법의 업이 청정함과, 모든 법이 문자로만 지어짐과, 모든 업의 진실한 짬〔實際〕과, 모든 법이 모양이 없음과, 모든 법의 제일가는 뜻〔第一義〕과, 모든 법의 법계니, 이것이 열입니다.

만일 보살들이 이 법에 편안히 머물면 온갖 지혜의 지혜인 위없이 진실한 이치에 들어갈 것입니다.

불자여, 보살마하살은 열 가지 법을 말함이 있으니, 무엇이 열인가. 이른바 매우 깊은 법을 말하고, 넓고 큰 법을 말하고, 가지가지 법을 말하고, 온갖 지혜의 법을 말하고, 바라밀을 따르는 법을 말하고, 여래의 힘을 내는 법을 말하고, 삼세와 서로 응하는 법을 말하고, 보살의 물러가지 않는 법을 말하고, 부처의 공덕을 찬탄하는 법을 말하고, 모든 보살이 모든 부처님이 평등하고 모든 여래의 경계와 서로 응하는 법을 말하나니, 이것이 열입니다.

만일 보살들이 이 법에 편안히 머물면 여래의 위없이 공교하게 말하는 법을 얻을 것입니다.

불자여, 보살마하살은 열 가지 지님이 있으니, 무엇이 열인가. 이른바 모아 놓은 여러 복덕과 선근을 지니고, 모든 여래의 말씀한 법을 지니고, 온갖 비유를 지니고, 모든 법의 나아갈 문을 지니고, 모든 것을 내는 다라니문을 지니고, 모든 의혹을 없애는 법을 지니고, 모든 보살을 성취하는 법을 지니고, 모든 여래가 말씀한 평등한 삼매문을 지니고, 모든 법을 밝게 비추는 문을 지니고, 모든 부처의 신통으로 유희하는 힘을 지니나니, 이것이 열입니다.

만일 보살들이 이 법에 편안히 머물면 여래의 위없는 큰 지혜로 머물러 지니는 힘을 얻을 것입니다.

불자여, 보살마하살은 열 가지 변재辯才가 있으니, 무엇이 열인가. 이른바 온갖 법에 분별이 없는 변재와, 온갖 법에 지음이 없는 변재와, 온갖 법에 집착이 없는 변재와, 온갖 법에 공한 줄을 아는 변재와, 온갖 법에 어두운 의심이 없는 변재와, 온갖 법에 부처님께서 가피하는 변재와, 온갖 법에 스스로 깨닫는 변재와, 온갖 법에 글귀가 차별하고 교묘한 변재와, 온갖 법에 진실하게 말하는 변재와, 일체 중생의 마음을 따라 환희케 하는 변재니, 이것이 열입니다.

만일 보살들이 이 법에 편안히 머물면 여래의 위없이 교묘한 변재를 얻을 것입니다.

불자여, 보살마하살은 열 가지 자재自在가 있으니, 무엇이 열인가. 이른바 일체 중생을 교화하고 조복하는 자재와, 모든 법을 두루 비추는 자재와, 모든 선근의 행을 닦는 자재와, 넓고 큰 지혜의 자재와, 의지할 데 없는 계율의 자재와, 모든 선근을 보리에 회향하는 자재와, 정진하여 물러가지 않는 자재와, 지혜로 모든 마를 깨뜨리는 자재와, 좋아하는 욕망을 따라 보리심을 내게 하는 자재와, 교화할 바를 따라 바른 깨달음을 이루는 자재니, 이것이 열입니다.

만일 보살들이 이 법에 편안히 머물면 여래의 위없는 큰 지혜의 자재를 얻을 것입니다.

불자여, 보살마하살은 열 가지 집착 없음이 있으니, 무엇이 열인가. 이른바 모든 세계에 집착이 없고, 모든 중생에게 집착이 없고, 모든 법에 집착이 없고, 모든 짓는 일에 집착이 없고, 모든 선근에 집착이 없고, 모든 태어나는 곳에 집착이 없고, 모든 소원에 집착이 없고, 모든 행에 집착이 없고, 모든 보살에 집착이 없고, 모든 부처님께 집착이 없나니, 이것이 열입니다.

만일 보살들이 이 법에 편안히 머물면 능히 모든 생각들을 돌이켜 위없는 청정한 지혜를 얻을 것입니다.

불자여, 보살마하살은 열 가지 평등한 마음이 있으니, 무엇이 열인가. 이른바 모든 공덕을 모으는 평등한 마음과, 모든 차별한 소원을 내는 평등한 마음과, 일체 중생의 몸에 평등한 마음과, 일체 중생의 업보에 평등한 마음과, 모든 법에 평등한 마음과, 모든 깨끗하고 더러운 국토에 평등한 마음과, 일체 중생의 알음알이에 평등한 마음과, 모든 행에 분별할 것 없는 평등한 마음과, 모든 부처님의 힘과 두려움 없는 데 평등한 마음과, 모든 여래의 지혜에 평등한 마음이니, 이것이 열입니다.

만일 보살들이 그 가문에 편안히 머물면 여래의 위없이 크게 평등한 마음을 얻을 것입니다.

불자여, 보살마하살은 열 가지 출생하는 지혜〔出生智慧〕가 있으니, 무엇이 열인가. 이른바 일체 중생의 지혜〔解〕를 알고 출생하는 지혜며, 시방의 그물의 한계를 알고 출생하는 지혜며, 엎어지고 잦혀진 따위의 모든 세계를 알고 출생하는 지혜며, 모든 법의 한 성품과 가지가지 성품과 광대한 성품을 알고 출생하는 지혜며, 모든 가지가지 몸을 알고 출생하는 지혜며, 모든 세간의 뒤바뀐 허망한 생각이 모두 집착한 데 없음을 알고 출생하는 지혜며, 모든 법에 필경에는 다 한길로 벗어남을 알고 출생하는 지혜며, 여래의 신통한 힘이 모든 법계에 능히 들어감을 알고 출생하는 지혜며, 삼세 모든 중생이 부처 종자를 끊지 않음을 알고 출생하는 지혜니, 이것이 열입니다.

만일 보살들이 이 법에 편안히 머물면 모든 법에 통달치 못함이 없을 것입니다.

불자여, 보살마하살은 열 가지 변화가 있으니, 무엇이 열인가. 이른바 일체 중생의 변화와 모든 음성의 변화와 모든 행과 원의 변화와 중생을 교화하고 조복하는 모든 변화와 바른 깨달음을 이루는 모든 변화와 법을 말하는 모든 변화와 모든 가지하는 변화니, 이것이 열입니다.

만일 보살들이 이 법에 편안히 머물면 온갖 위없이 변화하는 법을 구족할 것입니다.

"불자여, 보살마하살은 열 가지 힘으로 유지함이 있으니, 무엇이 열인가. 이른바 부처님의 힘으로 유지하며, 법의 힘으로 유지하며, 중생의 힘으로 유지하며, 업의 힘으로 유지하며, 행의 힘으로 유지하며, 서원의 힘으로 유지하며, 경계의 힘으로 유지하며, 때의 힘으로 유지하며, 착한 힘으로 유지하며, 지혜의 힘으로 유지함이니, 이것이 열입니다.

만일 보살들이 이 법에 편안히 머물면 온갖 법에 위없는 자재한 힘으로 유지함을 얻을 것입니다."

대방광불화엄경 제54권

제54권

38. 이세간품 ②

4) 십행十行을 답함 ①

 "불자여, 보살마하살은 열 가지 크게 기뻐 위로함〔大欣慰〕이 있으니 무엇이 열인가. 이른바 보살이 이러한 마음을 내되, 오는 세월이 끝나도록 모든 부처님이 세상에 나시거든, 내가 마땅히 따라다니면서 받들어 섬기며 환희케 하리라, 이렇게 생각하고 크게 기뻐 위안합니다. 또 생각하되 저 부처님들께서 세상에 나시거든, 내가 마땅히 위없는 공양거리로 공경하며 공양하리라, 이렇게 생각하고 크게 기뻐 위안합니다.

 또 생각하되 내가 부처님들 계신 데서 공양할 때에, 저 여래께서 나에게 법을 가르치시리니, 내가 깊은 마음으로 공경하여 듣잡고 말씀하신 대로 수행하여 보살의 지위에 이미 나고 지금 나고 장차 나리라, 이렇게 생각하고 크게 기뻐 위안합니다. 또 생각하되 내가 마땅히 말할 수 없이 말할 수 없는 겁에 보살의 행을 행하며, 항상 모든 부처님과 보살과 더불어 함께하리라, 이렇게 생각하고 크게 기뻐 위안합니다.
　또 생각하되 내가 지난 세상에 위없는 보리심을 내기 전에는 여러 가지 두려움이 있었으니, 곧 살아갈 수 없을 것에 대한 두려움 · 나쁜 이름이 나는 것에 대한 두려움 · 죽음에 대한 두려움 · 악도惡道에 대한 두려움 · 대중의 위엄에 대한 두려움 등인데 한번 마음을 낸 뒤부터 모두 멀리 여의어 놀랍지 않고 무섭지 않고 두렵지 않고 저어하지 않고 겁나지 않고 공포하지 아니하며, 모든 마와 외도들이 파괴할 수 없도다, 이렇게 생각하고 크게 기뻐 위안합니다. 또 생각하되 내가 마땅히 일체 중생으로 하여금 위없는 보리를 이루게 하며, 보리를 이룬 뒤에는 저 부처님 계신 데서 보살의 행을 닦고, 몸이 마치도록 깊은 신심으로 부처님께 이바지할 공양거리를 마련하여 공양하며, 열반하신 후에는 각각 한량없는 탑을 쌓아 사리를 공양하고, 그의 끼치신 법을 만들어 지니고 수호하리라, 이렇게 생각하고 크게 기뻐 위안합니다.
　또 생각하되 시방에 있는 모든 세계를 내가 마땅히 위없는 장엄거리로 장엄하여 모두 가지가지 기묘함을 갖추어 평등하고 청정케 하며, 다시 가지가지 신통한 힘으로 지니어 진동케 하고 광명을 밝게 비추어 모두 가득하게 하리라, 이렇게 생각하고 크게 기뻐 위안합니다. 또 생각하되 내가 마땅히 일체 중생의 의혹을 끊고 일체 중생의 욕망을 깨끗케 하며 일체 중생의 마음을 열고 일체 중생의 번뇌를 멸하며 일체 중생의 나쁜 길 문을 닫고 일체 중생의 좋은 길 문을 열며 일체 중생의 어둠을 깨뜨리고 일체 중생에게 광명을 주며 일체 중생으로 마의 업을 떠나고 일체 중생을 편안한 곳에 이르게 하리라, 이렇게 생각하고 크게 기뻐 위안합니다.
　보살마하살이 또 생각하되 부처님 여래는 우담화와 같아서 만나기 어려우니 한량없는 겁에 한 번 보지도 못하거니와, 내가 오는 세상에 여래를 뵈오려 하면 곧 보게 되며, 부처님 여래께서 나를 항상 버리지 아니하고 나의 처소에 머물러서 나로 하여금 보게 하며 나에게 법을 말씀하여 끊이지 아니하며, 법을 듣고는 마음이 청정하여 아첨을 멀리 여의고 질직하여 거짓이 없으며 생각생각마다 항상 부처님을 보게 되리라, 이렇게 생각하고 크게 기뻐 위안합니다. 또 생각하되 나는 오는 세상에 마땅히 부처를 이루고 부처의 신통한 힘으로써 모든 세계에서 일체 중생을 위하여 따로따로 정등각을 이루고, 청정하고 두려움이 없어 크게 사자후할 것이며, 본래의 큰 원으로 법계에 두루하여 큰 법북을 치며 큰 법 비를 내리며 큰 법보시를 하고, 한량없는 겁에 바른 법을 연설하지마는, 큰 자비로 유지되어 몸과 말과 뜻의 업이 고달프지 아니하리라, 이렇게 생각하고 크게 기뻐 위안합니다.

불자여, 이것이 보살마하살의 열 가지 크게 기뻐 위안함이니, 만일 보살들이 이 법에 편안히 머물면 곧 위없는 바른 깨달음의 지혜를 이루어 크게 기뻐 위안함을 얻을 것입니다.

불자여, 보살마하살은 열 가지 깊이 불법에 들어감이 있으니, 무엇이 열인가. 이른바 지난 세상의 모든 세계에 들어가며, 오는 세상의 모든 세계에 들어가며, 지금 세상의 세계 수효와 세계의 행과 세계의 말함과 세계의 청정한 데 들어가며, 모든 세계의 가지가지 성품에 들어가며, 일체 중생의 가지가지 업과 과보에 들어가며, 모든 보살의 가지가지 행에 들어가며, 과거 모든 부처의 차례를 알며, 미래 모든 부처의 차례를 알며, 현재 시방의 허공과 법계에 있는 모든 부처님 국토에 모인 대중에게 법을 말하여 조복함을 알며, 세간법과 성문법과 독각법과 보살법과 여래법을 알며, 비록 모든 법을 알지마는 분별이 없어 가지가지 법을 말하며, 다 법계에 들어가나 들어갈 것이 없으므로 그 법과 같이 말하여 집착함이 없나니, 이것이 열입니다.

만일 보살들이 이 법에 편안이 머물면 아뇩다라삼먁삼보리인 큰 지혜의 매우 깊은 성품에 들어갈 것입니다.

불자여, 보살마하살은 열 가지 의지가 있어 보살들이 이를 의지하여 보살의 행을 행하나니, 무엇이 열인가.

이른바 모든 부처님께 공양함을 의지하여 보살의 행을 행하며, 일체 중생을 조복함을 의지하여 보살의 행을 행하며, 모든 선지식을 친근함을 의지하여 보살의 행을 행하며, 모든 선근을 쌓아 모음을 의지하여 보살의 행을 행하며, 모든 부처의 국토를 깨끗이 장엄함을 의지하여 보살의 행을 행하며, 일체 중생을 버리지 않음을 의지하여 보살의 행을 행하며, 모든 바라밀에 깊이 들어감을 의지하여 보살의 행을 행하며, 모든 보살의 원을 만족함을 의지하여 보살의 행을 행하며, 한량없는 보리심을 의지하여 보살의 행을 행하며, 모든 부처의 보리를 의지하여 보살의 행을 행하나니, 이것이 열입니다.

보살은 이것을 의지하여 보살의 행을 행합니다.

불자여, 보살마하살은 열 가지 두려움 없는 마음을 내나니, 무엇이 열인가. 이른바 모든 장애되는 업을 멸하는 데 두려움 없는 마음을 내며, 부처님 열반하신 후에 바른 법을 보호하여 가지는 데 두려움 없는 마음을 내며, 모든 마를 항복 받는 데 두려움 없는 마음을 내며, 몸과 목숨을 아끼지 않는 데 두려움 없는 마음을 내며, 모든 외도의 잘못된 논리를 깨뜨리는 데 두려움 없는 마음을 내며, 일체 중생을 기쁘게 하는 데 두려움 없는 마음을 내며, 모든 모인 대중들을 모두 기쁘게 하는 데 두려움 없는 마음을 내며, 모든 하늘과 용과 야차와 건달바와 아수라와 가루라와 긴나라와 마후라가를 조복하는데 두려움 없는 마음을 내며, 이승二乘의 지위를 떠나서 깊은 법에 들어가는 데 두려움 없는 마음을 내며, 말할 수 없이 말할 수 없는 겁 동안 보살의 행을 행하면서 고달픈 생각이 없는 데 두려움 없는 마음을 내나니, 이것이 열입니다.
　만일 보살들이 이 법에 편안히 머물면 여래의 위없는 큰 지혜의 두려울 것 없는 마음을 얻을 것입니다.
　불자여, 보살마하살은 열 가지 의심 없는 마음을 내어, 모든 불법에 의혹이 없나니, 무엇이 열인가. 이른바 보살마하살이 이런 마음을 내되, 내가 마땅히 보시로 일체 중생을 거두어 주고, 계율과 참음과 정진과 선정과 지혜와 인자함과 어여삐 여김과 기뻐함과 버림으로써 일체 중생을 거두어 주리라 하여, 이 마음을 낼 적에 결정코 의심이 없고 만일 의심을 내면 옳지 아니하니 이것이 첫째 의심 없는 마음을 냄입니다.
　보살마하살이 또 생각하되, 미래의 부처님이 세상에 나시거든, 내가 모두 받들어 섬기며 공양하리라 하여, 이 마음을 낼 적에 결정코 의심이 없고 만일 의심을 내면 옳지 아니하니 이것이 둘째 의심 없는 마음을 냄입니다.
　보살마하살이 또 생각하되, 내가 마땅히 가지각색 기묘한 광명 그물로 모든 세계를 두루 장엄하리라 하여, 이 마음을 낼 적에 결정코 의심이 없고 만일 의심을 내면 옳지 아니하니 이것이 셋째 의심 없는 마음을 냄입니다.
　보살마하살이 또 생각하되, 내가 마땅히 미래겁이 다하도록 보살의 행을 닦으면서, 수없고 한량없고 그지없고 같을 이 없고 셀 수 없고 일컬을 수 없고 생각할 수 없고 헤아릴 수 없고 말할 수 없이 말할 수 없어, 모든 산수를 초월하고 끝가는 법계와 허공계의 일체 중생들을 내가 마땅히 위없이 교화하고 조복하는 법으로써 성숙하리라 하여, 이 마음을 낼 적에 결정코 의심이 없고 만일 의심을 내면 옳지 아니하니 이것이 넷째 의심 없는 마음을 냄입니다.

보살마하살이 또 생각하되, 내가 마땅히 보살의 행을 닦아 큰 서원을 만족하고 온갖 지혜를 갖추고 그 가운데 편안히 머물리라 하여, 이 마음을 낼 적에 결정코 의심이 없고 만일 의심을 내면 옳지 아니하니 이것이 다섯째 의심 없는 마음을 냄입니다.

보살마하살이 또 생각하되, 내가 마땅히 모든 세간을 위하여 보살의 행을 행하며 모든 법의 청정한 광명이 되어 모든 부처님 법을 비추어 밝히리라 하여, 이 마음을 낼 적에 결정코 의심이 없고 만일 의심을 내면 옳지 아니하니 이것이 여섯째 의심 없는 마음을 냄입니다.

보살마하살이 또 생각하되, 내가 마땅히 모든 법이 다 부처님 법임을 알고, 중생의 마음을 따라 그들에게 연설하여 깨닫게 하리라 하여, 이 마음을 낼 적에 결정코 의심이 없고 만일 의심을 내면 옳지 아니하니 이것이 일곱째 의심 없는 마음을 냄입니다.

보살마하살이 또 생각하되, 내가 마땅히 온갖 법에서 장애가 없는 문을 얻고, 온갖 장애를 찾을 수 없음을 아는 연고로 마음이 이와 같이 의혹이 없으며 진실한 성품에 머물러서 내지 아뇩다라삼먁삼보리를 이루리라 하여, 이 마음을 낼 적에 결정코 의심이 없고 만일 의심을 내면 옳지 아니하니 이것이 여덟째 의심 없는 마음을 냄입니다.

보살마하살이 또 생각하되, 내가 마땅히 온갖 법이 모두 출세간법인 줄을 알고 모든 허망한 마음의 뒤바뀜을 멀리 여의며, 한 가지 장엄으로 스스로 장엄하되 장엄할 것이 없으며, 이것을 스스로 깨닫고 다른 이를 말미암지 않으리라 하여, 이 마음을 낼 적에 결정코 의심이 없고 만일 의심을 내면 옳지 아니하니 이것이 아홉째 의심 없는 마음을 냄입니다.

보살마하살이 또 생각하되, 내가 마땅히 모든 법에서 가장 바른 깨달음을 이루리니, 온갖 허망한 생각과 뒤바뀜을 여의는 연고며, 한 생각과 서로 응하는 지혜를 얻는 연고며, 하나다 다르다 함을 얻을 수 없는 연고며, 모든 수효를 여의는 연고며, 끝까지 함이 없는 연고며, 모든 말을 여읜 연고며, 말할 수 없는 경계의 짬에 머무는 연고라 하여, 이 마음을 낼 적에 결정코 의심이 없고 만일 의심을 내면 옳지 아니하니 이것이 열째 의심 없는 마음을 냄입니다.

만일 보살들이 이 법에 편안히 머물면 온갖 부처님 법에 의심할 것이 없습니다.

불자여, 보살마하살이 열 가지 불가사의가 있으니, 무엇이 열인가. 이른바 모든 선근이 불가사의며, 온갖 서원이 불가사의며, 모든 법이 눈어리〔幻〕 같음이 불가사의며, 보리심을 내어 보살의 행을 닦으며 선근을 잃지 아니하여 분별할 것 없음이 불가사의며, 비록 모든 법에 들어가나 열반을 취하지 않음은 모든 소원을 이루지 못한 연고인 것이 불가사의며, 보살의 도를 닦으면서도 하늘에서 내려와 태에 들어가고 탄생하고 출가하고 고행하고 도량에 나아가 마군들을 항복 받고 가장 바른 깨달음을 이루고 바른 법륜을 굴리고 반열반에 들며, 신통 변화가 자유자재하여 쉬지 않으면서도 자비와 서원을 버리지 않고 중생을 구호함이 불가사의며, 비록 여래의 십력과 신통변화가 자재함을 나타내면서도 법계와 같은 마음을 버리지 않고 중생을 교화함이 불가사의며, 모든 법의 모양 없는 것이 모양이고 모양이 모양 없는 것이며, 분별 없는 것이 분별이고 분별이 분별 없는 것이며, 있지 않는 것이 있는 것이고 있는 것이 있지 않는 것이며, 지음 없는 것이 지음이고 지음이 지음 없는 것이며, 말 아닌 것이 말하는 것이고 말하는 것이 말 아닌 것이 불가사의며, 마음이 보리와 평등함을 알고 보리가 마음과 평등함을 알며, 마음과 보리가 중생과 더불어 평등함을 알지마는, 마음이 뒤바뀌고 생각이 뒤바뀌고 소견이 뒤바뀜을 내지 않는 것이 불가사의며, 생각생각마다 멸진정(滅盡定)에 들어가 모든 번뇌를 다하지마는, 진실한 짬을 증득하지도 않고 새는 선근[有漏善根]을 다하지도 않으며, 비록 모든 법이 샘이 없는 줄을 알지마는, 샘이 다함도 알고 샘이 멸함도 알며, 비록 부처의 법이 곧 세간법이고 세간법이 곧 부처의 법인 줄을 알지마는, 부처의 법 가운데서 세간법을 분별하지도 않고 세간법 가운데서 부처의 법을 분별하지도 않으며, 온갖 법이 다 법에 들어가도 들어갈 바가 없는 연고며, 온갖 법이 둘도 없고 변함도 없음을 아는 연고니, 이것이 열째 불가사의입니다.

불자여, 이것이 보살마하살의 열 가지 불가사의니, 만일 보살들이 이 가운데 편안히 머물면 모든 부처의 위없는 불가사의 법을 얻을 것입니다.

불자여, 보살마하살은 열 가지 교묘하고 비밀한 말이 있으니, 무엇이 열인가. 이른바 모든 불경 가운데 교묘하고 비밀한 말과, 온갖 태어나는 곳에 교묘하고 비밀한 말과, 모든 보살의 신통 변화와 등정각을 이루는 데 교묘하고 비밀한 말과, 일체 중생의 업과 과보에 교묘하고 비밀한 말과, 일체 중생이 물들고 깨끗함을 일으키는 데 교묘하고 비밀한 말과, 모든 법이 끝까지 장애가 없는 문에 교묘하고 비밀한 말과, 온갖 허공계의 낱낱 처소에 모두 세계가 있어서 이루기도 하고 무너지기도 하여 빈 곳이 없는 데 교묘하고 비밀한 말과, 모든 법계의 일체 시방과 내지 미세한 곳에 모두 여래가 있어 처음 탄생함에서부터 내지 부처를 이루고 반열반에 들어감을 보이는 것이 법계에 가득함을 다 분별하여 보는 교묘하고 비밀한 말과, 일체 중생이 평등하게 열반함을 보는 것은 변하여 바뀜이 없는 연고지마는, 큰 서원을 버리지 아니함은 온갖 지혜로써 서원이 원만하지 못한 이를 만족케 하려는 것인 교묘하고 비밀한 말과, 비록 모든 법을 다른 이에게서 깨달은 것이 아닌 줄 알지마는,

선지식을 버리지 아니하여 여래를 더욱 존경하며, 선지식과 더불어 화합하여 둘이 없으며 모든 선근을 닦아 모으고 심으며 회향하여 편안히 머물러서 같이 짓고 같은 성품이고 같이 벗어나고 같이 성취하는 교묘하고 비밀한 말이니, 이것이 열입니다.

만일 보살들이 이 가운데 편안히 머물면 여래의 위없는 교묘하고 비밀한 말을 얻을 것입니다.

불자여, 보살마하살은 열 가지 교묘하게 분별하는 지혜가 있으니, 무엇이 열인가. 이른바 모든 세계에 들어가는 교묘하게 분별하는 지혜와, 일체 중생의 처소에 들어가는 교묘하게 분별하는 지혜와, 일체 중생의 마음과 행에 들어가는 교묘하게 분별하는 지혜와, 일체 중생의 근성에 들어가는 교묘하게 분별하는 지혜와, 일체 중생의 업과 과보에 들어가는 교묘하게 분별하는 지혜와, 모든 성문의 행에 들어가는 교묘하게 분별하는 지혜와, 모든 독각의 행에 들어가는 교묘하게 분별하는 지혜와, 모든 보살의 행에 들어가는 교묘하게 분별하는 지혜와, 모든 세간법에 들어가는 교묘하게 분별하는 지혜와, 일체 불법에 들어가는 교묘하게 분별하는 지혜니, 이것이 열입니다.

만일 보살들이 이 가운데 편안히 머물면 모든 부처님의 위없이 교묘하게 법을 분별하는 지혜를 얻을 것입니다.

불자여, 보살마하살은 열 가지 삼매에 들어감이 있으니, 무엇이 열인가. 이른바 모든 세계에서 삼매에 들어가고, 일체 중생의 몸에서 삼매에 들어가고, 모든 법에서 삼매에 들어가고, 모든 부처님을 보고 삼매에 들어가고, 온갖 겁에 머물러 삼매에 들어가고, 삼매에서 일어나 부사의한 몸을 나투어 삼매에 들어가고, 모든 부처님 몸에서 삼매에 들어가고, 일체 중생이 평등함을 깨달아 삼매에 들어가고, 잠깐 동안에 모든 보살의 삼매에 들어가는 지혜로 삼매에 들어가고, 잠깐 동안에 걸림 없는 지혜로 모든 보살의 행과 원을 성취하되 쉬는 일이 없이 삼매에 들어가나니, 이것이 열입니다.

만일 보살들이 이 가운데 편안히 머물면 모든 부처의 위없이 교묘한 삼매〔無上善巧三昧〕의 법을 얻을 것입니다.

불자여, 보살마하살은 열 가지 두루 들어감이 있으니, 무엇이 열인가. 이른바 중생에 두루 들어가고 국토에 두루 들어가고 세간의 가지가지 모양에 두루 들어가고 화재에 두루 들어가고 수재에 두루 들어가고 부처에 두루 들어가고 장엄에 두루 들어가고 여래의 그지없는 공덕의 몸에 두루 들어가고 모든 가지가지 법을 말하는 데 두루 들어가고 모든 여래를 가지가지로 공양하는 데 두루 들어가나니, 이것이 열입니다.

만일 보살들이 이 가운데 편안히 머물면 여래의 위없는 큰 지혜에 두루 들어가는 법을 얻을 것입니다.

불자여, 보살마하살은 열 가지 해탈문이 있으니, 무엇이 열인가. 이른바 한 몸이 모든 세계에 두루하는 해탈문과, 모든 세계에서 한량없는 가지가지 모양을 나타내는 해탈문과, 모든 세계가 한 부처님 세계에 들어가는 해탈문과, 일체 중생계에 널리 가지하는 해탈문과, 모든 부처님의 장엄한 몸으로 모든 세계에 가득하는 해탈문과, 제몸 가운데서 모든 세계를 보는 해탈문과, 잠깐 동안에 모든 세계에 나아가는 해탈문과, 한 세계에서 모든 여래가 출세함을 보이는 해탈문과, 한 몸이 모든 법계에 가득하는 해탈문과, 잠깐 동안에 모든 부처님의 유희하는 신통을 나타내는 해탈문이니, 이것이 열입니다.

만일 보살들이 이 가운데 편안히 머물면 여래의 위없는 해탈문을 얻을 것입니다.

불자여, 보살마하살은 열 가지 신통이 있으니, 무엇이 열인가. 이른바 지난 세상에 났던 일을 기억하는 방편 지혜의 신통과, 하늘 귀〔天耳〕

가 걸림 없는 방편 지혜의 신통과, 다른 중생의 부사의한 마음과 행을 아는 방편 지혜의 신통과, 하늘 눈[天眼]으로 관찰하여 걸림이 없는 방편 지혜의 신통과, 중생의 마음을 따라 부사의한 크게 신통한 힘을 나타내는 방편 지혜의 신통과, 한 몸이 한량없는 세계에 두루 나타나는 방편 지혜의 신통과, 한 순간에 말할 수 없이 말할 수 없는 세계에 두루 들어가는 방편 지혜의 신통과, 한량없는 장엄거리를 내어 부사의한 세계를 장엄하는 방편 지혜의 신통과, 말할 수 없는 변화하는 몸을 나타내는 방편 지혜의 신통과, 부사의한 중생의 마음을 따라 말할 수 없는 세계에서 아뇩다라삼먁삼보리를 이룸을 나타내는 방편 지혜의 신통이니, 이것이 열입니다.

만일 보살들이 이 가운데 편안히 머물면 여래의 위없이 크게 교묘한 신통을 얻고, 일체 중생에게 가지가지로 나타내어 그로 하여금 닦아 배우게 할 것입니다.

불자여, 보살마하살은 열 가지 밝음이 있으니, 무엇이 열인가. 이른바 일체 중생의 업과 과보를 아는 교묘한 지혜의 밝음과, 일체 중생의 경계가 고요하고 청정하여 모든 희롱의 언론이 없음을 아는 교묘한 지혜의 밝음과, 일체 중생의 가지가지 반연하는 것이 오직 한 모양이어서 모두 찾을 수 없으며 모든 법이 다 금강과 같음을 아는 교묘한 지혜의 밝음과, 한량없는 미묘한 음성으로 시방의 모든 세계에 들리게 하는 교묘한 지혜의 밝음과, 모든 마음의 물드는 바를 모두 깨뜨리는 교묘한 지혜의 밝음과, 방편으로 태어나기도 하고 태어나지 않기도 함을 나타내는 교묘한 지혜의 밝음과, 모든 생각하고 느끼는 경계를 여의는 교묘한 지혜의 밝음과 모든 법이 모양 있음도 아니고 모양 없음도 아니며, 한 성품이고 성품이 없어서 분별할 것 없음을 알지마는 능히 가지각색 법을 알고 한량없는 겁에 분별하여 연설하며, 법계에 머물러서 아뇩다라삼먁삼보리를 이루는 교묘한 지혜의 밝음과 보살마하살은 일체 중생의 나는 것이 본래 날 것 없음을 알아서, 태어나는 것을 얻을 수 없음을 통달하는 연고로 인도 알고 연도 알고 일도 알고 경계도 알고 행함도 알고 나는[生] 것도 알고 없어짐[滅]도 알고 말함도 알며, 미혹함도 알고 미혹을 여읨도 알며, 뒤바뀜도 알고 뒤바뀜을 여읨도 알며, 물든 것도 알고 청정한 것도 알며, 생사도 알고 열반도 알며, 얻을 것도 알고 얻지 못할 것도 알며, 집착함도 알고 집착이 없음도 알며, 머무름도 알고 움직임도 알며, 가는 것도 알고 돌아옴도 알며, 일어남도 알고 일어나지 않음도 알며, 무너짐도 알고 벗어남도 알며, 성숙함도 알고 여러 근기도 알고 조복할 줄도 아나니, 마땅함을 따라서 가지가지로 교화하면서도 삼보의 행할 바를 잊어버리지 않습니다.

왜냐 하면 보살은 다만 중생을 이익케 하기 위하여 아뇩다라삼먁삼보리심을 내는 것이고, 다른 것을 위하지 않기 때문입니다. 그러므로 보살이 항상 중생을 교화하여도 몸에 고달픔이 없어서 모든 세간에서 할 일을 어기지 아니하나니, 이것을 말하여 연기에 교묘한 지혜의 밝음이라 합니다.

보살마하살은 부처에게 집착이 없어 집착하는 마음을 일으키지 아니하고, 법에 집착함이 없어 집착하는 마음을 일으키지 아니하고, 세계에 집착함이 없어 집착하는 마음을 일으키지 아니하고, 중생에 집착함이 없어 집착하는 마음을 일으키지 아니하며, 중생이 있음을 보지 않으면서도, 교화하고 조복하며 법을 말하거니와, 그래도 보살의 행과 큰 자비와 큰 서원을 버리지 아니하며, 부처님을 보고 법을 듣고 따라 수행하며, 여래를 의지하여 선근을 심으며, 공경하고 공양하기를 쉬지 아니하고 신통한 힘으로 시방의 한량없는 세계를 진동하나니, 그 마음이 광대하여 법계와 같은 연고입니다.

가지가지로 법을 말함을 알고 중생의 수효를 알고 중생의 차별을 알고 괴로움이 생김을 알고 괴로움이 멸함을 알며, 모든 행이 그림자와 같음을 알고 보살의 행을 행하여 온갖 태어나는 근본을 아주 끊었건마는 일체 중생을 구호하기 위하여 보살의 행을 행하나 행하는 것이 없으며, 모든 부처의 종자인 성품을 따라서 큰 산과 같은 마음을 내며, 온갖 것이 허망하고 뒤바뀜을 알고 갖가지 지혜의 문에 들어가나니, 지혜가 크고 넓어 움직일 수 없는지라 마땅히 바른 깨달음을 이루어서 나고 죽는 바다에서 일체 중생을 평등하게 제도하는 교묘한 지혜의 밝음이니, 이것이 열입니다.

만일 보살들이 이 가운데 편안히 머물면 여래의 위없는 크게 교묘한 지혜의 밝음을 얻을 것입니다.

불자여, 보살마하살은 열 가지 해탈이 있으니, 무엇이 열인가. 이른바 번뇌의 해탈과 삿된 소견의 해탈과 모든 집착의 해탈과 온·처·계의 해탈과 이승二乘을 초월하는 해탈과 죽살이 없는 법의 지혜 해탈과 모든 세간·모든 세계·모든 중생·모든 법에서 집착을 여의는 해탈과 그지없이 머무는 해탈과 모든 보살의 행을 발기하여 여래의 분별 없는 지위에 들어가는 해탈과 잠깐 동안에 모든 삼세를 능히 아는 해탈이니, 이것이 열입니다.

만일 보살들이 이 법에 편안히 머물면 위없는 부처의 일을 베풀어 일체 중생을 교화하여 성숙하게 할 것입니다.

불자여, 보살마하살은 열 가지 숲 동산이 있으니, 무엇이 열인가. 이른바 나고 죽음이 보살의 숲 동산이니 싫음이 없는 연고며, 중생을 교화함이 보살의 숲 동산이니 고달프지 않은 연고며, 온갖 겁에 머무름이 보살의 숲 동산이니 큰 행들을 거두는 연고며, 청정한 세계가 보살의 숲 동산이니 스스로 머무는 곳인 연고며, 모든 마의 궁전이 보살의 숲 동산이니 저 무리를 항복 받는 연고며, 들은 법을 생각함이 보살의 숲 동산이니 이치와 같이 관찰하는 연고며, 육바라밀과 사섭사四攝事와 삼십칠보리분법이 보살의 숲 동산이니 아버지의 경계를 이어 받는 연고며, 십력·사무소외·십팔불공법과 내지 모든 부처의 법이 보살의 숲 동산이니 다른 법을 생각지 않는 연고며, 모든 보살의 위력과 자유자재한 신통을 나타냄이 보살의 숲 동산이니 큰 신통한 힘으로 바른 법륜을 굴리어 중생 조복함을 쉬지 않는 연고며, 잠깐 동안에 모든 곳에서 일체 중생에게 바른 깨달음을 이루는 일을 보이는 것이 보살의 숲 동산이니 법신이 온 허공의 모든 세계에 두루한 연고로 이것이 열입니다.

만일 보살들이 이 법에 편안히 머물면 여래의 위없는 근심을 여읜 크게 안락한 행을 얻을 것입니다.

불자여, 보살마하살은 열 가지 궁전이 있으니, 무엇이 열인가. 이른바 보리심이 보살의 궁궐이니 항상 잊지 않는 연고며, 십선업과 복덕과 지혜가 보살의 궁전이니 욕심 세계 중생을 교화하는 연고며, 네 가지 범천이 머무는 선정[四梵住禪定]이 보살의 궁전이니 형상 세계의 중생을 교화하는 연고며, 정거천에 나는 것이 보살의 궁전이니 모든 번뇌에 물들지 않는 연고며, 무형 세계에 나는 것이 보살의 궁전이니 중생들로 하여금 어려운 곳[難處]에서 떠나게 하는 연고며, 물든 세계[雜染世界]에 나는 것이 보살의 궁전이니 일체 중생으로 하여금 번뇌를 끊게 하는 연고며, 현재 내전에 있는 처자 권속이 보살의 궁전이니 지난 세상에 함께 수행하던 중생을 성취하는 연고며, 지금 있는 전륜왕과 사천왕과 제석천왕과 범천왕이 보살의 궁전이니 자재한 마음을 가진 중생을 조복하는 연고며, 모든 보살의 행에 머물러 신통에 유희하며 자유자재하는 것이 보살의 궁전이니 모든 선정과 해탈과 삼매의 지혜에 잘 유의하는 연고며, 모든 부처님 계신 데서 위없이 자재한 온갖 지혜 왕의 정수리에 물을 붓는 수기를 받는 것이 보살의 궁전이니 십력으로 장엄한 데 머물러서 모든 법왕의 자재한 일을 짓는 연고로 이것이 열입니다.

만일 보살들이 이 가운데 편안히 머물면 법으로 정수리에 물을 부어 모든 세간에서 신통으로 자재함을 얻을 것입니다.

불자여, 보살마하살은 열 가지 좋아함이 있으니, 무엇이 열인가. 이른바 바른 생각을 좋아하니 마음이 산란치 않은 연고며, 지혜를 좋아하니 모든 법을 분별하는 연고며, 모든 부처님 계신 데 가기를 좋아하니 법문 듣기에 만족함이 없는 연고며, 모든 부처님을 좋아하니 시방에 가득하여 가이없는 연고며, 보살을 좋아하니 자재하게 중생들을 위하여 한량없는 문으로 몸을 나타내는 연고며, 모든 삼매문을 좋아하니 한 삼매문에서 모든 삼매문에 들어가는 연고며, 다라니를 좋아하니 법을 가지고 잊지 아니하여 중생에게 주는 연고며, 걸림 없는 변재를 좋아하니 한 글자와 한 글귀의 경을 말할 수 없는 겁 동안에 분별하여 연설하되 다함이 없는 연고며, 바른 깨달음 이룸을 좋아하니 일체 중생을 위하여 한량없는 문으로 몸을 나투어 바른 깨달음을 이룸을 보이는 연고며, 법륜 굴리기를 좋아하니 온갖 외도의 법을 꺾어 버리는 연고로, 이것이 열입니다.

만일 보살들이 이 법에 편안히 머물면 모든 부처님 여래의 위없는 법의 즐거움을 얻을 것입니다.

불자여, 보살마하살은 열 가지 장엄이 있으니, 무엇이 열인가. 이른바 힘의 장엄이니 깨뜨릴 수 없는 연고며, 두려움 없는 장엄이니 굴복할 이가 없는 연고며, 뜻의 장엄이니 말할 수 없는 뜻을 말하여 다함이 없는 연고며, 법의 장엄이니 팔만 사천 법덩이를 관찰하고 연설하여 잊지 않는 연고며, 서원의 장엄이니 모든 보살의 처소에서 큰 서원을 내어 물러가지 않는 연고며, 행의 장엄이니 보현의 행을 닦아 벗어나는 연고며, 세계 장엄이니 모든 세계로 한 세계를 만드는 연고며, 두루한 음성의 장엄이니 모든 부처의 세계에 두루하여 법 비를 내리는 연고며, 힘으로 유지하는 장엄이니 온갖 겁에 수없는 행을 행하여 끊어지지 않는 연고며, 변화하는 장엄이니 한 중생의 몸에서 일체 중생 수효와 같은 몸을 나타내어 중생들로 하여금 모두 지견知見을 얻고 온갖 지혜를 구하여 물러감이 없는 연고로 이것이 열입니다.

만일 보살들이 이 법에 편안히 머물면 여래의 모든 위없는 법의 장엄을 얻을 것입니다.

불자여, 보살마하살은 열 가지 부동심不動心을 내나니 무엇이 열인가. 이른바 온갖 있는 것을 다 버리는 부동심과, 모든 불법을 생각하고 관찰하는 부동심과, 모든 부처님을 생각하고 공양하는 부동심과, 일체 중생에게 시끄럽게 하지 않으려는 부동심과, 중생을 두루 포섭하고 원수와 친한 이를 가리지 않는 부동심과, 모든 불법을 구하여 쉬지 않는 부동심과, 일체 중생 수와 같은 말할 수 없이 말할 수 없는 겁에 보살의 행을 행하되 고달프지 않고 물러가지 않는 부동심과, 뿌리가 있는 믿음·흐리지 않는 믿음·청정한 믿음·매우 청정한 믿음·때를 여읜 믿음·밝게 사무친 믿음·모든 부처님께 공경하고 공양하는 믿음·물러가지 않는 믿음·다할 수 없는 믿음·깨뜨릴 수 없는 믿음·매우 즐거워 날뛰는 믿음을 성취하는 부동심과, 온갖 지혜를 내는 방편의 길을 성취하는 부동심과, 모든 보살의 행하는 법을 듣고는 믿고 비방하지 않는 부동심이니, 이것이 열입니다.

만일 보살들이 이 법에 편안히 머물면 위없는 온갖 지혜의 부동심을 얻을 것입니다.

불자여, 보살마하살은 열 가지 버리지 않는 깊고 큰 마음이 있으니, 무엇이 열인가. 이른바 모든 부처의 보리를 만족할 것을 버리지 않는 깊고 큰 마음과, 일체 중생을 교화하고 조복함을 버리지 않는 깊고 큰 마음과, 모든 부처의 종자 성품을 끊지 않음을 버리지 않는 깊고 큰 마음과, 모든 선지식 친근함을 버리지 않는 깊고 큰 마음과, 모든 부처님 공양함을 버리지 않는 깊고 큰 마음과, 모든 대승의 공덕법 구하기를 버리지 않는 깊고 큰 마음과, 모든 부처의 처소에서 범행을 닦고 깨끗한 계행을 보호할 것을 버리지 않는 깊고 큰 마음과, 모든 보살 친근함을 버리지 않는 깊고 큰 마음과, 모든 불법을 구하여 방편으로 보호해 지님을 버리지 않는 깊고 큰 마음과, 모든 보살의 행과 원을 만족하고 모든 불법 모을 것을 버리지 않는 깊고 큰 마음이니, 이것이 열입니다.

만일 보살들이 이 가운데 편안히 머물면 모든 불법을 버리지 않게 될 것입니다.

불자여, 보살마하살은 열 가지 지혜의 관찰이 있으니, 무엇이 열인가. 이른바 잘 분별하여 모든 법을 연설하는 지혜의 관찰과, 삼세의 모든 선근을 분명히 아는 지혜의 관찰과, 모든 보살의 행과 자재하게 변화함을 아는 지혜의 관찰과, 모든 법과 이치의 문을 아는 지혜의 관찰과, 모든 부처의 위엄과 힘을 아는 지혜의 관찰과, 모든 다라니 문을 아는 지혜의 관찰과, 모든 세계에서 바른 법을 자세히 말하는 지혜의 관찰과, 모든 법계에 들어가는 지혜의 관찰과, 모든 시방의 헤아릴 수 없음을 아는 지혜의 관찰과, 모든 불법의 지혜 광명이 장애가 없음을 아는 지혜의 관찰이니, 이것이 열입니다.

만일 보살들이 이 가운데 편안히 머물면 여래의 위없는 큰 지혜의 관찰을 얻을 것입니다.

불자여, 보살마하살은 열 가지 법을 말함이 있으니, 무엇이 열인가. 이른바 모든 법이 다 인연으로 생긴 것을 말하며, 모든 법이 눈어리와 같음을 말하며, 모든 법이 다툼이 없음을 말하며, 모든 법이 가이없음을 말하며, 모든 법이 의지한 데 없음을 말하며, 모든 법이 금강과 같음을 말하며, 모든 법이 진여와 같음을 말하며, 모든 법이 모두 고요함을 말하며, 모든 법이 다 벗어남인 것을 말하며, 모든 법이 다 한 가지 이치에 머물러 본 성품을 성취함을 말하나니, 이것이 열입니다.

만일 보살들이 이 가운데 편안히 머물면 교묘하게 모든 법을 말할 것입니다.

불자여, 보살마하살은 열 가지 청정이 있으니, 무엇이 열인가. 이른바 깊은 마음이 청정하고, 의심 끊음이 청정하고, 소견을 여읨이 청정하고, 경계가 청정하고, 온갖 지혜를 구함이 청정하고, 변재가 청정하고, 두려움 없음이 청정하고, 모든 보살의 지혜에 머무름이 청정하고, 모든 보살의 계율을 받음이 청정하고, 위없는 보리와 서른두 가지 복된 모습[百福相]과 희고 깨끗한 법과 모든 선근을 구족이 성취함이 청정하니, 이것이 열입니다.

만일 보살들이 이 가운데 편안히 머물면 모든 여래의 위없는 청정한 법을 얻을 것입니다.

불자여, 보살마하살은 열 가지 인印이 있으니, 무엇이 열인가. 이른바 보살마하살은 덧괴로움[苦苦]과 헐괴로움[壞苦]과 변천하는 괴로움[行苦]을 알고 부처의 법을 오로지 구하여 게으르지 않으며, 보살의 행을 행하여 고달프지 않으며, 놀라지 않고 두렵지 않고 저어하지 않고 무섭지 않으며, 큰 서원을 버리지 않고 온갖 지혜를 구하며, 견고하여 물러가지 않고 아뇩다라삼먁삼보리를 끝마치나니, 이것이 첫째 인입니다.

보살마하살은 어떤 중생이 어리석고 미쳐서 나쁜 말로 헐뜯고 칼·막대기·돌로 해롭게 해도, 이런 경계로 해서 보살의 마음을 버리지 않고, 다만 참고 부드럽고 화평하게 불법을 전문으로 닦으며, 가장 좋은 도에 머물러 죽살이를 여의는 자리에 들어가나니, 이것이 둘째 인입니다.

 보살마하살은 온갖 지혜와 서로 응하는 매우 깊은 부처의 법을 듣고는, 능히 자기의 지혜로 깊이 믿고 분명히 알며 이해하고 나아가 들어가나니, 이것이 셋째 인입니다.

 보살마하살은 또 생각하되, '내가 깊은 마음을 내어 온갖 지혜를 구하나니, 내가 마땅히 성불하여 아뇩다라삼먁삼보리를 얻을 것이며, 일체 중생이 오취五趣에 헤매면서 한량없는 고통을 받는 것을, 그로 하여금 보리심을 내어 깊이 믿고 기뻐하며 부지런히 닦고 정진하며 견고하여 물러가지 않게 하리라' 하나니, 이것이 넷째 인입니다.

 보살마하살은 여래의 지혜가 가이없음을 알고, 제한된 마음으로 여래의 지혜를 측량하지 않나니, 보살이 일찍이 한량없는 부처님 계신 데서 여래의 지혜가 가이없음을 들은 연고며, 제한된 마음으로 측량하지 않음은 모든 세간의 글자로 하는 말은 모두 제한이 있어 여래의 지혜를 알지 못함이니, 이것이 다섯째 인입니다.

 보살마하살은 아뇩다라삼먁삼보리에 가장 나은 욕망·매우 깊은 욕망·넓은 욕망·큰 욕망·가지가지 욕망·이길 이 없는 욕망·위없는 욕망·견고한 욕망·마와 외도와 그 권속들이 파괴할 수 없는 욕망·온갖 지혜 구하려 물러가지 않는 욕망을 얻었으며, 보살이 이런 욕망에 머물러서 위없는 보리에 끝까지 물러가지 않나니, 이것이 여섯째 인입니다.

 보살마하살은 보살의 행을 행하되 몸과 목숨을 돌보지 아니하며, 저해하고 파괴할 이가 없나니, 마음을 내어 온갖 지혜로 나아가는 연고며, 온갖 지혜의 성품이 항상 앞에 나타나는 연고며, 모든 부처님 지혜의 광명을 얻는 연고로, 마침내 부처의 보리를 버리지 아니하며 마침내 선지식을 버리지 않나니, 이것이 일곱째 인입니다.

보살마하살은 만일 선남자나 선여인으로서 대승에 나아가는 이를 보면, 그로 하여금 불법 구하는 마음을 늘게 하며 모든 선근에 머물게 하며 온갖 지혜의 마음을 거두어 가지게 하며 위없는 보리에서 물러가지 않게 하나니, 이것이 여덟째 인입니다.

　보살마하살은 일체 중생으로 평등한 마음을 얻게 하며 온갖 지혜의 길을 부지런히 닦게 하며 크게 어여삐 여기는 마음으로 법을 말하며 아뇩다라삼먁삼보리에서 물러가지 않게 하나니, 이것이 아홉째 인입니다.

　보살마하살은 삼세 부처님들과 선근이 같아서 모든 부처의 종자 성품을 끊지 않고 필경에 온갖 지혜의 지혜에 이르게 하나니, 이것이 열째 인입니다.

　불자여, 이것이 보살마하살의 열 가지 인이니, 보살은 이것으로 아뇩다라삼먁삼보리를 빨리 이루고 여래의 모든 법에 위없는 지혜의 인을 구족합니다.

　불자여, 보살마하살은 열 가지 지혜 광명으로 비춤이 있으니, 무엇이 열인가. 이른바 결정코 아뇩다라삼먁삼보리를 이룰 줄 아는 지혜 광명 비춤이며, 모든 부처님을 보는 지혜 광명 비춤이며, 일체 중생의 여기서 죽어 저기에 남을 보는 지혜 광명 비춤이며, 모든 수다라 법문을 아는 지혜 광명 비춤이며, 선지식을 의지하여 보리심을 내고 선근을 모으는 지혜 광명 비춤이며, 모든 부처님을 나타내는 지혜 광명 비춤이며, 일체 중생을 교화하여 여래의 지위에 머물게 하는 지혜 광명 비춤이며, 부사의한 넓고 큰 법문을 연설하는 지혜 광명 비춤이며, 모든 부처님의 신통과 위엄을 교묘하게 아는 지혜 광명 비춤이며, 모든 바라밀을 만족하는 지혜 광명 비춤이니, 이것이 열입니다.

　만일 보살들이 이 법에 편안히 머물면 모든 부처님의 위없는 지혜 광명 비춤을 얻을 것입니다.

불자여, 보살마하살은 열 가지 같을 이 없는 머무름이 있어 모든 중생과 성문과 독각이 같을 이가 없나니, 무엇이 열인가. 이른바 보살마하살이 비록 실제實際를 관찰하나 증득하지는 않나니, 모든 소원이 만족하지 못한 연고로 이것이 첫째 같을 이 없는 머무름입니다.

보살마하살이 법계와 평등한 모든 선근을 심으나 그 가운데 조그만 집착도 없으니, 이것이 둘째 같을 이 없는 머무름입니다.

보살마하살이 보살의 행을 닦는 것이 변화와 같은 줄을 아나니, 모든 법이 다 적멸한 것이므로 부처의 법에 의혹을 내지 않습니다. 이것이 셋째 같을 이 없는 머무름입니다.

보살마하살이 비록 세간에 있는 허망한 생각을 여의었으나, 능히 생각하기를 '말할 수 없는 겁에 보살의 행을 행하여 큰 소원을 만족하리라' 하고, 중간에 고달픈 생각을 내지 아니하니, 이것이 넷째 같을 이 없는 머무름입니다.

보살마하살이 모든 법에 집착함이 없나니, 모든 법의 성품이 적멸하므로 열반을 증득하지 않습니다. 왜냐 하면 온갖 지혜의 길이 만족하지 못한 연고입니다. 이것이 다섯째 같을 이 없는 머무름입니다.

보살마하살이 모든 겁이 모두 겁이 아닌 줄을 알지마는, 참으로 모든 겁의 수효를 말하니, 이것이 여섯째 같을 이 없는 머무름입니다.

보살마하살이 모든 법에 다 지을 것이 없음을 알지마는 도를 지어 불법 구하기를 버리지 않나니, 이것이 일곱째 같을 이 없는 머무름입니다.

보살마하살이 삼계가 오직 마음뿐이고 삼세가 오직 마음뿐임을 알지마는, 그 마음이 한량없고 그지없음을 아니, 이것이 여덟째 같을 이 없는 머무름입니다.

보살마하살이 한 중생을 위하여서 말할 수 없는 겁에 보살의 행을 행하여 온갖 지혜의 자리에 머물게 하려 하며 한 중생을 위하는 것같이 모든 중생을 위하여서도 이와 같이 하여 고달픔을 내지 아니하니, 이것이 아홉째 같을 이 없는 머무름입니다.

보살마하살이 비록 수행이 원만하였으나 보리를 증득하지 않으니, 왜냐 하면 보살이 생각하기를 '내가 하는 일은 본래 중생을 위함이니라. 그러므로 내가 오래도록 생사에 있으면서 방편으로 이익케 하여 모두 위없는 부처의 도에 머물게 하리라 하느니라' 합니다. 이것이 열째 같을 이 없는 머무름입니다.

불자여, 이것이 보살마하살의 열 가지 같을 이 없는 머무름이니, 만일 보살이 이 가운데 편안히 머물면 위없는 큰 지혜의 모든 불법에서 같을 이 없는 머무름을 얻을 것입니다."

대방광불화엄경 제55권

제55권

38. 이세간품 ③

4) 십행을 답함 ②

"불자여, 보살마하살이 열 가지 못나지 않은 마음〔無下劣心〕이 있으니, 무엇이 열인가.

불자여, 보살마하살이 생각하되, 내가 마땅히 모든 하늘 마〔魔〕와 그 권속들을 항복 받으리라 하나니, 이것이 첫째 못나지 않은 마음입니다. 또 생각하되, 내가 마땅히 모든 외도와 그 사특한 법을 깨뜨리리라 하나니, 이것이 둘째 못나지 않은 마음입니다.

또 생각하되, 내가 마땅히 일체 중생을 좋은 말로 일러 주어 환희케 하리라 하나니, 이것이 셋째 못나지 않은 마음입니다. 또 생각하되, 내가 마땅히 법계에 가득하게 모든 바라밀 행을 이루리라 하나니, 이것이 넷째 못나지 않은 마음입니다.

또 생각하되, 내가 마땅히 온갖 복덕의 광〔藏〕을 쌓아 모으리라 하나니, 이것이 다섯째 못나지 않은 마음입니다.

또 생각하되, 위없는 보리는 넓고 커서 이루기 어렵지만, 내가 마땅히 수행하여 모두 원만케 하리라 하나니, 이것이 여섯째 못나지 않은 마음입니다.

또 생각하되, 내가 마땅히 위없는 교화와 위없는 조복으로 일체 중생을 교화하고 조복하리라 하나니, 이것이 일곱째 못나지 않은 마음입니다. 또 생각하되, 모든 세계가 가지가지로 같지 않지만, 내가 마땅히 한량없는 몸으로 정등각正等覺을 이루리라 하나니, 이것이 여덟째 못나지 않은 마음입니다.

또 생각하되, 내가 보살의 행을 닦을 적에 만일 어떤 중생이 나에게 와서 손·발·귀·코·피·살·뼈·골수·처자·코끼리·말 내지 임금의 자리를 달라 하거든, 이런 것들을 모두 내주고 한 생각도 후회하는 마음이 없고, 다만 일체 중생을 이익케 할 뿐이고 과보를 구하지 않으며, 크게 어여삐 여김을 으뜸으로 하여 크게 인자함으로 끝까지 이르리라 하나니, 이것이 아홉째 못나지 않은 마음입니다.

또 생각하되, 삼세三世에 있는 바 모든 부처와 모든 불법과 모든 중생과 모든 국토와 모든 세계와 모든 삼세와 모든 허공계와 모든 법계와 모든 말로 시설施設하는 경계와 모든 고요한 열반계 따위의 모든 가지가지 법을, 내가 마땅히 한 생각과 서로 응하는 지혜로 다 알고 깨닫고 다 보고 다 증득하고 다 닦고 끊으리라. 하지만 그 가운데는 분별이 없고 분별을 여의어서 가지가지 차별이 없으며, 공덕도 없고 경계도 없습니다.

있는 것도 아니고 없는 것도 아니며 하나도 아니고 둘도 아니어든, 둘이 아닌 지혜로 모든 둘을 알고 모양이 없는 지혜로 모든 모양을 알며, 분별이 없는 지혜로 모든 분별을 알고 다름이 없는 지혜로 모든 다름을 알며, 차별이 없는 지혜로 모든 차별을 알고 세간이 없는 지혜로 모든 세간을 알며, 세상이 없는 지혜로 모든 세상을 알고 중생이 없는 지혜로 모든 중생을 알며, 집착이 없는 지혜로 모든 집착을 알고 머무르는 곳이 없는 지혜로 모든 머무르는 곳을 알며, 물듦이 없는 지혜로 모든 물듦을 알고 다함이 없는 지혜로 모든 다함을 아는 것입니다.

법계가 끝나는 지혜로 모든 세계에서 몸을 나타내고 말을 여읜 지혜로 말할 수 없는 말을 보이며, 한 제 성품 지혜로 제 성품이 없는 데 들어가고 한 경계인 지혜로 가지가지 경계를 나타내며, 모든 법이 말할 수 없음을 알지만 크게 자유자재한 말을 나타내고 온갖 지혜의 자리를 증득하고도 일체 중생을 교화하고 조복하기 위하여 모든 세간에서 큰 신통과 변화를 나타내나니, 이것이 열째 못나지 않은 마음입니다.

불자여, 이것이 보살마하살의 열 가지 못나지 않은 마음을 내는 것이니, 만일 보살들이 이 마음에 편안히 머물면 못나지 않은 최상의 불법을 얻습니다.

불자여, 보살마하살이 아뇩다라삼먁삼보리에 열 가지 산과 같은 더 올라가는 마음〔如山增上心〕이 있으니, 무엇이 열인가.

불자여, 보살마하살이 항상 뜻을 내어 온갖 지혜의 법을 부지런히 닦나니, 이것이 첫째 산과 같은 더 올라가는 마음이니라. 항상 모든 법의 본 성품이 공하여 얻을 것이 없음을 관찰하나니, 이것이 둘째 산과 같은 더 올라가는 마음입니다.

한량없는 겁에 보살의 행을 행하여 모든 희고 깨끗한 법을 닦으며, 모든 희고 깨끗한 법에 머무는 연고로 여래의 한량없는 지혜를 알고 보기를 원하나니, 이것이 셋째 산과 같은 더 올라가는 마음입니다.

모든 부처의 법을 구하기 위하여 평등한 마음으로 선지식을 공경하여 받들되, 다르게 바라는 것도 없고 법을 도적할 마음도 없으며, 다만 존중히 여기고 처음 본다는 생각을 내어 온갖 것을 다 버리나니, 이것이 넷째 산과 같은 더 올라가는 마음입니다.

어떤 중생이 꾸짖고 욕설하고 훼방하며 방망이로 때리고 살을 도려내며 몸을 괴롭게 하고 내지 목숨을 끊더라도 이런 일들을 모두 참고 견디며, 마침내 이런 것을 인하여 흔들리는 마음을 내거나 성내는 마음을 내지 아니하며, 큰 자비와 큰 서원을 버리지도 아니하고 다시 더 늘게 하고 쉬지 아니합니다. 왜냐 하면 보살이 모든 법에서 참으로 벗어나서 버리는 일을 성취하는 연고며, 모든 여래의 법을 증득하고 참고 부드러움에 이미 자유자재하는 연고니, 이것이 다섯째 산과 같은 더 올라가는 마음입니다.

보살마하살이 더 올라가는 큰 공덕을 성취하나니, 이른바 하늘의 더 올라가는 공덕・사람의 더 올라가는 공덕・물질의 더 올라가는 공덕・힘의 더 올라가는 공덕・권속의 더 올라가는 공덕・욕망의 더 올라가는 공덕・왕의 지위의 더 올라가는 공덕・자유자재의 더 올라가는 공덕・복덕의 더 올라가는 공덕・지혜의 더 올라가는 공덕입니다. 비록 이러한 공덕을 성취하더라도 여기에 집착하지 아니하니, 이른바 맛에 집착하지 않고 탐욕에 집착하지 않고 재물에 집착하지 않고 권속에 집착하지 않으며, 매우 법을 좋아하여 법을 따라가고 법을 따라 머물고 법을 따라 나아가고 법을 따라 끝까지 가며, 법을 의지하고 법으로 구원을 삼고 법으로 돌아갈 데를 삼고 법으로 집을 삼으며, 법을 수호하고 법을 즐겨하고 법을 희망하고 법을 생각합니다.

불자여, 보살마하살은 비록 가지가지 법의 즐거움을 갖추어 받더라도 항상 마군의 경계를 멀리 여읩니다. 왜냐 하면 보살마하살이 지난 세상〔過去世〕에 이런 마음을 내되, 내가 마땅히 일체 중생으로 하여금 마군들의 경계를 모두 멀리 여의고 부처의 경계에 머물게 하리라 한 연고니, 이것이 여섯째 산과 같은 더 올라가는 마음입니다.

　보살마하살이 아뇩다라삼먁삼보리를 구하기 위하여 한량없는 아승기 겁에 보살의 도를 이미 닦았고 부지런하여 게으르지 않았지만, 오히려 생각하기를, 내가 이제 처음으로 아뇩다라삼먁삼보리심을 내어 보살의 행을 행한다 하고, 놀라지도 않고 무서워하지도 않고 두려워하지도 않으며, 비록 잠깐 동안에 아뇩다라삼먁삼보리를 이루었지만, 중생을 위하는 연고로 한량없는 겁에 보살의 행을 행하고 쉬지 아니하나니, 이것이 일곱째 산과 같이 더 올라가는 마음입니다.

　보살마하살은 일체 중생의 성품이 화평하고 착하지 못하여 조복하기 어렵고 제도하기 어려우며, 은혜를 알지도 못하고 은혜를 갚지도 못함을 압니다. 그러므로 그를 위하여 큰 서원을 내되, 그들이 모두 마음이 자유자재하게 되고 행하는 데 걸림이 없으며, 나쁜 생각을 버리고 다른 이에게 번뇌를 내지 않게 하리라 하나니, 이것이 여덟째 산과 같이 더 올라가는 마음입니다.

　보살마하살이 또 생각하되, 다른 이가 나로 하여금 보리심을 내게 하는 것도 아니고, 다른 사람이 나의 수행을 돕는 것도 아니니, 내가 스스로 마음을 내어 모든 부처의 법을 모으며 스스로 힘을 써서 오는 세월〔未來劫〕이 끝나도록 보살의 도를 행하여 아뇩다라삼먁삼보리를 이루리라, 그러므로 내가 이제 보살의 행을 닦되, 자기의 마음을 깨끗이 하고, 다른 이의 마음도 깨끗이 하며, 자기의 경계를 알고 다른 이의 경계도 알며, 내가 마땅히 삼세 모든 부처님의 경계로 더불어 평등하리라 하나니, 이것이 아홉째 산과 같은 더 올라가는 마음입니다.

　보살마하살이 이렇게 관찰하되, 한 법도 보살의 행을 닦을 것이 없고 한 법도 보살의 행을 만족할 것이 없으며, 한 법도 일체 중생을 교화하고 조복할 것이 없고 한 법도 모든 부처님께 공양하고 공경할 것이 없으며, 한 법도 아뇩다라삼먁삼보리를 이미 이루었고 지금 이루고 장차 이룰 것이 없고, 한 법도 이미 말하였고 지금 말하고 장차 말할 것이 없으며, 말하는 이와 법을 다 얻어 볼 수 없지만, 아뇩다라삼먁삼보리의 원을 버리지도 아니하리라 합니다.

왜냐 하면 보살이 모든 법을 구하여도 얻을 수 없지만, 이와 같이 아뇩다라삼먁삼보리를 내기 때문입니다. 그러므로 법을 얻을 것이 없지만, 부지런히 닦아서 착한 업을 더 늘게 하며 청정하게 대치하여 지혜가 원만하며 생각생각마다 증장하여 모든 것을 구족하고, 여기 대하여 놀라지도 않고 두려워하지도 않으며, 만일 모든 법이 다 적멸하다면 내가 무슨 이유로 위없는 보리의 도를 구하리요 하는 생각을 내지 아니하나니, 이것이 열째 산과 같은 더 올라가는 마음입니다.

불자여, 이것이 보살마하살이 아뇩다라삼먁삼보리에 대한 열 가지 산과 같은 더 올라가는 마음이니, 만일 보살들이 이 가운데 편안히 머물면 여래의 위없는 큰 지혜의 산과 같은 더 올라가는 마음을 얻습니다.

불자여, 보살마하살이 열 가지 아뇩다라삼먁삼보리에 들어가는 바다와 같은 지혜〔如海智〕가 있으니, 무엇이 열인가. 이른바 모든 한량없는 중생계에 들어가니, 이것이 첫째 바다와 같은 지혜입니다. 모든 세계에 들어가되 분별을 일으키지 않으니, 이것이 둘째 바다와 같은 지혜입니다. 모든 허공계가 한량없고 걸림 없음을 알고 시방의 모든 차별한 세계 그물에 널리 들어가니, 이것이 셋째 바다와 같은 지혜입니다.

보살마하살이 법계에 잘 들어가니, 이른바 걸림 없이 들어가며 끊이지 않게 들어가며 항상하지 않게 들어가며 한량없이 들어가며 나지 않게 들어가며 멸하지 않게 들어가니, 모든 들어가는 것을 다 아는 연고로 이것이 넷째 바다와 같은 지혜입니다.

보살마하살은 과거와 현재와 미래의 부처님과 보살과 법사와 성문과 독각과 모든 범부들이 모은 선근善根으로서 이미 모은 것, 지금 모으는 것, 장차 모을 것이나, 삼세 부처님들이 아뇩다라삼먁삼보리를 이미 이루었고 지금 이루고 장차 이룰 바 선근이나, 삼세 부처님들이 법을 말하여 일체 중생을 조복하되 이미 말한 것, 지금 말하는 것, 장차 말할 바 선근이나, 그 모든 것을 다 알고 깊이 믿고 따라 기뻐하고 좋아하고 닦는 데 만족함이 없나니, 이것이 다섯째 바다와 같은 지혜입니다.

보살마하살이 잠깐잠깐마다 지난 세상의 말할 수 없는 겁에 들어가거든, 한 겁 가운데 백억 부처님이 세상에 나기도 하고 천억 부처님이 세상에 나기도 하고 백천억 부처님이 세상에 나기도 하며, 혹은 수없고 한량없고 그지없고 같을 이 없고 셀 수 없고 일컬을 수 없고 생각할 수 없고 헤아릴 수 없고 말할 수 없으며 말할 수 없이 말할 수 없어, 산수를 초과한 부처님들이 세상에 나시는 것과, 저 부처님의 도량에 모인 대중인 성문과 보살들이 법을 말하여 일체 중생을 조복함과, 목숨이 길고 짧음과, 교법이 오래 머물고 잠깐 머무는 등, 이런 것들을 다 분명하게 보며, 한 겁에서와 같이 모든 겁에서도 다 그러합니다.

부처님 없는 겁에 있는 중생들이 아뇩다라삼먁삼보리의 선근을 심는 것도 다 알고, 어떤 중생은 선근이 성숙하여 미래 세상에 부처님을 뵈옵게 될 것도 다 알아서, 이렇게 지난 세상의 말할 수 없이 말할 수 없는 겁을 관찰하되 만족한 마음이 없나니, 이것이 여섯째 바다와 같은 지혜입니다.

보살마하살이 오는 세상에 들어가서, 모든 겁들이 한량없고 그지없음을 관찰하고 분별하되, 어느 겁에는 부처님이 있고 어느 겁에는 부처님이 없으며 어느 겁에는 몇 여래가 출세하는데 낱낱 여래의 이름은 무엇이고 어느 세계에 머물고 세계의 이름은 무엇이며, 중생은 얼마나 제

도하고 목숨은 얼마인지, 이렇게 관찰하기를 오는 세월[未來際]이 끝나
도록 하여 모두 알아 다할 수 없되 만족하지 않나니, 이것이 일곱째 바
다와 같은 지혜입니다.

보살마하살이 지금 세상에 들어가서 관찰하고 생각하여 잠깐잠깐 동
안에 시방의 그지없는 종류들을 보는 데, 말할 수 없는 세계에 부처님
들이 계시어서 위없는 보리를 이미 이루었고 지금 이루고 장차 이루되,
도량에 나아가 보리수 아래서 길상초를 깔고 앉아 마군을 항복 받고 아
뇩다라삼먁삼보리를 이루며, 거기서 일어나서는 성중에도 들어가고 천
궁에도 올라가서 미묘한 법을 말하여 큰 법륜을 굴리고 신통을 나타내
어 중생들을 조복하며, 내지 아뇩다라삼먁삼보리를 부촉付囑하고는 목
숨을 버리고 반열반般涅槃에 들며, 열반에 든 뒤에는 법장을 결집하여
오래도록 세상에 머물게 하고, 불탑을 장엄하여 가지가지로 공양하며,
또 그 세계에 있는 중생들이 부처님을 만나 법을 듣고 받들어 지니고
읽고 외우며 기억하고 생각하여 지혜를 증장함을 봅니다.

이렇게 관찰함이 시방에 두루하되 부처님 법에 그릇됨이 없나니, 왜
냐 하면 보살마하살은 부처님들도 꿈과 같음을 알지만, 모든 부처님의
처소에 나아가 공경하고 공양하기 때문입니다. 보살이 이 때에 제 몸에
도 집착하지 않고 모든 부처님에도 집착하지 않고 세계에도 집착하지
않고 대중이 모임에도 집착하지 않고 법을 말하여도 집착하지 않고 겁
의 수효에도 집착하지 않습니다. 그러나 부처님을 보고 법을 듣고 세계
를 관찰하고 모든 겁에 들어가서 만족함이 없나니, 이것이 여덟째 바다
와 같은 지혜입니다.

보살마하살이 말할 수 없이 말할 수 없는 겁 동안에 낱낱 겁마다 말
할 수 없이 말할 수 없는 한량없는 모든 부처님께 공양하고 공경하되,
자기 몸이 여기서 죽어 저기 남을 나타내어 삼계三界에 뛰어난 모든 공

양거리로 공양하고 아울러 보살과 성문과 모든 대중에게 공양하며, 낱낱 여래께서 반열반하신 뒤에는 위없는 공양거리로 사리舍利에 공양하고, 보시를 널리 행하여 중생을 만족케 합니다.

불자여, 보살마하살은 부사의한 마음으로 과보를 바라지 않는 마음과 끝까지 이르는 마음과 이익하려는 마음으로 말할 수 없이 말할 수 없는 겁에 아뇩다라삼먁삼보리를 위하여 모든 부처님께 공양하고 중생을 이익케 하고 바른 법을 보호하여 지니며 열어 보이며 연설하나니, 이것이 아홉째 바다와 같은 지혜입니다.

보살마하살은 모든 부처님 처소와 모든 보살의 처소와 모든 법사의 처소에서, 한결같이 보살이 말한 법과 보살이 배우는 법과 보살이 가르치는 법과 보살이 닦는 법과 보살의 청정한 법과 보살의 성숙한 법과 보살의 조복하는 법과 보살의 평등한 법과 보살의 벗어나는 법과 보살의 모두 지니는[總持]법을 전심으로 구합니다. 이 법을 얻고는 받들어 지니고 읽고 외우고 분별하여 연설하되 만족함이 없으며, 한량없는 중생들로 하여금 불법 가운데서 온갖 지혜와 서로 응하는 마음을 내게 하고 진실한 모양에 들어가서 아뇩다라삼먁삼보리에서 물러가지 않게 하며, 보살이 이렇게 하기를 말할 수 없이 말할 수 없는 겁 동안에도 만족함이 없나니, 이것이 열째 바다와 같은 지혜입니다.

불자여, 이것이 보살마하살의 열 가지 아뇩다라삼먁삼보리에 들어가는 바다와 같은 지혜니, 만일 보살들이 이 법에 편안히 머물면 모든 부처님의 위없는 큰 지혜 바다를 얻습니다.

5) 십회향十回向을 답함

불자여, 보살마하살이 아뇩다라삼먁삼보리에 열 가지 보배와 같이 머무름[如寶住]이 있으니, 무엇이 열인가. 불자여, 보살마하살이 무수한 세계의 모든 여래 계신 데마다 나아가서 뵈옵고 정례하고 받자와 섬기고 공양하나니, 이것이 첫째 보배와 같이 머무름입니다. 부사의한 여래들의 계신 데서 바른 법을 듣고 받들어 지니고 기억하여 잊지 않으며, 분별하여 생각하고 깨닫는 지혜가 증장하며, 이렇게 하는 일이 시방에 가득하나니, 이것이 둘째 보배와 같이 머무름입니다.

이 세계에서 죽어서 다른 곳에 태어나면서도 부처님의 법에 미혹함이 없나니, 이것이 셋째 보배와 같이 머무름입니다. 한 법으로부터 모든 법이 나는 줄을 알고서 각각 분별하여 연설함은, 모든 법의 가지가지 뜻이 필경에는 한 가지 뜻인 연고니, 이것이 넷째 보배와 같이 머무름입니다.

번뇌를 싫어할 줄 알고 번뇌를 쉴 줄 알고 번뇌를 막아 보호할 줄 알고 번뇌를 끊을 줄 알고서, 보살의 행을 닦되 진실한 짬〔實際〕을 증득하지 아니하여 필경에 실제인 저 언덕〔彼岸〕에 이르며, 교묘한 방편으로 배울 것을 잘 배우며, 지난 세상의 원과 행을 다 만족하되 몸이 고달프지 않나니 이것이 다섯째 보배와 같이 머무름입니다. 일체 중생의 마음으로 분별함이 모두 처소가 없는 줄을 알면서도 가지가지 처소를 말하며, 비록 분별이 없고 짓는 일이 없지만, 일체 중생을 조복하기 위하여 수행함도 있고 짓는 일도 있나니, 이것이 여섯째 보배와 같이 머무름입니다.

모든 법이 다 동일한 성품임을 아나니, 이른바 성품이 없으며 여러 가지 성품이 없으며, 한량없는 성품이 없으며, 셀 만한 성품이 없으며, 헤아릴 만한 성품이 없으며, 빛도 없고 모양도 없으며, 하나라 여럿이라 하는 것을 모두 얻을 수 없지만, 그래도 이것은 불법佛法이며 이것은 보살법菩薩法이며 이것은 독각법獨覺法이며 이것은 성문법이며 이것은 범부법凡夫法이며, 이것은 착한 법이며 이것은 착하지 않은 법이며, 이것은 세간법이며 이것은 출세간법이며, 이것은 잘못된 법이며 이것은 잘못되지 않은 법이며, 이것은 새는 법〔有漏法〕이며 이것은 새지 않는 법〔無漏法〕이며, 내지 이것은 함이 있는 법〔有爲法〕이며 이것은 함이 없는 법〔無爲法〕인 줄을 결정코 아나니, 이것이 일곱째 보배와 같이 머무름입니다.

　보살마하살이 부처를 구하여 얻을 수 없고 보살을 구하여 얻을 수 없고 법을 구하여 얻을 수 없고 중생을 구하여 얻을 수 없지만, 그래도 중생을 조복하여 모든 법에서 바른 깨달음을 이루게 하려는 서원을 버리지 않습니다. 무슨 까닭이냐. 보살마하살이 교묘하게 관찰하여 일체 중생의 분별을 알며 일체 중생의 경계를 알고, 방편으로 교화하여 열반을 얻게 하며, 중생을 교화하려는 소원을 만족하기 위하여 치성하게 보살의 행을 닦는 연고니, 이것이 여덟째 보배와 같이 머무름입니다.

　보살마하살이 교묘하게 법을 말하며 열반을 나타냄은 중생을 제도하려는 방편으로 모든 것이 다 마음으로 건립되는 것입니다. 뒤바뀜〔顚倒〕도 아니고 허탄함도 아님을 아나니, 왜냐 하면 보살은 모든 법이 삼세에 평등하고 진여와 같아서 동요하지 않고 진실한 줄이라 머무름이 없으며, 한 중생도 이미 교화를 받았거나 지금 교화를 받거나 장차 교화를 받을 것을 보지 못하며, 또 닦을 행도 없고 조그만 법도 나거나 없어지거나 하여 얻을 것이 없는 줄을 알지만, 모든 법을 의지하여 소원하는 것이 공하지 않게 하기 때문이며, 이것이 아홉째 보배와 같이 머무름입니다.

　보살마하살이 헤아릴 수 없고 한량없고 모든 부처님의 계신 곳마다 말할 수 없이 말할 수 없는 수기하는 법을 들으니, 이름이 각각 다르고 겁의 수효도 같지 않거든, 한 겁으로부터 말할 수 없이 말할 수 없는 겁에 이르도록 항상 이렇게 들으며, 듣고는 닦아 행하여 놀라지 않고 두렵지 않고 아득하지 않고 의혹하지 않나니, 여래의 지혜가 부사의함을 아는 연고며 여래의 수기授記라는 말이 둘이 없는 연고며 자기의 행과 원의 수승한 힘인 연고며, 마땅하게 교화를 받아 아뇩다라삼먁삼보리를 이루어 법계의 평등한 모든 서원을 만족케 하려는 연고로 이것이 열째 보배와 같이 머무름입니다.

불자여, 이것이 보살마하살이 아뇩다라삼먁삼보리에서 열 가지 보배와 같이 머무름이니, 만일 보살들이 이 법에 편안히 머무르면 모든 부처님의 위 없는 큰 지혜의 보배를 얻습니다.

불자여, 보살마하살이 열 가지 금강 같은 대승의 서원하는 마음을 내나니, 무엇이 열인가. 불자여, 보살마하살이 생각하기를 모든 법이 가이없어 다할 수 없거든, 내가 마땅히 삼세의 구경의 지혜로 모두 깨달아 남음이 없게 하리라 하나니, 이것이 첫째 금강 같은 대승의 서원하는 마음입니다.

보살마하살이 또 생각하기를, 한 털 끝만한 곳에도 한량없고 그지없는 중생이 있거든, 하물며 모든 법계리요. 내가 마땅히 위없는 열반으로 제도하리라 하나니, 이것이 둘째 금강 같은 대승의 서원하는 마음입니다.

보살마하살이 또 생각하기를, 시방의 세계가 한량없고 그지없고 한계가 없어 다할 수 없건만, 내가 마땅히 여러 부처님 국토의 가장 좋은 장엄으로 이와 같은 모든 세계를 장엄하되, 모든 장엄이 다 진실하리라 하나니, 이것이 셋째 금강 같은 대승의 서원하는 마음입니다.

보살마하살이 또 생각하기를, 일체 중생이 한량없고 그지없고 한계가 없어 다할 수 없건만, 내가 마땅히 모든 선근으로 저들에게 회향하여 위없는 지혜 빛이 저들을 비추게 하리라 하나니, 이것이 넷째 금강 같은 대승의 서원하는 마음입니다.

보살마하살이 또 생각하기를, 모든 부처님이 한량없고 그지없고 한계가 없어 다할 수 없건만, 내가 마땅히 심은 선근으로 회향하며 공양하되, 다 두루하여 모자람이 없이 한 뒤에 마땅히 아뇩다라삼먁삼보리를 이루리라 하나니, 이것이 다섯째 금강 같은 대승의 서원하는 마음입니다.

불자여, 보살마하살이 모든 부처님을 보고 말하는 법을 듣고 크게 즐거움을 내되, 자기 몸에도 집착하지 않고 부처의 몸에도 집착하지 않으며, 여래의 몸이 참된 것도 아니고 헛된 것도 아니며 있는 것도 아니고 없는 것도 아니며, 성품도 아니고 성품 없음도 아니며 빛도 아니고 빛 없음도 아니며 모양도 아니고 모양 없음도 아니며 나는 것도 아니고 없어지는 것도 아니어서, 실로 있는 것이 없으나 있는 것을 파괴하지도 않습니다. 왜냐 하면 온갖 성품이나 모양으로 집착할 것이 아닌 연고니, 이것이 여섯째 금강 같은 대승의 서원하는 마음입니다.

불자여, 보살마하살은 혹시 중생이 꾸짖고 훼방하고 막대기로 때리고 초달로 치기도 하며, 손과 발을 자르고 귀와 코를 베고 눈을 뽑고 머리를 찍더라도, 이런 것들을 모두 참고, 그로 말미암아 해치려는 마음을 내지 아니하며, 말할 수 없이 말할 수 없는 그지없는 겁에 보살의 행을 닦으면서 중생을 거두어 주기〔攝受〕 잠깐도 폐하지 않습니다. 왜냐 하면 보살마하살이 모든 법이 두 모양이 없음을 잘 관찰하고 마음이 흔들리지 않으며, 제 몸을 버리고 고통을 참는 연고니, 이것이 일곱째 금강 같은 대승의 서원하는 마음입니다.

불자여, 보살마하살이 또 생각하기를, 오는 세상의 겁 수가 한량없고 그지없고 한계가 없어 다할 수 없건만, 내가 마땅히 저 겁이 다하도록 한 세계에서 보살의 도를 행하여 중생을 교화하며, 한 세계에서와 같이 온 법계 허공계의 모든 세계에서도 이와 같이 하되 놀라지도 않고 무서 위하지도 않고 두려워하지도 않으리니, 왜냐 하면 보살의 도를 행함에는 으레 이와 같이 일체 중생을 위하여 수행하는 연고며, 이것이 여덟째 금강 같은 대승의 서원하는 마음입니다.

불자여, 보살마하살이 또 생각하기를, 아뇩다라삼먁삼보리는 마음으로 근본을 삼나니, 마음이 청정하면 곧 모든 선근을 원만하여 부처의 보리에 반드시 자유자재하게 되고 아뇩다라삼먁삼보리를 이루려 하면 뜻을 따라 곧 이루며, 모든 집착하는 인연을 끊고 일향의 도〔一向道〕에 머물려 하여도 또한 능하련마는, 내가 끊지 아니함은 부처의 보리를 끝마치기 위해 위없는 보리를 증득하지 아니함이니, 왜냐 하면 본래의 소원을 만족하기 위하여 모든 세계에서 보살의 행을 행하여 중생을 교화하려 하기 때문입니다. 이것이 아홉째 금강 같은 대승의 서원하는 마음입니다.

불자여, 보살마하살이 부처를 얻지 못하며, 보리를 얻지 못하며, 보살을 얻지 못하며, 온갖 법을 얻지 못하며, 중생을 얻지 못하며, 마음을 얻지 못하며, 행을 얻지 못하며, 과거를 얻지 못하며, 미래를 얻지 못하며 현재를 얻지 못하며, 모든 세간을 얻지 못하며 함이 있고〔有爲〕함이 없음〔無爲〕을 얻지 못할 줄을 압니다. 보살이 이와 같이 고요한 데 머물며 매우 깊은 데 머물며 적멸한 데 머물며 다툼 없는 데 머물며 말 없는 데 머물며 둘 없는 데 머물며 같을 이 없는 데 머물며 제 성품에 머물며 이치와 같이 머물며 해탈에 머물며 열반에 머물며 실제에 머물지만, 그래도 모든 큰 원을 버리지 않고 살바야薩婆若의 마음을 버리지 않고 보살의 행을 버리지 않고 중생을 교화함을 버리지 않고 모든 바라밀波羅蜜을 버리지 않고 중생을 조복함을 버리지 않고 부처님 섬김을 버리지 않고 모든 법을 연설함을 버리지 않고 세계를 장엄함을 버리지 않습니다.

무슨 까닭인가. 보살마하살이 큰 원을 세운 연고로 비록 모든 법의 모양을 통달하였으나, 크게 자비한 마음이 다시 증장하고 한량없는 공덕을 갖추어 닦아서 여러 중생들을 버리지 않기 때문이며 모든 법이 있는 것이 아니지만, 범부는 어리석어 알지 못하고 깨닫지 못하니, 내가 마땅히 저들을 깨우쳐서 모든 법의 성품을 분명히 비추어 알게 하기 때문입니다.
  그 까닭을 말하면, 모든 부처님이 적멸한 데 편안히 머물지만, 크게 어여삐 여기는 마음〔大悲心〕으로 여러 세간에서 법을 말하여 교화하기를 쉬지 않거든, 내가 어찌 큰 자비〔大悲〕를 버리리요. 또 내가 먼저 광대하게 서원하는 마음을 내었고, 일체 중생을 결정코 이익케 하려는 마음을 내었고, 모든 선근을 쌓으려는 마음을 내었고, 교묘한 회향에 편안히 머물려는 마음을 내었고, 깊은 지혜를 내려는 마음을 내었고, 일체 중생을 받아들이려는 마음을 내었고, 일체 중생에게 평등한 마음을 내었으니, 진실한 말과 허황되지 않은 말을 지어 일체 중생에게 위없는 큰 법 주기를 원하며, 모든 부처의 종자 성품을 끊지 않기를 원하였거늘, 이제 일체 중생이 해탈을 얻지 못하고 바른 깨달음을 이루지 못하고 부처의 법을 갖추지 못하여 큰 원이 만족하지 못하였는데, 어떻게 크게 어여삐 여김을 버리리요 하나니, 이것이 열째 금강 같은 대승의 서원하는 마음입니다.
  불자여, 이것이 보살마하살의 열 가지 금강 같은 대승의 서원하는 마음을 내는 것이니, 만일 보살들이 이 법에 편안히 머물면 여래의 금강 성품인 위 없이 크게 신통한 지혜를 얻습니다.
  불자여, 보살마하살은 열 가지 크게 발기發起함이 있으니, 무엇이 열인가. 불자여, 보살마하살이 생각하기를 내가 마땅히 모든 부처님께 공양하고 공경하리라 하나니, 이것이 첫째 크게 발기함입니다. 또 생각하기를, 내가 마땅히 모든 보살이 가진 선근을 자라게 하리라 하나니, 이 것이 둘째 크게 발기함입니다. 또 생각하기를 내가 마땅히 모든 여래께서 반열반하신 뒤에, 부처의 탑을 장엄하고 온갖 꽃·온갖 화만(鬘)·온갖 향·온갖 바르는 향·온갖 가루향·온갖 옷·온갖 일산·온갖 당기(幢)·온갖 번기(幡)로 공양하며, 저 부처님의 바른 법을 받들어 지니고 수호하리라 하나니, 이것이 셋째 크게 발기함입니다.

또 생각하기를, 내가 마땅히 일체 중생을 교화하고 조복하여 아뇩다라삼먁삼보리를 얻게 하리라 하나니, 이것이 넷째 크게 발기함입니다. 또 생각하기를 내가 마땅히 여러 부처님 국토의 위없는 장엄으로써 모든 세계를 장엄하리라 하나니, 이것이 다섯째 크게 발기함입니다.

또 생각하기를 내가 마땅히 크게 가엾이 여기는 마음(大悲心)을 내어 한 중생을 위하여 모든 세계에서 낱낱이 오는 세월(未來際)이 끝나도록 보살의 행을 행하며, 한 중생을 위해서와 같이 일체 중생을 위해서도 그렇게 하여 모두 부처의 위없는 보리를 얻게 하며, 내지 한 생각도 고달픈 마음을 내지 않으리라 하나니, 이것이 여섯째 크게 발기함입니다.

또 생각하기를, 저 여래가 한량없고 그지없는 이들을 내가 마땅히 한 여래의 계신 데서 부사의한 겁을 지내면서 공경하고 공양하며, 한 여래에게와 같이 모든 여래에게도 그와 같이 하리라 하나니, 이것이 일곱째 크게 발기함입니다.

보살마하살이 또 생각하기를, 저 모든 여래의 열반하신 뒤에 내가 마땅히 낱낱 여래의 사리를 위하여 각각 보배 탑을 만들되, 그 높이와 크기가 말할 수 없는 세계와 같게 하며, 부처님의 형상을 조성함도 그와 같이 하고, 부사의한 겁 동안에 온갖 보배 당기·번기·일산·향·꽃·의복으로 공양하되 게으른 마음을 내지 아니하리니, 불법을 성취하기 위함이며, 모든 부처님께 공양하기 위함이며, 중생을 교화하기 위함이며, 바른 법을 보호하여 열어 보이고 연설하기 위한 연고로 이것이 여덟째 크게 발기함입니다.

보살마하살이 또 생각하기를, 내가 마땅히 이 선근으로 위없는 보리를 이루고 모든 여래의 자리〔如來地〕에 들어가서 모든 여래와 더불어 성품이 평등하리라 하나니, 이것이 아홉째 크게 발기함입니다.

보살마하살이 또 생각하기를, 내가 마땅히 바른 깨달음을 이루고 모든 세계의 말할 수 없는 겁에서 바른 법을 연설하여 부사의하게 자재한 신통을 나타내되 몸과 말과 뜻에 고달프고 게으름을 내지 않고 바른 법을 떠나지 않나니, 부처의 힘으로 유지하는 연고며, 일체 중생을 위하여 큰 소원을 부지런히 행하는 연고며, 크게 인자함을 으뜸으로 하는 연고며, 크게 가엾이 여김이 끝가는 연고며, 형상 없는 법을 통달하는 연고며, 진실한 말에 머무는 연고며, 온갖 법이 적멸함을 증득한 연고며, 일체 중생을 얻을 수 없음을 알지만 여러 업으로 짓는 것을 어기지 않는 연고며, 삼세 부처님과 한 몸인 까닭이며, 법계와 허공계에 두루한 연고며, 모든 법이 형상이 없음을 통달한 연고며, 나지도 않고 없어지지도 않음을 성취한 연고며, 모든 불법을 구족하는 연고며, 큰 서원의 힘으로 중생을 조복하며 큰 불사를 지어 쉬지 아니하나니, 이것이 열째 크게 발기함입니다.

불자여, 이것이 보살마하살의 열 가지 크게 발기함이니 만일 보살들이 이 법에 편안히 머물면 보살의 행을 끊지 않고 여래의 위없는 큰 지혜를 구족합니다.

불자여, 보살마하살이 열 가지 끝까지의 큰 일〔究竟大事〕이 있으니, 무엇이 열인가. 이른바 모든 여래께 공경하고 공양하는 끝까지의 큰 일과, 중생을 생각하는 대로 모두 구호하는 끝까지의 큰 일과, 온전히 모든 불법을 구하는 끝까지의 큰 일과, 모든 선근을 쌓아 모으는 끝까지의 큰 일과, 모든 불법을 생각하는 끝까지의 큰 일과, 모든 서원을 만족하는 끝까지의 큰 일과, 모든 보살의 행을 성취하는 끝까지의 큰 일과, 모든 세계의 여래께서 계시는 데 나아가는 끝까지의 큰 일과, 모든 선지식을 받들어 섬기는 끝까지의 큰 일과, 모든 부처님의 바른 법을 듣고 지니는 끝까지의 큰 일이니, 이것이 열입니다. 만일 보살들이 이 법에 편안히 머물면 아뇩다라삼먁삼보리의 큰 지혜인 끝까지의 일을 얻습니다.

불자여, 보살마하살이 열 가지 무너지지 않는 믿음이 있으니, 무엇이 열인가. 이른바 모든 부처님께 무너지지 않는 믿음과, 모든 부처님 법에 무너지지 않는 믿음과, 모든 성스러운 스님들에게 무너지지 않는 믿음과, 모든 보살에게 무너지지 않는 믿음과, 모든 선지식에게 무너지지 않는 믿음과, 모든 중생에게 무너지지 않는 믿음과, 모든 보살의 큰 서원에 무너지지 않는 믿음과, 모든 보살의 행에 무너지지 않는 믿음과, 모든 부처님을 공경하고 공양하는 데 무너지지 않는 믿음과, 보살의 교묘한 방편으로 일체 중생을 교화하고 조복하는 데 무너지지 않는 믿음이니, 이것이 열입니다.

만일 보살들이 이 법에 편안히 머물면 부처님의 위없는 큰 지혜의 무너지지 않는 믿음을 얻습니다.

불자여, 보살마하살이 열 가지 수기授記를 얻음이 있으니, 무엇이 열인가. 이른바 안으로 깊은 이해가 있어 수기를 얻음과, 보살의 선근을 능히 따라 일으켜 수기를 얻음과, 광대한 행을 닦아서 수기를 얻음과, 눈앞에서 수기를 얻음과, 눈앞이 아닌 데서 수기를 얻음과, 제 마음으로 보리를 증득함을 인하여 수기를 얻음과, 참음을 성취하여 수기를 얻음과, 중생을 교화하고 조복하여 수기를 얻음과, 온갖 겁을 끝내어 수기를 얻음과, 모든 보살의 행에 자재하여 수기를 얻음이니, 이것이 열입니다.

만일 보살들이 이 법에 편안히 머물면 모든 부처님의 처소에서 수기를 얻습니다.

불자여, 보살마하살은 열 가지 선근으로 회향함이 있으니, 보살이 이것을 말미암아 모든 선근으로 다 회향합니다.

무엇이 열인가. 이른바 나의 선근으로 선지식의 원願과 같이 하여 이렇게 성취하고 다르게 성취하지 않으며, 나의 선근으로 선지식의 마음과 같이 하여 이렇게 성취하고 다르게 성취하지 않으며, 나의 선근으로 선지식의 행과 같이 하여 이렇게 성취하고 다르게 성취하지 않으며, 나의 선근으로 선지식의 선근과 같이 하여 이렇게 성취하고 다르게 성취하지 않으며, 나의 선근으로 선지식의 평등과 같이 하여 이렇게 성취하고 다르게 성취하지 않으며, 나의 선근으로 선지식의 생각과 같이 하여 이렇게 성취하고 다르게 성취하지 않으며, 나의 선근으로 선지식의 청정과 같이 하여 이렇게 성취하고 다르게 성취하지 않으며, 나의 선근으로 선지식의 머무름과 같이 하여 이렇게 성취하고 다르게 성취하지 않으며, 나의 선근으로 선지식의 가득히 이룸과 같이 하여 이렇게 성취하고 다르게 성취하지 않으며, 나의 선근으로 선지식의 무너지지 않음과 같이 하여 이렇게 성취하고 다르게 성취하지 않나니, 이것이 열입니다.

만일 보살들이 이 법에 편안히 머물면 위없는 선근으로 회향함을 얻습니다.

불자여, 보살마하살은 열 가지 지혜를 얻음이 있으니, 무엇이 열인가. 이른바 보시에 자재하여 지혜를 얻으며, 모든 불법을 깊이 알고 지혜를 얻으며, 여래의 그지없는 지혜에 들어가 지혜를 얻으며, 모든 문답하는 가운데서 의심을 끊고 지혜를 얻으며, 지혜 있는 이의 이치에 들어가 지혜를 얻으며, 모든 여래가 모든 불법 가운데 하신 말씀이 교묘함을 깊이 이해하고 지혜를 얻으며, 부처님들의 처소에 조그만 선근을 심어도 반드시 모든 희고 깨끗한 법을 만족하여 여래의 한량없는 지혜를 얻는 줄을 깊이 이해하고 지혜를 얻으며, 보살의 부사의하게 머묾을 성취하고 지혜를 얻으며, 잠깐 동안에 말할 수 없는 부처의 세계에 나아가서 지혜를 얻으며, 모든 부처의 보리를 깨닫고 모든 법계에 들어가 모든 부처님의 말하는 법을 들으며, 모든 여래의 가지가지로 장엄한 말씀에 깊이 들어가 지혜를 얻나니, 이것이 열입니다.

만일 보살들이 이 법에 편안히 머물면 모든 부처의 위없는 현재에 증득하는 지혜를 얻습니다.

불자여, 보살마하살이 열 가지 한량없고 그지없는 광대한 마음을 냄이 있으니, 무엇이 열인가. 이른바 모든 부처님 계신 데서 한량없고 그지없는 광대한 마음을 내며, 모든 중생계를 관찰하고 한량없고 그지없는 광대한 마음을 내며, 모든 세계 · 모든 세상 · 모든 법계를 관찰하고 한량없고 그지없는 광대한 마음을 내며, 모든 법이 다 허공과 같음을 관찰하고 한량없고 그지없는 광대한 마음을 내며, 모든 보살의 광대한 행을 관찰하고 한량없고 그지없는 광대한 마음을 냅니다.

삼세三世의 모든 부처님을 바르게 생각하고 한량없고 그지없는 광대한 마음을 내며, 부사의한 모든 업과 과보를 보고 한량없고 그지없는 광대한 마음을 내며, 모든 부처의 세계를 깨끗이 장엄하고 한량없고 그지없는 광대한 마음을 내며, 모든 부처님의 큰 회상에 두루 들어가 한량없고 그지없는 광대한 마음을 내며, 모든 여래의 미묘한 음성을 관찰하고 한량없고 그지없는 광대한 마음을 내나니, 이것이 열입니다.

만일 보살들이 이 마음에 편안히 머물면 모든 불법의 한량없고 그지없는 광대한 지혜 바다를 얻습니다.

불자여, 보살마하살이 열 가지 묻힌 갈무리〔伏藏〕가 있으니, 무엇이 열인가. 이른바 모든 법이 공덕의 행을 일으키는 갈무리〔藏〕임을 알며, 모든 법이 바르게 생각하는 갈무리임을 알며, 모든 법이 다라니로 밝게 비치는 갈무리임을 알며, 모든 법이 변재로 연설하는 갈무리임을 알며, 모든 법이 말할 수 없는 잘 깨닫는 진실한 갈무리임을 알며, 모든 부처님의 자유자재한 신통이 관찰하여 나타내는 갈무리임을 알며, 모든 법이 교묘하게 평등함을 내는 갈무리임을 알며, 모든 법이 온갖 부처님을 항상 뵈옵는 갈무리임을 알며, 모든 부사의한 겁이 모두 눈어리〔幻〕같이 머무는 것을 잘 이해하는 갈무리임을 알며, 모든 부처와 보살들이 환희한 신심을 내는 갈무리임을 아나니, 이것이 열입니다.

만일 보살들이 이 법에 편안히 머물면 모든 부처님의 위없는 지혜의 법 갈무리를 얻어 일체 중생을 잘 조복합니다.

불자여, 보살마하살이 열 가지 계율〔律儀〕이 있으니, 무엇이 열인가. 이른바 모든 불법에 비방을 내지 않는 계율과, 모든 부처님 계신 데 믿는 마음을 깨뜨릴 수 없는 계율과, 모든 보살에게 존중하고 공경함을 일으키는 계율과, 모든 선지식에게 사랑하는 마음을 버리지 않는 계율과, 모든 성문·독각에게 생각하는 마음을 내지 않는 계율과, 모든 보살의 도에서 물러감을 멀리 여의는 계율과, 중생을 해롭게 하는 모든 마음을 일으키지 않는 계율과, 모든 선근을 닦아 모두 끝닿은 데 이르게 하는 계율과, 모든 마魔를 다 항복시키는 계율과, 모든 바라밀을 다 만족케 하는 계율이니, 이것이 열입니다.

만일 보살들이 이 법에 편안히 머물면 위없는 큰 지혜의 계율을 얻습니다.

불자여, 보살마하살이 열 가지 자유자재함이 있으니, 무엇이 열인가. 이른바 생명에 자재하니 말할 수 없는 겁 동안 목숨이 머무는 연고며, 마음에 자재하니 지혜가 능히 아승기 여러 삼매에 드는 연고며, 사용하

는 도구에 자재하니 한량없는 장엄거리로 모든 세계에 장엄하는 연고
며, 업에 자재하니 때를 따라 과보를 받는 연고며, 태어나는 데 자재하
니 모든 세계에서 태어남을 보이는 연고며, 아는 데 자재하니 모든 세
계에서 부처님이 가득함을 보는 연고며, 소원에 자재하니 욕망을 따르
고 때를 따라 여러 세계에서 바른 깨달음을 이루는 연고며, 신통한 힘
에 자재하니 모든 큰 신통 변화를 보이는 연고며, 법에 자재하니 그지
없는 모든 법문을 보이는 연고며, 지혜에 자재하니 잠깐잠깐마다 여래
의 십력과 무소외無所畏를 나타내어 바른 깨달음을 이루는 연고니, 이것
이 열입니다.

　만일 보살들이 이 법에 편안히 머물면 모든 부처님의 여러 가지 바라
밀과 지혜와 신통한 힘과 보리를 원만케 하는 자재를 얻습니다."

대방광불화엄경 제56권

제56권

38. 이세간품 ④

　5) 십회향을 답함 ②

"불자여, 보살마하살이 열 가지 걸림 없는 작용이 있으니, 무엇이 열인가. 이른바 중생에 걸림 없는 작용, 국토에 걸림 없는 작용, 법에 걸림 없는 작용, 몸에 걸림 없는 작용, 원에 걸림 없는 작용, 경계에 걸림 없는 작용, 지혜에 걸림 없는 작용, 신통에 걸림 없는 작용, 신통한 힘에 걸림 없는 작용, 힘에 걸림 없는 작용입니다.

　불자여, 어떤 것이 보살마하살의 중생 등에 걸림 없는 작용인가.

　불자여, 보살마하살이 열 가지 중생에 걸림 없는 작용이 있으니, 무엇이 열인가. 이른바 일체 중생이 중생 없음을 아는 걸림 없는 작용과, 일체 중생이 다만 생각으로 유지됨을 아는 걸림 없는 작용과, 일체 중생을 위하여 법을 말하매 때를 놓치지 않는 걸림 없는 작용과, 일체 중생계를 널리 변화하여 나타내는 걸림 없는 작용과, 일체 중생을 한 털

끝에 두되 비좁지 않은 걸림 없는 작용과, 일체 중생에게 다른 지방의 모든 세계를 나타내어 다 보게 하는 걸림 없는 작용과, 일체 중생에게 제석·범천·사천왕 따위의 하늘 몸을 나타내는 걸림 없는 작용과, 일체 중생에게 성문聲聞과 벽지불辟支佛의 고요한 위의를 나타내는 걸림 없는 작용과, 일체 중생에게 보살의 행을 나타내는 걸림 없는 작용과, 일체 중생에게 부처님들의 육신의 몸매(色身相好)에 온갖 지혜의 힘과 정등각을 이룸을 나타내는 걸림 없는 작용이니, 이것이 열입니다.

불자여, 보살마하살이 열 가지 국토에 걸림 없는 작용이 있으니, 무엇이 열인가. 이른바 모든 세계로 한 세계를 만드는 걸림 없는 작용과, 모든 세계를 한 털구멍에 넣는 걸림 없는 작용과, 모든 세계가 다함이 없음을 아는 걸림 없는 작용과 한 몸이 가부하고 앉은 것이 모든 세계에 충만하는 걸림 없는 작용과, 한 몸에 모든 세계를 나타내는 걸림 없는 작용과, 모든 세계를 진동하면서도 중생들을 공포하게 하지 않는 걸림 없는 작용과, 모든 세계의 장엄거리로 한 세계를 장엄하는 걸림 없는 작용과, 한 세계의 장엄거리로 모든 세계를 장엄하는 걸림 없는 작용과, 한 여래의 한 대중으로써 모든 부처의 세계에 두루하게 중생을 나타내는 걸림 없는 작용과, 모든 작은 세계·중간 세계·큰 세계·넓은 세계·깊은 세계·잦힌 세계·엎어진 세계·기운 세계·반듯한 세계가 여러 방위 그물에 두루하여 한량없이 차별하며, 이것으로 일체 중생에게 널리 보이는 걸림 없는 작용이니, 이것이 열입니다.

불자여, 보살마하살이 열 가지 법에 걸림 없는 작용이 있으니, 무엇이 열인가. 이른바 모든 법이 한 법에 들어가고 한 법이 모든 법에 들어가되, 중생의 마음과 지혜에 어기지 않는 걸림 없는 작용과, 반야바라밀로부터 모든 법을 내어 다른 이에게 설명하여 모두 깨닫게 하는 걸림 없는 작용과, 모든 법이 글자를 여읜 줄을 알면서도 중생으로 하여금 다 깨달아 들어가게 하는 걸림 없는 작용과, 모든 법이 한 모양에 들어감을 알면서도 한량없는 법의 모양을 연설하는 걸림 없는 작용과, 모든 법이 말을 여읜 줄을 알면서도 다른 이에게 그지없는 법문을 연설하는 걸림 없는 작용과, 모든 법에 넓은 문의 글자 바퀴〔普門字輪〕를 잘 굴리는 걸림 없는 작용과, 모든 법을 한 법문에 넣어도 서로 어기지 않아서 말할 수 없는 겁 동안 말하여도 다하지 않는 걸림 없는 작용과, 모든 법이 다 불법에 들어가서 중생들로 하여금 알게 하는 걸림 없는 작용과, 모든 법이 가이없음을 아는 걸림 없는 작용과, 모든 법이 장애가 없음이 눈어리의 그물처럼 한량없이 차별함을 알고 한량없는 겁 동안에 중생에게 말하여도 다할 수 없는 걸림 없는 작용이니, 이것이 열입니다.

불자여, 보살마하살이 열 가지 몸에 걸림 없는 작용이 있으니, 무엇이 열인가. 이른바 모든 중생의 몸을 자기의 몸에 넣는 걸림 없는 작용과, 자기의 몸을 모든 중생의 몸에 넣는 걸림 없는 작용과, 모든 부처의 몸을 한 부처의 몸에 넣는 걸림 없는 작용과, 한 부처의 몸을 모든 부처의 몸에 넣는 걸림 없는 작용과, 모든 세계를 자기의 몸에 넣는 걸림 없는 작용과, 한 몸이 모든 삼세 법에 가득하여 중생을 나타내는 걸림 없는 작용과, 모든 세계를 자기의 몸에 넣는 걸림 없는 작용과, 한 몸에 그지없는 몸을 나타내어 삼매에 들어가는 걸림 없는 작용과, 한 몸에 중생의 수효와 같은 몸을 나타내어 바른 깨달음을 이루는 걸림 없는 작용과, 모든 중생의 몸에 한 중생의 몸을 나타내고 한 중생의 몸에 모든 중생의 몸을 나타내는 걸림 없는 작용과, 모든 중생의 몸에 법의 몸을 나타내고 법의 몸에 모든 중생의 몸을 나타내는 걸림 없는 작용이니, 이것이 열입니다.

불자여, 보살마하살이 열 가지 원하는 데 걸림 없는 작용이 있으니,

무엇이 열인가. 이른바 모든 보살의 원으로 자기의 원을 삼는 걸림 없는 작용과, 모든 부처님의 보리를 이루는 서원의 힘으로 자기가 바른 깨달음 이룸을 나타내는 걸림 없는 작용과, 교화할 바 중생을 따라서 스스로 아뇩다라삼먁삼보리를 이루는 걸림 없는 작용과, 온갖 그지없는 겁〔無邊際劫〕에 큰 서원이 끊어지지 않는 걸림 없는 작용과, 알음알이의 몸〔識身〕을 여의고 지혜의 몸에 집착하지 않으면서 자유자재한 원으로 모든 몸을 나타내는 걸림 없는 작용과, 제 몸을 버리고 남의 소원을 만족케 하는 걸림 없는 작용과, 일체 중생을 두루 교화하되 큰 서원을 버리지 않는 걸림 없는 작용과, 모든 겁에서 보살의 행을 행하되 큰 서원이 끊이지 않는 걸림 없는 작용과, 한 털구멍에서 바른 깨달음을 이루면서 원하는 힘으로 모든 부처님 국토에 두루하며, 말할 수 없이 말할 수 없는 세계에서 낱낱 중생을 위하여서도 그렇게 나타내는 걸림 없는 작용과, 한 구절 법을 말하여 모든 법계에 가득하게 크게 바른 법 구름을 일으키고 해탈의 번개 빛을 비추며 실다운 법의 우레를 진동하고 감로의 비를 내리어 큰 서원의 힘으로 모든 중생 세계에 흡족케 하는 걸림 없는 작용이니, 이것이 열입니다.

불자여, 보살마하살이 열 가지 경계에 걸림 없는 작용이 있으니, 무엇이 열인가. 이른바 법계의 경계에 있으면서 중생의 경계를 버리지 않는 걸림 없는 작용과, 부처의 경계에 있으면서 마〔魔〕의 경계를 버리지 않는 걸림 없는 작용과, 열반의 경계에 있으면서 생사의 경계를 버리지 않는 걸림 없는 작용과, 온갖 지혜의 경계에 들어가서 보살의 종자 성품의 경계를 끊지 않는 걸림 없는 작용과, 고요한 경계에 머물러서도 산란한 경계를 버리지 않는 걸림 없는 작용과, 가는 것도 없고 오는 것도 없고 희롱거리〔戱論〕도 없고 형상도 없고 자체도 없고 말도 없어서 허공과 같은 경계에 머물면서도 일체 중생의 희롱거리 경계를 버리지 않는 걸림 없는 작용과, 모든 힘의 해탈하는 경계에 있으면서도 모든 방소方所의 경계를 버리지 않는 걸림 없는 작용과, 중생의 짬[衆生際]이 없는 경계에 들어가도 일체 중생 교화하기를 버리지 않는 걸림 없는 작용과, 선정·해탈·신통·지혜·고요한 경계에 머물면서도 일부러 모든 세계에 태어남을 버리지 않는 걸림 없는 작용과, 여래의 모든 행으로 장엄한 바른 깨달음을 이루는 경계에 머물러서 모든 성문과 벽지불의 고요한 위의를 나타내는 걸림 없는 작용이니, 이것이 열입니다.

　불자여, 보살마하살이 열 가지 지혜에 걸림 없는 작용이 있으니, 무엇이 열인가. 이른바 다함이 없는 변재의 걸림 없는 작용과, 온갖 것을 모두 지니고 잊지 않는 걸림 없는 작용과, 일체 중생의 근성을 결정하게 알고 결정하게 말하는 걸림 없는 작용과, 잠깐 동안에 걸림 없는 지혜로 일체 중생의 마음에 행하는 것을 아는 걸림 없는 작용과, 일체 중생의 욕망과 따라다니면서 잠자듯이 하는 버릇과 번뇌의 병을 알고 알맞게 약을 주는 걸림 없는 작용과, 잠깐 동안에 여래의 십력十力에 능히 들어가는 걸림 없는 작용과, 걸림 없는 지혜로 삼세의 모든 겁과 그 속에 있는 중생을 아는 걸림 없는 작용과, 잠깐잠깐마다 바른 깨달음을 이루어 중생에게 보이되 끊어지지 않는 걸림 없는 작용과, 한 중생의 생각에서 일체 중생의 업을 아는 걸림 없는 작용과, 한 중생의 음성에서 일체 중생의 말을 이해하는 걸림 없는 작용이니, 이것이 열입니다.

　불자여, 보살마하살이 열 가지 신통에 걸림 없는 작용이 있으니, 무엇이 열인가. 이른바 한 몸에 모든 세계의 몸을 나타내는 걸림 없는 작용과, 한 부처님의 대중이 모인 데서, 모든 부처님의 대중이 모인 데서 말씀하는 법을 듣는 걸림 없는 작용과, 한 중생의 생각 속에서 말할 수 없이 위없는 보리를 이루고 일체 중생의 마음을 열리게 하는 걸림 없는 작용과, 한 음성으로 모든 세계의 차별한 음성을 나타내어 여러 중생이 각각 알게 하는 걸림 없는 작용과, 한 생각 가운데 지난 세상〔前際〕모든 겁에 있던 법과 과보가 갖가지로 차별함을 여러 중생이 모두 알고 보게 하는 걸림 없는 작용과, 한 티끌 속에서 광대한 세계의 한량없는 장엄을 내게 하는 걸림 없는 작용과, 모든 세계로 하여금 장엄을 구족케 하는 걸림 없는 작용과, 모든 삼세에 두루 들어가는 걸림 없는 작용과, 큰 법의 광명을 놓아 모든 부처의 보리와 중생의 행行과 원願을 나타내는 걸림 없는 작용과, 모든 하늘·용·야차·건달바·아수라·가루라·긴나라·마후라가〔摩睺羅伽〕·제석·범천·호세천·성문·독각·보살과 여래의 십력과 보살의 선근을 잘 수호하는 걸림 없는 작용이니, 이것이 열입니다.

만일 보살들이 이 걸림 없는 작용을 얻으면 능히 모든 불법에 두루 들어갑니다.

불자여, 보살마하살이 열 가지 신통한 힘에 걸림 없는 작용이 있으니, 무엇이 열인가. 이른바 말할 수 없는 세계를 한 티끌 속에 두는 걸림 없는 작용과, 한 티끌 속에 법계와 같은 모든 세계를 나타내는 걸림 없는 작용과, 온갖 큰 바닷물을 한 털구멍에 넣어가지고 시방세계로 돌아다니면서도 중생을 시끄럽게 하지 않는 걸림 없는 작용과, 말할 수 없는 세계를 제 몸 속에 넣어서 모든 신통한 일을 보이는 걸림 없는 작용과, 한 털로써 셀 수 없는 철위산〔金剛圍山〕을 얽어가지고 모든 세계로 돌아다니면서도 중생들로 하여금 공포한 마음을 내지 않게 하는 걸림 없는 작용과, 말할 수 없는 겁으로 한 겁을 만들고 한 겁으로 말할 수 없는 겁을 만들며 그 가운데서 이루고 무너지는 차별을 나타내면서도 중생들의 마음을 공포하지 않게 하는 걸림 없는 작용과, 모든 세계에서 수재·화재·풍재의 갖가지 파괴를 나타내면서 중생을 시끄럽게 하지 않는 걸림 없는 작용과, 모든 세계가 수재·화재·풍재로 무너질 적에 모든 중생들의 살림살이를 보호하여 파괴되지 않게 하는 걸림 없는 작용과, 한 손으로 부사의한 세계를 들어 말할 수 없는 세계 밖에 던져도 중생들을 놀래지 않게 하는 걸림 없는 작용과, 모든 세계가 허공과 같다고 말하여 여러 중생을 깨닫게 하는 걸림 없는 작용이니, 이것이 열입니다.

불자여, 보살마하살은 열 가지 힘에 걸림 없는 작용이 있으니, 무엇이 열인가. 이른바 중생의 힘의 걸림 없는 작용이니 교화하고 조복하여 버리지 않는 연고며, 세계의 힘의 걸림 없는 작용이니 말할 수 없는 장엄을 나타내어 장엄하는 연고며, 법의 힘의 걸림 없는 작용이니 모든 몸으로 몸이 없는 데 들게 하는 연고며, 겁의 힘의 걸림 없는 작용이니 수행이 끊이지 않는 연고며, 부처의 힘의 걸림 없는 작용이니 잠을 깨닫는 연고며, 행하는 힘의 걸림 없는 작용이니 모든 보살의 행을 거두어 가지는 연고며, 여래의 힘의 걸림 없는 작용이니 일체 중생을 제도하여 해탈케 하는 연고며, 스승 없는 힘의 걸림 없는 작용이니 스스로 모든 법을 깨닫는 연고며, 온갖 지혜의 힘의 걸림 없는 작용이니 온갖 지혜로 바른 깨달음을 이루는 연고며, 큰 자비의 힘 걸림 없는 작용이니 일체 중생을 버리지 않는 연고로 이것이 열입니다.

불자여, 이것을 보살마하살의 열 가지 걸림 없는 작용이라 이름하나니, 만일 이 열 가지 걸림 없는 작용을 얻으면 아뇩다라삼먁삼보리를 이루거나 이루지 않거나 마음대로 되고 어기지 않을 것이며, 바른 깨달음을 이룬다 하여도 보살의 행을 끊지 않을 것이니, 왜냐 하면 보살마하살이 큰 서원을 내고 그지없이 걸림 없는 작용[用]의 문에 들어가 교묘하게 나타내어 보이는 연고입니다.

불자여, 보살마하살이 열 가지 유희가 있으니, 무엇이 열인가. 이른바 중생의 몸으로써 세계의 몸을 만들면서도 중생의 몸을 깨뜨리지 않나니, 이것이 보살의 유희입니다. 세계의 몸으로써 중생의 몸을 만들면서도 세계의 몸을 깨뜨리지 않나니, 이것이 보살의 유희입니다. 부처의 몸에 성문과 독각의 몸을 나타내어도 여래의 몸을 손감하지 않나니, 이것이 보살의 유희입니다. 성문과 독각의 몸에 여래의 몸을 나타내어도 성문과 독각의 몸을 증장하지 않나니, 이것이 보살의 유희입니다. 보살의 행을 하는 몸에 바른 깨달음을 이루는 몸을 나타내어도 보살의 행을 하는 몸을 끊지 않나니, 이것이 보살의 유희입니다. 바른 깨달음을 이룬 몸에 보살의 행을 닦는 몸을 나타내어도 보리를 이루는 몸을 감하지 않나니, 이것이 보살의 유희입니다.

열반의 세계에 생사의 세계를 나타내어도 생사에 집착하지 않나니, 이것이 보살의 유희입니다. 생사生死하는 세계에 열반을 나타내어도 끝까지 열반에 들지 않나니, 이것이 보살의 유희입니다. 삼매에 들어서 가고 머물고 앉고 눕는 모든 법을 나타내어도 삼매정수三昧正受를 버리지 않나니, 이것이 보살의 유희입니다. 한 부처님 계신 데서 법을 듣고 받아 지녀도 그 몸은 동요하지 않고 삼매의 힘으로 말할 수 없는 모든 부처님 회중에서 각각 몸을 나타내면서도 몸을 나누지도 않으며 선정에서 일어나지도 않으며 법을 듣고 받아 지님이 계속하여 끊어지지 않으며, 이와 같이 잠깐잠깐마다 낱낱 삼매의 몸에서 말할 수 없이 말할 수 없는 몸을 내며, 이렇게 차례차례로 모든 겁이 다할지언정 보살의 삼매의 몸은 다할 수 없나니, 이것이 보살의 유희입니다. 이것이 열이니 만일 보살들이 이 법에 편안히 머물면 여래의 위없는 큰 지혜의 유희를 얻습니다.

불자여, 보살마하살이 열 가지 경계가 있으니, 무엇이 열인가. 이른바 그지없는 법계의 문을 나타내어 중생들이 들어가게 하나니, 이것이 보살의 경계입니다. 모든 세계의 한량없는 묘한 장엄을 나타내어 중생들이 들어가게 하나니, 이것이 보살의 경계입니다. 모든 중생의 세계에 변화하여 가서 방편으로 깨우치나니, 이것이 보살의 경계입니다. 여래의 몸에서 보살의 몸을 내고 보살의 몸에서 여래의 몸을 내나니, 이것이 보살의 경계입니다. 허공계에서 세계를 나투고 세계에서 허공계를 나투나니, 이것이 보살의 경계입니다.

생사계에서 열반계를 나타내고 열반계에서 생사계를 나타내나니, 이것이 보살의 경계입니다. 한 중생의 말 가운데 모든 불법의 말을 내나니, 이것이 보살의 경계입니다. 그지없는 몸으로 한 몸을 만들고 한 몸으로 모든 차별한 몸을 만드나니, 이것이 보살의 경계입니다. 한 몸으로 모든 법계에 가득하나니, 이것이 보살의 경계입니다. 잠깐 동안에 일체 중생으로 하여금 보리심을 내게 하며 각각 한량없는 몸을 나타내어 정등각을 이루게 하나니, 이것이 보살의 경계입니다. 이것이 열이니, 만일 보살들이 이 법에 편안히 머물면 여래의 위없는 큰 지혜의 경계를 얻습니다.

불자여, 보살마하살이 열 가지 힘이 있으니, 무엇이 열인가. 이른바 깊은 마음의 힘이니, 모든 세상의 사정〔世情〕이 섞이지 않은 연고입니다. 더 올라가는 깊은 마음의 힘이니 모든 불법을 버리지 않는 연고입니다. 방편의 힘이니, 모든 짓는 일이 끝나는 연고입니다. 지혜의 힘이니, 온갖 마음과 행을 아는 연고입니다. 원하는 힘이니, 모든 구하는 바를 만족케 하는 연고입니다. 행하는 힘이니, 오는 세월〔未來際〕이 끝나도록 끊어지지 않는 연고입니다. 타는 힘〔乘力〕이니, 모든 탈것을 내지마는 대승을 버리지 않는 연고입니다. 신통변화의 힘이니, 낱낱 털구멍 속에서 모든 청정한 세계와 모든 여래께서 세상에 나심을 각각 나타내는 연고입니다. 보리菩提의 힘이니, 일체 중생들로 마음 내고 부처 이루게 하여 끊어짐이 없는 연고입니다. 법륜을 굴리는 힘이니 한 구의 법을 말하여도 일체 중생의 근성과 욕망에 맞는 연고입니다.

이것이 열이니, 만일 보살들이 이 법에 편안히 머물면 부처님의 위없는 온갖 지혜의 열 가지 힘을 얻습니다.

불자여, 보살마하살이 열 가지 두려움 없음이 있으니, 무엇이 열인가. 불자여, 보살마하살이 모든 말을 다 들어 지니고, 생각하기를 설사 한량없고 그지없는 중생들이 시방으로부터 와서 백천 가지 큰 법으로 내게 묻더라도, 그 물음에 대하여 나는 조금도 답하기 어려움을 보지 않나니, 보지 않으므로 두려운 마음이 없고 필경에 저 크게 두려움이 없는 언덕에 이르며, 그들의 묻는 대로 모두 대답하여 의심을 끊고 겁약함이 없게 하나니, 이것이 보살의 첫째 두려움 없음입니다.

불자여, 보살마하살은 정수리에 물 붓는 여래의 걸림 없는 변재를 얻고 온갖 글과 말로 비밀을 열어 보이는 필경의 저 언덕에 이르고, 생각하기를 설사 한량없고 그지없는 중생이 시방으로부터 와서 한량없는 법으로 내게 묻더라도 나는 그 물음에 대하여 조금도 답하기 어려움을 보지 않나니, 보지 않으므로 두려운 마음이 없고 필경에 저 크게 두려움이 없는 언덕에 이르러 그들이 묻는 대로 모두 대답하여 의심을 끊고 공포함이 없게 하나니, 이것이 보살의 둘째 두려움 없음입니다.

불자여, 보살마하살이 모든 법이 공한 줄을 알고, 나를 떠나고 내 것을 떠났으며, 지을 것도 없고 지을 이도 없으며, 아는 이도 없고 사는 이〔命者〕도 없으며 양육한 이도 없고 보특가라〔補伽羅〕도 없으며, 온·계·처를 떠나고 모든 소견〔見〕을 아주 여의어 마음이 허공과 같다고는 생각하되 중생이 조금도 나의 몸과 말과 뜻으로 짓는 업을 손상할 것을 보지 않나니, 왜냐 하면 보살은 나〔我〕와 내 것〔我所〕을 멀리 여읜 연고며, 모든 법이 조그만 성품이나 모양이 있음을 보지 않나니, 보지 않으므로 두려운 마음이 없고 필경에 저 크게 두려움이 없는 언덕에 이르며, 견고하고 용맹하여 깨뜨리지 못하나니, 이것이 보살의 셋째 두려움 없음입니다.

불자여, 보살마하살이 부처님 힘으로 보호되고 부처님 힘으로 유지되며, 부처님의 위의威儀에 머물러 행함이 진실하고 변하지 아니하고는, 생각하기를 나는 조그만 행동도 중생들이 책망할 것을 보지 않으며, 보지 않으므로 두려운 마음이 없고 대중 가운데서 편안하게 법을 말하리라 하나니, 이것이 보살의 넷째 두려움 없음입니다.

불자여, 보살마하살이 몸과 말과 뜻의 업이 모두 청정하고 깨끗하고 부드러워 모든 나쁜 것을 멀리 여의고, 생각하기를 나는 몸과 말과 뜻으로 하는 일을 조금도 책망 받을 만한 것을 보지 않으며, 보지 않으므로 두려운 마음이 없고 능히 중생들을 부처님 법에 머물게 하리라 하나니, 이것이 보살의 다섯째 두려움 없음입니다.

불자여, 보살마하살을 금강역사金剛力士와 하늘·용·야차·건달바·아수라·제석·범왕·사천왕들이 항상 시위하고, 모든 여래께서 보호하여 버리지 않거든, 보살마하살이 생각하기를 나는 여러 마와 외도와 딴 소견 가진 중생이 나의 보살의 도를 행함을 장애할 수 있는 조그만 모양도 보지 않으며, 보지 않으므로 마음에 두려움이 없고 필경에 저 크게 두려움 없는 언덕에 이르러 환희한 마음으로 보살의 행을 행하리라 하나니, 이것이 보살의 여섯째 두려움 없음입니다.

불자여, 보살마하살이 제일가는 생각하는 근본〔念根〕을 성취하여 마음에 잊어버리는 일이 없고 부처님이 좋아하시거든, 생각하기를 여래께서 말씀하신 보리도를 이루는 문자와 구절에서, 나는 조금도 잊어버리는 모양을 보지 않으며, 보지 않으므로 마음에 두려움이 없고 모든 여래의 바른 법을 받들어 지니어 보살의 행을 행하리라 하나니, 이것이 보살의 일곱째 두려움 없음입니다.

불자여, 보살마하살이 지혜와 방편을 이미 통달하여 보살의 여러 힘을 끝마치었고, 항상 일체 중생을 부지런히 교화하며, 항상 서원으로 부처의 보리에 마음을 두었지만 중생을 가엾이 여기며 중생을 성취시키려 하므로, 번뇌의 흐린 세상에 태어나되 가문이 존귀하고 권속이 원만하며 하고자 하는 일이 뜻대로 되어 기뻐하고 좋아하면서, 생각하기를 내가 이 권속들과 모여 있지만, 조금도 탐착이 없으며 내가 수행하는 선정・해탈・여러 삼매・모두 지님〔摠持〕・변재辯才와 보살의 도를 폐기할 만한 것을 보지 않습니다.

왜냐 하면 보살마하살은 모든 법에 이미 자유자재하여 저 언덕에 이르렀으며, 보살의 행을 닦기를 끊지 않으려 하며, 세간법은 이 한 가지 경계도 보살의 도를 의혹케 하거나 어지럽게 함을 보지 않으며, 보지 않으므로 마음에 두려움이 없고 필경에 저 크게 두려움이 없는 언덕에 이르고 큰 서원의 힘으로 모든 세계에 태어나리라 하기 때문이니, 이것이 보살의 여덟째 두려움 없음입니다.

불자여, 보살마하살이 살바야薩婆若 마음을 잃지 않으며, 대승법에 의지하여 보살의 행을 행하며, 온갖 지혜와 큰마음〔大心〕의 세력으로 모든 성문과 독각의 고요한 위의를 나타내 보이며, 생각하기를, 나는 이승법으로 뛰어날 만한 조그만 모양도 보지 않으며, 보지 않으므로 마음에 두려움이 없고 저 위없고 크게 두려움이 없는 언덕에 이르고, 모든 승乘의 길을 두루 나타내되 필경에 평등한 대승을 만족하리라 하나니, 이것이 보살의 아홉째 두려움 없음입니다.

불자여, 보살마하살이 모든 희고 깨끗한 법을 성취하여 선근을 구족하고 신통을 원만하였으며, 필경에 부처님들의 보리에 머물러 모든 보살의 행을 만족하였고, 여러 부처님 계신 데서 온갖 지혜와 정수리에 물 붓는 수기〔灌頂之記〕를 받고도 항상 중생을 교화하고 보살의 도를 행하면서, 생각하기를 나는 한 중생이라도 마땅히 성숙시킬 만한데 부처님들의 자재하심을 나타내지 못함으로 해서 성숙시키지 못하는 것을 스스로 보지 않으며, 보지 않으므로 마음에 두려움이 없고 필경에 저 크게 두려움이 없는 언덕에 이르러서 보살의 행을 끊지 않고 보살의 원을 버리지 않으며, 교화할 만한 모든 중생을 따라서 부처의 경계를 나타내어 교화하여 제도하리라 하나니, 이것이 보살의 열째 두려움 없음입니다.

불자여, 이것이 보살마하살의 열 가지 두려움 없음이니, 만일 보살들이 이 법에 편안히 머물면 부처님들의 위없이 크게 두려움 없음을 버리지 않습니다.

불자여, 보살마하살은 열 가지 함께하지 않는 법이 있으니, 무엇이 열인가. 불자여, 보살마하살이 다른 이의 가르침을 말미암지 않고 자연히 육바라밀을 닦아 행하되, 항상 크게 보시하고 아끼는 생각을 내지 않으며, 항상 계율을 지니고 범하지 않으며, 참는 일을 구족하여 마음이 흔들리지 않으며, 크게 정진하여 물러가지 않으며, 모든 선정에 잘 들어가서 영원히 산란하지 않으며, 지혜를 교묘하게 닦고 나쁜 소견〔惡見〕을 없애나니, 이것이 첫째 다른 이의 가르침을 말미암지 않고 육바라밀의 도를 닦아 행하는 함께하지 않는 법입니다.

불자여, 보살마하살이 일체 중생을 두루 거두어 주나니, 이른바 재물과 법으로 보시를 행하며, 바른 생각〔正念〕이 앞에 나타나 화평한 얼굴로 사랑하는 말을 하며, 마음이 환희한 진실 이치를 보이어 그들로 하여금 부처의 보리를 깨닫게 하되 미워함이 없이 평등이 이익케 하나니, 이것이 둘째 다른 이의 가르침을 말미암지 않고 네 가지 거둬 주는 길〔四攝道〕을 따라 부지런히 중생을 거둬 주는 함께하지 않는 법입니다.

불자여, 보살마하살이 교묘하게 회향하나니, 이른바 과보를 바라지 않는 회향이며, 부처의 보리를 순종하는 회향이며, 모든 세간의 선정·삼매에 집착하지 않는 회향이며, 일체 중생을 이익케 하려는 회향이며, 여래의 지혜를 끊지 않으려는 회향이니, 이것이 셋째 다른 이의 가르침을 말미암지 않고 중생들을 위하여 선근을 발기하여 부처의 지혜를 구하는 함께하지 않는 법입니다.

불자여, 보살마하살이 교묘한 방편과 필경의 저 언덕에 이르고도 마음으로는 일체 중생을 항상 보살피고 다시 보살피며, 세속 범부의 경계를 싫어하지 않으며 이승의 뛰어나는 길을 좋아하지 않고 자기의 즐거움에 집착하지도 않고 오직 교화하고 제도하는 일에 부지런하며, 선정과 해탈에 잘 들어가고 나오면서 여러 가지 삼매에 모두 자유자재하여지고, 생사에 오고 가기를 마치 공원에 노니는 듯하여 잠깐도 고달픈 마음을 내지 않으며, 마군의 궁전에 있기도 하고 제석이나 법왕이나 세간차지도 되어 태어나는 곳마다 그 몸을 나타내며, 어떤 때는 외도에게서 출가하면서도 모든 삿된 소견을 멀리 여의며, 온갖 세간의 글이나 주문이나 글자나 산수나 내지 유희하고 노래하고 춤추는 것까지를 보이되 정미롭지 아니함이 없느니라.

어떤 때는 단정한 부인으로서 지혜와 재주가 세상에 제일이며, 여러 가지 세간법世間法과 출세간법出世間法을 능히 묻고 잘 대답하여 의심을 끊어 끝까지 이르며, 모든 세간 일과 출세간 일을 모두 통달하여 저 언덕에 이르므로 일체 중생이 와서 우러르며, 비록 성문이나 벽지불의 위의를 나투어도 대승의 마음을 잃지 아니하고, 비록 생각마다 바른 깨달음을 이루어도 보살의 행을 끊지 않나니, 이것이 넷째 다른 이의 가르침을 말미암지 않고 방편으로 교묘하게 끝까지 저 언덕에 이르는 함께하지 않는 법입니다.

불자여, 보살마하살이 방편과 실제를 함께 행하는 길을 알고 지혜가 자유자재하여 끝까지 이르나니, 이른바 열반에 있으면서 생사를 나타내고 중생이 없음을 알면서 교화를 부지런히 행하며, 끝까지 고요하면서 번뇌를 일으키고, 한결같이 굳고 비밀한 지혜의 법의 몸에 머물러 있으면서 한량없는 중생들의 몸을 나타내며, 항상 깊은 선정에 들어 있으면서 욕망의 쾌락을 받고, 삼계를 멀리 여의고도 중생을 버리지 않으며, 법의 즐거움을 즐기면서 채녀들의 노래하고 유희함을 가지며, 여러 가지 몸매〔相好〕로 몸을 장엄하고서도 누추하고 빈천한 형상을 받고, 여러 착한 일을 쌓아 허물이 없으면서도 지옥·축생·아귀에 태어나며, 부처 지혜의 저 언덕에 이르고도 보살의 지혜 몸을 버리지 않습니다.

보살마하살이 이렇게 한량없는 지혜를 성취하는 것을 성문이나 독각도 알지 못하거든, 하물며 어린 중생들이겠는가. 이것이 다섯째 다른 이의 가르침을 말미암지 아니하고 방편과 실제를 모두 행하는 함께하지 않는 법입니다.

불자여, 보살마하살이 몸과 입과 뜻의 업으로 지혜를 따르는 행이 다 청정하니, 이른바 크게 인자함〔大慈〕을 갖추어 죽이려는 마음을 영원히 여의었으며, 내지 바른 지해〔正解〕를 갖추어 삿된 소견이 없는 것이니, 이것이 여섯째 다른 이의 가르침을 말미암지 않고 몸과 입과 뜻의 업으로 지혜의 행을 따르는 함께하지 않는 법입니다.

불자여, 보살마하살이 크게 가엾이 여김〔大悲〕을 갖추어 중생을 버리지 아니하고 일체 중생을 대신하여 모든 괴로움을 받나니, 이른바 지옥의 괴로움·축생의 괴로움·아귀의 괴로움도 이익케 하기 위하여 게으른 생각을 내지 않으며, 다만 일체 중생을 제도하고 오욕 경계에 물들지 않으며, 항상 부지런히 모든 괴로움을 없애나니, 이것이 일곱째 다른 이의 가르침을 말미암지 않고 항상 크게 가엾이 여김을 일으키는 함께하지 않는 법입니다.

불자여, 보살마하살이 중생들이 보기 좋아하는 범천왕·제석천왕·사천왕 등이 되어도 일체 중생이 보기에 만족하지 않습니다. 왜냐 하면 보살마하살이 오랜 세상부터 행하는 업이 청정하여 허물이 없으므로 중생들이 보기에 만족하지 않기 때문이니, 이것이 여덟째 다른 이의 가르침을 말미암지 않고 일체 중생이 보기를 좋아하는 함께하지 않는 법입니다.

불자여, 보살마하살이 살바야薩婆若에 대하여 큰 서원으로 장엄하고 좋아하는 마음이 견고하였으므로 비록 범부나 성문이나 독각이나 험난한 곳에 있어도, 온갖 지혜의 마음이 밝고 깨끗한 보배를 잃지 않습니다. 불자여, 여기 보배 구슬이 있으니 이름이 정장엄淨莊嚴이라, 진흙 속에 두어도 빛이 변하지 않고 흐린 물을 능히 맑히나니, 보살마하살도 그와 같아서 비록 어리석은 범부의 더러운 곳에 섞여 있어도, 온갖 지혜를 구하는 청정한 보배 마음을 잃지 않고, 여러 나쁜 중생들로 하여금 허망한 소견과 번뇌의 흐름을 여의고 온갖 지혜의 청정한 마음을 구하게 하나니, 이것이 아홉째 다른 이의 가르침을 말미암지 않고 여러 가지 어려운 곳에 있어도 온갖 지혜의 마음 보배를 잃지 아니하는 함께하지 않는 법입니다.

불자여, 보살마하살이 스스로 깨닫는 경계의 지혜를 성취하여, 스승이 없이 스스로 깨닫고 끝까지 자유자재하여 저 언덕에 이르며, 때를 여읜 법 비단을 머리에 쓰고 선지식을 버리지 않고 친근히 하며 여러 여래를 항상 존중하나니, 이것이 열째 다른 이의 가르침을 말미암지 않고 가장 높은 법을 얻어서 선지식을 떠나지 않고 부처님을 버리지 않고 존중하는 함께하지 않는 법입니다.

불자여, 이것이 보살마하살의 열 가지 함께하지 않는 법이니, 만일 보살들이 이 가운데 편안히 머물면 여래의 위없이 광대한 함께하지 않는 법을 얻습니다.

불자여, 보살마하살이 열 가지 업이 있으니, 무엇이 열인가. 이른바 모든 세계의 업이니 모두 깨끗하게 하는 연고며, 모든 부처님의 업이니 모두 공양하는 연고며, 모든 보살의 업이니 선근을 함께 심는 연고며, 모든 중생의 업이니 모두 교화하는 연고며, 모든 미래의 업이니 오는 세월〔未來際〕이 끝나도록 거두어 주는 연고며, 모든 신통한 힘의 업이니 한 세계를 떠나지 않고 모든 세계에 두루 이르는 연고며, 모든 광명의 업이니 그지없는 빛깔의 광명을 놓으면 낱낱 광명에 연꽃 자리가 있거든 각각 보살이 가부하고 앉아서 나타나는 연고입니다.

모든 삼보의 종자가 끊이지 않는 업이니 부처님이 열반한 후에 부처의 법을 수호하고 머물러 지니는 연고며, 모든 변화하는 업이니 온갖 세계에서 법을 말하여 중생들을 교화하는 연고며, 모든 가지加持하는 업이니 한 생각에 중생들의 마음으로 욕망함을 따라 나타내어 온갖 소원을 이루게 하는 연고입니다. 이것이 열이니, 만일 보살들이 이 법에 편안히 머물면 여래의 위없이 광대한 업을 얻습니다.

불자여, 보살마하살이 열 가지 몸이 있으니 무엇이 열인가. 이른바 오지 않는 몸〔不來身〕이니 모든 세간에 태어나지 않는 연고며, 가지 않는 몸이니 모든 세간에서 구해도 얻지 못하는 연고며, 실답지 않은 몸이니 모든 세간에서 사실대로 얻는 연고며, 헛되지 않은 몸이니 사실과 같은 이치로 세간에 보이는 연고며, 다하지 않는 몸이니 오는 세월이 끝나도록 끊어지지 않는 연고며, 견고한 몸이니 모든 마군들이 깨뜨리지 못하는 연고며, 동요하지 않는 몸이니 마군들과 외도들이 동요할 수 없는 연고며, 모습을 구족한 몸이니 청정한 백 가지 복된 모습을 나타내는 연고며, 형상 없는 몸이니 법의 모양이 필경에 형상이 없는 연고며, 두루 이르는 몸이니 삼세 부처님들과 더불어 같은 몸인 연고입니다. 이것이 열이니, 만일 보살들이 이 법에 편안히 머물면 여래의 위없고 다함이 없는 몸을 얻습니다.

6) 십지+地를 답함 ①

불자여, 보살마하살이 열 가지 몸의 업이 있으니, 무엇이 열인가. 이른바 한 몸이 모든 세계에 가득하는 몸의 업과, 일체 중생의 앞에 모두 나타내는 몸의 업과, 모든 길[趣]에 모두 태어나는 몸의 업과, 모든 세계에 노니는 몸의 업과, 모든 부처님의 대중 모임에 나아가는 몸의 업과, 한 손으로 모든 세계를 두루 덮는 몸의 업과, 한 손으로 모든 세계의 금강둘레산[金剛圍山]을 비벼서 티끌처럼 부수는 몸의 업과, 제 몸 속에 모든 세계가 이루어지고 무너짐을 나투어 중생에게 보이는 몸의 업과, 한 몸에 일체 중생의 세계를 받아들이는 몸의 업과, 제 몸 속에 모든 청정한 세계의 온갖 중생을 나타내어 그 가운데서 부처를 이루는 몸의 업이니, 이것이 열입니다.

만일 보살들이 이 법에 편안히 머물면 여래의 위없는 부처의 업을 얻어 일체 중생을 능히 깨우치게 됩니다.

불자여, 보살마하살에게 다시 열 가지 몸이 있으니, 무엇이 열인가. 이른바 모든 바라밀의 몸이니 다 바르게 수행하는 연고며, 네 가지로 거두어 주는 몸이니 일체 중생을 버리지 않는 연고며, 크게 가엾이 여기는 몸이니 일체 중생을 대신하여 한량없는 괴로움을 받으면서도 고달픔이 없는 연고며, 크게 인자한 몸이니 일체 중생을 구호하는 연고며, 복덕의 몸이니 일체 중생을 이익케 하는 연고며, 지혜의 몸이니 모든 부처의 몸과 성품이 같은 연고며, 법의 몸이니 여러 길[趣]에 태어남을 아주 여읜 연고며, 방편의 몸이니 모든 곳에서 앞에 나타나는 연고며, 신통의 힘인 몸이니 모든 신통 변화를 나타내는 연고며, 보리의 몸이니 좋아함을 따르고 때를 따라 바른 깨달음을 이루는 연고입니다.

이것이 열이니, 만일 보살들이 이 법에 편안히 머물면 여래의 위없는 큰 지혜의 몸을 얻습니다.

불자여, 보살마하살이 열 가지 말이 있으니, 무엇이 열인가. 이른바 부드러운 말이니 일체 중생으로 하여금 편안케 하는 연고며, 단 이슬 같은 말이니 일체 중생을 서늘하게 하는 연고며, 속이지 않는 말이니 말하는 것이 모두 실제와 같은 연고며, 진실한 말이니 꿈에서까지 거짓말이 없는 연고며, 넓고 큰 말이니 모든 제석과 범천과 사천왕들이 존경하는 연고며, 매우 깊은 말이니 법의 성품을 보이는 연고며, 견고한 말이니 법을 말함이 다함 없는 연고며, 정직한 말이니 말하는 것이 알기 쉬운 연고며, 가지가지 말이니 때를 맞추어 나타내는 연고며, 일체 중생을 깨우치는 말이니 그들의 욕망을 따라 알기 쉽게 하는 연고입니다.

이것이 열이니, 만일 보살들이 이 법에 편안히 머물면 여래의 위없이 미묘한 말을 얻습니다.

불자여, 보살마하살이 열 가지 깨끗이 닦는 말의 업이 있으니, 무엇이 열인가. 이른바 여래의 음성을 듣기 좋아하여 깨끗이 닦는 말의 업과, 보살의 공덕 말함을 듣기 좋아하여 깨끗이 닦는 말의 업과, 일체 중생이 듣기 싫어하는 말을 말하지 않아 깨끗이 닦는 말의 업과, 말에 네 가지 허물을 진실하게 여의어 깨끗이 닦는 말의 업과, 여래를 환희하게 찬탄하여 깨끗이 닦는 말의 업과, 여래의 탑 있는 데서 부처님의 참된 공덕을 크게 찬탄하여 깨끗이 닦는 말의 업과, 매우 청정한 마음으로 중생에게 법을 보시하여 깨끗이 닦는 말의 업과, 풍류와 노래로 여래를 찬탄하여 깨끗이 닦는 말의 업과, 부처님 계신 데서 바른 법을 듣고 몸과 목숨을 아끼지 않아서 깨끗이 닦는 말의 업과, 모든 보살과 법사들을 몸을 버리고 섬기면서 묘한 법을 받아서 깨끗이 닦는 말의 업이니, 이것이 열입니다.

만일 보살마하살이 열 가지로 말의 업을 깨끗하게 닦으면 열 가지 수호함을 얻나니, 무엇이 열인가. 이른바 천왕天王이 우두머리가 되어 모든 하늘 무리가 수호하고, 용왕龍王이 우두머리가 되어 모든 용의 무리가 수호하고, 야차왕夜叉王이 머리가 되고 건달바왕乾達婆王이 우두머리가 되고 아수라왕阿修羅王이 우두머리가 되고 가루라왕迦樓羅王이 우두머리가 되고 긴나라왕緊那羅王이 우두머리가 되고 마후라가왕摩睺羅伽王이 우두머리가 되고 범왕梵王이 우두머리가 되어, 낱낱이 자기네 무리들이 수호하며, 여래법왕如來法王이 우두머리가 되어 모든 법사들이 모두 수호하나니, 이것이 열입니다.

불자여, 보살마하살이 이렇게 수호함을 얻고는 열 가지 큰 일을 성취하나니, 무엇이 열인가. 이른바 일체 중생을 다 기쁘게 하고 모든 세계에 다 나아가고 모든 근성들을 잘 알고 모든 훌륭한 지혜를 다 청정케 하고 모든 번뇌를 다 끊게 하고 모든 습기習氣를 다 여의게 하고 모든 욕망을 다 멸망케 하고 모든 깊은 마음을 다 증장케 하고 모든 법계에 다 두루하게 하고 모든 열반을 다 분명히 보게 하나니, 이것이 열입니다.

불자여, 보살마하살이 열 가지 마음이 있으니, 무엇이 열인가. 이른바 땅과 같은 마음이니, 일체 중생의 모든 선근을 유지하여 증장케 하는 연고며, 큰 바다 같은 마음이니 모든 부처님의 한량없고 그지없는 큰 지혜의 법물〔法水〕이 다 흘러 들어오는 연고며, 수미산須彌山과 같은 마음이니 일체 중생을 출세간에서 가장 높은 선근에 두는 연고며, 마니보배와 같은 마음이니 욕망이 청정하여 물들지 않은 연고며, 금강과 같은 마음이니 결정코 모든 법에 깊이 들어가는 연고며, 금강둘레산〔金剛

圍山]과 같은 마음이니 마와 외도들이 흔들지 못하는 연고며, 연꽃과 같은 마음이니 모든 세간법이 물들이지 못하는 연고며, 우담발화優曇鉢華와 같은 마음이니 모든 겁에서 만나기 어려운 연고며, 밝은 해와 같은 마음이니 어둠을 깨뜨리는 연고며, 허공과 같은 마음이니 측량할 수 없는 연고입니다.

이것이 열이니, 만일 보살들이 이 가운데 편안히 머물면 여래의 위없이 매우 깨끗한 마음을 얻습니다.

불자여, 보살마하살이 열 가지 마음을 냄이 있으니, 무엇이 열인가. 이른바 내가 마땅히 일체 중생을 제도하리라는 마음을 내며, 내가 일체 중생으로 하여금 번뇌를 끊게 하리라는 마음을 내며, 내가 일체 중생으로 하여금 습기를 없애게 하려는 마음을 내며, 내가 마땅히 모든 의혹을 끊으리라는 마음을 내며, 내가 마땅히 일체 중생의 괴로움을 없애려는 마음을 내며, 내가 마땅히 모든 나쁜 길과 어려움을 없애려는 마음을 내며, 내가 마땅히 모든 여래를 공경하고 따르려는 마음을 내며, 내가 마땅히 모든 보살이 배우는 것을 잘 배우리라는 마음을 내며, 내가 마땅히 모든 세간의 털 끝만한 곳마다 모든 부처님이 바른 깨달음 이루는 일을 나타내리라는 마음을 내며, 내가 마땅히 모든 세계에서 위없는 법 북을 쳐서 중생들로 하여금 제각기 근성을 따라서 다 깨닫게 하려는 마음을 냅니다.

이것이 열이니, 만일 보살들이 이 가운데 편안히 머물면 여래의 위없는 능한 일을 하려는 마음을 내게 됩니다.

불자여, 보살마하살이 열 가지 두루하는 마음이 있으니, 무엇이 열인가. 이른바 온 허공에 두루하는 마음이니 뜻을 냄이 광대한 연고며, 모든 법계에 두루하는 마음이니 끝없는 데까지 깊이 들어가는 연고며, 모든 삼세에 두루하는 마음이니 잠깐 동안에 다 아는 연고입니다.

모든 부처님께서 나시는 데 두루하는 마음이니 태에 들고 탄생하고 출가하고 도를 이루고 법륜을 굴리고 열반에 드심을 분명히 아는 연고며, 일체 중생에게 두루하는 마음이니 그 근성과 욕망과 버릇을 다 아는 연고며, 모든 지혜에 두루하는 마음이니 법계를 순응하여 아는 연고며, 모든 그지없는 데 두루하는 마음이니 모든 눈어리 그물(幻網)의 차별함을 아는 연고며, 모든 남이 없는 데 두루하는 마음이니 모든 법의 제 성품을 얻지 못한 연고며, 모든 걸림 없는 데 두루하는 마음이니 제 마음과 남의 마음에 머물지 않는 연고며, 모든 자유자재한 데 두루하는 마음이니, 한 생각이 두루 나타나서 부처를 이루는 연고입니다.

이것이 열이니, 만일 보살들이 이 가운데 편안히 머물면, 한량없고 위없는 불법으로 두루 장엄함을 얻습니다.

불자여, 보살마하살이 열 가지 뿌리가 있으니, 무엇이 열인가. 이른바 환희한 뿌리(根)니 모든 부처님을 보고 믿음이 무너지지 않는 연고며, 희망하는 뿌리니 들은 불법을 다 깨닫는 연고며, 물러가지 않는 뿌리니 모든 짓는 일이 끝까지 이루는 연고며, 편안히 머무는 뿌리니 모든 보살의 행을 끊지 않는 연고며, 미세한 뿌리니 반야바라밀의 미묘한 이치에 들어가는 연고며, 쉬지 않는 뿌리니 일체 중생의 일을 끝까지 하는 연고며, 금강과 같은 뿌리니 모든 법의 성품을 증(證)하여 아는 연고며, 금강빛 불꽃 뿌리니 모든 부처의 경계를 두루 비추는 연고며, 차별 없는 뿌리니 모든 여래와 몸이 같은 연고며, 걸림이 없는 짬(際) 뿌리니 여래의 십력에 깊이 들어가는 연고입니다.

이것이 열이니, 만일 보살들이 이 가운데 편안히 머물면 여래의 위없는 큰 지혜가 원만한 뿌리를 얻습니다.

불자여, 보살마하살이 열 가지 깊은 마음이 있으니, 무엇이 열인가. 이른바 모든 세간법에 물들지 않는 깊은 마음과, 모든 이승의 도에 섞이지 않은 깊은 마음과, 모든 부처의 보리를 통달하는 깊은 마음과, 온갖 지혜의 지혜를 따르는 깊은 마음과, 모든 마와 외도가 동요하지 못하는 깊은 마음과, 모든 여래의 원만한 지혜를 깨끗이 닦는 깊은 마음과, 모든 들은 법을 잘 지니는 깊은 마음과, 모든 태어나는 곳에 집착하지 않는 깊은 마음과, 모든 미세한 지혜를 구족한 깊은 마음과, 모든 부처의 법을 닦는 깊은 마음입니다.

　이것이 열이니, 만일 보살들이 이 가운데 편안히 머물면 온갖 지혜의 위없이 청정한 깊은 마음을 얻습니다.

　불자여, 보살마하살이 열 가지 더 올라가는 깊은 마음이 있으니, 무엇이 열인가. 이른바 물러가지 않는 더 올라가는 깊은 마음이니 모든 선근을 모으는 연고며, 의혹을 여의는 더 올라가는 깊은 마음이니 모든 여래의 비밀한 말씀을 아는 연고며, 바로 유지하는 더 올라가는 깊은 마음이니 큰 원과 큰 행에서 흐르는 연고며, 가장 훌륭한 더 올라가는 깊은 마음이니 모든 부처의 법에 깊이 들어가는 연고며, 주인이 되는 더 올라가는 깊은 마음이니 모든 불법에 자유자재하는 연고입니다.

　넓고 큰 더 올라가는 깊은 마음이니 가지가지 법문에 두루 들어가는 연고며, 으뜸가는 더 올라가는 깊은 마음이니 모든 할 일을 다 마치는 연고며, 자유자재한 더 올라가는 깊은 마음이니 모든 삼매의 신통변화로 장엄하는 연고며, 편안히 머무는 더 올라가는 깊은 마음이니 본래의 원을 거두어들이는 연고며, 쉬지 않는 더 올라가는 깊은 마음이니 일체 중생을 성숙시키는 연고입니다.

　이것이 열이니, 만일 보살들이 이 법에 편안히 머물면 모든 부처님의 위없이 청정한 더 올라가는 깊은 마음을 얻습니다.

　불자여, 보살마하살이 열 가지 부지런히 닦음이 있으니, 무엇이 열인가. 이른바 보시를 부지런히 닦음이니 온갖 것을 버리고 갚음을 구하지 않는 연고며, 계율을 부지런히 닦음이니 두타頭陀의 고행으로 욕심이 없고 만족함을 알아 속임이 없는 연고며, 참는 일을 부지런히 닦음이니 나라거나 남이라는 생각을 떠나서 모든 나쁜 욕을 참으며 끝까지 성내지 않는 연고며, 꾸준한 노력을 부지런히 닦음이니 몸과 말과 뜻의 업이 조금도 산란하지 않고 모든 하는 일이 물러가지 않아 필경에 이르는 연고며, 선정을 부지런히 닦음이니 해탈과 삼매와 나타나는 신통으로 모든 욕망과 번뇌와 투쟁의 여러 권속을 여의는 연고입니다.

지혜를 부지런히 닦음이니 모든 공덕을 닦고 모아 게으름이 없는 연고며, 크게 인자함을 부지런히 닦음이니 모든 중생들의 제 성품이 없음을 아는 연고며, 크게 가엾이 여김을 부지런히 닦음이니 모든 법이 공함을 알고 일체 중생을 대신하여 괴로움을 받되 고달픔이 없는 연고며, 여래의 십력十力을 깨달아 부지런히 닦음이니 걸림이 없음을 알고 중생에게 보이는 연고며, 물러가지 않는 법륜을 부지런히 닦음이니 굴려서 일체 중생의 마음에 이르는 연고입니다.

이것이 열이니, 만일 보살들이 이 법에 편안히 머물면 여래의 위없는 큰 지혜를 부지런히 닦음을 얻습니다.

불자여, 보살마하살이 열 가지 결정한 지해[決定解]가 있으니, 무엇이 열인가. 이른바 가장 높은 결정한 지해니 존중한 선근을 심는 연고며, 장엄하는 결정한 지해니 갖가지 장엄을 내는 연고며, 넓고 큰 결정한 지해니 마음이 잠깐도 용렬하지 않은 연고며, 고요한 결정한 지해니 매우 깊은 법의 성품에 들어가는 연고며, 두루 퍼지는 결정한 지해니 내는 마음이 미치지 않는 데가 없는 연고며, 능히 머무는 결정한 지해니 부처의 힘으로 가지함을 받는 연고며, 견고한 결정한 지해니 모든 마의 업을 꺾어 버리는 연고며, 밝게 판단하는 결정한 지해니 모든 업과 과보를 아는 연고며, 앞에 나타난 결정한 지해니 마음대로 신통을 나타내는 연고며, 이어 높이는(紹隆) 결정한 지혜니 모든 부처님에게서 수기를 얻는 연고며, 자재하고 결정한 지혜니, 마음대로 때를 따라 성불하는 연고입니다.

이것이 열이니, 만일 보살들이 이 법에 편안히 머물면 여래의 위없는 결정한 지혜를 얻습니다.

불자여, 보살마하살이 열 가지 결정한 지혜로 세계를 아는 일이 있으니, 무엇이 열인가. 이른바 모든 세계가 한 세계에 들어감을 알고, 한 세계가 모든 세계에 들어감을 알고, 모든 세계가 한 여래의 몸과 한 연꽃 자리에 다 두루함을 알고, 모든 세계가 다 허공과 같음을 알고, 모든 세계가 부처의 장엄을 갖춤을 알고, 모든 세계에 보살이 가득함을 알고, 모든 세계가 한 털구멍에 들어감을 알고, 모든 세계가 한 중생의 몸에 들어감을 알고, 모든 세계가 한 부처의 보리수와 한 부처의 도량에 다 두루함을 알고, 모든 세계에 한 음성이 두루하여 여러 중생들이 제각기 알고 마음에 환희합니다.

이것이 열이니, 만일 보살들이 이 법에 편안히 머물면 여래의 위없는 부처세계(佛刹)의 넓고 큰 결정한 지혜를 얻습니다.

불자여, 보살마하살이 열 가지 결정한 지혜로 중생계를 아는 일이 있으니, 무엇이 열인가. 이른바 모든 중생계의 본 성품이 실답지 못함을 알며, 모든 중생계가 한 중생의 몸에 들어감을 알며, 모든 중생계가 다 보살의 몸에 들어감을 알며, 모든 중생계가 다 여래장에 들어감을 알며, 한 중생의 몸이 모든 중생계에 두루 들어감을 알며, 모든 중생계가 다 불법의 그릇이 될 것을 알며, 모든 중생계가 그 욕망을 따라 제석·범천·사천왕의 몸을 나툼을 알며, 모든 중생계가 그 욕망을 따라 성문·독각의 고요한 위의威儀를 나툼을 알며, 모든 중생계가 보살의 공덕으로 장엄한 몸을 나타냄을 알며, 모든 중생계가 여래의 훌륭한 몸매와 고요한 위의를 나타내어 중생들을 깨우침을 압니다.

　이것이 열이니, 만일 보살들이 이 법에 편안히 머물면 여래의 위없는 큰 위력의 결정한 지혜를 얻습니다."

대방광불화엄경 제57권

제57권

38. 이세간품 ⑤

6) 십지를 답함 ②

"불자여, 보살마하살이 열 가지 습기習氣가 있으니, 무엇이 열인가. 이른바 보리심의 습기와 선근善根의 습기와 중생을 교화하는 습기와 부처님을 본 습기와 청정한 세계에 태어나는 습기와 행의 습기와 서원의 습기와 바라밀의 습기와 평등한 법을 생각하는 습기와 가지가지 경계가 차별한 습기니, 이것이 열입니다.

만일 보살들이 이 법에 편안히 머물면 모든 번뇌의 습기를 영원히 여의고 여래의 큰 지혜인 습기면서 습기가 아닌 지혜를 얻습니다.

불자여, 보살마하살이 열 가지 붙잡음〔取〕이 있어 이것으로 보살의 행을 끊지 않나니, 무엇이 열인가. 이른바 일체 중생계를 붙잡나니 끝까지 교화하는 연고며, 모든 세계를 붙잡나니 끝까지 깨끗하게 장엄하는 연고며, 여래를 붙잡나니 보살의 행을 닦아 공양하는 연고며, 선근을 붙잡나니 부처님들의 모습과 공덕을 쌓는 연고입니다.

크게 가엾이 여김을 붙잡나니 일체 중생의 괴로움을 없애는 연고며, 크게 인자함을 붙잡나니 일체 중생에게 온갖 지혜의 즐거움을 주는 연고며, 바라밀을 붙잡나니 보살의 모든 장엄을 쌓는 연고며, 보리를 붙잡나니 모든 처소에서 다 나타내는 연고며, 공교한 방편을 붙잡나니 걸림 없는 지혜를 얻는 연고며, 간략히 말하면 보살이 모든 법을 붙잡나니 모든 처소에서 밝은 지혜로 분명히 아는 연고로, 이것이 열입니다.

만일 보살들이 이 붙잡는 데 편안히 머물면 모든 보살의 행을 끊지 않고 모든 여래의 위없이 붙잡을 수 없는 법을 얻습니다.

불자여, 보살마하살이 열 가지 닦음[修]이 있으니, 무엇이 열인가. 이른바 바라밀을 닦고 배움을 닦고 지혜를 닦고 이치를 닦고 법을 닦고 뛰어남을 닦고 나타냄을 닦고 부지런히 행하며 게으르지 않음을 닦고 정등각 이룸을 닦고 바른 법륜 굴림을 닦나니, 이것이 열입니다.

만일 보살들이 이 가운데 편안히 머물면 위없는 닦음을 얻어 모든 법을 닦습니다.

불자여, 보살마하살이 열 가지 불법[佛法]을 성취함이 있으니 무엇이 열인가. 이른바 선지식을 떠나지 않고 불법을 성취하며, 부처의 말을 깊이 믿고 불법을 성취하며, 바른 법을 비방하지 않고 불법을 성취하며, 한량없고 다함 없는 선근으로 회향하여 불법을 성취하며, 여래의 경계가 그지없음을 믿어 알고 불법을 성취하며, 모든 세계의 경계를 알고 불법을 성취하며, 법계의 경계를 버리지 않고 불법을 성취하며, 마의 경계를 멀리 떠나서 불법을 성취하며, 모든 부처님의 경계를 바로 생각하고 불법을 성취하며, 여래의 십력[十力]의 경계를 구하여 불법을 성취하나니, 이것이 열입니다.

만일 보살들이 이 법에 편안히 머물면 여래의 위없는 큰 지혜를 얻습니다.

불자여, 보살마하살이 열 가지 불법을 잃는 일[退失佛法]이 있으니, 마땅히 멀리 여의어야 합니다. 무엇이 열인가. 이른바 선지식을 가벼이 여기어 불법을 잃으며, 생사의 괴로움을 두려워하여 불법을 잃으며, 보살의 행을 닦기 싫어하여 불법을 잃으며, 세간에 머무는 것을 즐기지 않아 불법을 잃으며, 삼매에 맛들여 불법을 잃으며, 선근에 집착하여 불법을 잃으며, 바른 법을 비방하여 불법을 잃으며, 보살의 행을 끊어 불법을 잃으며, 이승의 도를 즐기어 불법을 잃으며, 보살들을 혐의하여 불법을 잃나니, 이것이 열입니다.

만일 보살들이 이 법을 멀리 여의면 보살의 생사를 떠나는 길에 듭니다.

불자여, 보살마하살이 열 가지 생사를 여의는 길이 있으니, 무엇이 열인가. 이른바 반야바라밀을 내면서도 일체 중생을 항상 관찰하나니, 이것이 하나입니다.

여러 소견을 멀리 여의고도 소견에 얽매인 모든 중생을 제도하나니, 이것이 둘입니다. 온갖 모양을 생각하지 않으면서도 모든 모양에 집착한 중생을 버리지 않나니, 이것이 셋입니다. 삼계三界를 초월하고서도 항상 모든 세계에 있나니, 이것이 넷입니다. 번뇌를 아주 여의고도 일체 중생과 함께 있나니, 이것이 다섯입니다.

탐욕을 떠나는 법[離欲法]을 얻고도 크게 가엾이 여김으로 탐욕에 집착한 모든 중생을 민망히 여기나니, 이것이 여섯입니다. 고요함을 즐기면서도 모든 권속을 나타내나니, 이것이 일곱입니다. 세간에 태어남을 여의고도 여기서 죽고 저기에 나서 보살의 행을 일으키나니, 이것이 여덟입니다. 모든 세간법에 물들지 않으면서도 세간에서 하는 일을 끊지 않나니 이것이 아홉입니다. 부처의 보리가 앞에 나타났으나 보살의 모든 원과 행을 버리지 않나니, 이것이 열입니다.

　불자여, 이것이 보살마하살의 열 가지 생사를 여의는 길이니 세간을 떠나서 세상과 더불어 함께하지 않지만 그래도 이승의 행과 섞이지도 않습니다. 만일 보살들이 이 법에 편안히 머물면 보살의 결정한 법을 얻습니다.

　불자여, 보살마하살이 열 가지 결정한 법이 있으니, 무엇이 열인가. 이른바 결정코 여래의 종족에 태어남과, 결정코 부처님의 경계 속에 머묾과, 결정코 보살의 할 일을 앎과, 결정코 여러 바라밀에 머묾과, 결정코 여래의 대중에 참여함과, 결정코 여래의 종자 성품을 나타냄과, 결정코 여래의 힘에 편안히 머묾과, 결정코 부처의 보리에 깊이 들어감과, 결정코 모든 여래와 동일한 몸임과, 결정코 모든 여래의 머묾과 둘이 없음이니, 이것이 열입니다.

　불자여, 보살마하살이 열 가지 불법을 내는 길〔生佛法道〕이 있으니, 무엇이 열인가. 이른바 선지식을 따르는 것이 불법을 내는 길이니 선근을 함께 심는 연고며, 깊은 마음으로 믿고 이해함이 불법을 내는 길이니 부처님의 자유자재함을 아는 연고며, 큰 서원을 세움이 불법을 내는 길이니 그 마음이 너그러운 연고며, 자기의 선근을 인식함이 불법을 내는 길이니 업이 잃어지지 않음을 아는 연고며, 온갖 겁에 수행하되 만족하지 않음이 불법을 내는 길이니 오는 세월이 끝나도록 하는 연고입니다.

　아승기 세계에 모두 나타남이 불법을 내는 길이니 중생을 성숙시키는 연고며, 보살의 행을 끊지 않음이 불법을 내는 길이니 큰 자비를 증장하는 연고며, 한량없는 마음이 불법을 내는 길이니 한 생각이 모든 허공계에 두루하는 연고며, 훌륭한 행이 불법을 내는 길이니 본래 닦은 행을 잃지 않는 연고며, 여래의 종족이 불법을 내는 길이니 일체 중생으로 하여금 보리심을 내게 하고 모든 착한 법으로 도와 주지하는 연고로 이것이 열입니다.

만일 보살들이 이 법에 편안히 머물면 대장부의 칭호를 얻습니다.

불자여, 보살마하살이 열 가지 대장부의 이름이 있으니, 무엇이 열인가. 이른바 보리살타菩提薩埵라 이름하니 보리의 지혜로 생긴 연고며, 마하살타摩訶薩埵라 이름하니 대승에 머무른 연고며, 제일 살타라 이름하니 제일 법을 증證한 연고며, 승한 살타라 이름하니 승한 법을 깨달은 연고며, 가장 승한 살타라 이름하니 지혜가 가장 승한 연고며, 상上 살타라 이름하니 상품 정진을 일으키는 연고며, 위없는 살타라 이름하니 위없는 법을 열어 보이는 연고며, 힘의 살타라 이름하니 십력을 널리 아는 연고며, 같을 이 없는[無等] 살타라 이름하니 세간에 견줄 이가 없는 연고며, 부사의한 살타라 이름하니 잠깐에 성불하는 연고입니다.

이것이 열이니, 만일 보살들이 이 이름을 얻으면 보살의 도를 성취합니다.

불자여, 보살마하살이 열 가지 도가 있으니, 무엇이 열인가. 이른바 한 길[一道]이 보살의 도니 한 보리심을 버리지 않는 연고며, 두 길이 보살의 도니 지혜와 방편을 내는 연고며, 세 길이 보살의 도니 공하고 모양 없고 원 없음을 행하여 삼계三界에 집착하지 않는 연고며, 네 가지 행이 보살의 도니 죄업을 참회하여 없애고, 복덕을 따라 기뻐하며, 공경하고 존중하며, 여래께 권청하는 일을 교묘하게 회향하여 쉬지 않는 연고입니다.

오근五根이 보살의 도니 깨끗한 믿음에 머물러 견고하여 요동하지 않으며, 큰 정진을 일으켜 짓는 일이 끝까지 이르며, 한결같은 바른 생각으로 다른 반연이 없으며, 삼매에 들고 나는 방편을 교묘하게 알며, 지혜의 경계를 능히 잘 분별하는 연고입니다.

육통六通이 보살의 도니, 이른바 하늘 눈[天眼]으로 모든 세계의 여러 가지 빛을 보고 중생들의 여기서 죽어 저기 남을 아는 연고며, 하늘 귀〔天耳〕로 부처님들의 법문을 듣고 받자와 지니고 기억하여 중생들의 근성을 따라 연설하는 연고며, 남의 속 아는 지혜〔他心智〕로 다른 이의 마음을 자재하게 알아 걸림이 없는 연고며, 전생 일 아는 트임〔宿命通〕으로 지난 세상의 모든 겁을 기억하여 선근을 증장하는 연고며, 뜻대로 가는 트임〔神足通〕으로 교화할 중생에게 가지가지로 나타나서 법을 좋아하게 하는 연고며, 번뇌 다한 지혜〔漏盡智〕로 실상을 증득하고 보살의 행을 일으키어 끊이지 않게 하는 연고입니다.

일곱 가지 생각함이 보살의 도인데, 이른바 부처님을 생각함이니 한 털구멍에서 한량없는 부처님을 보고 일체 중생의 마음을 깨우치는 연고며, 법을 생각함이니 한 여래의 회중을 떠나지 않으면서 여러 여래의 회중에서 묘한 법문을 받잡고 중생들의 근성과 욕망을 따라 연설하여 깨닫게 하는 연고며, 스님들을 생각함이니 항상 계속하여 보는 일이 쉬지 아니하여 모든 세간에서 보살을 보는 연고며, 버림을 생각함이니 모든 보살의 버리는 행을 알고 광대하게 보시하는 마음을 증장케 하는 연고며, 계율을 생각함이니 보리심을 버리지 않고 온갖 선근을 중생들에게 회향하는 연고며, 하늘을 생각함이니 항상 도솔타천궁〔兜率陀天宮〕의 일생보처〔一生補處〕 보살을 생각하는 연고며, 중생을 생각함이니 지혜와 방편으로 교화하고 조복함이 모든 이에게 미치어 끊어지지 않는 연고입니다.

보리의 여덟 가지 성인의 길〔八聖道〕을 따르는 것이 보살의 도인데, 이른바 바른 소견〔正見〕을 행함이니 모든 잘못된 소견을 멀리 여의는 연고며, 바른 생각〔正思惟〕을 일으킴이니 망령된 분별을 버리고 항상 온갖 지혜를 따르는 연고며, 바른 말〔正言〕을 행함이니 말에 네 가지 허물을 여의고 성인의 말을 따르는 연고며, 바른 업〔正業〕을 닦음이니 중생을 교화하여 조복케 하는 연고며, 바른 생활(正命)에 머묾이니 두타행으로 만족함을 알고 위의를 바르게 하며 보리를 따라서 네 가지 성인 되는 일(四聖種)을 행하고 모든 허물을 아주 여의는 연고며, 바른 노력(正精進)을 일으킴이니 모든 보살의 고행을 부지런히 닦아 부처의 십력(十力)에 들어가매 장애가 없는 연고며, 항상 바르게 기억함(正念)이니 온갖 말과 음성을 기억하여 세간의 산란한 마음을 없애는 연고며, 항상 바르게 정함(正定)이니 보살의 부사의한 해탈문에 들어가서 한 삼매 가운데서 모든 삼매를 내는 연고입니다.

구차제정(九次第定)에 들어감이 보살의 도니, 이른바 욕심(欲)과 성냄(恚)과 해침(害)을 여의고 모든 말로써 걸림 없이 법을 말하며, 각(覺)과 관(觀)을 없애고 온갖 지혜의 생각(覺觀)으로 중생을 교화하며, 기쁨(喜)과 사랑(愛)을 여의고도 부처님을 보고 마음이 매우 환희하며, 세간의 낙(樂)을 떠나고 출세간의 보살도의 낙을 따르며, 이로부터 흔들리지 않고 무색정(無色定)에 들었지만 욕심(欲) 세계와 형상(色) 세계에 태어남을 버리지 않으며, 온갖 생각과 느낌을 없앤 선정(滅一切想受定)에 머물고도 보살의 행을 쉬지 않는 연고입니다.

부처의 십력을 배움이 보살의 도니, 이른바 옳은 곳・그른 곳을 아는 지혜와 일체 중생의 과거・미래・현재의 업과 과보의 인과 과를 아는 지혜와 일체 중생의 상근・중근・하근이 같지 않음을 알고 마땅하게 법을 말하는 지혜와 일체 중생의 가지가지 한량없는 성품을 아는 지혜와 일체 중생의 하・중・상의 지혜가 차별함을 알고 법의 방편에 들게 하는 지혜와 일체 세간・일체 세계・일체 삼세・일체 겁에 두루하여 여래의 형상과 위의를 널리 나투면서도 보살의 행할 것을 버리지 않는 지혜와 모든 선정과 해탈과 삼매의 더럽고 깨끗하고 때(時)이고 때 아님을 알고 방편으로 보살의 해탈문을 내는 지혜와 일체 중생의 여러 가지 길〔趣〕에서 여기서 죽고 저기에 나는 차별을 아는 지혜와 잠깐 동안에 삼세의 모든 겁의 수효를 아는 지혜와 일체 중생의 좋아하는 욕망과 여러 부림과 의혹의 행을 버리지 않음입니다.

　이것이 열이니, 만일 보살들이 이 법에 편안히 머물면 모든 여래의 위없는 교묘한 방편의 도를 얻습니다.

　불자여, 보살마하살이 한량없는 도와 한량없는 돕는 도와 한량없는 닦는 도와 한량없는 장엄하는 도가 있습니다.

　불자여, 보살마하살이 열 가지 한량없는 도〔無量道〕가 있으니, 무엇이 열인가. 이른바 허공이 한량없으므로 보살의 도가 한량없으며, 법계法界가 그지없으므로 보살의 도가 한량없으며, 중생계衆生界가 다함이 없으므로 보살의 도가 한량없으며, 세계가 짬이 없으므로〔無際〕 보살의 도가 한량없으며, 겁의 수효가 다할 수 없으므로 보살의 도가 한량없으며, 일체 중생의 말하는 법이 한량없으므로 보살의 도가 한량없으며, 여래의 몸이 한량없으므로 보살의 도가 한량없으며, 부처님의 음성이 한량없으므로 보살의 도가 한량없으며, 여래의 힘이 한량없으므로 보살의 도가 한량없으며, 온갖 지혜의 지혜가 한량없으므로 보살의 도가 한량없나니, 이것이 열입니다.

　불자여, 보살마하살이 열 가지 한량없는 돕는 도〔無量助道〕가 있으니, 이른바 허공계가 한량없는 것처럼 보살이 모으는 돕는 도가 한량없으며, 법계가 그지없는 것처럼 보살이 모으는 돕는 도가 그지없으며, 중생계가 다함 없는 것처럼 보살이 모으는 돕는 도가 다함 없으며, 세계가 짬이 없는 것처럼 보살이 모으는 돕는 도가 짬이 없으며, 겁의 수효를 말로 다할 수 없는 것처럼 보살이 모으는 돕는 도를 모든 세간에서 말로 다할 수 없으며, 중생의 말하는 법이 한량없는 것처럼 보살이 모으는 돕는 도가 지혜를 내어 말하는 법을 아는 것도 한량이 없으며, 여래의 몸이 한량없는 것처럼 보살이 모으는 돕는 도가 일체 중생과 일체 세계와 일체 세상과 일체 겁에 두루함도 한량이 없으며, 부처의 음성이 한량없는 것처럼 보살이 한 음성을 내어 법계에 두루하면 일체 중생이 듣지 못하는 이가 없으므로 모으는 돕는 도가 한량이 없으며, 부처의 힘이 한량없는 것처럼 보살이 여래의 힘을 받자와 모으는 돕는 도가 한량이 없으며, 온갖 지혜의 지혜가 한량없는 것처럼 보살이 모으는 돕는 도도 이와 같이 한량이 없나니, 이것이 열입니다.

만일 보살들이 이 법에 편안히 머물면 여래의 한량없는 지혜를 얻습니다.

불자여, 보살마하살이 열 가지 한량없는 닦는 도가 있으니, 무엇이 열인가. 이른바 오지도 않고 가지도 않게 닦음이니 몸과 말과 뜻의 업이 동작이 없는 연고며, 더하지 않고 덜하지 않게 닦음이니 본 성품과 같은 연고입니다.

있음도 아니고 없음도 아니게 닦음이니 제 성품과 같은 연고며, 눈어리 같고 꿈 같고 그림자 같고 메아리 같고 거울 속에 형상 같고 더울 적의 아지랑이 같고 물 가운데 달 같이 닦음이니, 모든 집착을 여읜 연고며, 공하고 모양이 없고 소원이 없고 지음이 없게 닦음이니, 삼계를 밝게 보고 복덕을 모아 쉬지 않는 연고며, 말할 수 없고 말이 없고 말을 여의고 닦음이니, 베풀고 정돈하는 법을 멀리 여의는 연고며, 법계를 깨뜨리지 않고 닦음이니 지혜로 모든 법을 현재에 아는 연고며, 진여의 진실한 쯤을 무너뜨리지 않고 닦음이니, 진여의 진실한 쯤과 허공의 쯤에 두루 들어가는 연고며, 광대한 지혜로 닦음이니, 모든 하는 일에 힘이 다하지 않는 연고며, 여래의 십력과 사무소외四無所畏와 온갖 지혜의 지혜가 평등한 데 머물러 닦음이니, 모든 법을 눈앞에 보고 의혹이 없는 연고입니다.

이것이 열이니, 만일 보살들이 이 법에 편안히 머물면 여래의 온갖 지혜와 위없이 교묘함으로 닦음을 얻습니다.

불자여, 보살마하살이 열 가지 장엄하는 도가 있으니, 무엇이 열인가. 불자여, 보살마하살이 욕심 세계를 떠나지 않고, 형상 세계〔色界〕와 무형 세계〔無色界〕의 선정과 해탈과 삼매에 들어가면서도 이것을 인하여 저기 태어나지도 아니하나니, 이것이 첫째 장엄하는 도입니다.

지혜가 앞에 나타나서 성문의 도에 들어가지만 이 도로써 벗어남을 얻지도 아니하나니, 이것이 둘째 장엄하는 도입니다.

지혜가 앞에 나타나서 벽지불의 도에 들어가지마는 크게 가엾이 여김을 일으켜 쉬지 아니하나니, 이것이 셋째 장엄하는 도입니다.

비록 인간·천상의 권속이 둘러앉았고 백천의 채녀가 노래하고 춤추며 시중하더라도, 잠깐도 선정과 해탈과 모든 삼매를 버리지 않나니, 이것이 넷째 장엄하는 도입니다.

일체 중생과 함께 모든 쾌락을 받으며 서로 즐거워하지만 잠깐 동안이라도 보살의 평등한 삼매를 떠나지 않나니, 이것이 다섯째 장엄하는 도입니다.

이미 세간의 저 언덕에 이르러 세상 법에 집착하지 않지만, 중생을 제도하는 행을 버리지 않나니, 이것이 여섯째 장엄하는 도입니다.

바른 길과 바른 지혜와 바른 소견에 편안히 머물고서도 모든 삿된 도를 보이나 실답다 하지도 않고 깨끗하다 하지도 아니하여 중생들로 하여금 삿된 법을 여의게 하나니, 이것이 일곱째 장엄하는 도입니다.

여래의 청정한 계율을 항상 보호하고 몸과 말과 뜻의 업이 허물을 여의었으나, 계율을 범한 중생을 교화하기 위하여 모든 범부의 행을 일부러 행하며, 청정한 복덕을 이미 구족하여 보살의 길에 머물렀지만 모든 지옥·축생·아귀의 길과 험난하고 빈궁한 곳에 태어나서 저 중생들을 해탈케 하되, 보살은 참으로 저런 길에 태어나지 아니하나니, 이것이 여덟째 장엄하는 도입니다.

다른 이의 가르침을 말미암지 않고 걸림 없는 변재를 얻었으며, 지혜의 광명으로 능히 온갖 불법을 비추어 알며, 모든 여래의 신통으로 가지함이 되어 모든 부처님과 법신이 같으며, 모든 견고하고 거룩한 이의 밝고 깨끗한 비밀한 법을 성취하였으며, 모든 평등한 여러 가지 승乘에 편안히 머물러 부처님의 경계가 앞에 나타나며, 모든 세상 지혜의 광명을 구족하여 모든 중생계를 비추어 보며, 중생에게 법을 아는 스승이 되고서도 바른 법 구하기를 쉬지 아니하며, 비록 중생에게 위없는 스승이 되었지만 아사리〔闍梨〕와 화상에게 공경을 행하나니, 왜냐 하면 보살 마하살이 교묘한 방편으로 보살의 도에 머물렀으나 마땅함을 따라서 나타내어 보이기 때문이며 이것이 아홉째 장엄하는 도입니다.

선근을 구족하고 모든 행이 끝까지 이르러 모든 여래께서 함께 정수리에 물을 부으며, 모든 법이 자유자재한 저 언덕에 이르러 걸림 없는 법 비단으로 머리를 꾸미었으며, 그 몸이 모든 세계에 두루 이르러 여래의 걸림 없는 몸을 널리 나타내며, 법에 자재하여 가장 높은 끝까지 이르렀으며, 걸림 없고 청정한 법륜을 굴리며, 모든 보살의 자유자재한 법을 모두 성취하였으나 중생을 위하여 여러 국토에 일부러 태어나며, 삼세 부처님과 더불어 경계가 같지만 보살의 행을 폐하지 않고, 보살의 법을 버리지 않고, 보살의 업을 게을리 아니하고, 보살의 도를 여의지 않고, 보살의 의식을 늦추지 않고, 보살의 취할 것을 끊지 않고, 보살의 교묘한 방편을 쉬지 않고, 보살의 할 일을 끊지 않고, 보살의 이루는 작용을 싫어하지 않고, 보살의 유지하는 힘을 그치지 않나니, 무슨 까닭인가. 보살은 아뇩다라삼먁삼보리를 빨리 증득하려고 온갖 지혜의 문을 관찰하며 보살의 행을 닦기를 쉬지 않는 연고니, 이것이 열째 장엄하는 도입니다.

　만일 보살들이 이 법에 편안히 머물면 여래의 위없이 큰 장엄하는 도를 얻고 보살의 도를 버리지 않습니다.

　불자여, 보살마하살이 열 가지 발〔足〕이 있으니, 무엇이 열인가. 이른바 계행을 지니는 발〔持戒足〕이니 훌륭한 큰 서원을 모두 만족하는 연고며, 정진하는 발〔精進足〕이니 모든 보리의 부분법을 모아 물러가지 않는 연고며, 신통의 발이니 중생의 욕망을 따라 즐겁게 하는 연고며, 신기한 힘의 발〔神力足〕이니 한 부처님 세계를 떠나지 않고, 모든 부처님 세계에 가는 연고라. 깊은 마음의 발〔深心足〕이니 온갖 훌륭한 법을 다 끝까지 이르는 연고며, 따라 주는 발〔隨順足〕이니 모든 높은 이의 가르침을 어기지 않는 연고며, 법을 좋아하는 발〔樂法足〕이니 모든 부처님의 말씀한 법을 들어 지니고 게으르지 않는 연고며, 법 비의 발〔法雨足〕이니 대중에게 연설하되 겁약이 없는 연고며, 수행하는 발〔修行足〕이니 모든 악한 것을 멀리 여의는 연고입니다.

　이것이 열이니, 만일 보살들이 이 법에 편안히 머물면 여래의 위없고 가장 훌륭한 발을 얻어 한번 걸으면 모든 세계에 두루 이릅니다.

　불자여, 보살마하살이 열 가지 손〔手〕이 있으니, 무엇이 열인가. 이른바 깊이 믿는 손이니 부처님의 말씀을 한결같이 알고 끝까지 받들어 지니는 연고며, 보시하는 손이니 와서 달라는 이에게는 구하는 대로 만족케 하는 연고며, 문안하는 손이니 바른 손을 펴서 맞아 영접하는 연고며, 부처님께 공양하는 손이니 모든 복덕을 모으매 고달픔을 모르는 연고며, 많이 들어 교묘한 손이니 일체 중생의 의혹을 끊는 연고며, 삼계에서 뛰어나게 하는 손이니 중생들을 욕심 수렁에서 빼어내는 연고며, 저 언덕에 보내는 손이니 네 가지 폭포〔四暴流〕 속에 빠진 중생을 구해내는 연고며, 바른 법을 아끼지 않는 손이니 가지고 있는 묘한 법을 다 열어 보이는 연고며, 여러 언론을 잘 쓰는 손이니 지혜의 약으로 몸과 마음의 병을 치료하는 연고며, 지혜 보배를 항상 가지는 손이니 법의 광명을 놓아 번뇌의 어둠을 깨뜨리는 연고입니다.

이것이 열이니, 만일 보살들이 이 법에 편안히 머물면 여래의 위없는 손을 얻어 시방의 모든 세계를 덮습니다.

불자여, 보살마하살이 열 가지 배〔腹〕가 있으니, 무엇이 열인가. 이른바 아첨과 굽은 짓을 여읜 배니 마음이 청정한 연고며, 거짓을 여읜 배니 성품이 질직한 연고며, 헛되지 않은 배니 험피險詖가 없는 연고며, 속이고 앗음이 없는 배니 모든 물건에 탐욕이 없는 연고며, 번뇌가 끊어진 배니 지혜를 갖춘 연고며, 깨끗한 마음을 가진 배니 나쁜 생각을 여읜 연고며, 음식을 살펴보는 배니 실다운 법을 생각하는 연고며, 지음이 없음을 관찰하는 배니 인연으로 일어남을 깨닫는 연고며, 모든 벗어날 길을 깨달은 배니 깊은 마음을 잘 성숙한 연고며, 모든 가장자리 소견인 때〔邊見垢〕를 멀리 여의는 배니 일체 중생을 부처님 배에 들게 하는 연고입니다.

이것이 열이니, 만일 보살들이 이 법에 편안히 머물면 여래의 위없는 광대한 배를 얻어 일체 중생을 모두 용납합니다.

불자여, 보살마하살이 열 가지 광〔藏〕이 있으니, 무엇이 열인가. 이른바 부처의 종자를 끊지 않음이 보살의 광이니 불법의 한량없는 위엄과 공덕을 열어 보이는 연고며, 법의 종자를 증장함이 보살의 광이니 지혜의 광대한 광명을 내는 연고며, 스님의 종자를 머물러 유지함이 보살의 광이니 그들로 하여금 물러가지 않는 법륜에 들게 하는 연고며, 바르게 결정된〔正定〕 중생을 깨닫게 함이 보살의 광이니 그 때를 따라 한 생각도 넘기지 않는 연고며, 결정되지 못한〔不定〕 중생을 끝까지 성숙케 함이 보살의 광이니 원인이 서로 계속하여〔相續〕 끊이지 않게 하는 연고며, 잘못 결정된(邪定) 중생을 위하여 크게 가엾이 여김을 일으킴이 보살의 광이니 장래의 원인을 다 성숙케 하는 연고입니다.

부처님의 십력인 깨뜨릴 수 없는 원인을 만족함이 보살의 광이니 마의 무리를 항복 받는 상대가 없는 선근을 갖춘 연고며, 가장 훌륭한 두려움 없는 크게 사자후함이 보살의 광이니 일체 중생을 환희케 하는 연고며, 부처의 십팔불공법十八不共法을 얻음이 보살의 광이니 지혜로 모든 곳에 널리 들어가는 연고며, 일체 중생·일체 세계·일체 법·일체 부처님을 두루 아는 것이 보살의 광이니 잠깐 동안에 분명하게 다 보는 연고입니다.

이것이 열이니, 만일 보살들이 이 법에 편안히 머물면 여래의 위없는 착한 뿌리의 깨뜨릴 수 없는 큰 지혜의 광을 얻습니다.

불자여, 보살마하살이 열 가지 마음(心)이 있으니, 무엇이 열인가. 이른바 정진하는 마음이니 온갖 짓는 일에 모두 끝까지 이르는 연고며, 게으르지 않은 마음이니 잘 생긴 모습을 얻을 복덕의 행을 쌓아 모으는 연고며, 크게 용맹한 마음이니 모든 마군의 번뇌를 파하는 연고며, 이치대로 행하는 마음이니 모든 번뇌를 멸하는 연고며, 물러가지 않는 마음이니 보리에 이르도록 쉬지 않는 연고며, 성품이 청정한 마음이니 마음이 흔들리지 않음을 알고 집착이 없는 연고며, 중생을 아는 마음이니 그 지혜와 욕망을 따라 벗어나게 하는 연고며, 불법에 들게 하는 큰 범천 머무는(大梵住) 마음이니 중생들의 갖가지 지혜와 욕망을 알고 다른 법(乘)으로 구호하지 않는 연고며, 공하고 형상 없고 소원 없고 지음 없는 마음이니 삼계의 모양을 보고 집착하지 않는 연고라. 만卍자 현상의 금강처럼 견고한 훌륭한 광(藏)으로 장엄하는 마음이니 일체 중생의 수효와 같이 많은 마가 오더라도 능히 한 터럭도 동요하지 못하는 연고입니다.

이것이 열이니, 만일 보살들이 이 법에 편안히 머물면 여래의 위없는 큰 지혜 광명의 갈무리 마음을 얻습니다.

불자여, 보살마하살이 열 가지 입는 갑옷〔被甲〕이 있으니, 무엇이 열인가. 이른바 크게 인자한 갑옷을 입음이니 일체 중생을 구호하는 연고며, 크게 가엾이 여기는 갑옷을 입음이니 모든 괴로움을 참고 견디는 연고며, 큰 서원의 갑옷을 입음이니 모든 하는 일이 끝나는 연고며, 회향하는 갑옷을 입음이니 모든 부처님의 장엄을 세우는 연고며, 복덕의 갑옷을 입음이니 일체 중생들을 이익케 하는 연고며, 바라밀 갑옷을 입음이니 모든 중생들을 제도하는 연고며, 지혜 갑옷을 입음이니 일체 중생의 번뇌를 없애는 연고며, 교묘한 방편 갑옷을 입음이니 넓은 문의 선근을 내는 연고며, 온갖 지혜의 마음이 견고하여 산란하지 않는 갑옷을 입음이니 다른 승乘을 좋아하지 않는 연고며, 한 마음의 결정한 갑옷을 입음이니 모든 법에 의혹을 여의는 연고입니다.

이것이 열이니, 만일 보살들이 이 법에 편안히 머물면 여래의 위없는 갑옷을 입고 모든 마의 군대를 모두 꺾어 부숩니다.

불자여, 보살마하살이 열 가지 병장기가 있으니, 무엇이 열인가. 이른바 보시하는 것이 보살의 병장기니 모든 인색함〔慳吝〕을 부수는 연고며, 계율을 지니는 것이 보살의 병장기니 모든 파계하는 일을 버리는 연고며, 평등함이 보살의 병장기니 모든 분열을 끊어 버리는 연고며, 지혜가 보살의 병장기니 모든 번뇌를 소멸하는 연고며, 바르게 생활함〔正命〕이 보살의 병장기니 모든 잘못된 생활을 여의는 연고며, 교묘한 방편이 보살의 병장기니 온갖 곳에 나타나는 연고며, 간략히 말하여 탐욕〔貪〕·성내는 일〔瞋〕·어리석음〔癡〕 따위의 모든 번뇌가 보살의 병장기니 번뇌의 문으로 중생을 제도하는 연고며, 죽살이가 보살의 병장기니 보살의 행을 끊지 않고 중생을 교화하는 연고며, 실다운 법을 말함이 보살의 병장기니 보살의 행하는 문을 버리지 않는 연고입니다.

 이것이 열이니, 만일 보살들이 이 법에 편안히 머물면 일체 중생의 긴긴 밤에 모은 번뇌의 맺어부림〔結使〕을 없애버립니다.

 불자여, 보살마하살이 열 가지 머리〔首〕가 있으니, 무엇이 열인가. 이른바 열반의 머리니 정수리를 볼 수 없는 연고며, 존경하는 머리니 모든 사람과 하늘들이 경례하는 연고며, 광대하고 훌륭한 지혜의 머리니 삼천세계에 가장 훌륭한 연고며, 제일가는 선근의 머리니 삼계의 중생들이 다 공양하는 연고며, 중생을 이는 머리니 정수리의 살 상투 모습〔肉髻相〕을 성취하는 연고며, 다른 이를 업신여기지 않는 머리니 모든 곳에서 항상 존중하는 연고라. 반야바라밀의 머리니 모든 공덕의 법을 기르는 연고며, 방편 지혜와 서로 응하는 머리니 여러 같은 종류의 몸을 두루 나타내는 연고라. 일체 중생을 교화하는 머리니 일체 중생으로 제자를 삼는 연고며, 부처님들의 법 눈〔法眼〕을 수호하는 머리니 삼보三寶의 종자를 끊어지지 않게 하는 연고입니다.

 이것이 열이니, 만일 보살들이 이 법에 편안히 머물면 여래의 위없는 큰 지혜의 머리를 얻습니다.

 불자여, 보살마하살이 열 가지 눈〔眼〕이 있으니, 무엇이 열인가. 이른바 살 눈〔肉眼〕이니 모든 물질을 보는 연고며, 하늘 눈이니 일체 중생의 마음을 보는 연고며, 지혜 눈이니 일체 중생의 여러 근의 경계를 보는 연고며, 법 눈이니 모든 법의 실다운 모양을 보는 연고며, 부처 눈이니 여래의 십력을 보는 연고며, 슬기 눈〔智眼〕이니 모든 법을 알고 보는 연고며, 광명의 눈이니 부처의 광명을 보는 연고며, 죽살이에서 뛰어나는 눈이니 열반을 보는 연고며, 걸림 없는 눈이니 보는 바가 걸림이 없는 연고며, 온갖 지혜의 눈이니 넓은 문〔普門〕의 법계法界를 보는 연고입니다.

이것이 열이니, 만일 보살들이 이 법에 편안히 머물면 여래의 위없는 큰 지혜의 눈을 얻습니다.

불자여, 보살마하살이 열 가지 귀가 있으니, 무엇이 열인가. 이른바 칭찬하는 소리를 듣고는 탐욕과 애정을 끊고, 훼방하는 소리를 듣고는 성내는 것을 끊고, 이승二乘을 말함을 듣고는 집착하지 않으며 구하지 않고, 보살의 도를 듣고는 환희하여 뛰놀고, 지옥 따위의 괴로운 곳을 듣고는 자비한 마음을 일으켜 큰 서원을 내고, 인간과 천상의 훌륭한 일을 듣고는 그것들이 다 무상한 법임을 알고, 부처님의 공덕을 찬탄함을 듣고는 부지런히 노력하여 빨리 원만케 하고, 육바라밀[六度]과 사섭법[四攝]을 듣고는 마음을 내고 수행하여 저 언덕에 이르고자 하고, 시방세계의 모든 음성을 듣고는 모두 메아리와 같음을 알아 말할 수 없이 미묘한 이치에 들어가고, 보살마하살이 처음 발심함으로부터 도량에 이르기까지 항상 바른 법을 듣고 잠깐도 쉬지 않으면서도 중생을 교화하는 일을 버리지 않나니, 이것이 열입니다.

만일 보살들이 이 법을 성취하면 여래의 위없는 큰 지혜의 귀를 얻습니다.

불자여, 보살마하살이 열 가지 코[鼻]가 있으니, 무엇이 열인가. 이른바 여러 가지 구린내를 맡고도 구리다 하지 않으며, 여러 가지 향기를 맡고도 향기롭다 하지 않으며, 향내와 구린내를 함께 맡고는 마음이 평등하며, 향내도 아니고 구린내도 아닌 것을 맡고는 모두 아닌 데[捨] 편안히 머물며, 중생의 의복·이부자리와 온몸에서 나는 냄새를 맡고는 그들의 탐욕·성내는 것·어리석음 세 가지가 평등한 행을 알며, 묻힌 갈무리나 초목의 냄새를 맡고는 눈앞에 대하듯이 분명히 알며, 아래로 아비지옥阿鼻地獄이나 위로 꼭대기 하늘까지에 있는 중생의 냄새를 맡고는 그들의 지난 세상에 행하던 일을 알며, 만일 성문들이 보시하고 계율을 지니고 많이 듣고 지혜 있는 향기를 맡고는 온갖 지혜의 마음에 머물러 흩어지지 않게 하며, 모든 보살행의 향기를 맡고는 평등한 지혜로 여래의 경지에 들어가며, 모든 부처님의 지혜 경계의 향을 맡고도 보살의 행을 폐하지 아니하나니, 이것이 열입니다.

만일 보살들이 이 법을 성취하면 여래의 한량없고 그지없는 청정한 코를 얻습니다.

불자여, 보살마하살이 열 가지 혀(舌)가 있으니, 무엇이 열인가. 이른바 다함 없는 중생의 행을 열어 연설하는 혀, 다함 없는 법문을 연설하여 열어 보이는 혀, 부처님의 다함 없는 공덕을 찬탄하는 혀, 연설하는 변재가 다함 없는 혀, 대승의 돕는 도를 열어 넓히는 혀, 시방 허공을 두루 덮은 혀, 모든 부처님 세계를 널리 비추는 혀, 널리 중생들을 깨닫게 하는 혀, 부처님들로 하여금 찬탄하고 기쁘게 하는 혀, 모든 마와 외도들을 항복 받고 모든 죽살이 하는 번뇌를 멸하여 열반에 이르게 하는 혀입니다.

이것이 열이니, 만일 보살들이 이 법을 성취하면 여래의 모든 부처님 국토를 두루 덮는 위없는 혀를 얻습니다.

불자여, 보살마하살이 열 가지 몸이 있으니, 무엇이 열인가. 이른바 사람의 몸이니 모든 사람들을 교화하기 위한 연고며, 사람 아닌 이의 몸이니 지옥·축생·아귀를 교화하기 위한 연고며, 하늘의 몸이니 욕심 세계·형상 세계·무형 세계 중생을 교화하기 위한 연고며, 배우는 몸이니 배우는 자리를 나타내는 연고며, 배울 것 없는 몸이니 아라한阿羅漢의 지위를 나타내는 연고며, 독각獨覺의 몸이니 교화하여 벽지불辟支佛의 지위에 들게 하는 연고며, 보살의 몸이니 대승을 성취케 하는 연고며, 여래의 몸이니 지혜물로 정수리에 붓는 연고라. 뜻대로 나는 몸이니 교묘하게 태어나는 연고며, 무루법無漏法의 몸이니 하염없으므로 일체 중생의 몸을 나타내는 연고입니다.

이것이 열이니, 만일 보살들이 이 법을 성취하면 여래의 위없는 몸을 얻습니다.

불자여, 보살마하살이 열 가지 뜻[意]이 있으니, 무엇이 열인가. 이른바 우두머리 뜻이니 모든 선근을 발기發起하는 연고며, 편안히 머무는 뜻이니 깊은 신심이 견고하여 흔들리지 않는 연고며, 깊이 들어가는 뜻이니 부처님 법을 따라 이해하는 연고며, 안으로 아는 뜻이니 중생들의 마음에 즐김을 아는 연고며, 어지럽지 않은 뜻이니 모든 번뇌가 섞이지 않은 연고며, 밝고 깨끗한 뜻이니 객진客塵번뇌가 물들이지 못하는 연고며, 중생을 잘 관찰하는 뜻이니 한 생각도 때를 놓침이 없는 연고며, 할 일을 잘 선택하는 뜻이니 한 곳에도 허물이 생기지 않는 연고며, 모든 근根을 엄밀히 두호하는 뜻이니 조복하여 흩어 달아나지 못하게 하는 연고며, 삼매에 잘 들어가는 뜻이니 부처의 삼매에 깊이 들어가 나我와 내 것[我所]이 없는 연고입니다.

이것이 열이니, 만일 보살들이 이 법에 편안히 머물면 모든 부처님의 위없는 뜻을 얻습니다.

불자여, 보살마하살이 열 가지 행이 있으니, 무엇이 열인가. 이른바 법을 듣는 행이니 법을 좋아하는 연고며, 법을 말하는 행이니 중생을 이익케 하는 연고며, 탐욕·성냄·어리석음·두려움을 여의는 행이니 제 마음을 조복調伏하는 연고며, 욕심 세계의 행이니 욕심 세계의 중생을 교화하는 연고며, 형상 세계·무형 세계의 삼매의 행이니 빨리 옮겨 돌아오게 하는 연고며, 법과 이치에 나아가는 행이니 지혜를 빨리 얻는 연고며, 모든 곳에 태어나는 행이니 마음대로 중생을 교화하는 연고며, 모든 부처님 세계의 행이니 여러 부처님께 예배하고 공양하는 연고며, 열반의 행이니 죽살이가 계속함[相續]을 끊지 않는 연고며, 모든 불법을 만족하게 이루는 행이니 보살 법의 행을 버리지 않는 연고입니다.

　이것이 열이니, 만일 보살들이 이 법에 편안히 머물면 여래의 오고 감이 없는 행을 얻습니다.

　불자여, 보살마하살이 열 가지 머묾이 있으니, 무엇이 열인가. 이른바 보리심菩提心에 머무름이니 잠깐도 잊어버리지 않는 연고며, 바라밀에 머묾이니 돕는 도에 만족하지 않는 연고며, 법을 말함에 머묾이니 지혜를 늘게 하는 연고며, 아란야阿蘭若에 머묾이니 큰 선정을 얻는 연고며, 온갖 지혜를 따르는 두타頭陀와 만족함을 앎과 네 성인의 종자에 머묾이니 욕심이 적고 일이 적은 연고며, 깊은 신심에 머묾이니 바른 법을 짊어지는 연고며, 여래의 친근함에 머묾이니 부처의 위의를 배우는 연고며, 신통을 내는 데 머묾이니 큰 지혜를 원만하는 연고며, 지혜를 얻는 데〔得忍〕머묾이니 수기를 만족히 받는 연고며, 도량에 머묾이니 힘과 두려움 없음과 모든 불법을 구족하는 연고입니다.

　이것이 열이니, 만일 보살들이 이 법에 편안히 머물면 온갖 지혜의 위없는 머묾을 얻습니다.

　불자여, 보살마하살이 열 가지 앉음〔坐〕이 있으니, 무엇이 열인가. 이른바 전륜왕轉輪王의 앉음이니 열 가지 선한 길〔善道〕을 일으키는 연고며, 사천왕의 앉음이니 모든 세간에 부처의 법을 자유자재하게 정돈하여 세우는 연고며, 제석천왕의 앉음이니 일체 중생의 훌륭한 임금이 되는 연고며, 범천왕의 앉음이니 나와 남의 마음에 자유자재하는 연고며, 사자의 앉음이니 법을 능히 말하는 연고며, 바른 법대로 앉음이니 총지總持와 변재의 힘으로 열어 보이는 연고며, 견고하게 앉음이니 서원이 끝까지 이르는 연고며, 크게 인자한 앉음이니 악한 중생을 모두 기쁘게 하는 연고며, 크게 가엾이 여기는 앉음이니 온갖 고통을 참되 고달프지 않는 연고며, 금강의 앉음이니 모든 마와 외도를 항복 받는 연고입니다.
 이것이 열이니, 만일 보살들이 이 법에 편안히 머물면 여래의 위없는 정각正覺의 앉음을 얻습니다.
 불자여, 보살마하살이 열 가지 누움[臥]이 있으니, 무엇이 열인가. 이른바 고요히 누움이니 몸과 마음이 담박憺怕한 연고며, 선정禪定의 누움이니 이치답게 수행하는 연고며, 삼매의 누움이니 몸과 마음이 부드러운 연고며, 범천의 누움이니 나와 남을 시끄럽게 하지 않는 연고며, 선한 업의 누움이니 뒤에 뉘우치지 않는 연고며, 바른 신심의 누움이니 기울일 수 없는 연고며, 바른 도의 누움이니 선지식이 깨우쳐 주는 연고며, 묘한 서원의 누움이니 교묘하게 회향하는 연고입니다, 모든 일을 마치고 누움이니 할 일을 다 마친 연고며, 모든 하염[功用]을 버린 누움이니 모든 것이 익혀진[慣習] 연고입니다.
 이것이 열이니, 만일 보살들이 이 법에 편안히 머물면 여래의 위없는 큰 법의 누움을 얻어 일체 중생을 모두 깨우칩니다.
 불자여, 보살마하살이 열 가지 머물 곳[所住處]이 있으니, 무엇이 열인가. 이른바 크게 인자함으로 머물 곳을 삼나니 일체 중생에게 마음이 평등한 연고며, 크게 가엾이 여김으로 머물 곳을 삼나니 뒤에 배우는 이를 업신여기지 않는 연고며, 크게 기뻐함으로 머물 곳을 삼나니 모든 걱정 근심을 여읜 연고며, 크게 버림으로 머물 곳을 삼나니 함이 있고 함이 없는 데 평등한 연고며, 모든 바라밀로 머물 곳을 삼나니 보리심이 으뜸이 되는 연고며, 모든 것이 공함으로 머물 곳을 삼나니 교묘하게 관찰하는 연고며, 모양 없음으로 머물 곳을 삼나니 바른 자리[正位]에서 나지 않는 연고며, 원 없음으로 머물 곳을 삼나니 태어날 때를 관찰하는 연고며, 생각하는 지혜로 머물 곳을 삼나니 아는 법[忍法]이 가득한 연고며, 모든 법이 평등함으로 머물 곳을 삼나니 수기授記를 받는 연고입니다.

　이것이 열이니, 만일 보살들이 이 법에 편안히 머물면 여래의 위없고 걸림 없는 머물 곳을 얻습니다.

　불자여, 보살마하살이 열 가지 행할 곳(所行處)이 있으니, 무엇이 열인가. 이른바 바른 생각으로 행할 곳을 삼나니 생각하는 곳(念處)이 만족한 연고며, 여러 길(趣)로 행할 곳을 삼나니 바로 깨닫는 법으로 나아가는 연고며, 지혜로 행할 곳을 삼나니 부처님의 환희를 얻는 연고며, 바라밀로 행할 곳을 삼나니 온갖 지혜의 지혜를 만족하는 연고입니다.

　사섭四攝으로 행할 곳을 삼나니 중생을 교화하는 연고며, 생사로 행할 곳을 삼나니 선근을 모으는 연고며, 일체 중생과 더불어 잡담하고 희롱함으로 행할 곳을 삼나니 알맞게 교화하여 아주 여의게 하는 연고며, 신통으로 행할 곳을 삼나니 일체 중생의 모든 근根의 경계를 아는 연고며, 교묘한 방편으로 행할 곳을 삼나니 반야바라밀과 서로 응하는 연고며, 도량으로 행할 곳을 삼나니 온갖 지혜를 이루고도 보살의 행을 끊지 않는 연고라.

　이것이 열이니, 만일 보살들이 이 법에 편안히 머물면 여래의 위없는 큰 지혜의 행할 곳을 얻습니다.

　　7) 인이 원만하고 과가 만족함을 답함

　불자여, 보살마하살이 열 가지 관찰觀察이 있으니, 무엇이 열인가. 이른바 여러 업을 아는 관찰이니, 세밀하게 보는 연고며, 여러 길(趣)을 아는 관찰이니 중생을 취하지 않는 연고며, 여러 근을 아는 관찰이니 근이 없음을 통달하는 연고며, 모든 법을 아는 관찰이니 법계를 깨뜨리지 않는 연고며, 불법을 보는 관찰이니 부처 눈을 부지런히 닦는 연고며, 지혜를 얻는 관찰이니 이치대로 법을 말하는 연고며, 죽살이 없는 지혜의 관찰이니 불법을 분명히 아는 연고며, 물러가지 않는 자리의 관찰이니 모든 번뇌를 멸하고 삼계와 이승의 자리를 초월하는 연고며, 정수리에 물 붓는 지위〔灌頂地〕의 관찰이니 모든 불법에 자유자재하여 동하지 않는 연고며, 잘 깨달은 지혜 삼매의 관찰이니 모든 시방에서 불사를 짓는 연고입니다.

이것이 열이니, 만일 보살들이 이 법에 편안히 머물면 여래의 위없는 크게 관찰하는 지혜를 얻습니다.

불자여, 보살마하살이 열 가지 두루 관찰함〔普觀察〕이 있으니, 무엇이 열인가. 이른바 모두 와서 달라는 이를 두루 관찰하나니, 거역하지 않는 마음으로 그의 뜻을 만족케 하는 연고며, 모든 파계한 중생을 두루 관찰하나니 여래의 깨끗한 계율 가운데 두는 연고며, 모든 해칠 마음 가진 중생을 두루 관찰하나니 여래의 참는 힘 가운데 두는 연고며, 모든 게으른 중생을 두루 관찰하나니 부지런히 노력하여 대승의 짐을 버리지 않도록 권하는 연고며, 모든 산란한 중생을 두루 관찰하나니 여래의 온갖 지혜의 지위에 머물러 흔들리지 않게 하는 연고며, 모든 나쁜 꾀 있는 중생을 두루 관찰하나니 의혹을 없애고 있다는 소견을 깨뜨리게 하는 연고며, 모든 평등한 선지식을 두루 관찰하나니 그의 명령을 따라 불법에 머무는 연고며, 온갖 들은 법을 두루 관찰하나니 가장 높은 이치를 빨리 증득하는 연고며, 모든 그지없는 중생을 두루 관찰하나니 크게 가엾이 여기는 힘을 항상 버리지 않는 연고며, 모든 부처님 법을 두루 관찰하나니 온갖 지혜를 빨리 성취하는 연고입니다.

이것이 열이니, 만일 보살들이 이 법에 편안히 머물면 여래의 위없는 큰 지혜로 두루 관찰함을 얻습니다.

불자여, 보살마하살이 열 가지 기운 뻗음〔奮迅〕이 있으니, 무엇이 열인가. 이른바 소의 기운 뻗음이니 모든 하늘·용·야차·건달바 따위의 무리들을 가리우는 연고며, 코끼리왕의 기운 뻗음이니 마음이 잘 조복되어 모든 중생들을 짊어지는 연고며, 용왕의 기운 뻗음이니 큰 법구름을 일으키고 해탈의 번개를 번쩍이며 진실한 이치의 우레를 진동하여, 근과 힘과 깨닫는 부분〔覺分〕과 선정과 해탈과 삼매의 단 이슬비〔甘露雨〕를 내리는 연고며, 가루라왕〔金翅鳥王〕의 기운 뻗음이니 탐애의 물을 말리고 어리석은 껍데기를 깨뜨리며 번뇌의 나쁜 용을 차내어 생사의 고통 바다에서 나오게 하는 연고며, 큰 사자왕의 기운 뻗음이니 두려움 없는 데 머물러서 평등한 큰 지혜로 병장기를 삼아 모든 마와 외도들을 굴복시키는 연고입니다.

용맹하게 기운 뻗음이니 생사의 진중에서 모든 번뇌 원적을 쳐부수는 연고며, 큰 지혜의 기운 뻗음이니 온蘊·처處·계界와 모든 연기緣起를 알고 마음대로 온갖 법을 열어보이는 연고며, 다라니의 기운 뻗음이니 생각하는 지혜의 힘으로 법을 지니고 잊지 않으며 중생의 근성을 따라 말하여 선전하는 연고며, 변재의 기운 뻗음이니 걸림 없고 빠르게 모든 것을 분별하여 다 이익을 받고 기쁘게 하는 연고며, 여래의 기운 뻗음이니 온갖 지혜의 지혜와 도를 돕는 법을 모두 성취하고, 한 생각에 서로 응하는 지혜로 얻을 것을 다 얻고 깨달을 것을 다 깨닫고, 사자좌에 앉아 마와 원수를 항복 받고 아뇩다라삼먁삼보리를 이루는 연고입니다.

이것이 열이니, 만일 보살들이 이 법에 편안히 머물면 부처님의 온갖 법에 위없이 자재한 기운 뻗음을 얻습니다.

불자여, 보살마하살이 열 가지 사자후師子吼가 있으니, 무엇이 열인가. 이른바 '내가 반드시 등정각을 이루리라' 하고 외치나니 이것은 보리심의 사자후며, '내가 마땅히 일체 중생으로서 제도되지 못한 이를 열반케 하리라' 하나니 이것은 크게 가엾이 여기는 사자후며, '내가 마땅히 불·법·승僧의 종자가 끊이지 않게 하리라' 하나니 이것은 여래의 은혜를 갚는 사자후며, '내가 마땅히 모든 부처님 세계를 깨끗이 장엄하리라' 하나니 이것은 견고한 서원을 끝까지 하는 사자후며, '내가 마땅히 모든 나쁜 길과 어려운 곳을 멸하리라' 하나니 이것은 스스로 청정한 계행을 지니는 사자후며, '내가 마땅히 모든 부처님의 몸과 말과 뜻과 잘 생긴 모습의 장엄을 만족하리라' 하나니 이것은 복을 구하여 만족함이 없는 사자후입니다.

'내가 마땅히 모든 부처님께서 가지신 지혜를 이루리라' 하나니 이것은 지혜는 구하매 만족함이 없는 사자후며, '내가 마땅히 모든 마魔와 마업魔業을 멸하리라' 하나니 이것은 바른 행을 닦고 번뇌를 끊는 사자후며, '내가 마땅히 모든 법이 내가 없고〔無我〕 중생이 없고〔無衆生〕 수명이 없고〔無壽命〕 보특가라가 없고〔無補伽羅〕 공하고〔空〕 모양 없고〔無相〕 원이 없고〔無願〕 깨끗하기 허공과 같음을 알리라' 하나니 이것은 죽살이 없는 법을 아는〔無生法忍〕 사자후며, '마지막 태어난 보살로서 모든 부처의 국토를 진동하여 깨끗이 장엄하리라' 하거든, 이 때에 제석천왕·범천왕·사천왕들이 와서 찬탄하되 '바라건댄 보살께서 죽살이 없는 법으로 태어나소서' 합니다. 보살이 곧 걸림 없는 지혜의 눈으로 세간에 모든 중생 중에 나와 같은 이가 없음을 살펴보고 왕궁에 탄생하여 일곱 걸음을 걸으면서 크게 사자후 하기를 '나는 세간에서 가장 제일이며, 내가 생사의 갓〔邊際〕을 영원히 끝내리라' 하나니, 이것은 말한 대로 실행하는 사자후입니다.

이것이 열이니, 만일 보살들이 이 법에 편안히 머물면 여래의 위없는 큰 사자후를 얻습니다."

대방광불화엄경 제58권

제58권

38. 이세간품 ⑥

7) 인이 원만하고 과가 만족함을 답함 ②

"불자여, 보살마하살이 열 가지 청정한 보시[施]가 있으니, 무엇이 열인가. 이른바 평등한 보시니 중생을 가리지 않는 연고며, 뜻을 따르는 보시니 그들의 소원을 채우는 연고며, 난잡하지 않은 보시니 이익을 얻게 하는 연고며, 마땅함을 따르는 보시니 상·중·하를 아는 연고며, 무주상[不住]보시니 과보를 구하지 않는 연고며, 터놓은 보시니 마음에 연연하지[戀] 않는 연고며, 온통 하는 보시니 끝까지 청정한 연고며, 보리에 회향하는 보시니 함이 있고 함이 없음을 멀리 여읜 연고며, 중생을 교화하는 보시니 도량에 이르도록 버리지 않는 연고며, 세 바퀴[三輪]가 청정한 보시니 주는 이·받는 이·물건을 바른 생각으로 관찰하매 허공과 같은 연고입니다.

이것이 열이니, 만일 보살들이 이 법에 편안히 머물면 여래의 위없는 청정하고 광대한 보시를 얻습니다.

　불자여, 보살마하살이 열 가지 청정한 계율〔戒〕이 있으니, 무엇이 열인가. 이른바 몸이 청정한 계율이니 몸의 세 가지 악한 것을 보호하는 연고며, 말이 청정한 계율이니 말의 네 가지 허물을 여읜 연고며, 마음이 청정한 계율이니 탐욕과 성내는 일과 삿된 소견을 여읜 연고며, 온갖 것 배울 곳을 파하지 않는 청정한 계율이니 모든 인간 천상에 높은 이가 되는 연고며, 보리심을 수호하는 청정한 계율이니 소승을 좋아하지 않는 연고며, 여래께서 제정하신 것을 보호하는 계율이니 작은 죄에도 큰 두려움을 내는 연고며, 은밀하게 보호하는 청정한 계율이니 파계한 중생을 잘 빼내는 연고며, 모든 악을 짓지 않는 계율이니 모든 선한 법을 닦는 연고며, 모든 있다는 소견을 멀리 여읜 청정한 계율이니 계율에 집착이 없는 연고며, 일체 중생을 수호하는 청정한 계율이니 크게 가엾이 여김을 내는 연고입니다.

　이것이 열이니, 만일 보살들이 이 법에 편안히 머물면 여래의 위없고 허물 없는 청정한 계율을 얻습니다.

　불자여, 보살마하살이 열 가지 청정한 참음〔忍〕이 있으니, 무엇이 열인가. 이른바 욕되는 비방을 잘 받는 청정한 참음이니 여러 중생을 보호하는 연고며, 칼과 작대기를 잘 받는 청정한 참음이니 나와 남을 잘 두호하는 연고며, 성을 내지 않는 청정한 참음이니 그 마음이 흔들리지 않는 연고며, 미천한 이를 책하지 않는 청정한 참음이니 윗사람이 되어 능히 너그러운 연고며, 귀의하는 이를 다 구해 주는 청정한 참음이니 자기의 신명을 버리는 연고며, '나'란 교만을 여의는 청정한 참음이니 나중 배우는 이를 업신여기지 않는 연고며, 훼방함을 성내지 않는 청정한 참음이니 눈어리 같은 줄로 관찰하는 연고며, 침범하여도 갚지 않는 청정한 참음이니 나와 남을 보지 않는 연고며, 번뇌를 따르지 않는 청정한 참음이니 모든 경계를 여의는 연고며, 보살의 진실한 지혜를 따라 모든 법이 생멸이 없음을 아는 청정한 참음이니 다른 이의 가르침을 말미암지 않고 온갖 지혜의 경계에 들어가는 연고입니다.

이것이 열이니, 만일 보살들이 이 가운데 편안히 머물면 모든 부처님이 다른 이를 말미암지 않고 깨닫는 위없는 법의 참음을 얻습니다.

불자여, 보살마하살이 열 가지 청정한 정진精進이 있으니, 무엇이 열인가. 이른바 몸의 청정한 정진이니 부처님과 보살과 스승과 어른을 섬기고 공양하며, 복밭[福田]을 존중하여 물러가지 않는 연고며, 말의 청정한 정진이니 들은 법대로 다른 이에게 자세히 말하며, 부처님 공덕을 찬탄하여 게으름이 없는 연고며, 뜻의 청정한 정진이니 인자하고 가엾이 여기고 기뻐하고, 버림과 선정과 해탈과 삼매에 잘 들고 나면서 쉬지 아니하는 연고며, 정직한 마음의 청정한 정진이니 속이지 않고 아첨하지 않고 사곡하지 않고 거짓이 없으며, 모든 것을 부지런히 닦아 물러감이 없는 연고며, 더 나아지는 마음의 청정한 정진이니 상상上上의 지혜를 항상 구하며 모든 희고 깨끗한 법을 갖추기를 원하는 연고입니다.

헛되지 않은 청정한 정진이니 보시·계율·많이 들음·방일放逸하지 않음을 거두어 지니며 보리에 이르도록 중간에 쉬지 않는 연고며, 모든 마를 굴복하는 청정한 정진이니 탐욕·성내는 일·어리석음·삿된 소견·모든 번뇌·갊김[纏]·덮임[蓋] 따위를 모두 멸하는 연고며, 지혜의 빛을 만족하게 이루는 청정한 정진이니 모든 하는 일을 잘 관찰하여 끝까지 이르러 후회하지 않게 하며, 모든 부처님의 불공법不共法을 얻는 연고며, 옴도 없고 감도 없는 청정한 정진이니 실다운 지혜를 얻고 법계의 문에 들어가 몸과 말과 뜻이 다 평등하며, 형상과 형상 아님을 알아 집착이 없는 연고며, 법의 광명을 성취하는 청정한 정진이니 모든 지위를 초월하여 부처님의 정수리에 물 부음을 얻고, 샘이 없는〔無漏〕 몸으로써 죽고 태어나서 출가하여 도를 이루고 법을 말하다가 열반함을 보이며, 이러한 보현普賢의 일을 구족하는 연고입니다.

이것이 열이니, 만일 보살들이 이 법에 편안히 머물면 여래의 위없는 크게 청정한 정진을 얻습니다.

불자여, 보살마하살이 열 가지 청정한 선정이 있으니, 무엇이 열인가. 이른바 항상 출가함을 좋아하는 선정이니 모든 가진 것을 버리는 연고며, 진정한 선지식을 얻는 청정한 선정이니 바른 도를 보이고 가르치는 연고며, 아란야阿蘭若에 있으면서 비·바람 따위를 참는 청정한 선정이니 나와 내 것을 여의는 연고며, 번잡한 중생을 여의는 청정한 선정이니 고요한 데를 항상 좋아하는 연고며, 마음의 업이 조화하여 청정한 선정이니 모든 근을 수호하는 연고며, 마음과 지혜가 고요한 선정이니 모든 음성인 선정의 병통이 시끄럽게 하지 못하는 연고며, 도를 깨닫는 방편의 청정한 선정이니 모든 것을 관찰하여 현재에 증득하는 연고며, 맛들임〔味著〕을 여의는 청정한 선정이니 욕심 세계를 버리지 않는 연고며, 신통과 밝음을 발기하는 선정이니 모든 중생의 근기와 성품을 아는 연고며, 마음대로 유희하는 청정한 선정이니 부처의 삼매에 들어가 내가 없음을 아는 연고입니다.

이것이 열이니, 만일 보살들이 이 가운데 편안히 머물면 여래의 위없는 크게 청정한 선정을 얻습니다.

불자여, 보살마하살이 열 가지 청정한 지혜가 있으니, 무엇이 열인가. 이른바 모든 인을 아는 청정한 지혜니 과보를 깨뜨리지 않는 연고며, 모든 연緣을 아는 청정한 지혜니 화합和合을 어기지 않는 연고며, 아주 없지도 않고 항상하지도 않음을 아는 청정한 지혜니 연기가 다 사실과 같음을 통달하는 연고며, 모든 소견을 빼내는 청정한 지혜니 중생의 형상에 취하고 버림이 없는 연고며, 일체 중생의 마음과 행을 관찰하는 청정한 지혜니 눈어리와 같음을 분명히 아는 연고입니다.

광대한 변재의 청정한 지혜니 모든 법을 분별하여 묻고 대답함에 걸림이 없는 연고며, 모든 마와 외도와 성문과 독각이 알지 못하는 청정한 지혜니 모든 여래의 지혜에 깊이 들어가는 연고며, 모든 부처님의 미묘한 법의 몸을 보고 모든 중생의 본 성품이 청정함을 보고 모든 법이 다 고요함을 보고 모든 세계가 허공과 같음을 보는 청정한 지혜니 모든 모양이 다 걸림 없음을 아는 연고며, 모든 다라니〔惣持〕와 변재와 방편과 바라밀이 청정한 지혜니 모든 가장 훌륭한 지혜를 얻게 하는 연고며, 한 생각과 서로 응하는 금강 지혜로 모든 법이 평등함을 아는 지혜니 모든 법에 가장 높은 지혜를 얻는 연고입니다.

이것이 열이니, 만일 보살들이 이 가운데 편안히 머물면 여래의 장애가 없는 큰 지혜를 얻습니다.

불자여, 보살마하살이 열 가지 청정한 인자함〔慈〕이 있으니 무엇이 열인가. 이른바 평등한 마음의 청정한 인자함이니 중생을 널리 포섭하여 가림이 없는 연고며, 이익케 하는 청정한 인자함이니 하는 일이 모두 기쁘게 하는 연고며, 물건을 거두어 나와 같이 하는 청정한 인자함이니 필경에 다 생사에서 나오게 하는 연고며, 세간을 버리지 않는 청정한 인자함이니 마음에 항상 선근 모음을 생각하는 연고며, 해탈에 이르는 청정한 인자함이니 중생들로 하여금 모든 번뇌를 두루 멸하게 하는 연고며, 보리를 내는 청정한 인자함이니 중생들로 하여금 온갖 지혜 구하는 마음을 내게 하는 연고며, 세간에 걸림 없는 청정한 인자함이니 큰 광명을 놓아 평등하게 널리 비추는 연고며, 허공에 가득한 청정한 인자함이니 중생을 구호하여 안 가는 데가 없는 연고며, 법 반연의 청정한 인자함이니 진여와 같은 진실한 법을 증득하는 연고며, 연이 없는 청정한 인자함이니 보살의 생사를 여읜 성품에 들어가는 연고입니다.
 이것이 열이니, 만일 보살들이 이 법에 편안히 머물면 여래의 위없는 넓고 크고 청정한 인자함을 얻습니다.
 불자여, 보살마하살이 열 가지 청정한 가엾이 여김〔悲〕이 있으니, 무엇이 열인가. 이른바 짝할 이 없이 청정한 가엾이 여김이니 혼자 그 마음을 내는 연고며, 고달픈 줄 모르는 청정한 가엾이 여김이니 일체 중생을 대신하여 괴로움을 받아도 피로하지 않는 연고며, 어려운 곳에 태어나는 청정한 가엾이 여김이니 중생을 제도하기 위한 연고며, 좋은 곳에 태어나는 청정한 가엾이 여김이니 덧없음을 보이는 연고며, 잘못 결정된 중생을 위하는 청정한 가엾이 여김이니 오랜 겁을 지나도 큰 서원을 버리지 않는 연고며, 자기의 낙樂에 집착하지 않는 청정한 가엾이 여김이니 중생에게 쾌락을 두루 주는 연고며, 은혜 갚음을 구하지 않는 청정한 가엾이 여김이니 마음을 깨끗하게 닦는 연고며, 뒤바뀜〔顚倒〕을 능히 제하는 청정한 가엾이 여김이니 실다운 법을 말하는 연고며, 보살마하살은 모든 법이 본 성품이 청정하여 물들지도 않고 시끄러움도 없지만, 객진번뇌客塵煩惱로 말미암아 여러 괴로움을 받는 줄을 알며, 이렇게 알고는 여러 중생을 크게 가엾이 여기는 마음을 일으키나니, 이름이 본 성품이 청정함〔本性淸淨〕인데, 때 없이 청정하고 광명한 법을 말하는 연고며, 보살마하살은 모든 법이 공중에 새의 발자국 같건만 중생들이 어리석어 밝게 비치어 관찰하지 못함을 알고, 그들에게 크게 가엾이 여기는 마음을 일으키나니, 이름이 진실한 지혜〔眞實智〕로 그들을 위하여 열반의 법을 열어 보이는 연고입니다.
 이것이 열이니, 만일 보살들이 이 법에 편안히 머물면 여래의 위없는 광대하고 청정한 가엾이 여김을 얻습니다.
 불자여, 보살마하살이 열 가지 청정한 기쁨〔喜〕이 있으니, 무엇이 열인가. 이른바 보리심을 내는 청정한 기쁨과, 가진 것을 모두 버리는 청정한 기쁨과, 파계한 중생을 버리지 않고 교화하여 성취하는 청정한 기쁨과, 나쁜 짓하는 중생을 받아들여 서원코 제도하려는 청정한 기쁨과, 몸을 버려서 법을 구하여도 후회하지 않는 청정한 기쁨과, 자기의 욕망과 즐거움을 버리고 법의 즐거움을 좋아하는 청정한 기쁨과, 일체 중생들로 하여금 살림하는 즐거움을 버리고 법의 즐거움을 좋아하게 하는 청정한 기쁨과, 모든 부처님을 보고 공경하고 공양하기를 만족한 줄 모르며 법계가 평등한 청정한 기쁨과, 일체 중생으로 하여금 선정·해탈·삼매를 사랑하여 유희하고 드나들게 하는 청정한 기쁨과, 보살의 도를 따르는 모든 고행을 갖추어 행하여 모니牟尼의 고요하고 동하지 않는 위없는 선정과 지혜를 증득하기를 좋아하는 청정한 기쁨입니다.

이것이 열이니, 만일 보살들이 이 법에 편안히 머물면 위없는 광대하고 청정한 기쁨을 얻습니다.

불자여, 보살마하살이 열 가지 청정한 버림[捨]이 있으니, 무엇이 열인가. 이른바 모든 중생이 공경하고 공양하되 애착을 내지 않는 청정한 버림과, 모든 중생이 업신여기고 헐뜯어도 성을 내지 않는 청정한 버림과, 세간에 항상 다녀도 세간의 여덟 가지 법에 물들지 않는 청정한 버림과, 법 그릇[法器] 될 만한 중생은 시기를 따라 교화하고, 법 그릇이 되지 못하는 이에게도 혐의하지 않는 청정한 버림과, 이승二乘의 배우는 이·배울 것 없는 이의 법을 구하지 않는 청정한 버림과, 모든 욕락欲樂과 번뇌를 따르는 법을 항상 마음에 멀리 여의는 청정한 버림과, 이승의 생사 여의는 것을 찬탄하지 않는 청정한 버림과, 모든 세간의 말과 열반이 아닌 말과 욕심을 여의지 아니한 말과 이치에 순하지 않는 말과 남을 시끄럽게 하는 말을 멀리 여의며, 성문의 말·독각의 말과 간략히 말하여 보살의 도를 장애하는 모든 말을 모두 멀리 여의는 청정한 버림과, 어떤 중생은 근기가 이미 성숙하여 생각하는 지혜를 내고서도, 최상법을 알지 못하거든 때에 맞추어 교화하는 청정한 버림과, 어떤 중생은 보살이 예전에 교화하였으므로, 부처 지위에 이르러 조복할 수 있거든, 그도 또한 때를 기다리는 청정한 버림과, 보살마하살이 저 두 사람에게 높은 것도 없고 낮은 것도 없으며 취하지도 않고 버리지도 않아서, 모든 가지가지 분별을 멀리 여의고, 항상 바른 선정에 머물러 실다운 법에 들어가서 마음에 견딜 수 있는 청정한 버림입니다.

이것이 열이니, 만일 보살들이 이 가운데 편안히 머물면, 여래의 위없는 광대하고 청정한 버림을 얻습니다.

불자여, 보살마하살이 열 가지 뜻[義]이 있으니, 무엇이 열인가. 이른바 많이 듣는 뜻이니 견고하게 수행하는 연고며, 법의 뜻이니 교묘하게 생각하여 가리는 연고입니다. 공한 뜻이니 첫째가는 공空인 연고며, 고요한 뜻이니 중생들의 시끄러움을 여읜 연고며, 말할 수 없는 뜻이니 온갖 말에 집착하지 않는 연고며, 실제와 같은 뜻이니 삼세가 평등함을 통달하는 연고며, 법계法界의 뜻이니 모든 법이 한맛인 연고며, 진여의 뜻이니 모든 여래를 따라 들어가는 연고며, 실제의 뜻이니 필경에 실제와 같음을 아는 연고며, 대반열반大般涅槃의 뜻이니 모든 괴로움을 멸하고 보살의 여러 행을 닦는 연고입니다. 이것이 열이니, 만일 보살들이 이 법에 편안히 머물면 온갖 지혜의 위없는 뜻을 얻습니다.

불자여, 보살마하살이 열 가지 법이 있으니, 무엇이 열인가. 이른바 진실한 법이니 말한 대로 수행하는 연고며, 취함을 여의는 법이니 능히 취함과 취할 바를 다 여의는 연고며, 다툼이 없는 법[無諍法]이니 모든 의혹과 다툼이 없는 연고며, 고요한 법이니 모든 뜨거운 번뇌를 멸한 연고며, 욕심을 여의는 법이니 모든 탐욕을 다 끊은 연고며, 분별이 없는 법이니 반연하는 분별이 아주 쉬는 연고며, 생사가 없는 법이니 허공같이 동하지 않는 연고며, 함이 없는 법[無爲法]이니 나고 머물고 멸하는 여러 모양을 여읜 연고며, 본 성품의 법이니 제 성품[自性]이 물들지 않고 청정한 연고며, 모든 오파제열반[烏波提涅槃]을 버리는 법이니 모든 보살의 행을 내어 닦아 익히고 끊어지지 않는 연고입니다.

이것이 열이니, 만일 보살들이 이 가운데 편안히 머물면, 여래의 위없는 광대한 법을 얻습니다.

불자여, 보살마하살이 열 가지 복덕의 도를 돕는 거리[福德助道具]가 있으니, 무엇이 열인가. 이른바 중생을 권하여 보리심을 일으킴이 보살이 복덕의 도를 돕는 거리니 삼보의 종자를 끊지 않는 연고며, 열 가지 회향을 순종함이 보살의 복덕의 도를 돕는 거리니 모든 착하지 못한 법을 끊고 모든 착한 법을 모으는 연고며, 지혜로 달래어 가르침이 보살이 복덕의 도를 돕는 거리니 삼계의 복덕을 초과하는 연고며, 고달픈 마음이 없는 것이 보살의 복덕의 도를 돕는 거리니 필경에 일체 중생을 제도하는 연고입니다.

안팎에 가진 것을 다 버림이 보살이 복덕의 도를 돕는 거리니 모든 물건에 집착이 없는 연고며, 잘 생긴 모양을 만족하고 정진하여 물러가지 않음이 보살이 복덕의 도를 돕는 거리니 문을 열어 놓고 보시하여 제한이 없는 연고며, 상·중·하 삼품의 선근을 위없는 보리에 회향하되 마음에 경쾌한 생각 없음이 보살이 복덕의 도를 돕는 거리니 교묘한 방편과 서로 응하는 연고며, 잘못 결정되고 용렬하고 선하지 못한 중생에게 큰 자비를 내고 천히 여기지 아니함이 보살이 복덕의 도를 돕는 거리니 항상 큰 사람의 깊은 서원을 일으키는 연고입니다.

모든 여래를 공경하고 공양하며, 모든 보살에게 여래라는 생각을 일으키며, 일체 중생에게 기쁜 생각을 내게 함이 보살이 복덕의 도를 돕는 거리니 본래의 소원이 매우 견고한 연고입니다. 보살마하살이 아승기겁 동안에 선근을 쌓았으므로 위없는 보리를 스스로 증득함이 수중에 있는 듯하지만, 모두 일체 중생에게 주면서도 걱정도 없고 뉘우침도 없으며, 마음이 광대하기 허공계와 같음이 보살이 복덕의 도를 돕는 거리니, 큰 지혜를 일으키어 큰 법을 증득하는 연고입니다.

이것이 열이니, 만일 보살들이 이 가운데 편안히 머물면, 여래의 위없고 광대한 복〔福德聚〕을 구족합니다.

불자여, 보살마하살이 열 가지 지혜의 도를 돕는 거리〔智慧助道具〕가 있으니, 무엇이 열인가. 이른바 많이 들은 진정한 선지식을 친근하여 공경하고 공양하고 존중하여 예배하며, 갖가지로 순종하고 가르침을 어기지 않습니다. 이것이 하나이니, 온갖 것이 정직하고 거짓이 없는 연고입니다.

영원히 교만을 여의고 항상 겸손하고 공경하며, 몸과 말과 뜻의 업이 거칠지 아니하고 부드럽고 순하여 속이지 않고 간사하지 않습니다. 이것이 둘이니, 그 몸이 법 그릇이 될 만한 연고입니다.

생각하는 지혜가 깨달음을 따르고 산란하지 않으며 부끄러워하고 부드러우며, 마음이 안정하여 동하지 않고 항상 여섯 가지 생각함〔六念〕을 기억하며 여섯 가지 공경함〔六敬〕을 행하고 여섯 가지 견고한 법〔六堅固法〕을 따라 머뭅니다. 이것이 셋이니, 열 가지 지혜로 방편을 삼는 연고입니다.

법을 좋아하고 이치를 좋아하여 법으로 낙을 삼으며, 듣기를 항상 좋아하여 싫어함이 없으며, 세상 언론과 세상 이야기를 버리고 전심〔專心〕으로 출세간 말을 들으며, 소승을 멀리 떠나고 대승의 지혜에 들어갑니다. 이것이 넷이니, 일심으로 생각하고 산란하지 않는 연고며, 육바라밀을 전심으로 짊어지고 네 가지 범천에 머무는 행을 성취하였으며, 밝은 법을 따라서 잘 수행하고 총명하고 지혜 있는 이에게 부지런히 물으며, 악한 길을 떠나고 선한 길에 나아가며, 마음으로는 바른 생각[正念]으로 관찰함을 좋아하며, 자기의 마음을 조복하고 다른 이의 뜻을 수호합니다. 이것이 다섯이니, 진실한 행을 견고하게 닦는 연고며, 항상 뛰어남을 좋아하고 삼계에 집착하지 않으며, 자기 마음을 항상 깨달아 나쁜 생각이 없으며, 세 가지 감각[三覺]이 끊어지고 세 가지 업[三業]이 모두 착하여 마음의 성품을 결정코 압니다. 이것이 여섯이니, 나와 남의 마음을 다 청정케 하는 연고입니다.

오온五蘊은 눈어리 같고 계界는 독사와 같고 처處는 빈 마을과 같음을 관찰하며, 모든 법이 요술 같고 아지랑이 같고 물 속의 달과 같고 꿈과 같고 그림자 같고 메아리 같고 영상 같고 허공중의 그림과 같고 불 돌리는 바퀴와 같고 무지개 빛과 같고 해와 달의 광명과 같아서, 모양도 없고 형상도 없고 항상하지도 않고 아주 없지도 않고 온 것도 아니고 가는 것도 아니고 머무는 데도 없나니, 이렇게 관찰하고 모든 법이 나는 일도 없고 멸하는 일도 없음을 압니다. 이것이 일곱이니, 모든 법의 성품이 공하고 고요함을 아는 연고입니다.

보살마하살은 모든 법이 나도 없고 중생도 없고 오래 사는 것도 없고 보특가라[補伽羅]도 없으며, 마음도 없고 대상도 없고, 탐욕·성내는 일·어리석음도 없고, 몸도 없고 물건도 없고 주인도 없고 상대도 없고 집착할 것도 없고 행할 것도 없으며, 모든 것이 아무것도 없어 고요한 데로 돌아간다는 말을 듣고는 확실히 믿고 의심하지 않고 비방하지 않습니다. 이것이 여덟이니, 원만한 지해[解]를 성취하는 연고입니다.

보살마하살이 여러 감관[根]을 잘 조복하여 이치대로 수행하며, 항상 집중하여[止] 살핌[觀]에 머물러 마음이 고요하여 모든 흔들리는 생각이 나지 아니하며, 나도 없고 사람도 없고 지을 것도 없고 행할 것도 없으며, 내라 하는 생각도 없고 내라 할 업도 없으며, 헌 데도 없고 헌 데

자국도 없고, 이것을 인식하는 알음알이도 없으며, 몸과 말과 뜻의 업이 오는 일도 없고, 가는 일도 없고, 정진도 없고 용맹도 없으며, 모든 중생과 모든 법을 관찰하는 데 마음이 평등하여 머무는 데가 없으며, 이 언덕도 아니고 저 언덕도 아니어서 이것 저것의 성품을 떠났으며 온 데도 없고 간 데도 없으며, 항상 지극한 지혜로 이렇게 생각합니다. 이것이 아홉이니, 분별하는 모양〔分別相〕의 저 언덕에 이르는 연고입니다.

보살마하살은 연기하는 법〔緣起法〕을 보았으므로 법이 청정함을 보고, 법이 청정함을 보았으므로 국토가 청정함을 보고, 국토가 청정함을 보았으므로 허공이 청정함을 보고, 허공이 청정함을 보았으므로 법계가 청정함을 보고, 법계가 청정함을 보았으므로 지혜가 청정함을 봅니다.

이것이 열이니, 행을 닦아 온갖 지혜를 모으는 연고입니다.

불자여, 이것이 보살마하살의 열 가지 지혜의 도를 돕는 거리니, 만일 보살들이 이 법에 편안히 머물면 여래의 모든 법에 장애가 없이 청정하고 미묘한 지혜 덩이〔智慧聚〕를 얻습니다.

불자여, 보살마하살이 열 가지 밝고 만족함〔明足〕이 있으니, 무엇이 열인가. 이른바 모든 법을 잘 분별하는 밝고 만족함과, 모든 법에 집착하지 않는 밝고 만족함과, 뒤바뀐 소견을 여읜 밝고 만족함과, 지혜의 빛이 여러 감관을 비추는 밝고 만족함과, 바른 정진을 교묘하게 발기하는 밝고 만족함과, 참 이치의 지혜에 깊이 들어가는 밝고 만족함과, 번뇌의 업을 멸하고 끝나는 지혜·남이 없는 지혜를 성취하는 밝고 만족함과, 하늘 눈〔天眼〕의 지혜로 널리 관찰하는 밝고 만족함과, 전생 일 아는 생각으로 지난 세상〔前際〕이 청정함을 아는 밝고 만족함과, 생사가 없어진 신통한 지혜로 중생의 번뇌를 끊는 밝고 만족함입니다. 이것이 열이니, 만일 보살들이 이 법에 편안히 머물면 여래의 모든 불법에서 위없는 큰 광명을 얻습니다.

불자여, 보살마하살이 열 가지 법을 구함이 있으니, 무엇이 열인가. 이른바 곧은 마음으로 법을 구함이니, 속이는 일이 없는 연고며, 정진하여 법을 구함이니, 게으름을 여읜 연고며, 한결같이 법을 구함이니, 신명을 아끼지 않는 연고며, 일체 중생의 번뇌를 제하기 위하여 법을 구함이니, 명예와 이끗과 공경함을 위하지 않는 연고며, 나와 남의 모든 중생을 이익하기 위하여 법을 구함이니, 자기의 이익만이 아닌 연고며, 지혜에 들어가려고 법을 구함이니, 문자를 좋아하지 않는 연고며, 죽살이에서 벗어나기[出] 위하여 법을 구함이니, 세간의 낙을 탐하지 않는 연고며, 중생을 제도하기 위하여 법을 구함이니, 보리심을 내는 연고며, 모든 중생의 의심을 끊으려고 법을 구함이니, 망설임이 없게 하려는 연고며, 불법을 만족하려고 법을 구함이니, 다른 승乘을 좋아하지 않는 연고입니다.

이것이 열이니, 만일 보살들이 이 법에 편안히 머물면 다른 이의 가르침을 의지하지 않고 모든 불법의 큰 지혜를 얻습니다.

불자여, 보살마하살이 열 가지 밝게 아는 법[明了法]이 있으니, 무엇이 열인가. 이른바 세속을 따라서 선근을 생장함이니, 아이같은 범부의 밝게 아는 법입니다. 걸림 없고 깨뜨릴 수 없는 신심을 얻어 법의 성품을 깨달음이니, 신심을 따라 행하는 사람의 밝게 아는 법입니다. 부지런히 법을 닦고 법을 따라 머묾이니, 법을 따라 행하는 사람의 밝게 아는 법입니다. 여덟 가지 삿됨[八邪向]을 여의고 팔정도八正道를 향함이니, 제8지[第八] 사람의 밝게 아는 법입니다. 여러 결박을 없애고 생사의 번뇌를 끊고 참된 이치를 보는 것이니, 수다원須陀洹의 밝게 아는 법입니다. 맛[味]이 바로 걱정임을 보고 가고 옴이 없음을 아나니 사다함斯陀含의 밝게 아는 법입니다.

삼계를 좋아하지 않고 생사가 다함을 구하여 태어나는 일에는 잠깐도 애착하지 않나니, 아나함阿羅漢의 밝게 아는 법입니다. 육신통을 얻고 팔 해탈을 얻어 구차제정과 네 가지 변재를 다 성취하나니, 아라한의 밝게 아는 법입니다. 한결같은 연기하는 법을 관찰하기를 좋아하여 마음이 항상 고요하고 만족함을 알아 일이 없으며, 아는 것을 스스로 얻었고 다른 이를 말미암지 않았으며, 가지가지 신통과 지혜를 성취하나니, 벽지불辟支佛의 밝게 아는 법입니다. 지혜가 광대하고 근성이 총명하여 일체 중생을 제도하기를 좋아하며 복덕과 지혜의 도를 돕는 법을 닦아서 여래의 십력十力과 두려움 없음(無畏)과 모든 공덕을 원만히 구족하니, 보살들의 밝게 아는 법입니다.

이것이 열이니, 만일 보살들이 이 법에 편안히 머물면 여래의 위없는 큰 지혜로 밝게 아는 법을 얻습니다.

불자여, 보살마하살이 열 가지 수행법修行法이 있으니, 무엇이 열인가. 이른바 선지식들을 공경하고 존중하는 수행법과, 항상 여러 하늘의 각오覺悟하는 바가 되는 수행법과, 부처님 처소에서 부끄러운 마음을 가지는 수행법과, 중생을 딱하게 여기어 생사를 버리지 않는 수행법과, 일은 반드시 끝까지 이르고 마음에 변동이 없는 수행법과, 대승 마음을 낸 보살 대중을 전심으로 따라다니며 부지런히 배우는 수행법과, 삿된 소견을 멀리 여의고 바른 도를 부지런히 구하는 수행법과, 여러 마와 번뇌의 업을 꺾어 버리는 수행법과, 중생들의 근성이 낮고 못함을 알고 법을 말하여 부처의 지위에 머물게 하는 수행법과, 그지없이 광대한 법계에 머물러 번뇌를 멸하고 몸이 청정케 하는 수행법입니다.

이것이 열이니, 만일 보살들이 이 가운데 편안히 머물면, 여래의 위없는 수행법을 얻습니다.

불자여, 보살마하살이 열 가지 마魔가 있으니, 무엇이 열인가. 이른바 오온의 마니 여러 가지 집착을 내는 연고며, 번뇌의 마니 항상 물드는 연고며, 업의 마니 능히 가리는 연고며, 마음의 마니 고만高慢을 일으키는 연고며, 죽음의 마니 난 곳을 버리는 연고며, 하늘의 마니 교만하고 방종하는 연고며, 선근의 마니 항상 집착하는 연고며, 삼매의 마니 오래 맛들이는 연고며, 선지식의 마니 집착하는 마음을 내는 연고며, 보리법을 아는 지혜의 마니 버리려 하지 않는 연고입니다.

이것이 열이니, 보살마하살이 방편을 내어 빨리 여의기를 구해야 합니다.

불자여, 보살마하살이 열 가지 마의 업[魔業]이 있으니, 무엇이 열인가. 이른바 보리심을 잊고 선근을 닦음이 마의 업입니다. 나쁜 마음으로 보시하고 성난 마음으로 계율을 지니며, 나쁜 성품 가진 사람을 버리고 게으른 이를 멀리하며, 산란한 뜻을 업신여기고 나쁜 지혜 있는 이를 싫어함이 마의 업입니다. 깊은 법에 대하여 인색한 마음을 내고 교화 받을 사람에게 법을 말하지 않으며, 만일 이곳으로 공경하고 공양하면 법 그릇이 아니라도 구태여 법을 말함이 마의 업입니다.

모든 바라밀을 들으려 하지 않고, 듣더라도 수행하지 않으며, 비록 수행하더라도 게으른 생각을 내고 게으름으로 뜻이 용렬하여 위없는 큰 보리의 법을 구하지 아니함이 마의 업입니다. 선지식은 멀리하고 나쁜 동무를 가까이하며, 이승二乘을 좋아하여 태어나기를 즐기지 않고 열반을 숭상하여 욕심을 여의고 고요하려 함이 마의 업입니다. 보살들에게 성내는 마음을 내어 사나운 눈으로 흘겨보고 허물을 찾아내어 잘못을 말하며, 그들에게 재물로 공양함을 끊으려 함이 마의 업입니다. 바른 법을 비방하여 듣기를 좋아하지 않으며, 비록 듣더라도 문득 훼방하며, 법을 말하는 사람을 보고 존중한 마음을 내지 않으며, 제 말이 옳고 다른 말은 그르다 함이 마의 업입니다.

세상의 언론을 배워 글짓기를 좋아하며, 이승을 선전하고 깊은 법은 덮어 두며, 혹은 미묘한 이치를 자격이 없는 이에게 일러주며, 보리를 멀리 떠나고 삿된 길에 머무름이 마의 업입니다. 해탈을 얻어 이미 편안하게 된 이를 항상 가까이하고, 해탈을 얻지 못하여 편안하지 못한 이는 가까이하지도 않고 교화하지도 아니함이 마의 업입니다. 교만이 늘어서 공경하는 마음이 없고, 중생들을 시끄럽게 하며, 바른 법과 진실한 지혜를 구하지 않고 마음이 악하여 깨우치기 어려운 것이 마의 업입니다.

이것이 열이니, 보살마하살은 마땅히 멀리 여의고 부처의 업을 부지런히 구해야 합니다.

불자여, 보살마하살이 열 가지 마의 업을 버림이 있으니, 무엇이 열인가. 이른바 선지식을 가까이 모시고 공경하고 공양함이 마의 업을 버림이며, 스스로 높은 체하지 않고 스스로 칭찬하지 않음이 마의 업을 버림이며, 부처님의 깊은 법을 믿고 비방하지 않음이 마의 업을 버림이며, 온갖 지혜의 마음을 잠깐도 잊지 아니함이 마의 업을 버림이며, 묘한 행을 부지런히 닦고 방일하지 아니함이 마의 업을 버림이며, 모든 보살장[藏]의 법을 항상 구함이 마의 업을 버림이며, 항상 법을 연설하여도 고달프지 아니함이 마의 업을 버림이며, 시방의 모든 부처님께 귀의하여 구호하려는 생각을 일으킴이 마의 업을 버림이며, 모든 부처님이 신통한 힘으로 가지[加持]하심을 믿고 생각함이 마의 업을 버림이며, 모든 보살들과 선근을 함께 심어 평등하고 둘이 없음이 마의 업을 버림입니다.

이것이 열이니, 만일 보살들이 이 법에 편안히 머물면 능히 모든 마의 길에서 뛰어나게 됩니다.

불자여, 보살마하살이 열 가지 부처를 봄이 있으니, 무엇이 열인가. 이른바 세간에 머물러서 바른 깨달음을 이룬 부처는 집착이 없음을 보며, 서원의 부처는 태어나심을 보며, 업보의 부처는 깊이 믿음을 보며, 머물러 유지하는(住持) 부처는 수순隨順함을 보며, 열반하는 부처는 깊이 들어감을 보며, 법계의 부처는 두루 이르심을 보며, 마음 부처는 편히 머무심을 보며, 삼매의 부처는 한량없고 의지 없음을 보며, 본 성품의 부처는 분명히 아심을 보며, 즐김을 따르는 부처는 널리 받으심을 봅니다.

이것이 열이니, 만일 보살들이 이 법에 편안히 머물면 항상 위없는 여래를 봅니다.

불자여, 보살마하살이 열 가지 부처의 업(佛業)이 있으니, 무엇이 열인가. 이른바 때를 따라 인도함이 부처의 업이니, 바른 수행을 하게 하는 연고며, 꿈속에서 보게 함이 부처의 업이니, 지난 세상의 선근을 깨닫는 연고며, 다른 이에게 듣지 못하던 경을 연설함이 부처의 업이니, 지혜가 생겨 의심을 끊게 하는 연고며, 뉘우침에 얽힌 이에게 벗어나는 법을 말함이 부처의 업이니, 의심을 여의게 하는 연고며, 어떤 중생이 아끼는 마음과 내지 나쁜 꾀의 마음·이승의 마음·해하려는 마음·의혹하는 마음·흔들리는 마음·교만한 마음을 일으키거든, 여래의 여러 가지 상호相好로 장엄한 몸을 나타냄이 부처의 업이니, 과거의 선근을 자라게 하는 연고입니다.

바른 법을 만나기 어려울 때에 법을 자세히 말하여 그들이 듣고는 다라니의 지혜와 신통한 지혜를 얻게 하여 한량없는 중생을 두루 이익케 함이 부처의 업이니, 훌륭한 지혜가 청정한 연고입니다. 마의 장난이 일어나거든 방편으로 허공계 따위의 소리를 내며 남을 해롭게 하지 않는 법을 말하여 다스려서 깨닫게 하면 모든 마가 듣고는 위엄과 빛이 소멸함이 부처의 업이니, 훌륭한 것을 좋아하여 위덕이 커지는 연고입니다. 마음에 간단함이 없이 항상 수호하여 이승의 바른 지위에 들어가지 않게 하며, 중생의 근성이 성숙하지 못하였거든 끝까지 해탈하는 경계를 말하지 않음이 부처의 업이니, 본래의 서원으로 짓는 연고입니다.

생사의 결박된 번뇌를 모두 여의고 보살의 행을 닦아 계속하여〔相續〕끊어지지 않게 하며, 크게 자비한 마음으로 중생을 거두어서 행을 일으키고 필경에 해탈케 함이 부처의 업이니, 보살의 행을 닦아 끊지 않는 연고입니다.

보살마하살이 자신과 중생들이 본래 고요함을 알아 놀라지 않고 두려워하지 않으며, 복과 지혜를 부지런히 닦아 만족함이 없으며, 모든 법이 지음이 없음을 알지만 여러 법의 제 모양을 버리지 않으며, 모든 경계에 탐욕을 여의었지만 부처의 육신〔色身〕을 뵈옵기 좋아하며, 다른 이의 깨우침을 말미암지 않고 법에 들어감을 알지만 갖가지 방편으로 온갖 지혜를 구하며, 모든 국토가 다 허공과 같음을 알지만 항상 모든 부처님 세계를 장엄하기를 좋아하며, 사람도 없고 나도 없음을 관찰하지만 중생을 교화하여 고달픔을 모르며, 법계는 본래부터 동하지 않지만 신통과 지혜의 힘으로 여러 가지 변화를 나타내며, 온갖 지혜의 지혜를 성취하였지만 보살의 행 닦기를 쉬지 아니하며, 모든 법이 말로 할 수 없음을 알지만 청정한 법륜을 굴리어 여럿의 마음을 기쁘게 하며, 부처님들의 신통한 힘을 나타내지만 보살의 몸을 싫어하지 아니하며, 큰 열반에 들어감을 나투지만 여러 곳에서 태어나나니, 이렇게 방편과 실상을 함께 행하는 법을 짓는 것이 부처의 업입니다.

이것이 열이니, 만일 보살들이 이 가운데 편안히 머물면 남의 가르침을 말미암지 않는 위가 없고 스승이 없는 광대한 업을 얻습니다.

불자여, 보살마하살이 열 가지 교만한 업〔慢業〕이 있으니, 무엇이 열인가. 이른바 스님이나 부모나 사문이나 바라문들이 바른 도에 머무르고 바른 도에 향하는 이들의 존중한 복밭〔福田〕에 공경하지 아니함이 교만한 업입니다. 어떤 법사가 가장 좋은 법을 얻었고, 대승을 의지하여 벗어나는 중요한 길을 알며, 다라니를 얻고 광대한 경전의 법을 연설하여 쉬지 아니하거든, 그에게 교만한 마음을 내거나 그 말하는 법을 공경하지 아니함이 교만한 업입니다. 대중이 모인 곳에서 묘한 법을 듣고도 찬탄하지 아니하여 다른 이들로 하여금 믿게 하지 않음이 교만한 업입니다.

보다 난 체하는 교만을 내어 자기가 높다 하여 남을 업신여기며, 제 허물을 보지 않고 자기의 잘못을 알지 못함이 교만한 업입니다. 더 보다 난 체하는 교만을 내어 도덕이 있는 이를 보고도 찬탄해야 할 것을 찬탄하지 않으며, 다른 이가 찬탄하는 것을 기뻐하지 않음이 교만한 업입니다. 어떤 법사가 사람들에게 법을 말함을 보고 그것이 옳은 법이고 옳은 계율이며, 진실하고 부처님 말씀인 줄을 알면서도 그 사람을 미워하고 법까지 미워하여 스스로 비방하고, 다른 이도 비방케 함이 교만한 업입니다. 스스로 높은 자리를 구하여 법사라 하면서 공양을 받아야 하고 손수 일을 하지 않아야 한다 하며, 오랫동안 수행한 큰 스님을 보고도 일어나서 영접하지도 않고 받들어 섬기지도 아니함이 교만한 업입니다. 유덕有德한 이를 보고는 얼굴을 찌푸리고 좋아하지 않으며, 말이 거칠고 그의 허물만 찾는 것이 교만한 업입니다.

총명하고 지혜 있고 법을 아는 사람을 보고도 친근하여 공경하고 공양하려 하지 않으며, 어떤 것이 선이고 어떤 것이 악이며, 어떤 것은 할 것이고 어떤 것은 아니할 것이며, 무슨 업을 지으면 긴긴 밤에 가지가지 이익과 안락을 얻는가를 묻지 아니하고 우치하고 패려하고 교만한 연고로 마침내 벗어날 중요한 길을 보지 못함이 교만한 업입니다. 어떤 중생은 교만에 가리워져서 부처님이 세상에 나시어도 친근하여 공경하고 공양하지 못하며 새로 선한 일은 생기지 못하고 예전 선한 일은 소멸하며, 말하지 않을 것을 말하고 다투지 않을 것을 다투며, 오는 세상에는 반드시 험난한 구렁에 빠져서 백천 겁 동안에 부처님을 만나지도 못하거늘, 어떻게 법을 들을 수 있으리요. 다만 일찍이 보리심을 내었으므로 필경에는 스스로 깨달음이 교만한 업이니, 이것이 열입니다.

만일 보살들이 이 교만한 업을 여의면 열 가지 지혜의 업〔智業〕을 얻으리니, 무엇이 열인가. 이른바 업과 과보를 믿어 알아서 인因과 과果를 무너뜨리지 않음이 지혜의 업입니다. 보리심을 버리지 않고 부처님을 항상 생각함이 지혜의 업입니다. 선지식을 친근하여 공경하고 공양하며 마음으로 존중하게 여기어 게으르지 아니함이 지혜의 업입니다. 법을 좋아하고 이치를 좋아하여 만족함이 없으며 삿된 생각을 멀리 여의고 바른 생각을 부지런히 닦음이 지혜의 업입니다. 일체 중생에게 교만함을 여의고 보살들에게 여래라는 생각을 내며 바른 법을 사랑하기를 내 몸을 아끼듯 하고 여래를 받들기 내 목숨을 보호하듯 하며 수행하는 이에게 부처님이란 생각을 내는 것이 지혜의 업입니다. 몸과 말과 뜻의 업에 착하지 못함이 없고, 성현들을 찬탄하고 보리를 순종함이 지혜의 업입니다.

연기를 파괴하지 않고 삿된 소견을 여의며 어둠을 깨뜨리고 밝음을 얻어 모든 법을 비춤이 지혜의 업입니다. 열 가지 회향을 따라 수행하며 바라밀에는 어머니란 생각을 내고 교묘한 방편에는 아버지란 생각을 내어 깊고 깨끗한 마음으로 보리의 집에 들어감이 지혜의 업입니다. 보시·계율·많이 듣는 것·집중하고 관하고〔止觀〕 복과 지혜의 온갖 도를 돕는 법을 부지런히 모아 게으르지 아니함이 지혜의 업입니다. 한 가지 업이라도 부처님이 찬탄하고 모든 마와 번뇌와 투쟁을 깨뜨리며, 모든 장애와 덮음과 결박과 얽힘을 여의며, 일체 중생을 교화하여 조복하며 지혜를 따라서 바른 법을 거두어 가지며, 부처님 세계를 깨끗이 장엄하며 신통과 밝음을 발기하여 부지런히 닦고 물러가지 않음이 지혜의 업입니다.

이것이 열이니, 만일 보살들이 이 가운데 편안히 머물면 여래의 온갖 교묘한 방편과 위없는 큰 지혜의 업을 얻습니다.

불자여, 보살마하살이 열 가지 마에 붙들림(魔所攝持)이 있으니 무엇이 열인가. 이른바 게으른 마음의 마에 붙들리고, 뜻이 옹졸하고 못난 마에 붙들리고, 조금 행하고 만족하다는 마에 붙들리고, 하나를 받아들이고 다른 것은 아니라 하는 마에 붙들리고, 큰 서원을 내지 못하는 마에 붙들리고, 고요함을 좋아하여 번뇌를 끊는 마에 붙들리고, 죽살이를 아주 끊는 마에 붙들리고, 보살의 행을 버리는 마에 붙들리고, 중생을 교화하지 않는 마에 붙들리고, 바른 법을 비방하는 마에 붙들리나니, 이것이 열입니다.

만일 보살들이 이 마에 붙들림을 버리면 열 가지 부처님의 붙들어 주심을 얻나니, 무엇이 열인가. 이른바 처음에 보리심을 내면 부처님이 붙들어 주시고, 나고 나는 가운데 보리심을 지니고 잊지 않게 되면 부처님이 붙들어 주시고, 마의 일을 깨달아 멀리 여의면 부처님이 붙들어 주시고, 바라밀을 듣고 말한 대로 수행하면 부처님이 붙들어 주시고, 생사의 고통을 알고 싫어하지 않으면 부처님이 붙들어 주시고, 깊고 깊은 법을 관찰하여 한량없는 과보를 얻으면 부처님이 붙들어 주시고, 중생들에게 이승의 법을 말하면서도 그 법으로 해탈함을 증하지 않으면 부처님이 붙들어 주시고, 함이 없는 법(無爲法)을 관찰하여 그 가운데 머물지 않으며, 함이 있고(有爲) 함이 없는(無爲) 데 둘이란 생각을 내지 않으면 부처님이 붙들어 주시고, 남이 없는 처지(無生處)에 이르고도 일부러 태어나면 부처님이 붙들어 주시고, 온갖 지혜를 증득하고도 보살의 행을 일으키어 보살의 종자를 끊지 않으면 부처님이 붙들어 주십니다.

이것이 열이니, 만일 보살들이 이 가운데 편안히 머물면 부처님의 위없는 붙들어 주는 힘을 얻습니다.

불자여, 보살마하살이 열 가지 법에 붙들림[法所攝持]이 있으니 무엇이 열인가. 이른바 모든 행이 무상함을 알면 법에 붙들리고, 모든 행이 괴로움임을 알면 법에 붙들리고, 모든 행이 나가 없음을 알면 법에 붙들리고, 모든 법이 고요하여 열반인 줄을 알면 법에 붙들리고, 모든 법이 인연으로 생기고, 인연이 없으면 생기지 않음을 알면 법에 붙들리고, 옳지 못하게 생각하므로 무명이 일어나고 무명無明이 일어나므로 내지 늙고 죽음이 생기며, 옳지 못하게 생각함이 멸하므로 무명이 멸하고 무명이 멸하므로 내지 늙고 죽음이 멸함을 알면 법에 붙들리고, 삼해탈문三解脫門으로 성문법[聲聞乘]이 생기고 다툼이 없는 법을 증하여 독각법[獨覺乘]이 생김을 알면 법에 붙들리고, 육바라밀六波羅蜜과 사섭법四攝法으로 대승이 나는 줄을 알면 법에 붙들리고, 모든 세계·모든 법·모든 중생·모든 세상이 부처 지혜의 경계임을 알면 법에 붙들리고, 모든 생각을 끊고 모든 집착을 버리고 앞뒤 짬[際]을 여의어 열반을 따름을 알면 법에 붙들립니다.

이것이 열이니, 만일 보살들이 이 가운데 편안히 머물면 모든 부처님의 위없는 법에 붙들림을 얻습니다.

불자여, 보살마하살이 도솔천兜率天에 머무는 데 열 가지 짓는 업이 있으니 무엇이 열인가. 이른바 욕심 세계[欲界]의 천자들을 위하여 싫어하여 여읠 법을 말하되 모든 자유자재함이 다 무상하고 모든 쾌락은 마침내 쇠퇴한다 하여, 저 천자들을 권하여 보리심을 내게 하나니, 이것이 첫째 짓는 업입니다.

형상 세계〔色界〕의 천인들을 위하여 여러 선정과 해탈과 삼매에 드나듦을 말하되, 만일 거기에 애착을 내거나, 애착을 인하여 다시 몸이란 소견〔身見〕· 삿된 소견· 무명들을 내거든 그들에게 실다운 지혜를 말하고, 만일 모든 빛〔色〕과 빛 아닌 법에 뒤바뀐 생각을 일으켜 청정하나 한편 그들에게 부정하고 무상無常한 것이라 말하며, 그들을 권하여 보리심을 내게 하나니, 이것이 둘째 짓는 업입니다.

보살마하살이 도솔천에 머물러 삼매에 드나니 이름이 광명장엄光明莊嚴이며 몸에서 광명을 놓아 삼천대천세계三千大千世界를 두루 비추고 중생의 마음을 따라 가지가지 음성으로 법을 말하거든 중생들이 듣고는 신심이 청정하며, 목숨을 마치고 도솔천에 태어나면 그들을 권하여 보리심을 내게 하나니 이것이 셋째 짓는 업입니다.

보살마하살이 도솔천에 있어서는 걸림 없는 눈으로 시방의 도솔천에 있는 모든 보살을 보고, 저 보살들도 여기를 보며, 서로 보고는 미묘한 법을 토론하나니, 이른바 도솔천에서 내려오고 어머니 태에 들고 탄생하고 출가하고 도량에 나아가 큰 장엄을 갖추며, 그리고 옛적부터 행하던 일을 나타내며, 그 행을 말미암아 이 큰 지혜와 가진 공덕을 이루었거든, 본 고장〔本處〕을 떠나지 않고 이런 일을 능히 나타내나니, 이것이 넷째 짓는 업입니다.

보살마하살이 도솔천에 머물면 시방의 모든 도솔천궁에 있는 보살들이 다 모여 와서 공경하며 둘러앉습니다. 그 때에 보살마하살이 저 보살들의 소원을 만족하며 환희심을 내게 하려고 그 보살들의 머무른 곳에서 행할 것과 끊을 것과 닦을 것과 증득할 것을 따라서 법문을 말합니다. 저 보살들이 법을 듣고는 매우 환희하여 처음 보는 일을 얻고 제각기 본국에 살던 궁전으로 돌아가나니, 이것이 다섯째 짓는 업입니다.

보살마하살이 도솔천에 머물 적에 욕심 세계의 주인인 천마天魔 파순

波旬이 보살의 업을 파괴하려고 권속에게 둘러싸여 보살의 처소에 이르거든, 그 때 보살은 마의 군대〔魔軍〕를 꺾으려고 금강도金剛道에 소속한 반야바라밀의 방편과 교묘한 지혜의 문에 머물러 있으면서 부드럽고 거친 두 가지 말로써 법을 말하여, 마왕 파순으로 하여금 짬을 얻지 못하게 합니다. 마魔는 보살의 마음대로 하는 위력을 보고 아뇩다라삼먁삼보리심을 내나니, 이것이 여섯째 짓는 업입니다.

보살마하살이 도솔천 궁전에 있으면서 욕심 세계의 천자들이 법문 듣기를 좋아하지 않음을 알고는, 그 때 보살이 큰 소리를 내어 말하기를 '오늘 보살이 궁중에서 희유한 일을 나타내리니, 보려고 하는 이는 빨리 모이라' 합니다. 이 때 천자들이 이 말을 듣고 한량없는 백천억 나유타那由他 대중이 모두 와서 모이니 그 때 보살은 하늘 무리가 모인 것을 보고 궁중에서 희유한 일을 나타내었습니다.

그 천자들은 보지 못하던 것을 보고는 매우 환희하여 마음이 매우 취하였는데, 또 음악 속에서 소리 있어 말하되 '여러분이여, 모든 행은 무상한 것이고, 모든 행은 괴로운 것이고, 모든 법은 나가 없고 열반은 고요한 것입니다'고 하였습니다. 또 말하기를 '그대들은 다 보살의 행을 닦으면 마땅히 온갖 지혜의 지혜를 원만하리라'고 하였습니다. 저 모든 천자들이 이 법문을 듣고 걱정하고 찬탄하면서 싫은 생각을 내고 모두들 보리심을 내나니, 이것이 일곱째 짓는 업입니다.

보살마하살이 도솔천궁에 있으면서 본래 있는 곳을 떠나지 않고도 시방의 한량없는 부처님들이 계신 데 나아가 여러 여래를 뵈옵고 친근하여 예배하고 공손히 법을 듣거든, 그 때 부처님들이 보살로 하여금 가장 높은 정수리에 물 붓는 법〔最上灌頂法〕을 얻게 하려고 보살의 지위〔菩薩地〕를 말하니, 이름이 일체 신통입니다. 한 생각과 서로 응하는 지혜로 모든 것에 가장 나은 공덕을 구족하고 온갖 지혜의 지혜인 자리에 들어가게 하나니, 이것이 여덟째 짓는 업입니다.

　보살마하살이 도솔천궁에 있으면서 모든 여래에게 공양하기 위하여 큰 신통의 힘으로 가지가지 공양거리를 일으키니, 이름이 수승가락殊勝可樂입니다. 온 법계 허공계의 모든 세계에서 부처님께 공양하거든, 그 세계에 있는 한량없는 중생들이 이렇게 공양함을 보고 다 아뇩다라삼먁삼보리심을 내나니, 이것이 아홉째 짓는 업입니다.

　보살마하살이 도솔천에 있으면서 한량없고 그지없는 눈어리 같고 그림자 같은 법문을 내어 시방의 모든 세계에 두루 퍼져서, 갖가지 빛·갖가지 모양·갖가지 형체·갖가지 위의威儀·갖가지 사업·갖가지 방편·갖가지 비유·갖가지 말을 나타내되 중생의 마음을 따라 환희케 하나니, 이것이 열째 짓는 업입니다.

　불자여, 이것이 보살마하살이 도솔천에 머물면서 열 가지 짓는 업이니, 만일 보살들이 이 법을 성취하면 나중에 인간에 태어납니다.

　불자여, 보살마하살이 도솔천에서 내려와 태어날 때에 열 가지 일을 나타내나니 무엇이 열인가. 불자여, 보살마하살이 도솔천에서 내려와 태어날 때에 발바닥으로써 큰 광명을 놓나니, 이름이 안락장엄安樂莊嚴이며, 삼천대천세계의 모든 나쁜 곳(惡趣)에 두루 비추거든 여러 나쁜 곳 중생들이 이 광명에 부딪히면 모두 괴로움을 여의고 안락을 얻습니다. 안락을 얻고는 장차 신기한 어른이 세상에 나실 줄을 아나니, 이것이 첫째로 나타내는 일입니다.

　불자여, 보살마하살이 도솔천에서 내려와 태어날 때에 미간의 흰 털(白毫)로써 큰 광명을 놓나니, 이름이 밝게 깨우침(曰覺悟)이며 삼천대천세계에 두루 비추어 지난 세상(宿世)에서 함께 수행하던 여러 보살의 몸에 비춥니다. 저 보살들이 광명의 비춤을 받고는 보살이 장차 내려와 나실 줄을 알고 각각 한량없는 공양거리를 일으켜 보살이 있는 데 나아가 공양하나니, 이것이 둘째로 나타내는 일입니다.

　불자여, 보살마하살이 도솔천에서 내려와 태어나려 할 적에 바른 손바닥으로써 큰 광명을 놓나니, 이름이 청정한 경계〔淸淨境界〕이며, 모든 삼천대천세계를 모두 깨끗이 장엄합니다. 그 가운데 이미 무루無漏를 얻은 벽지불辟支佛로서 이 광명을 깨달은 이는 곧 목숨을 버리고, 만일 깨닫지 못한 이는 광명의 힘으로 타방의 다른 세계로 옮기며, 모두 마와 외도와 소견 가진 중생도 타방세계에 옮겨 두거니와, 부처님의 신력으로 가지하는 교화받을 중생은 제하나니, 이것이 셋째로 나타내는 일입니다.

　불자여, 보살마하살이 도솔천에서 내려와 태어나려 할 때에 두 무릎으로써 큰 광명을 놓나니, 이름이 청정한 장엄〔淸淨莊嚴〕이며 모든 하늘의 궁전들을 두루 비추며 아래로는 사천왕천과 위로 정거천淨居天에 이르기까지 두루 퍼지지 않는 데가 없습니다. 저 하늘들은 모두 보살이 도솔천에서 내려오실 줄을 알고 사모하는 마음으로 슬피 탄식하며 걱정하면서　가지가지　화만華鬘·의복衣服·바르는　향〔塗香〕·가루향〔末香〕·번기〔幡〕·일산〔蓋〕·풍류〔妓樂〕를 가지고 보살에게 나아가 공경하고 공양하며, 따라 내려와서 열반에 이르나니, 이것이 넷째로 나타내는 일입니다.

　불자여, 보살마하살이 도솔천에서 내려와 태어나려 할 때에 만卍자인 금강으로 장엄한 심장心臟 가운데로 큰 광명을 놓나니, 이름이 이길 이 없는 당기〔無能勝幢〕입니다. 시방 모든 세계의 금강역사金剛力士에게 비출 때에 백억 금강역사들이 와서 모시고 따라다니면서 내려올 적부터 열반에까지 이르나니, 이것이 다섯째로 나타내는 일입니다.

　불자여, 보살마하살이 도솔천에서 내려와 태어나려 할 때에 몸에 있는 모든 털구멍으로 큰 광명을 놓으니 이름이 중생을 분별함〔分別衆生〕

이며, 모든 대천세계大千世界에 두루 비추면서 모든 보살의 몸에 닿고, 또 모든 하늘과 세상 사람에게 닿거든 보살들은 생각하기를 '내가 여기 있으면서 여래께 공양하고 중생을 교화하리라' 하나니, 이것이 여섯째로 나타내는 일입니다.

불자여, 보살마하살이 도솔천에서 내려와 태어나려 할 때에 큰 마니보배광[摩尼寶藏] 궁전에서 큰 광명을 놓나니, 이름이 잘 머물러 관찰함[善住觀察]이며 이 보살이 태어날 왕궁에 비춥니다. 이 광명이 비추면 다른 보살들이 따라서 염부제閻浮提에 내려와서 그 집에나 마을에나 도시에 태어나나니, 중생들을 교화하려 함입니다. 이것이 일곱째로 나타내는 일입니다.

불자여, 보살마하살이 도솔천에서 내려와 태어나려 할 때에 하늘 궁전과 큰 누각의 모든 장엄거리에서 큰 광명을 놓나니, 이름이 모든 궁전의 청정한 장엄[一切宮殿淸淨莊嚴]이며 태어날 어머니의 배를 비춥니다. 광명이 비추면 보살의 어머니는 편안하고 쾌락하여 모든 공덕을 구족하게 성취하며, 어머니 복腹 중에 자연히 광대한 누각이 있어 큰 마니보배로 장엄하나니, 보살의 몸을 편안히 있게 하려는 것입니다. 이것이 여덟째로 나타내는 일입니다.

불자여, 보살마하살이 도솔천에서 내려와 태어나려 할 때에 두 발바닥으로 큰 광명을 놓나니, 이름이 잘 머무름[爲善住]이며, 만일 여러 천자나 범천들이 목숨이 마치려 할 적에 이 광명에 비추이면 다 오래 살면서 보살께 공양하며, 처음 내려올 때부터 열반할 때에 이르나니, 이것이 아홉째로 나타내는 일입니다.

불자여, 보살마하살이 도솔천에서 내려와 태어나려 할 때에 잘 생긴 모습으로 큰 광명을 놓나니, 이름이 일안日眼장엄이며, 보살의 가지가지 업을 나타낼 적에 모두 천인들은 보살이 도솔천에 있음을 보기도 하고 태胎에 들어감을 보기도 하고 처음 탄생함을 보기도 하고 출가함을 보기도 하고 성도成道함을 보기도 하고 마를 항복 받음을 보기도 하고 법륜을 굴림을 보기도 하고 열반에 드심을 보기도 하나니, 이것이 열째로 나타내는 일입니다.

　불자여, 보살마하살이 몸에서와 자리에서와 궁전에서와 누각에서 이렇게 백만 아승기 광명을 놓아 가지가지 보살의 업을 나타내며, 이 업을 나타내고는 모든 공덕의 법을 구족하나니, 그러므로 도솔천으로부터 인간에 내려옵니다."

대방광불화엄경 제59권

제59권

38. 이세간품 ⑦

7) 인이 원만하고 과가 만족함을 답함 ③

 "불자여, 보살마하살이 일부러 태중에 머무는〔處胎〕 열 가지 일이 있으니, 무엇이 열인가. 불자여, 보살마하살이 마음이 작고 지혜〔解〕가 용렬한 중생을 성취시키려 함이고, 그들로 하여금 이 보살이 자연으로 화생하여 지혜와 선근이 닦아서 얻은 것이 아니라는 생각을 내지 않게 하려는 것입니다. 그러므로 보살이 일부러 태중에 있는 것이니 이것이 첫째 일입니다.
 보살마하살은 부모와 권속들과 지난 세상에 함께 수행하던 중생의 선근을 성숙케 하기 위하여 태중에 있습니다. 왜냐 하면 그들이 반드시 태중에 있음을 보고야 가졌던 선근을 성숙하는 연고니, 이것이 둘째 일입니다.
 보살마하살이 어머니 태에 들 적에 바른 생각으로 바르게 알고 미혹이 없으며, 어머니 태에 머물고는 마음에 항상 바르게 생각하고 잘못됨이 없나니, 이것이 셋째 일입니다.

보살마하살이 어머니 태에 있으면서 항상 법을 말하거든 시방세계의 큰 보살들과 제석과 범천왕과 사천왕들이 모여 와서 한량없는 신통한 힘과 그지없는 지혜를 얻게 됩니다. 보살이 태에 있으면서 이런 변재辯才와 훌륭한 작용〔用〕을 성취하나니, 이것이 넷째 일입니다.

보살마하살이 태에 있으면서 대중을 모으고 본래의 원력으로 모든 보살 대중을 교화하나니, 이것이 다섯째 일입니다. 보살마하살이 인간에서 성불하려면 마땅히 인간에서 가장 훌륭하게 태어나야 합니다. 그래서 일부러 어머니의 태에 있는 것이니, 이것이 여섯째 일입니다. 보살마하살이 모태에 있을 적에, 삼천대천세계 중생들이 보살 보기를 거울 속에서 자기의 얼굴 보듯이 합니다. 그 때에 큰 마음 가진 하늘〔天〕·용龍·야차夜叉·건달바乾闥婆·아수라阿修羅·가루라迦樓羅·긴나라緊那羅·마후라가摩睺羅伽 등의 사람인 듯 아닌 듯한 이〔人非人〕들이 다 보살에게 나아가 공경하고 공양하나니, 이것이 일곱째 일입니다.

보살마하살이 모태에 있을 적에 타방 세계에서 맨 나중 나는 보살로서 모태에 있는 이들이 다 모여와서 크게 모은 법문〔大集法門〕을 말하니, 이름이 광대한 지혜의 광〔廣大智慧藏〕입니다. 이것이 여덟째 일입니다.

보살마하살이 모태에 있을 적에 때를 여읜 광 삼매〔離垢藏三昧〕에 들고 삼매의 힘으로 어머니 태중에서 큰 궁전을 나타내니, 갖가지 장엄이 모두 훌륭하여 도솔천兜率天 궁전으로는 비길 수 없지만, 어머니의 몸은 편안하고 걱정이 없게 하나니, 이것이 아홉째 일입니다.

보살마하살이 모태에 있으면서 큰 위엄과 세력으로 공양거리를 일으키니, 이름이 큰 복덕을 열어 헤치는 때를 여읜 광〔開大福德離垢藏〕입니다, 시방의 모든 세계에 두루하여 모든 부처님 여래께 공양하거든, 저 여래들이 다 그지없는 보살의 머무는 처소인 법계장法界藏을 연설하나니, 이것이 열째 일입니다.

불자여, 이것이 보살마하살이 일부러 태에 들어 있는 열 가지 일이니, 만일 보살들이 이 법을 분명히 알면 매우 미세한 길[甚微細趣]을 나타냅니다.

불자여, 보살마하살이 열 가지 매우 미세한 길[趣]이 있으니, 무엇이 열인가. 이른바 모태에 있으면서 처음 보리심을 내는 일과 내지 정수리에 물 붓는 지위[灌頂地]를 나타내며, 모태에 있으면서 도솔천에 머묾을 나타내며, 모태에 있으면서 처음 탄생함을 나타내며, 모태에 있으면서 동자의 지위를 나타내며, 모태에 있으면서 왕궁에 거처함을 나타내며, 모태에 있으면서 출가함을 나타내며, 모태에 있으면서 고행하다가 도량에 나아가 등정각等正覺 이룸을 나타내며, 모태에 있으면서 법륜法輪을 굴림을 나타내며, 모태에 있으면서 반열반般涅槃함을 나타내며, 모태에 있으면서 크게 미세함을 나타내나니, 이른바 모든 보살의 행과 모든 여래의 자재하고 신통한 힘과 한량없는 차별한 문입니다.

불자여, 이것이 보살마하살이 어머니 태중에 있는 열 가지 미세한 길이니, 만일 보살들이 이 법에 편안히 머물면, 여래의 위없는 큰 지혜의 미세한 길을 얻습니다.

불자여, 보살마하살이 열 가지 생生이 있으니, 무엇이 열인가. 이른바 어리석음을 여의고 바른 생각으로 바르게 아는 생과, 큰 광명 그물을 놓아 널리 삼천대천세계에 비추는 생과, 맨 나중 몸에 머물러 다시 뒷몸을 받지 않는 생과, 나지도 않고 일어나지도 않는 생과, 삼계三界가 눈어리 같음을 아는 생과, 시방세계에 두루 몸을 나타내는 생과, 온갖 지혜의 지혜 몸을 증득하는 생과, 모든 부처의 광명을 놓아 모든 중생의 몸을 두루 깨닫는 생과, 큰 지혜로 관찰하는 삼매의 몸에 들어가는 생입니다. 불자여, 보살이 탄생할 때에 모든 부처 세계를 진동하고 모든 중생을 해탈케 하고 모든 나쁜 길〔惡道〕을 제멸하고 모든 마를 가리며, 한량없는 보살이 모두 모여 옵니다.

불자여, 이것이 보살마하살의 열 가지 생이니, 중생을 조복하기 위하여 이렇게 냅니다.

불자여, 보살마하살이 열 가지 일〔事〕을 위하여 히죽이 웃으며 마음에 스스로 서원함을 나타내나니, 무엇이 열인가. 이른바 보살마하살이 생각하기를 '모든 세간이 욕심 진창에 빠졌으니, 나 한 사람을 제하고는 건져 낼 이가 없구나' 하나니, 이렇게 알고 히죽이 웃으면서 마음에 스스로 서원합니다. 또 생각하되 '모든 세간은 번뇌에 눈이 멀었는데 나 혼자만이 지혜를 갖추었다' 하나니, 이렇게 알고 히죽이 웃으면서 마음에 스스로 서원합니다. 또 생각하되 '내가 지금 몸이란 이름을 붙였으므로 여래의 삼세에 가득한 위없는 법의 몸을 얻으리라' 하나니, 이렇게 알고 히죽이 웃으면서 마음에 스스로 서원합니다.

보살이 그 때에 장애 없는 눈으로 시방의 범천들과 모든 대자재천大自在天을 보고 생각하기를 '이 중생들이 모두 큰 지혜의 힘이 있노라 하는구나' 하나니, 이렇게 알고 히죽이 웃으면서 마음에 스스로 서원합니다. 보살이 그 때에 여러 중생이 오랫동안 선근을 심었으나 이제 퇴타함을 관찰하나니, 이렇게 알고 히죽이 웃으면서 마음에 스스로 서원합니다. 보살이 세간의 종자를 조금 심었으나 열매가 많음을 보나니, 이렇게 알고 히죽이 웃으면서 마음에 스스로 서원합니다. 보살은 '일체 중생이 부처님의 교화를 받으면 반드시 이익 얻을 것'을 보나니, 이렇게 알고 히죽이 웃으면서 마음에 스스로 서원합니다.

보살은 지난 세상에 함께 수행하던 보살이 다른 일에 물들어 불법의 광대한 공덕을 얻지 못함을 관찰하나니, 이렇게 알고 히죽이 웃으면서 마음에 스스로 서원합니다. 보살이 지난 세상에 함께 모였던 하늘과 사람들이 지금까지 범부의 지위에 있으면서 버리지도 못하고 싫어하지도 않음을 보나니, 이렇게 알고 히죽이 웃으면서 마음에 스스로 서원합니다. 보살이 이 때에 모든 여래의 광명에 부딪치고 곱이나 기뻐하면서 히죽이 웃고 마음에 스스로 서원합니다. 이것이 열이니, 불자여, 보살이 중생을 조복하기 위하여 이렇게 냅니다.

불자여, 보살마하살이 열 가지 일로써 일곱 걸음〔七步〕을 걸었으니, 무엇이 열인가. 이른바 보살의 힘을 나타내느라고 일곱 걸음을 걸었고, 일곱 가지 재물로 보시함을 나타내느라고 일곱 걸음을 걸었고, 지신地神의 소원을 만족하느라고 일곱 걸음을 걸었고, 삼계 초월하는 모양을 나타내느라고 일곱 걸음을 걸었고, 보살의 가장 나은 행行은 코끼리·소·사자의 행을 초과함을 나타내느라고 일곱 걸음을 걸었고, 금강지金剛地의 모양을 나타내느라고 일곱 걸음을 걸었고, 중생에게 용맹한 힘 주는 것을 나타내느라고 일곱 걸음을 걸었고, 일곱 가지 깨닫는 보배〔七覺寶〕 수행함을 나타내느라고 일곱 걸음을 걸었고, 얻은 법이 남의 가르침을 말미암지 않았음을 나타내느라고 일곱 걸음을 걸었고, 세간에서 가장 수승하여 견줄 이 없음을 나타내느라고 일곱 걸음을 걸었습니다.

이것이 열이니, 불자여, 보살이 중생을 조복하기 위하여 이렇게 냅니다.

불자여, 보살마하살이 열 가지 일로써 동자의 지위〔童子地〕에 있음을 나타내나니, 무엇이 열인가. 이른바 모든 세간의 글자文字와 산수〔算計〕와 도서圖書와 인장〔印璽〕과 가지가지 업業을 통달하였음을 나타내느라고 동자의 지위에 있습니다. 모든 세간의 코끼리·말·수레·활·살·칼·창과 갖가지 업을 통달하였음을 나타내느라고 동자의 지위에 있습니다. 모든 세간의 문필文筆과 담론談論과 장기와 바둑과 희롱하는 갖가지 일을 통달하였음을 나타내느라고 동자의 지위에 있습니다. 몸과 말과 뜻으로 지은 허물을 멀리 여의었음을 나타내느라고 동자의 지위에 있습니다. 선정에 들고 열반의 문에 머물러서 시방의 한량없는 세계에 두루하였음을 나타내느라고 동자의 지위에 있습니다.

힘이 모든 하늘·용·야차·건달바·아수라·가루라·긴나라·마후라가·제석·범천왕·사천왕·사람인 듯 아닌 듯한 따위를 초과하였음을 나타내느라고 동자의 지위에 있습니다. 보살의 모습[色相]과 위엄과 광명이 모든 제석·범천왕·사천왕을 초과하였음을 나타내느라고 동자의 지위에 있습니다. 욕락欲樂을 탐하는 중생들로 하여금 법을 즐거워하게 하느라고 동자의 지위에 있습니다. 바른 법을 존중하고 부처님께 공양하며 시방의 모든 세계에 두루하기 위하여 동자의 지위에 있습니다. 부처님의 가피를 얻고 법의 광명에 부딪침을 나타내느라고 동자의 지위에 있나니, 이것이 열입니다.

불자여, 보살마하살이 동자의 지위를 나타내고는, 열 가지 일을 위하여 왕궁에 거처함을 나타내나니, 무엇이 열인가. 이른바 지난 세상에 같이 수행하던 중생의 선근을 성숙케 하느라고 왕궁에 거처하며, 보살의 선근의 힘을 보이느라고 왕궁에 거처하며, 여러 사람과 하늘들이 오락 기구를 즐기므로 보살의 큰 위엄과 공덕의 즐거움을 나타내느라고 왕궁에 거처하며, 다섯 가지 흐린 나쁜 세상[五濁世]에 있는 중생들의 마음을 따르느라고 왕궁에 거처하며, 보살의 큰 위덕의 힘으로 깊은 궁궐에서도 삼매에 드는 것을 나타내려고 왕궁에 거처합니다.

지난 세상에서 소원을 함께하던 중생의 뜻을 만족케 하느라고 왕궁에 거처하며, 부모와 친척과 권속의 소원을 채우느라고 왕궁에 거처하며, 풍류 속에서 묘한 법의 음성을 내어 모든 여래에게 공양하느라고 왕궁에 거처하며, 궁정 안에서 미묘한 삼매에 머물러 있으면서 성불함으로부터 열반에 이르기까지를 다 나타내느라고 왕궁에 거처하며, 모든 부처님 법을 따르며 수호하느라고 왕궁에 거처합니다.

이것이 열이니, 맨 나중 몸을 받은 보살은 이렇게 왕궁에 거처함을 보이다가 뒤에 출가합니다.

불자여, 보살마하살이 열 가지 일로써 출가함을 보이나니, 무엇이 열인가. 이른바 집에 있는 것이 싫으므로 출가함을 보이고, 집에 애착한 중생에게 집을 버리게 하느라고 출가함을 보이고, 성인의 도를 따르고 믿느라고 출가함을 보이고, 출가한 공덕을 선전하고 찬탄하느라고 출가함을 보이고, 두 가지 치우친 소견을 여읨을 나타내느라고 출가함을 보이고, 중생들로 하여금 탐욕의 낙과 나라는 낙을 여의게 하느라고 출가함을 보이고, 삼계에서 뛰어나는 모양을 나타내느라고 출가함을 보이고, 자유자재하여 남에게 소속되지 않음을 나타내느라고 출가함을 보이고, 장차 여래의 십력[十力]과 두려움 없는 법을 얻을 것을 나타내느라고 출가함을 보이고, 나중 몸 받은 보살은 으레 그러하므로 출가함을 보입니다.

이것이 열이니, 보살이 이것으로 중생을 조복합니다.

불자여, 보살마하살이 열 가지 일을 위하여 고행을 행하나니, 무엇이 열인가. 이른바 지해[解]가 용렬한 중생을 성취하느라고 고행을 행하고, 삿된 소견 가진 중생을 빼어 내느라고 고행을 행하고, 업과 과보를 믿지 않는 중생에게 업과 과보를 보게 하느라고 고행을 행하고, 물든 세계[雜染世界]를 따라서는 으레 그러하므로 고행을 행하고, 수고를 참고 부지런히 수도함을 보이느라고 고행을 행하고, 중생에게 법을 구하기를 즐겁게 하려고 고행을 행하고, 탐욕의 낙과 나라는 낙에 집착한 중생을 위하여 고행을 행하고, 보살의 수행이 훌륭하여 마지막 태어난 몸으로도 부지런히 정진함을 버리지 않음을 나타내느라고 고행을 행하고, 중생들에게 고요한 법을 좋아하고 착한 뿌리를 증장케 하느라고 고행을 행하고,[1] 하늘과 사람들의 근성이 성숙하지 못한 이를 때를 기다려 성숙케 하려고 고행을 행합니다.

이것이 열이니, 보살은 이 방편으로 일체 중생을 조복합니다.

불자여, 보살마하살이 도량에 나아가는 데 열 가지 일이 있으니, 무엇이 열인가. 이른바 도량에 나아갈 적에 모든 세계를 밝게 비추며, 도량에 나아갈 적에 모든 세계를 진동하며, 도량에 나아갈 적에 모든 세계에 두루 몸을 나타내며, 도량에 나아갈 적에 모든 보살과 지난 세상에서 함께 수행하던 중생을 깨우치며, 도량에 나아갈 적에 도량의 모든 장엄을 나타내며, 도량에 나아갈 적에 중생들의 욕망을 따라 몸의 가지가지 위의와 보리수의 모든 장엄을 나타내며, 도량에 나아갈 적에 시방의 모든 여래를 분명히 보며, 도량에 나아갈 적에 발을 들거나 놓을 적마다 삼매에 들어가서 잠깐잠깐에 부처를 이루되 뛰어넘거나 막힘이 없으며, 도량에 나아갈 적에 모든 하늘·용·야차·건달바·아수라·가루라·긴나라·마후라가·제석·범천왕·사천왕과 모든 왕들이 각각 서로 알지 못하면서 갖가지 훌륭한 공양을 일으키며, 도량에 나아갈 적에 걸림 없는 지혜로 모든 부처님 여래께서 모든 세계에서 보살의 행을 닦아 바른 깨달음을 이룸을 두루 봅니다.

이것이 열이니, 보살이 이것으로 중생을 교화합니다.

불자여, 보살마하살이 도량에 앉는 데 열 가지 일이 있으니, 무엇이 열인가. 이른바 도량에 앉을 때에 갖가지 모든 세계를 진동하며, 도량

---

1 중생들에게~고행을 행하고[爲受衆生~示行苦行] 부분은 고려대장경 원문에는 없으나 신수대장경의 주석에서 명명본에 있는 것을 수록하고 있어 보입하였다.

에 앉을 때에 모든 세계를 평등하게 비추며, 도량에 앉을 때에 모든 악취惡趣의 고통을 멸하며, 도량에 앉을 때에 모든 세계가 금강으로 이루어지게 하며, 도량에 앉을 때에 모든 부처님 여래의 사자좌를 널리 보며, 도량에 앉을 때에 마음이 허공과 같아서 분별이 없으며, 도량에 앉을 때에 금강 삼매를 따라 편안히 머물며, 도량에 앉을 때에 마땅한 대로 몸의 위의를 나타내며, 도량에 앉을 때에 모든 여래의 신통한 힘으로 유지되는 청정하고 묘한 곳을 받으며, 도량에 앉을 때에 자기의 선근의 힘으로 모든 중생에게 가피하나니, 이것이 열입니다.

불자여, 보살마하살이 도량에 앉을 때에 열 가지 기특하고 처음 있는 일이 있으니, 무엇이 열인가. 불자여, 보살마하살이 도량에 앉을 때에 시방세계의 모든 여래가 그 앞에 나타나서 오른손을 들고 칭찬하시되 '거룩하다. 위없는 길잡이여' 하나니, 이것이 첫째 처음 있는 일입니다. 보살마하살이 도량에 앉을 때에 모든 여래께서 모두 보호하여 염려하시고 위덕의 힘을 주시나니, 이것이 둘째 처음 있는 일입니다. 보살마하살이 도량에 앉을 때에 지난 세상에 함께 수행하던 보살들이 모두 와서 둘러싸고 갖가지 장엄으로 공양하나니, 이것이 셋째 처음 있는 일입니다.

보살마하살이 도량에 앉을 때에 모든 세계의 초목과 숲과 무정물無情物들이 몸을 굽히고 그림자를 낮추어 도량으로 향하나니, 이것이 넷째 처음 있는 일입니다. 보살마하살이 도량에 앉을 때에 삼매에 드나니, 이름이 법계를 관찰함[觀察法界]이며 이 삼매의 힘으로 보살의 모든 행이 모두 원만하여지나니, 이것이 다섯째 처음 있는 일입니다. 보살마하살이 도량에 앉을 때에 다라니를 얻으니, 이름이 가장 높고 때를 여읜 묘한 빛 바다 광이며 능히 모든 부처님 여래의 큰 구름의 법 비를 받나니, 이것이 여섯째 처음 있는 일입니다.

보살마하살이 도량에 앉을 때에 위덕의 힘으로 훌륭한 공양거리를 일으켜 모든 세계에 두루하여 부처님들께 공양하나니, 이것이 일곱째 처음 있는 일입니다.

보살마하살이 도량에 앉을 때에 가장 승한 지혜에 머물러 중생의 여러 근과 뜻의 행을 현저하게 아나니, 이것이 여덟째 처음 있는 일입니다. 보살마하살이 도량에 앉을 때에 삼매에 들어가니, 이름이 잘 깨달음〔善覺〕이며 이 삼매의 힘으로 몸이 삼세의 온 허공계 모든 세계에 가득하게 하나니, 이것이 아홉째 처음 있는 일입니다. 보살마하살이 도량에 앉을 때에 때를 여읜 광명과 걸림 없는 큰 지혜를 얻어 그 몸이 삼세에 두루 들어가게 하나니, 이것이 열째 처음 있는 일입니다.

불자여, 이것이 보살마하살이 도량에 앉을 때에 열 가지 기특하고 처음 있는 일입니다.

불자여, 보살마하살이 도량에 앉았을 때에 열 가지 뜻을 관찰하므로 마를 항복 받음을 보이나니, 무엇이 열인가. 이른바 흐린 세상〔濁世〕 중생들이 싸움을 좋아하기에 보살마하살의 위엄과 도덕의 힘을 나타내려고 마를 항복 받으며, 하늘과 세상 사람들이 의심하는 이가 있기에 그 의심을 끊으려고 마를 항복 받으며, 마의 군대를 교화하고 조복하려고 마를 항복 받으며, 하늘과 세상 사람들의 전쟁을 좋아하는 이들로 하여금 와서 보고 마음이 조복되게 하려고 마를 항복 받으며, 보살의 위엄과 힘을 세상에 대적할 이 없음을 보이려고 마를 항복 받으며, 모든 중생의 용맹한 힘을 일으키려고 마를 항복 받으며, 말세의 모든 중생을 딱하게 여기어서 마를 항복 받으며, 도량에까지 마의 군대가 와서 시끄럽게 하나니, 이런 뒤에야 마의 경계를 초월함을 보이려고 마를 항복 받으며, 번뇌의 작용은 용렬하고 자비와 선근의 세력은 강성함을 나타내려고 마를 항복 받으며, 흐리고 나쁜 세계에서 행하는 법을 따르려고 마를 항복 받나니, 이것이 열입니다.

　불자여, 보살마하살이 열 가지 여래의 힘을 이룸이 있으니, 무엇이 열인가. 이른바 모든 마와 번뇌의 업을 초과하려고 여래의 힘을 이루며, 모든 보살의 행을 구족하고, 모든 보살의 삼매문三昧門에 유희하려고 여래의 힘을 이루며, 모든 보살의 광대한 선정을 구족하려고 여래의 힘을 이루며, 온갖 희고 깨끗한 도를 돕는 법을 원만하려고 여래의 힘을 이루며, 모든 법의 지혜와 광명을 얻어 잘 생각하고 분별하려고 여래의 힘을 이루며, 그 몸이 모든 세계에 두루하려고 여래의 힘을 이루며, 내는 말과 음성이 모든 중생의 마음과 평등하려고 여래의 힘을 이루며, 능히 신통한 힘으로 모든 것에 가지加持하려고 여래의 힘을 이루며, 삼세 부처님의 몸과 말과 뜻의 업과 평등하여 다르지 않으며, 한 생각에 삼세법을 알려고 여래의 힘을 이루며, 잘 깨닫는 지혜의 삼매를 얻어 여래의 십력을 갖추나니, 이른바 옳은 곳·그른 곳을 아는 지혜의 힘과 내지 생사가 다하는 지혜의 힘[漏盡智力]입니다. 그러므로 여래의 힘을 이룹니다.

　이것이 열이니, 만일 보살들이 이 열 가지 힘을 갖추면 여래·응공·정등각이라 이름합니다.

　불자여, 여래·응공·정등각이 큰 법륜을 굴리는 데 열 가지 일이 있으니, 무엇이 열인가. 하나는 사무외지四無畏智를 구족하게 청정함이요, 둘은 네 가지 변재를 따르는 음성을 냄이요, 셋은 네 가지 참 이치[四眞諦]를 잘 열어 밝힘이요, 넷은 부처님들의 걸림 없는 해탈을 순종함이요, 다섯은 중생들로 하여금 마음이 깨끗하고 믿게 함이요, 여섯은 말하는 것이 헛되지 않고 중생들의 괴로운 화살을 뽑음이요, 일곱은 크게 가엾이 여기는 원력으로 가지함이요, 여덟은 내는 음성마다 시방의 모든 세계에 두루함이요, 아홉은 아승기겁 동안 법을 말하여 끊어지지 않음이요, 열은 말하는 법마다 근根과 힘과 깨닫는 도와 선정과 해탈과 삼매의 법을 냄입니다.

불자여, 부처님 여래께서 법륜을 굴리시는 데는 이러한 한량없는 일이 있습니다.

불자여, 여래·응공·정등각께서 법륜을 굴릴 적에 열 가지 일로 중생의 마음에 희고 깨끗한 법을 심고 헛되게 지내는 일이 없나니, 무엇이 열인가. 이른바 과거에 서원한 힘이며, 크게 가엾이 여김으로 유지하는 바며, 중생을 버리지 않음이며, 지혜가 자재하여 그들의 좋아함을 따라서 법을 말함이며, 때를 따라서 놓치지 않음이며, 마땅함을 따르고 망령된 말이 없음이며, 삼세를 아는 지혜로 잘 아는 연고며, 그 몸이 가장 훌륭하여 대등할 이가 없음이며, 말하는 것이 자유자재하여 측량할 이가 없음이며, 지혜가 자재하여 말하는 대로 모두 깨닫는 연고니, 이것이 열입니다.

불자여, 여래·응공·정등각이 불사를 짓고는 열 가지 이치를 관찰하기 위하여 반열반般涅槃을 보이나니, 무엇이 열인가. 이른바 모든 행이 무상함을 보임이며, 모든 함이 있는 법은 편안함이 아님을 보임이며, 대열반은 편안한 곳이어서 두려움이 없음을 보임이며, 모든 사람과 하늘들이 육신[色身]에 집착하므로, 육신은 무상한 법임을 나타내고 깨끗한 법의 몸에 머물기를 소원하게 함이며, 무상한 힘으로는 운전할 수 없음을 보임이며, 모든 함이 있는 것은 마음을 따라 머물지도 않고 자유자재하지도 않음을 보임이며, 모든 삼유三有가 눈어리 같아서 견고하지 못함을 보임이며, 열반의 성품은 끝까지 견고하여 깨뜨릴 수 없음을 보임이며, 모든 법이 나고 일어남이 없지만 모이고 흩어지는 모양이 있음을 보임입니다.

불자여, 부처님 세존께서는 불사를 지으시고, 소원을 만족하시고 법륜을 굴리시고, 제도할 이를 다 제도하시고, 모든 보살로서 높은 칭호를 받을 이에게는 수기를 주시고는, 으레 변하지 않는 크게 반열반하는 데 들어가십니다.

불자여, 이것이 여래·응공·정등각께서 열 가지 이치를 관찰하시느라고 반열반을 보이는 것입니다.

8) 결 론

불자여, 이 법문은 이름이 보살의 광대하고 청정한 행이니, 한량없는 부처님의 함께 말씀하시는 것입니다. 지혜 있는 이로 하여금 한량없는 이치를 알고 환희케 함이며, 모든 보살의 큰 서원과 큰 행이 서로 계속하게〔相續〕함입니다.

불자여, 만일 중생들이 이 법문을 듣고는 믿고 이해하며, 이해하고는 수행하여 빨리 아뇩다라삼먁삼보리를 얻나니, 왜냐 하면 말한 대로 수행하기 때문입니다. 불자여, 만일 보살들이 말한 대로 행하지 않으면 이 사람은 부처의 보리를 영원히 떠날 것이니, 그러므로 보살은 마땅히 말한 대로 행해야 합니다.

불자여, 이것은 모든 보살의 공덕의 행을 내는 곳이며 결정한 뜻의 꽃이며, 모든 법에 두루 들어가며, 온갖 지혜를 널리 내며 모든 세간을 초월하여 이승의 도를 여의며, 모든 중생과 함께하지 않으며, 모든 법문을 모두 비추어 알며, 중생의 출세간하는 선근을 늘게 하며, 세간을 여의는 법문품이니, 마땅히 존중하며 마땅히 들으며, 마땅히 외우며 마땅히 생각하며 마땅히 좋아하며 마땅히 수행할지니, 만일 이렇게 하면 이 사람은 빨리 아뇩다라삼먁삼보리를 얻습니다."

이 품을 말할 때에 부처님의 신통한 힘과 이 법문의 그러한 이치로 시방의 한량없고 그지없는 아승기 세계가 크게 진동하고 큰 광명이 널리 비치었다.

그 때 시방 모든 부처님께서 보현보살의 앞에 나타나 칭찬하셨다.

"훌륭하고 훌륭하다. 불자여, 그대가 능히 이 보살의 공덕의 행을 내는 곳이며, 결정한 뜻의 꽃이며, 모든 불법에 두루 들어가는 출세간하는 법문품을 말하였다. 불자여, 그대가 이 법을 잘 배웠고, 이 법을 잘 말하고, 그대의 위덕과 힘으로 이 법을 능히 보호하니, 우리 부처들이 모두 따라 기뻐하며, 우리들이 그대를 따라 기뻐하듯이, 모든 부처들도 역시 그러합니다. 불자여, 우리 부처들이 같은 마음으로 이 경을 보호하여 현재와 미래의 보살들이 듣지 못한 이로 하여금 모두 듣게 하리라."

이 때 보현보살마하살이 부처님의 신통한 힘을 받들어 시방의 모든 대중과 법계를 관찰하고 게송으로 말하였다.

한량없는 겁에 고행을 닦고
한량없는 부처님으로부터 바른 법이 나서
한량없는 중생을 보리에 머물게 하는
같을 이 없는 행을 내가 말하리.

한량없는 부처님 공양하여 집착 버리고
많은 중생 제도하되 생각 없으며
부처 공덕 구하여도 기댐이 없어
그러한 묘한 행을 내 이제 말하리.

삼계의 마와 번뇌의 업 떠나고
성인의 공덕과 훌륭한 행 갖추어

모든 의혹 없애고 마음이 고요해
그렇게 행하던 도를 내 이제 말하리.

세간의 거짓과 눈어리를 아주 떠나서
갖가지 변화를 중생에게 보이며
마음이 나고 있고 멸하는 모든 현상을
그런 것 말하여 여럿을 착하게 하리라.

중생들이 나고 늙어 죽는 일이나
번뇌와 근심과 횡액에 얽힌 것을
벗어버리고 보리심 내게 하는
저러한 공덕의 행을 자세히 들으라.

보시 · 계율 · 참음 · 노력 · 선정과 지혜와
방편과 자비와 기뻐하고 버리는 일
백천만 겁에 항상 수행하는
저 사람의 공덕을 그대 들으라.

수많은 겁 동안에 보리를 구하면서
이내 몸 · 이내 목숨 아끼지 않으며
중생을 이익하려 내 몸 모르던
저러한 자비행을 내 이제 말하리.

지혜로써 그들을 이익케 하는 일
나무와 같고 강물과도 같으며

모든 것이 의지해 있는
땅과도 같나니

보살은 연꽃과 같아서
자비는 뿌리 되고 편안한 것 즐기며
지혜는 꽃술이요
계율은 깨끗한 향기

부처님, 법의 광명을 놓아
그 연꽃 피게 하니
함이 있는 물이 묻지 못하며
보는 이는 모두 다 기뻐하더라.

보살의 묘한 법 나무
정직한 마음 땅에 나나니
신심은 종자 되고 자비는 뿌리
지혜로 밑동이 되고

방편은 가지와 회초리
다섯 바라밀 아주 번성해
선정의 잎에 신통의 꽃이 피고
온갖 지혜의 열매 맺히니.

가장 굳센 힘 새가 되었고
늘어진 그늘 삼계에 덮이네.

보살의 사자왕은
희고 깨끗한 법 몸이 되었고
네 가지 참된 이치 발이 되고
바른 생각이 목이 됐으며

인자한 눈에 지혜의 머리
해탈의 비단 정수리에 매고
가장 나은 진리의 골짜기에서
사자후하는 법문 마가 놀라네.

대상隊商의 우두머리인 보살
많은 중생들
나고 죽는 거친 벌과
번뇌의 험악한 곳에 있으면서

악마와 강도에 붙들리고
눈 어두워 갈 길 모르는 이를
바른 길 가리켜 주어
두려움 없는 성에 들게 하나니.

중생들이 탐욕·성내는 일·어리석음과
번뇌에 병이 들고
갖가지 고통이 밤낮으로 볶는 것을
보살이 보고

대자비한 마음을 내어
대치할 방법을 말하니
팔만 사천 가지라
모든 걱정을 없애 버리네.

보살은 법의 왕이라
바른 길로 중생을 교화
나쁜 짓 멀리하고 착한 일 닦아
부처의 공덕 일심으로 구하며

여러 부처님 계신 데서
정수리에 물 부어 수기를 받고
성스러운 재물 널리 보시하니
보리에 이르는 귀중한 보배.

보살이 법륜을 굴리니
부처님의 굴리심 같아
계율은 수레통, 삼매는 덧바퀴
지혜는 장엄, 슬기는 칼이 되어

번뇌의 도적 깨뜨리고
마와 원수를 부수니
모든 외도를
보고 달아나네.

보살의 지혜 바다
깊고 넓기 그지없는데
바른 법 감로수 가득 차고
보리의 보배 충만했으니

큰 마음은 언덕이요
온갖 지혜로 조수가 되어
중생은 측량 못하고
말로도 다할 수 없네.

보살의 수미산
세상에서 우뚝 솟아
신통과 삼매 봉우리 되고
대승 마음 편안하여 동요치 않아

아무나 가까이 가면
그 지혜 같은 빛 되고
높이 솟은 어마어마한 경계
누구나 보지 않는 이 없네.

보살은 금강과 같아
온갖 지혜 구하느라고
믿는 마음 괴로운 행
견고하여 흔들 수 없네.

그 마음 두려울 것 없어
모든 중생을 이익케 하고
여러 마와 갖가지 번뇌
모두 다 꺾어 부수네.

보살의 대자대비
침침한 구름 같아
세 가지 밝은 지혜 번갯빛이고
신통은 천둥하는 소리

네 가지 변재로
팔공덕수 비내리니
온 땅을 흡족히 적시어
번뇌의 뜨거움 없애 버리네.

보살의 바른 법 도성
반야로 담이 되고
부끄러움은 해자〔塹〕요
지혜는 망루〔却敵〕

해탈문 활짝 열어 놓고
바른 생각으로 항상 파수 보니
네 가지 참된 이치 넓은 한길에
육신통의 군대 모이어

큰 법의 당기 높이 세우고
그 아래 두루 집결해
삼계의 마의 군중들
하나도 들어오지 못하고

보살인 가루라왕
뜻대로 가는 일은 억센 발이고
방편은 용맹한 날개
자비는 총명한 눈

온갖 지혜의 나무에 있어
삼계의 큰 바다 보다가
하늘과 사람의 용을 붙들어
열반의 저 언덕 가져다 두네.

보살의 바른 법 태양이
세상에 솟아오르니
계율의 둥근 바퀴
신통으로 빨리 구르면서

지혜의 광명 비추니
오근·오력의 약초 자라서
번뇌의 어둠 제해 버리고
애욕의 바닷물 말리고 마네.

보살의 지혜 달
법계로 바퀴가 되어
필경의 허공에 떴으니
세상 사람 못 볼 이 없고

삼계의 인식하는 마음엔
둥글기도 줄기도 하지만
이승二乘의 별(星宿)로는
아무도 짝할 이 없어.

보살인 큰 법왕
공덕으로 장엄한 몸
잘생긴 모습 구족하여
하늘과 사람들 함께 앙모해.

방편은 깨끗한 눈이요
지혜는 금강저金剛杵
법에 자유자재하여
바른 도로 중생 교화해.

보살이신 대범천왕
마음대로 삼계를 초월
업과 번뇌 다 끊어지고
자비慈悲와 희사喜捨 모두 갖추어

간 곳마다 몸을 나투고
법의 음성으로 깨우치며
저 삼계에서
나쁜 소견[邪見]의 뿌리를 뽑네.

보살의 자재천自在天
생사를 초월하고
경지가 항상 청정해
지혜가 물러가지 않으며

아랫 승乘의 길을 끊어 버리고,
정수리에 물 붓는 법[灌頂法]을 받아
공덕과 지혜를 갖추어
소문이 멀리 퍼지네.

보살은 지혜의 마음
깨끗하기 허공과 같아
성품도 없고 의지도 없어
모든 것 어떻다 하리.

크게 자재한 힘이 있어
세상일 능히 이루며
청정한 행을 갖추고
중생들도 그렇게 하네.

보살의 방편인 땅은
중생을 이익케 하고
보살의 자비로운 물
번뇌를 씻어 버리며

보살의 지혜의 불
의혹의 섶을 사르고
보살의 머문 데 없는 바람
삼계의 허공에 다니네.

보살은 보배와 같아
빈궁한 액난 구제하고
보살은 금강과 같아
뒤바뀐 소견 깨뜨리며

보살은 영락과 같아
삼계의 몸을 장엄하고
보살은 마니보배 같아서
모든 행을 증장케 하고

보살의 공덕은 꽃과 같아
항상 보리의 부분법 피고
보살의 서원 화만과 같아
중생의 머리를 장식

보살의 계행 향과 같아서
굳게 지니어 범하지 않고
보살의 지혜는 바르는 향
삼계에 널리 풍기고

보살의 힘 휘장과 같아
번뇌의 먼지를 막고
보살의 지혜 당기와 같아
교만의 대적 꺾어 부수며

아름다운 행 비단이 되어
지혜를 장엄하고
부끄러움은 의복이 되어
모든 중생을 덮어주누나.

보살의 장애 없는 수레
꾸며서 삼계에 뛰어나며
보살의 기운 센 코끼리
성질이 조복되었고

보살의 신통의 말은
굽을 굴러 생사를 초월하며
보살의 설법說法하는 용
중생의 마음에 단비 내리네.

보살의 우담발라 꽃
세상에서 만나기 어렵고
보살의 용맹한 장군
모든 마를 항복 받으며

보살의 굴리는 법륜
부처님과 다르지 않고
보살의 등불 어둠을 깨쳐
중생들 바른 도 보네.

보살의 공덕의 강물
항상 바른 곳으로 흐르고
보살의 정진하는 다리〔橋〕
많은 중생들 두루 건네며

큰 지혜와 넓은 서원
견고한 배가 되어
중생들을 태워서
보리의 언덕에 이르게 하며

보살은 유희하는 동안
중생들 참으로 즐거워하고
보살은 해탈의 꽃
지혜의 궁전을 장엄했으며

보살은 묘한 약이 되어
번뇌의 병을 다스리고
보살은 설산과 같아
지혜의 약물을 내도다.

보살은 부처와 같아서
중생들을 깨우치나니
부처님 마음 어찌 다르랴
바른 각覺으로 세간을 깨닫게 하네.

부처님 오시듯이
보살도 그렇게 오시며
온갖 지혜와도 같아
슬기로 넓은 문에 들며

보살은 모든 중생을
잘 인도하시며
보살은 자연으로
온갖 지혜의 경계 깨닫네.

보살의 한량없는 힘
누가 깨뜨릴 수 있으랴.
보살의 두려움 없는 지혜
중생과 법을 분명히 알고

모든 세간의 모양
제각기 차별하지만
그 음성과 그 이름
다 분별하여 잘 알고

이름과 모양 떠났다지만
갖가지 모양 나타내나니
모든 중생들
뉘라서 측량할 것인가.

이러한 모든 공덕
보살이 모두 성취하고
그 성품 없는 줄 알아
있고 없는 데 집착하지 아니해.

이러한 모든 지혜
다함도 의지도 없나니
내 이제 모두 말하여
중생을 기쁘게 하리.

여러 가지 법의 모양
눈어리같이 공한 줄 알지만
가엾이 여기는 서원의 믿음
부처님의 위덕과 신통한 힘으로

가지가지 한량없는
신통과 변화를 나타내나니
이러한 모든 공덕을
그대들 마땅히 들으라.

한 몸으로 여러 가지
다른 몸을 나타내어
마음도 없고 경계도 없이
모든 중생을 두루 응하고

한 음성 가운데
여러 가지 말을 내어
중생들의 종류를 따라
여러 말을 모두 지으며

번뇌의 몸 아주 떠나고
자유자재한 몸을 나투며
법은 말할 수 없음을 알지만
여러 가지 말을 하나니.

그 마음 항상 고요해
깨끗하기 허공과 같으니
세계를 두루 장엄하여
모든 중생에게 보이고

몸에는 집착하지 않지만
그래도 몸을 나타내어
모든 세간에서
마땅한 대로 태어나고

이러한 모든 공덕
보살이 모두 성취하고
그 성품 없는 줄 알아
있고 없는 데 집착하지 아니해.

이러한 모든 지혜
다함도 의지도 없나니
내 이제 모두 말하여
중생을 기쁘게 하리.

여러 가지 법의 모양
눈어리같이 공한 줄 알지만
가엾이 여기는 서원의 믿음
부처님의 위덕과 신통한 힘으로

가지가지 한량없는
신통과 변화를 나타내나니
이러한 모든 공덕을
그대들 마땅히 들으라.

한 몸으로 여러 가지
다른 몸을 나타내어
마음도 없고 경계도 없이
모든 중생을 두루 응하고

한 음성 가운데
여러 가지 말을 내어
중생들의 종류를 따라
여러 말을 모두 지으며

번뇌의 몸 아주 떠나고
자유자재한 몸을 나투며
법은 말할 수 없음을 알지만
여러 가지 말을 하나니.

그 마음 항상 고요해
깨끗하기 허공과 같으나
세계를 두루 장엄하여
모든 중생에게 보이고

몸에는 집착하지 않지만
그래도 몸을 나타내어
모든 세간에서
마땅한 대로 태어나고

모든 곳에 태어나지만
거기 머물지도 않으며
몸이 허공 같은 줄 알면서도
갖가지로 마음을 따라 나타나.

보살의 몸 그지없어서
가는 곳마다 두루 나타나
가장 훌륭하신 부처님께
공경하여 공양도 하고

향과 꽃과 풍류와
당기·번기·보배 일산으로
깨끗한 정신을 다하여
부처님들께 공양하오며

한 부처님 회중을 떠나지 않고
여러 부처님 계신 데 있으면서
그 대중 가운데서
법을 묻기도, 법을 듣기도.

법을 듣고 삼매에 들고
하나하나 한량없는 문
선정에서 이는 것도 그와 같아서
끝이 없음을 보여 주기도

지혜와 교묘한 방편으로
세상이 눈어리임을 알지만
세간에서 한량이 없는
요술 같은 법 나타내네.

가지가지 빛을 보이고
마음과 말도 나타내며
모든 생각 그물에 들면서도
그런 데 집착이 없고

처음으로 마음을 내어
세상을 이익케 하고
오래 전부터 행을 닦는 일
넓고 크고 끝닿은 데 없나니

보시·계율·인욕忍辱과 정진
선정과 지혜와 네 가지 범주梵住
네 가지로 거둬 주는
그러한 훌륭한 법들.

수행이 원만하고 법인法忍 얻어서
분별이 없음을 나타내기도
혹은 일생보처로
정수리에 물을 붓기도

성문의 모양도 나타내고
연각의 모양도 나타내고
간 곳마다 열반에 들지만
보리의 행을 버리지 않고

제석천왕이 되기도 하고
범천왕이 되기도 하고
어떤 때는 천녀들이 둘러앉았고
어떤 때는 혼자서 고요해.

비구가 되어 고요하게
마음을 조복도 하고
자재한 임금이 되어
세간법을 통솔하기도.

이상한 요술쟁이 여자도 되고
선행을 닦기도 하며
어떤 때는 오욕락을 받다가
선정에 들어도 가고

언제는 처음으로 태어나며
젊기도 늙어 죽기도 하니
이런 일 생각하려면
마음이 산란하여 발광하리라.

그 때는 천궁에 있더니
이번엔 정반왕궁에 내려오고
태에 들기도 머물러 있기도
부처 이루어 법륜 굴리며

나기도 하고 열반도 하고
글방에 들어도 가고
채녀 속에 있기도 하고
세속 떠나 선정도 닦으며

보리수 아래 앉아서
자연히 정각 이루고
법륜을 굴려도 보고
보리도를 구하기도 하고

부처님 몸이 되어서
무량 불찰에 앉기도 하고
물러가지 않는 도를 닦아서
보리를 모으기도 해.

수없는 겁에 들어서
저 언덕 이르러 가니
무량한 겁이 한 생각이요
한 생각이 한량없는 겁.

모든 겁이 겁 아니지만
세상을 위해 겁을 보이니
온 데도 없고 쌓음도 없으나
모든 겁들을 이루어 내네.

한 티끌 속에서
모든 부처님 두루 보나니
시방세계의 가는 곳마다
아니 계신 데 한 곳도 없고

국토와 중생들
차례로 보니
한량없는 겁 지나더라도
필경까지를 다할 수 없어

보살이 알기엔 저 중생들이
광대하여서 끝이 없는데
저 중생들의 한 중생 몸마다
한량없는 인연으로 생기었나니

한 중생 인연이 한량없듯이
모든 중생들 모두 그러해
그렇게 보고 통달한 대로
여러 중생들 가르칠 적에

중생의 근성이 상과 중과 하
제각기 다른 줄 모두 다 알며
그런 근성이 달라져 변해
교화하고 못할 것 역시 다 알되

한 중생 근성과 모든 근성이
제각기 다른 인연의 힘으로
미세하게 차별한 것을
차례로 알아 어김이 없고

그 중생들의 욕망과 지혜
모든 번뇌와 습기도 알며
지난 세상과 오는 세상의
마음의 작용을 모두 다 알고

온갖가지 행 오지도 않고
가지도 않음을 통달하오며
그러한 행을 모두 다 알고
위없는 법문 말하여 주네.

물들고 깨끗한 행을
갖가지 모두 알고
한 생각에 보리를 얻어
온갖 지혜 이루었으며

부처님의 헤아릴 수 없는
필경인 지혜의 마음에 머물고
모든 중생들의 행을
한 생각에 모두 알았네.

보살의 신통한 지혜
공력이 자유자재해져서
잠깐 동안
끝없는 세계에 이르고

이렇게 빨리 가기를
무수겁 지내면서
두루하지 않는 데 없지만
털 끝만큼도 동하지 않아.

비유컨대 요술쟁이가
갖가지 색 나타내지만
그 속에서 찾아보면
빛도 없고 빛 아닌 것도 없어

보살도 그와 같아서
방편과 지혜의 요술로
온갖 가지를 다 나타내어
세간에 가득케 하네.

깨끗한 해와 달
거울이 허공에 있는 듯
물 속에 그림자 보이나
물과 섞이지 않고

보살의 깨끗한 법륜
역시 그와 같아서
세상 사람의 마음 물에 비치지만
세상에 섞이지 않나니

자는 사람 꿈 가운데서
여러 가지 일 지어내면서
억천년 지낸다지만
하룻밤도 다하지 못해.

보살이 법의 성품에 있어
여러 가지 일 나타내는데
한량없는 세월 다 간다 해도
한 생각 지혜 끝이 없나니

산골짜기나
궁전 속에서
여러 가지로 울리는 메아리
실상은 분별이 없나니

보살이 법의 성품에 있어
자유자재한 지혜로
여러 종류의 음성 널리 내지만
분별 없는 것 그와도 같아.

누구는 아지랑이를 보고
물인 양 여겨
쫓아가지만 먹지 못하고
한 걸음 한 걸음 목만 더 말라.

중생의 번뇌 마음
그와 같거늘
보살의 자비심으로
구하여 내네.

물질은 거품 모인 것
느낌은 물 위에 뜬 거품
생각은 아지랑이 같고
지어가는 일〔行〕 파초 같나니

인식하는 마음 눈어리 같아
갖가지 일을 나타내지만
이렇게 오온을 알고
지혜로운 이 집착 않나니

십이처가 모두 고요해
기계가 돌아가는 듯
십팔계의 성품이 없어
허망하게 나타나는 것.

보살이 참 성품에 머물러서
고요한 첫째 이치를
가지가지로 연설하지만
마음은 의지한 데 없고

오는 데도 없고 가는 데도 없고
머물러 있음도 아니지만
번뇌와 업과 괴로움의 일
세 가지가 항상 흘러가.

연기緣起는 있지도 없지도 않고
참도 아니고 헛것도 아니니
이와 같이 중도中道에 들어가
말을 하지만 집착이 없고

한 생각에 삼세 마음과
욕심 세계·형상 세계·무형 세계의
여러 가지 복잡한 일을
두루두루 다 나타내고

세 가지 계율과 거동(律儀)을 따라
세 가지 해탈을 연설도 하고
삼승의 길을 세워가면서
온갖 지혜를 성취하는 것.

옳은 곳 그른 곳과
여러 업보와 근성과
경계와 지혜와 선정이며
모든 갈 길을 알고

지난 세상 다 알고 하는 눈이며
모든 의혹 습기를 없앴지만
부처님의 열 가지 힘
이루지 못한 줄 아네.

모든 법이 공함을 알지만
묘한 법을 항상 구하며
번뇌와 화합하지 않았으나
번뇌를 다하지도 아니하고

벗어날 길을 두루 알고서
중생들을 건지며
여기에 두려움이 없지만
모든 수행을 버리지 않아.

도를 어기지도 잘못도 없고
바른 생각 잃지도 않으며
정진하여 삼매를 얻으려
관찰하는 지혜 덜리지 않으며

세 가지 계율 청정하여
삼세 모두 통달하고
큰 자비로 중생을 애민하시되
모든 것에 걸림이 없네.

이 법문에 들어가서
이런 행을 이루나니
공덕으로 장엄한 뜻을
내 이제 일부분 말하거니

한량없는 겁 동안 말하여도
저 행은 다할 수 없나니
내가 지금 말한 것은
온 땅에 한 점 티끌만도 못하네.

부처 지혜를 의지해 있어
기특한 생각을 내고
가장 좋은 행 닦아 행하여
큰 자비심 갖추었으며

부지런히 정진하여 마음이 편안하고
여러 중생 교화하고
청정한 계율에 머물러 있어
모든 수기를 갖추어 받으며

부처님들의 공덕과
중생의 행과 세계에 들어가서
겁과 삼세 모두 다 알아도
고달픈 생각 생기지 않고

차별한 지혜와 모든 다라니
진실한 이치 통달해 알며
생각하여 말하는 것 비길 데 없고
고요하기론 정각正覺과 같으며

보현의 마음을 내고
그 행과 원을 닦으며
자비와 인연의 힘으로
도에 나아가는 마음 청정해지며

바라밀을 닦아 행하고
깨닫는 지혜 끝까지 가서
증득해 알고 힘이 자재해
위없는 보리를 이루며

평등한 지혜 성취하고
가장 좋은 법을 말하며
능히 지니고 변재 갖추어
법왕의 처지를 얻게 되나니

모든 집착을 여의고
평등한 마음을 연설하여
지혜를 내고
모든 변화로 보리를 얻네.

온갖 겁에 머물러 있으면
지혜 있는 이 크게 기뻐하며
깊이 들어가고 의지하여
두려움 없고 의혹 없나니

불가사의를 분명히 알고
교묘하고 비밀한 것 잘 분별하며
모든 삼매에 잘 들어가
지혜의 경계 모두 살피네.

모든 해탈문 끝까지 얻고
신통과 밝음에 유희도 하며
얽힘과 속박을 아주 떠나서
숲 동산에 마음대로 거닐고

선한 법으로 궁전이 되니
모든 행이 매우 즐겁고
한량없는 장엄 나투어
세상의 마음이 동하지 않으며

깊은 마음으로 잘 관찰하고
묘한 변재로 법을 말하며
청정한 보리의 인印으로
지혜의 광명 온누리 비추고

머무는 곳은 같을 이 없고
내는 마음은 못나지 않으며
세워 놓은 뜻 태산과 같고
복덕과 지혜 깊은 바다라.

보배와 같이 법에 머물고
갑옷과 같이 서원하는 마음
큰 일을 발기하여서
필경까지 무너지지 않는다.

보리의 수기 이미 받았고
광대한 마음에 편안히 머물며
비밀한 갈무리 다함이 없어
모든 법을 다 깨달았네.

세상의 지혜가 자유자재해
묘한 작용은 걸림이 없고
중생과 국토가 모두 그러해
갖가지 법에도 걸림 없으며

몸과 서원과 경계에서와
지혜와 신통에도 걸림이 없어
온누리에 나타나는 일
한량이 없는 백천억이라.

유희와 경계에 자재하여
누구나 제어할 수가 없고
힘과 두려움 없음과
함께하지 않는 업으로 장엄하네.

몸과 몸의 업과
말과 깨끗이 닦은 말의 업
수호함을 얻었으므로
열 가지 일을 성취하나니.

보살의 마음과 처음 내는 것
마음이 두루하므로
모든 뿌리가 동하지 않아
가장 좋은 뿌리 얻으며

깊은 마음과 올라가는 마음
아첨과 거짓 멀리 여의고
가지가지 결정한 지혜
세간에 두루 들어가고

번뇌의 습기는 버리고
가장 훌륭한 도를 붙잡아
공교하게 닦아 원만하면
온갖 지혜를 성취하리라.

물러나지 않고 바른 자리 들어가
결정코 열반을 얻고
불법의 길을 내어
공덕의 이름 성취하오리.

도와 한량없는 도와
그리고 장엄하는 도까지
차례차례 편안히 머물되
하나도 집착이 없고

손과 발과 복장腹藏과
금강으로 마음이 되어
인자한 갑옷을 입고
모든 병장기 갖추니

지혜의 머리 밝게 보는 눈
보리의 행은 귀가 되고
청정한 계율은 코이니
어둠 멸하여 장애가 없고

변재는 혀가 되며
안 가는 데 없는 몸
훌륭한 지혜 마음이 되어
행하고 머물며 업을 닦나니

도량의 사자좌에 앉아
범천에 눕고 허공에 머물며
행하는 일과 관찰로
여래의 경계 두루 비추네.

중생의 행을 두루 살피며
기운 뻗고 사자후하고
탐욕 떠나고 보시 행하여
교만 버리고 계율 가지며

성내지 말고 욕된 일 참고
게으르지 않고 항상 노력해
선정을 닦아 맘대로 되고
청정한 지혜 행함이 없어

인자하게 제도하고 가엾이 여기며
법에 기쁘고 번뇌 버리니
여러 가지 경계에
뜻을 알고 법을 알며

복덕을 모두 이루고
지혜는 칼과 같으며
널리 비추어 많이 들었고
밝게 알고 법으로 나아가

마魔를 알고 마의 길 알아
서원하고 모두 버리며
부처와 부처의 법을 보고
마음을 내어 거두어 주며

교만을 여의고 지혜를 닦아
마에 붙들리지 않으면
부처님이 붙들어 주고
법에도 붙들리나니

도솔천에 머물러 있다가
거기서 목숨을 마치면
어머니 태에 머무름 보이고
미세한 길도 나타내나니

탄생함을 보이고 히죽이 웃으며
일곱 걸음을 걷기도 하며
모든 기술을 배우기도 하고
깊은 궁전에 있기도 하며

집을 떠나서 고행을 닦고
도량에 나아가서는
단정히 앉아 광명을 놓아
모든 중생을 깨닫게 하며

마를 항복 받고 정각 이루어
위없는 법륜을 굴리며
이런 일들을 모두 마치고
큰 열반에 드시네.

저러한 모든 보살의 행은
오랜 세월에 닦아 익힌 것
광대하여 그지없나니
내가 이제 조금 말한다.

한량없는 중생을
부처의 공덕에 있게 하지만
중생이나 법에는
끝까지 집착이 없고

이러한 행을 갖추어
신통에 유희하면서
털 끝에 세계를 놓고
억천 겁을 지내며

한량없는 세계 손에 들고서
두루 다녀도 피곤 모르고
본래 있던 곳에 가져다 놓아도
중생들은 알지 못하며

가지가지로 장엄한
모든 세계를
보살이 들어서 털구멍에 넣고
참말로 보게도 하며

한 털구멍에
모든 바다를 넣어도
바닷물은 늘지도 줄지도 않고
중생들도 시끄럽지 않아

한량없는 모든 철위산鐵圍山
손으로 부수어 티끌 만들고
한 세계에 한 티끌씩 떨어져
모든 티끌이 다하게 하고

이 많은 티끌 떨어진 세계
모두 부수어 티끌 만들면
이 많은 티끌 안다 하여도
보살의 지혜 알지 못하네.

한 털구멍 속에서
한량없는 광명을 놓아
해와 달과 별의 빛과
마니 구슬빛 · 불빛 들이며

여러 하늘 광명까지
가려 버리며
나쁜 길의 고통 모두 없애고
위없는 법문을 연설하는데

수없는 세간의
갖가지 차별한 소리를
보살의 한 가지 음성으로
모두 말하되

온갖 부처님 법을
진정하게 분별하여서
여러 중생들이
듣고 기쁘게 하네.

과거의 모든 겁
미래와 현재에 옮겨 두고
미래와 현재의 겁을
과거의 세상에 가져다 두며

한량없는 세계가 타고
이루고 머무는 일 보이며
여러 세간들이
한 털구멍에 있기도 하나니

과거·미래·현재의
시방 모든 부처님이
몸 가운데 분명하게
모두 나타나네.

변화하는 법 잘 알고
중생의 마음을 따라
가지가지 몸 나타내지만
하나도 집착이 없어

여섯 길〔六趣〕의 중생의 몸
나타내기도 하고
제석·범왕·사천왕의 몸과
하늘과 사람의 몸도 나타내며

성문의 몸 · 연각의 몸
부처의 몸도 나타내고
보살의 몸도 나타내어
온갖 지혜 닦아 행하며

상 · 중 · 하 중생들의
모든 생각 그물에 들어가
보리를 이루는 일과
부처님 세계 나투고

여러 생각 그물 알지만
생각에는 자유자재해
보살의 행과
방편들을 닦기도 하네.

이렇게 엄청난
신통과 변화 보이지만
이런 경지를
세상은 알지 못하며

나타내어도 나타내는 것 없고
끝까지 점점 나아가
중생들의 마음을 따라
진실한 도를 얻게 하나니

몸과 말과 마음
평등하기 허공과 같고
계행은 바르는 향이요
여러 가지 행은 의복이라.

법의 비단은 엄연한 상투
온갖 지혜는 마니보배며
공덕이 두루하여
정수리에 물 부어 왕이 되니

바라밀은 수레바퀴
신통은 코끼리며
마음대로 다니는 건 말이요
지혜는 찬란한 진주

묘한 행은 궁녀 되고
네 가지 거둬 주는 곳간지기
방편으로 군사 맡고
보살의 전륜성왕.

삼매는 성곽이요
공적한 것 궁전이니
자비한 갑옷·지혜의 검
생각의 활과 밝은 것은 화살

신통력 일산 받고
지혜 당기 세웠어라.
참는 힘이 튼튼하게
마의 군중 깨뜨리네.

다라니는 평지 되고
모든 수행 강이 되며
맑은 지혜 샘물이요
묘한 슬기 수림樹林이라.

공한 것이 연못인
각覺의 연화 피었으니
신통과 힘 장엄하고
삼매로 오락 삼아

생각함이 채녀런가
단 이슬이 음식이라.
해탈 맛이 국물 되고
삼승으로 유희하네.

이 여러 보살의 행
미묘하고 더욱 늘어
무량겁에 수행해도
그의 믿음 싫지 않고

부처님께 공양하며
모든 세계 장엄하여
수많은 중생들이
온갖 지혜 머물고자

모든 세계 작은 티끌
그 수효를 모두 알고
엄청난 모든 허공
한 모래도 재어 알고

중생들의 모든 마음
잠깐 세어 안다 해도
불자들의 그 공덕은
말로 할 수 없으리니

이러한 큰 공덕과
묘한 법을 갖추려면
저 많은 중생들이
괴로움 떠나 편하려면

나의 몸과 말과 뜻이
부처님과 같으려면
금강 같은 마음 내어
이런 공덕 배우시오.

대방광불화엄경 제60권

제60권

39. 입법계품入法界品 ①

1) 근본 법회 ①

그 때 세존께서 실라벌국室羅筏國 서다림逝多林 급고독원給孤獨園 크게 장엄한 누각에서 보살마하살 오백 사람과 함께 계시는데 보현보살과 문수사리보살이 우두머리가 되었다.

그 이름은 광염당光焰幢보살·수미당須彌幢보살·보당寶幢보살·무애당無礙幢보살·화당華幢보살·이구당離垢幢보살·일당日幢보살·묘당妙幢보살·이진당離塵幢보살·보광당普光幢보살·지위력地威力보살·보위력寶威力보살·대위력大威力보살·금강지위력金剛智威力보살·이진구위력離塵垢威力보살·정법일위력正法日威力보살·공덕산위력功德山威力보살·지광영위력智光影威力보살·보길상위력普吉祥威力보살·지장地藏보살·허공장虛空藏보살·연화장蓮華藏보살·보장寶藏보살·일장日藏보살·정덕장淨德藏보살·법인장法印藏보살·광명장光明藏보살·제장臍藏보살·연화덕장蓮華

德藏보살・선안善眼보살・정안淨眼보살・이구안離垢眼보살・무애안無礙眼보살・보견안普見眼보살・선관안善觀眼보살・청련화안青蓮華眼보살・금강안金剛眼보살・보안寶眼보살・허공안虛空眼보살・희안喜眼보살・보안普眼보살과 천관天冠보살・보조법계지혜관普照法界智慧冠보살・도량관道場冠보살・보조시방관普照十方冠보살・일체불장관一切佛藏冠보살・초출일체세간관超出一切世間冠보살・보조관普照冠보살・불가괴관不可壞冠보살・지일체여래사자좌관持一切如來師子座冠보살・보조법계허공관普照法界虛空冠보살・범왕계梵王髻보살・용왕계龍王髻보살・일체화불광명계一切化佛光明髻보살・도량계道場髻보살・일체원해음보왕계一切願海音寶王髻보살・일체불광명마니계一切佛光明摩尼髻보살・시현일체허공평등상마니왕장엄계示現一切虛空平等相摩尼王莊嚴髻보살・시현일체여래신변마니왕당망수부계示現一切如來神變摩尼王幢網垂覆髻보살・출일체불전법륜음계出一切佛轉法輪音髻보살・설삼세일체명자음계說三世一切名字音覆髻보살・대광大光보살・이구광離垢光보살・보광寶光보살・이진광離塵光보살・염광燄光보살・법광法光보살・적정광寂靜光보살・일광日光보살・자재광自在光보살・천광天光보살・복덕당福德幢보살・지혜당智慧幢보살・법당法幢보살・신통당神通幢보살・광당光幢보살・화당華幢보살・마니당摩尼幢보살・보리당菩提幢보살・범당梵幢보살・보광당普光幢보살과 범음梵音보살・해음海音보살・대지음大地音보살・세주음世主音보살・산상격음山相擊音보살・변일체법계음徧一切法界音보살・진일체법해뢰음震一切法海雷音보살・항마음降魔音보살・대비방편운뢰음大悲方便雲雷音보살・식일체세간고안위음息一切世間苦安慰音보살・법상法上보살・승상勝上보살・지상智上보살・복덕수미상福德須彌上보살・공덕산호상功德珊瑚上보살・명칭상名稱上보살・보광상普光上보살・대자상大慈上보살・지해상智海上보살・불종상佛種上보살과 광승光勝보살・덕승德勝보살・상승上勝보살・보명승普明勝보살・법승法勝보살・월승月勝보살・허공승虛空勝보살 · 보승寶勝보살 · 당승幢勝보살 · 지승智勝보살 · 사라자재왕娑羅自在王보살 · 법자재왕法自在王보살 · 상자재왕象自在王보살 · 범자재왕梵自在王보살 · 산자재왕山自在王보살 · 중자재왕衆自在王보살 · 속질자재왕速疾自在王보살 · 적정자재왕寂靜自在王보살 · 부동자재왕不動自在王보살 · 세력자재왕勢力自在王보살 · 최승자재왕最勝自在王보살 · 적정음寂靜音보살 · 무애음無礙音보살 · 지진음地震音보살 · 해진음海震音보살 · 운음雲音보살 · 법광음法光音보살 · 허공음虛空音보살 · 설일체중생선근음說一切衆生善根音보살 · 시일체대원음示一切大願音보살 · 도량음道場音보살 · 수미광각須彌光覺보살 · 허공각虛空覺보살 · 이염각離染覺보살 · 무애각無礙覺보살 · 선각善覺보살 · 보조삼세각普照三世覺보살 · 광대각廣大覺보살 · 보명각普明覺보살 · 법계광명각法界光明覺보살이니, 이런 보살마하살들 오백 사람과 함께 계시었다.

이 보살들이 다 보현의 행과 원을 성취하였는지라, 경계가 걸림 없으니 모든 부처의 세계에 두루하는 연고며, 몸을 나툼이 한량없으니 모든 여래에게 친근하는 연고며, 깨끗한 눈이 장애가 없으니 모든 부처님의 신통 변화하는 일을 보는 연고며, 이르는 곳이 제한이 없으니 모든 여래의 바른 각[正覺]을 이루는 곳에 항상 나아가는 연고며, 광명이 끝이 없으니 지혜의 빛으로 모든 실상의 법 바다에 두루 비추는 연고며, 법문 말함이 다함이 없으니 청정한 변재가 끝이 없는 겁에 다함이 없는 연고며, 허공계와 같으니 지혜의 행하는 바가 다 청정한 연고며, 의지한 데가 없으니 중생의 마음을 따라 육신[色身]을 나타내는 연고며, 어리석은 눈병을 제멸하였으니 중생계에 중생이 없음을 아는 연고며, 허공과 같은 지혜니 큰 광명 그물로 법계를 비추는 연고이었다.

오백의 성문들과 함께 있었으니, 다 참 이치를 깨닫고 진실한 짬을 증득하였으며 법의 성품에 깊이 들어가 영원히 생사의 바다에서 나왔으며 부처님의 공덕을 의지하여 맺어 부림의 얽힘〔結使縛〕을 떠났으며 걸림 없는 곳에 머물러 마음이 고요하기 허공과 같으며 의혹을 아주 끊고 부처의 지혜 바다에 믿음으로 들어갔다.

한량없는 세간 임금들과 함께 있으니, 다 한량없는 부처님을 공양하였고 항상 일체 중생을 이익하며 청하지 않은 벗이 되어 부지런히 수호하며 서원을 버리지 않고 세간의 훌륭한 지혜의 문에 들어갔으며 부처님의 가르침으로부터 나서 부처님의 바른 법을 보호하며 큰 서원을 일으키고 부처의 종자를 끊지 않으려고 여래의 가문에 나서 온갖 지혜를 구하였다.

이 때 보살들과 대덕 성문과 세간 임금들과 그 권속들이 다 이렇게 생각하였다.

'여래의 경계·여래의 지혜의 행·여래의 가지加持·여래의 힘·여래의 두려움 없음·여래의 삼매·여래의 머무르심·여래의 자재하심·여래의 몸·여래의 지혜를 모든 세간의 하늘과 사람들이 통달함이 없으며 들어감이 없으며 믿고 이해함이 없으며 분명하게 앎이 없으며 참고 받음이 없으며 살펴봄이 없으며 가려냄이 없으며 열어 보임이 없으며 펴서 밝힘이 없으며 중생들로 하여금 알게 함이 없나니, 부처님의 가피하신 힘·부처님의 신통하신 힘·부처님의 위덕의 힘·부처님의 본래 원하신 힘과 그 지난 세상의 선근善根의 힘·선지식들의 거두어 주는 힘·깊고 깨끗하게 믿는 힘·크게 밝혀 아는 힘·보리로 나아가는 청정한 마음의 힘·온갖 지혜를 구하는 광대한 서원의 힘을 제할 것이다.

바라건대 세존께서 우리와 중생들의 갖가지 욕망·갖가지 이해·갖가지 지혜·갖가지 말·갖가지 자유자재함·갖가지 머무는 처지·갖가지 근의 청정함·갖가지 뜻의 방편·갖가지 마음의 경계·갖가지 여래의 공덕을 의지함·갖가지 말씀하신 법을 들음을 따라서, 여래의 지난 세상에 온갖 지혜를 구하시던 마음·지난 세상에 일으키신 보살의 큰 서원·지난 세상에 깨끗케 하신 바라밀들·지난 세상에 들어가신 보살의 지위·지난 세상에 원만하신 보살의 수행·지난 세상에 성취한 방편·지난 세상에 닦던 도·지난 세상에 얻으신 벗어나는 법·지난 세상에 지으신 신통한 일·지난 세상에 행하신 전생의 일과 인연이며, 아울러 등정각을 이루고, 묘한 법륜을 굴리고, 부처의 국토를 청정케 하고, 중생을 조복하고 온갖 지혜의 법성法城을 열고, 일체 중생의 길을 보이고, 일체 중생의 머무는 데 들어가고, 일체 중생의 보시를 받고, 일체 중생에게 보시의 공덕을 말하고, 일체 중생에게 부처님의 영상을 나타내시던 그러한 법들을 말씀하여 주소서.'

그 때 세존께서 보살들의 생각함을 아시고, 큰 자비로 문이 되고 큰 자비로 머리가 되고 크게 자비한 법으로 방편을 삼아 허공에 충만하사 사자의 기운 뻗는 삼매〔師子頻申三昧〕에 드시었다.

이 삼매에 드시니 모든 세간이 모두 깨끗하게 장엄하여지고, 그 때에 이 크게 장엄한 누각이 별안간에 넓어져서 끝닿은 데가 없으니, 금강으로 땅이 되고 보배왕으로 위에 덮고, 한량없는 보배 꽃과 마니보배들을 가운데 흩어서 곳곳에 가득하였으며, 유리로 기둥이 되고 모든 보배가 합하여 된 대광大光 마니로 장엄하고 염부단금閻浮檀金과 여의如意보배를 그 위에 얹어서 장엄하게 꾸몄으며, 솟은 누각이 높이 어울리고 구름다리가 곁으로 뻗었으며, 추녀와 지붕이 마주 닿았고 문과 바라지가 서로 향하였으며, 섬돌과 축대와 마루들이 모두 구비되었다. 모든 것을 다 진기한 보배로 장식하였는데, 그 보배들은 하늘이나 사람의 형상으로 되었으며 튼튼하고 훌륭하고 기묘하기가 세상에 제일이며, 마니보배로 그물이 되어 그 위에 덮이었고, 문마다 곁에 당기와 번기를 세웠는데 모두 광명을 놓아 법계와 도량 밖에 두루하였고, 층층대와 난간들은 한량이 없어 이루 말할 수 없는데 모두 마니보배로 되었다.

　그 때에 또 부처님의 신통으로 서다림逝多林이 홀연히 커져서 말할 수 없는 부처 세계의 티끌 수 국토들과 면적이 같았는데, 묘한 보배들이 사이사이 장엄하고 말할 수 없는 보배가 땅에 깔렸으며, 아승기 보배로 담이 되고 보배 다라수多羅樹가 길 좌우로 장엄하였으며, 그 사이에는 한량없는 내가 있는데 향수가 가득하여 출렁거리고 소용돌며, 온갖 보배로 된 꽃이 물결을 따라 오른쪽으로 돌면서 저절로 불법의 음성을 내고, 부사의한 보배로 된 분다리芬陀利 꽃은 봉오리와 활짝 핀 것들이 물 위에 가득히 퍼졌는데, 여러 보배 꽃 나무들이 언덕에 줄지어 섰으며, 여러 가지 정자들은 헤아릴 수 없는 것이 언덕 위에 차례로 벌려 있어 마니 그물로 덮었다.

　아승기 보배는 광명을 놓고 아승기 보배로 땅을 장엄하였으며, 여러 가지 향을 사르니 향기가 진동하고, 다시 한량없는 갖가지 당기를 세웠으니, 이른바 보배 향 당기·보배 옷 당기·보배 번幡 당기·보배 비단 당기·보배 꽃 당기·보배 영락 당기·보배 화만 당기·보배 방울 당기·마니보배 일산 당기·큰 마니보배 당기·광명이 두루 비추는 마니보배 당기·모든 여래의 이름과 음성을 내는 마니왕 당기·사자 마니왕 당기·모든 여래의 본생 일을 말하는 바다 마니왕 당기·일체 법계의 영상을 나타내는 마니왕 당기들이 시방에 두루하여 열을 지어 장엄하였다.

　그 때 서다림 위의 허공에는 부사의한 하늘 궁전 구름·수없는 향 나무 구름·말할 수 없는 수미산 구름·말할 수 없는 풍류 놀이 구름·미묘한 음성을 내어 여래를 찬탄하는 말할 수 없는 보배 연꽃 구름·말할 수 없는 보배 자리 구름·하늘 옷을 깔고 보살이 위에 앉아 부처님 공덕을 찬탄하는 말할 수 없는 천왕의 평상으로 된 마니보배 구름·말할 수 없는 백진주 구름·말할 수 없는 적진주 누각 장엄거리 구름·말할 수 없는 금강을 비내리는 견고한 진주 구름이 허공에 가득하게 퍼져 있어 훌륭하게 장식하였다.

왜냐 하면 여래의 선근이 부사의하며, 여래의 선한 법[白法]이 부사의하며, 여래의 위엄과 힘이 부사의하며, 여래가 한 몸으로 자재하게 변화하여 모든 세계에 두루하는 것이 부사의하며, 여래가 신통한 힘으로써 모든 부처님과 부처님 국토의 장엄을 그 몸에 들어오게 함이 부사의하며, 여래가 한 티끌 속에 모든 법계의 영상을 나타냄이 부사의하며, 여래가 한 털구멍 속에 과거에 모든 부처님을 나타내심이 부사의하며, 여래가 낱낱 광명을 놓는 대로 모든 세계에 두루 비침이 부사의하며, 여래가 한 털구멍에서 모든 세계의 티끌 수 같은 변화하는 구름을 내어 여러 부처님 국토에 가득함이 부사의하며, 여래가 한 털구멍 속에 모든 시방세계의 이루고 머물고 무너지는 겁[成住壞劫]을 두루 나타냄이 부사의한 연고였다.

이 서다림 급고독원給孤獨園에서 부처님 국토가 청정하게 장엄한 것을 보듯이, 시방의 온 법계 허공계에 가득한 모든 세계에서도 이와 같이 보나니, 이른바 여래의 몸이 서다림에 계신 데 보살 대중이 다 가득함을 보며, 모든 장엄을 비내리는 구름을 보며, 모든 보배를 비내려 광명이 밝게 비추는 구름을 보며, 모든 마니보배를 비내리는 구름을 보며, 모든 장엄한 일산을 비내려 부처님 세계를 뒤덮는 구름을 보며, 모든 하늘의 몸을 비내리는 구름을 보며, 모든 꽃 나무를 비내리는 구름을 보며, 모든 의복 나무[衣樹]를 비내리는 구름을 보며, 모든 보배 화만과 영락瓔珞을 비내려 끊이지 아니하여 온 땅 위에 두루하는 구름을 보며, 모든 장엄거리를 비내리는 구름을 보며, 모든 중생의 형상 같은 가지가지 향을 비내리는 구름을 보며, 모든 미묘한 꽃 그물을 비내려 계속하고 끊이지 않는 구름을 보며, 모든 천녀를 비내려 보배 당기 번기를 들고 허공 속에서 오고 가는 구름을 보며, 모든 보배 연꽃을 비내리는데 꽃과 잎 사이에서 가지가지 음악 소리가 저절로 나오는 구름을 보며, 모든 사자좌를 비내려 보배 그물과 영락으로 장엄하는 구름을 보는 것이다.

그 때 동방으로 말할 수 없는 부처 세계의 티끌 수 세계해를 지나서 그 밖에 세계가 있으니, 이름이 황금 등 구름 당기〔金燈雲幢〕요, 부처님 명호는 비로자나승덕왕毘盧遮那勝德王이며 그 대중 가운데 보살이 있으니 이름이 비로자나원광명毘盧遮那願光明이었다. 말할 수 없는 부처 세계의 티끌 수 보살들과 함께 부처님 계신 데 오면서, 신통한 힘으로 여러 가지 구름을 일으키니, 이른바 하늘 꽃 구름·하늘 향 구름·하늘 가루향 구름·하늘 화만 구름·하늘 보배 구름·하늘 장엄거리 구름·하늘 보배 일산 구름·하늘의 미묘한 옷 구름·하늘 보배 당기 번기 구름·하늘의 모든 보배 장엄 구름이 허공에 가득하였다.

부처님 계신 데 이르러 부처님 발에 절하고, 동방에서 보배로 장엄한 누각과 시방을 두루 비추는 보배 연화장 사자좌를 변화하여 만들고는, 여의주 보배 그물로 몸에 두르고 권속들과 함께 가부하고 앉았다.

남방으로 말할 수 없는 부처 세계의 티끌 수 세계해를 지나서 그 밖에 세계가 있으니, 이름이 금강장金剛藏이요, 부처님 명호는 보광명무승장왕普光明無勝藏王이며, 그 대중 가운데 보살이 있으니 이름이 불가괴정진왕不可壞精進王이었다. 말할 수 없는 부처 세계의 티끌 수 보살들과 함께 부처님 계신 데 오면서, 모든 보배 향 그물과 모든 보배 영락 그물과 모든 보배 꽃 띠〔帶〕와 모든 보배 화만 띠와 모든 금강 영락과 모든 마니보배 그물과 모든 보배 의대衣帶와 모든 보배 영락 띠와 모든 훌륭한 광명 마니 띠와 모든 사자 마니보배 영락을 가지고 신통한 힘으로 모든 세계해에 가득하였다.

 부처님 계신 데 이르러 부처님 발에 절하고, 남방에서 세간에 두루 비추는 마니보배로 장엄한 누각과 시방을 두루 비추는 보배 연화장 사자좌를 변화하여 만들고는, 모두 보배 꽃 그물로 몸에 두르고 권속들과 함께 가부하고 앉았다.

 서방으로 말할 수 없는 부처 세계의 티끌 수 세계해를 지나서 그 밖에 세계가 있으니, 이름이 마니보배 등불 수미산 당기〔摩尼寶燈須彌山幢〕요, 부처님 명호는 법계지등法界智燈이며, 그 대중 가운데 보살이 있으니 이름이 보승무상위덕왕普勝無上威德王이었다. 세계해의 티끌 수 보살들과 함께 부처님 계신 데 오면서, 신통한 힘으로 말할 수 없는 세계의 티끌 수 가지가지 바르는 향·사르는 향 수미산 구름과, 말할 수 없는 부처 세계의 티끌 수 갖가지 빛 향수香水 수미산 구름과, 말할 수 없는 부처 세계의 티끌 수와 같은 모든 땅의 티끌과 같은 광명 마니왕 수미산 구름과, 말할 수 없는 부처 세계의 티끌 수 갖가지 불꽃 바퀴로 장엄한 당기 수미산 구름과, 말할 수 없는 부처 세계의 티끌 수 갖가지 빛 금강장마니왕으로 장엄한 수미산 구름과, 말할 수 없는 부처 세계의 티끌 수 모든 세계를 두루 비치는 염부단금 마니보배 당기 수미산 구름과 말할 수 없는 세계의 티끌 수 모든 법계를 나타내는 마니보배 수미산 구름과, 말할 수 없는 부처 세계의 티끌 수 모든 부처님의 잘생긴 모습을 나타내는 마니보배왕 수미산 구름과, 말할 수 없는 세계의 티끌 수 모든 여래의 본생 일〔本事〕 인연을 나타내고 보살들의 행하던 행을 말하는 마니보배왕 수미산 구름과, 말할 수 없는 부처 세계의 티끌 수 모든 부처님께서 보리도량에 앉으심을 나타내는 마니보배왕 수미산 구름을 일으키어 법계에 가득하였다.

 부처님 계신 데 이르러 부처님 발에 절하고, 서방에서 모든 향왕香王

으로 된 누각을 변화하여 만드니, 진주 보배 그물이 위에 덮이었고, 또 제석의 그림자 당기 보배 연화장 사자좌를 변화하여 만들고는, 묘한 빛 마니 그물로 몸에 두르며 심왕보배관〔心王寶冠〕으로 머리를 장엄하고 권속들과 함께 가부하고 앉았다.

북방으로 말할 수 없는 부처 세계의 티끌 수 세계해를 지나서 그 밖에 세계가 있으니, 이름이 보배 옷 광명 당기〔寶衣光明幢〕요, 부처님 명호는 조허공법계대광명照虛空法界大光明이며, 그 대중 가운데 보살이 있으니 이름이 무애승장왕無礙勝藏王이었다. 세계해의 티끌 수 보살들과 함께 부처님 계신 데 오면서 신통한 힘으로 모든 보배 옷 구름을 일으키니, 이른바 황색 보배 광명 옷 구름·갖가지 향을 풍기는 옷 구름·해 당기 마니왕 옷 구름·금빛 치성한 마니옷 구름·모든 보배 불꽃 옷 구름·모든 별 모양 훌륭한 마니옷 구름·백옥빛 마니옷 구름·광명이 비추어 매우 찬란한 마니옷 구름·광명이 비추어 위세가 치성한 마니옷 구름·장엄 바다 마니옷 구름들이 허공에 가득하였다.

부처님 계신 데 이르러 부처님 발에 절하고, 북방에서 마니보배 바다로 장엄한 누각과 비유리毗瑠璃 보배 연화장 사자좌를 변화하여 만들고는, 사자 위덕 마니왕 그물로 몸에 두르며 청정한 보배왕으로 동곳을 삼고 권속들과 함께 가부하고 앉았다.

동북방으로 말할 수 없는 부처 세계의 티끌 수 세계해를 지나서 그 밖에 세계가 있으니, 이름이 모두가 환희하는 청정한 광명 그물〔一切歡喜淸淨光明網〕이요, 부처님 명호는 무애안無礙眼이며, 그 대중 가운데 보살이 있으니, 이름이 화현법계원월왕化現法界願月王이었다. 세계해의 티끌 수 보살들과 함께 부처님 계신 데 오면서, 신통한 힘으로 보배 누각 구름·향 누각 구름·사르는 향 누각 구름·꽃 누각 구름·전단 누각 구름·금강 누각 구름·마니 누각 구름·금 누각 구름·옷 누각 구름·연꽃 누각 구름을 일으켜 시방의 모든 세계를 덮었다.

부처님 계신 데 이르러 부처님 발에 절하고, 동북방에서 모든 법계문 큰 마니 누각과 짝할 이 없는 향왕 연화장 사자좌를 변화하여 만들고는, 마니꽃 그물로 몸에 두르며 묘한 보배광 마니 왕관을 쓰고 권속들과 함께 가부하고 앉았다.

동남방으로 말할 수 없는 부처 세계의 티끌 수 세계해를 지나서 그 밖에 세계가 있으니, 이름이 향 구름 장엄한 당기〔香雲莊嚴幢〕요, 부처님 명호는 용자재왕龍自在王이며, 그 대중 가운데 보살이 있으니, 이름이 법혜광염왕法慧光焰王이었다. 세계해의 티끌 수 보살들과 함께 부처님 계신 데 오면서, 신통한 힘으로 금빛 원만한 광명 구름·한량없는 보배빛 원만한 광명 구름·여래의 백호상 원만한 광명 구름·여러 가지 보배빛 원만한 광명 구름·연화장 원만한 광명 구름·뭇보배 나뭇가지 원만한 광명 구름·여래의 정수리 상투 원만한 광명 구름·염부단금빛 원만한 광명 구름·햇빛 원만한 광명 구름·별과 달빛 원만한 광명 구름을 일으켜 허공에 가득하였다.

부처님 계신 데 이르러 부처님 발에 절하고, 동남방에서 비로자나毗盧遮那 최상 보배 광명 누각과 금강 마니 연화장 사자좌를 변화하여 만들고는, 뭇 보배빛 불꽃 마니왕 그물로 몸을 두르고 권속들과 함께 가부하고 앉았다.

서남방으로 말할 수 없는 부처 세계의 티끌 수 세계해를 지나서 그 밖에 세계가 있으니, 이름이 햇빛 마니광〔日光魔尼藏〕이요, 부처님 명호는 보조제법지월왕普照諸法智月王이며, 그 대중 가운데 보살이 있으니, 이름이 최파일체마군지당왕摧破一切摩軍智幢王이었다. 세계해의 티끌 수 보살들과 함께 부처님 계신 데 오면서, 모든 털구멍에서 허공계와 같은 꽃 불꽃 구름·향 불꽃 구름·보배 불꽃 구름·금강 불꽃 구름·사르는 향 불꽃 구름·번갯빛 불꽃 구름·비로자나 마니보배 불꽃 구름·모든 금빛 불꽃 구름·승장마니왕 광명 불꽃 구름·삼세 여래 바다와 같은 광명 불꽃 구름을 내니, 하나하나가 다 털구멍에서 나와 허공에 가득하였다.

부처님 계신 데 이르러 부처님 발에 절하고, 서남방에서 시방 법계의 광명그물을 나타내는 큰 마니보배 누각과 향 등 불꽃 보배 연화장 사자좌를 변화하여 만들고는, 때 여읜 광 마니 그물로 몸에 두르며 일체 중생을 떠나 나아가는 음성을 내는 마니왕으로 잘 꾸민 관을 쓰고 권속들과 함께 가부하고 앉았다.

서북방으로 말할 수 없는 부처 세계의 티끌 수 세계해를 지나서 그 밖에 세계가 있으니, 이름이 비로자나 서원 마니왕장〔毘盧遮那願摩尼王藏〕이요, 부처님 명호는 보광명최승수미왕普光明最勝須彌王이며, 그 대중 가운데 보살이 있으니, 이름이 원지광명당願智光明幢이었다. 세계해의 티끌 수 보살들과 함께 부처님 계신 데로 오면서, 잠깐잠깐에 모든 잘생긴 모습·모든 털구멍·모든 몸의 부분에서, 삼세 모든 여래의 형상 구름·모든 보살의 형상 구름·모든 여래의 대중 형상 구름·모든 여래의 변화한 몸 형상 구름·모든 여래의 본생몸의 형상 구름·모든 성문聲聞과 벽지불辟支佛의 형상 구름·모든 여래의 보리도량 형상 구름·모든 여래의 신통 변화 형상 구름·모든 세간 임금들의 형상 구름·모든 청정한 국토의 형상 구름을 내어 허공에 가득하였다.

부처님 계신 데 이르러 부처님 발에 절하고, 서북방에서 시방에 두루 비추는 마니보배로 장엄한 누각과 세간을 두루 비추는 보배 연화장 사자좌를 변화하여 만들고는, 이길 이 없는〔無能勝〕광명 진주 그물로 몸에 두르며 보광명 마니보배 관을 쓰고 권속들과 함께 가부하고 앉았다.

하방으로 말할 수 없는 부처 세계의 티끌 수 세계해를 지나서 그 밖에 세계가 있으니, 이름이 모든 여래의 원만한 빛이 두루 비침[一切如來圓滿光普照]이요, 부처님 명호는 허공무애상지당왕虛空無礙相智幢王이며, 그 대중 가운데 보살이 있으니, 이름이 파일체장용맹지왕破一切障勇猛智王이었다. 세계해의 티끌 수 보살들과 함께 부처님 계신 데로 오면서, 모든 털구멍 속으로 일체 중생의 말 바다를 말하는 음성 구름을 내며, 모든 삼세 보살의 수행하는 방편 바다를 말하는 음성 구름을 내며, 모든 보살이 일으킨 원과 방편 바다를 말하는 음성 구름을 내며, 모든 보살이 청정한 바라밀을 성취하는 방편 바다를 말하는 음성 구름을 내며, 모든 보살의 원만한 행이 모든 세계에 두루함을 말하는 음성 구름을 내며, 모든 보살이 자재한 작용 이룸을 말하는 음성 구름을 내며, 모든 여래가 도량에 나아가 마魔의 군중을 파하고 정각을 이루는 자재한 작용을 말하는 음성 구름을 내며, 모든 여래가 법륜을 굴리던 경전의 이름 바다를 말하는 음성 구름을 내며, 모든 마땅한 대로 중생을 교화하고 조복하는 법의 방편 바다를 말하는 음성 구름을 내며, 모든 때를 따르고 선근을 따르고 원력을 따라서 중생들로 하여금 지혜를 증득하게 하는 방편 바다를 말하는 음성 구름을 내었다.

부처님 계신 데 이르러 부처님 발에 절하고, 하방에서 모든 여래의 궁전 형상을 나타내는 여러 보배로 장엄한 누각과 모든 보배 연화장 사자좌를 변화하여 만들고는, 도량의 그림자를 나타내는 마니보배 관을 쓰고 권속들과 함께 가부하고 앉았다.

상방으로 말할 수 없는 부처 세계의 티끌 수 세계해를 지나가서 그 밖에 세계가 있으니, 이름이 부처님 종자 성품을 말하여 다함 없음[說佛種性無有盡]이요, 부처님 명호는 보지륜광명음普智輪光明音이며, 그 대중 가운데 보살이 있으니, 이름이 법계차별원法界差別願이었다. 세계해의 티끌 수 보살들과 함께 저 도량에서 떠나 이 사바세계의 석가모니부처님 계신 데로 오면서, 모든 잘생긴 모습과 모든 털구멍과 모든 몸의 부분과 모든 손・발가락과 모든 장엄거리와 모든 의복에서 비로자나 등 과거의 모든 부처님과 미래의 모든 부처님들로서 수기授記를 받기도 하고 못 받기도 한 이와 현재 시방 국토에 계신 모든 부처님과 그 대중들을 나타내며 또 과거에 단檀바라밀을 행하기도 하고 모든 보시를 받은 이의 본생 일들을 나타내며, 또 과거에 시라尸羅바라밀을 행하던 본생 일들을 나타내며, 또 과거에 찬제羼提바라밀을 행하면서 온몸을 도려내어도 마음이 흔들리지 않던 본생 일들을 나타내며, 또 과거에 정진精進바라밀을 행하면서 용맹하게 물러가지 않던 본생 일들을 나타내며, 또 과거에 모든 여래의 선禪바라밀을 구하여 성취하던 본생 일들을 나타내며, 또 과거에 모든 부처님의 굴린 법들을 구하여 성취한 법과 용맹한 마음을 내어 온갖 것을 모두 버리던 본생 일들을 나타내며, 또 과거에 모든 부처님 뵈옵기를 좋아하고 모든 보살의 도를 행하기를 좋아하고 모든 중생들을 교화하기를 좋아하던 본생 일들을 나타내며, 또 과거에 내었던 보살의 큰 서원을 청정하게 장엄하는 본생 일들을 나타내며, 또 과거에 보살이 이루던 역力바라밀을 용맹하고 깨끗케 하는 본생 일들을 나타내며, 또 과거에 모든 보살이 지〔智〕바라밀을 닦아 원만케 하던 본생 일들을 나타내어, 이와 같은 모든 본생 일 바다들이 광대한 법계에 모두 가득하였다.

　부처님 계신 데 이르러 부처님 발에 절하고, 상방에서 모든 금강장金剛藏으로 장엄한 누각과 제청帝靑 금강왕으로 된 연화장 사자좌를 변화하여 만들고는, 모든 보배 광명 마니왕 그물로 몸에 두르며 삼세 여래의 이름을 연설하는 마니보배왕으로 상투 동곳을 삼고 권속들과 함께 가부하고 앉았다.

　이러한 시방의 모든 보살과 그 권속들은 모두 보현보살의 행과 서원 가운데서 났으니, 청정한 지혜 눈으로 삼세 부처님을 보고, 모든 부처님 여래의 굴리신 법륜인 수다라(修多羅) 바다를 모두 들었으며, 모든 보살의 자유자재한 저 언덕에 이미 이르렀고, 생각생각마다 큰 신통 변화를 나타내어 모든 부처님 여래에게 친근하며, 한 몸이 모든 세계 모든 여래의 대중이 모인 도량에 가득하였다.

한 티끌 속에 모든 세간의 경계를 나타내어 모든 중생을 교화하고 성취하되 때를 놓치지 아니하며, 한 털구멍에서 모든 여래의 법을 말하는 음성을 내며, 모든 중생이 눈어리(幻) 같음을 알며, 모든 부처님이 그림자 같음을 알며, 모든 길(趣)에 태어남이 꿈과 같음을 알며, 모든 업을 지어 과보 받는 것이 거울 속의 영상과 같음을 알며, 모든 생사의 일어남이 더울 적의 아지랑이 같음을 알며, 모든 세계가 변화함과 같음을 알아, 여래의 십력(十力)과 두려움 없음(無畏)을 성취하였고, 용맹하고 자재하게 사자후하여 그지없는 변재 바다에 깊이 들어갔으며, 모든 중생의 말을 아는 모든 법의 지혜를 얻었고, 허공과 법계에 다님이 걸림 없으며 모든 법이 장애가 없음을 알았다.

모든 보살의 신통한 경계를 이미 청정히 하였고, 용맹하게 정진하여 마의 군대(魔軍)를 꺾어 굴복하며, 항상 지혜로 삼세를 통달하며, 모든 법이 허공과 같음을 알아 어김이 없고 집착이 없으며, 비록 부지런히 정진하나 온갖 지혜가 마침내 온 데가 없음을 알고, 비록 경계를 보나 온갖 것이 얻을 수 없음을 알며, 방편의 지혜로 모든 법계에 들어가고 평등한 지혜로 모든 국토에 들어갔다.

자유자재한 힘으로 모든 세계가 차례차례 서로 들어가게 하며, 모든 세계의 곳곳마다 태어나서 여러 세계의 갖가지 형상을 보며, 미세한 경계에 광대한 세계를 나타내고 광대한 경계에 미세한 세계를 나타내며, 한 부처님 계신 데서 잠깐 동안에 모든 부처님의 위신이 가피되어 시방

세계를 보는 데 미혹이 없이 잠깐 동안에 다 나아갈 수 있었다.

　이러한 모든 보살이 서다림에 가득 찼으니, 이것은 모두 여래의 위엄과 신통한 힘이었다.

　이 때에 큰 성문들의 우두머리인 사리불舍利弗・대목건련大目揵連・마하가섭摩訶迦葉・이파다離波多・수보리須菩提・아누루타阿㝹樓馱・난타難陀・겁빈나劫賓那・가전연迦旃延・부루나富樓那들의 여러 큰 성문들이 서다림에 있었으니, 모두 여래의 신통한 힘・여래의 잘생긴 모습・여래의 경계・여래의 유희・여래의 신통 변화・여래의 높으심・여래의 묘한 행・여래의 위덕・여래의 머물러 지니심・여래의 청정한 세계들을 보지 못하였고, 또 부사의한 보살의 경계・보살의 대회大會・보살의 두루 들어감・보살의 널리 모여 옴・보살의 널리 나아감・보살의 신통 변화・보살의 유희・보살의 권속・보살의 방소・보살의 장엄한 사자좌・보배의 궁전・보살의 계신 곳・보살의 들어간 삼매의 자재함・보살의 관찰・보살의 기운 뻗음・보살의 용맹・보살의 공양・보살의 수기 받음・보살의 성숙함・보살의 건장함・보살의 청정한 법의 몸・보살의 원만한 지혜의 몸・보살의 원하는 몸으로 나타남・보살의 육신을 성취함・보살의 모든 모습이 구족히 청정함・보살의 늘 있는 광명이 여러 빛으로 장엄함・보살이 놓는 큰 광명의 그물・보살이 일으키는 변화하는 구름・보살의 몸이 시방에 두루함・보살의 행이 원만함을 보지 못하였다.

　이러한 일들을 모든 성문 제자들이 다 보지 못하였나니, 왜냐 하면 선근이 같지 않은 연고며, 부처님을 뵈옵는 자재한 선근을 본래 익히지 않은 연고며, 시방세계 모든 부처님 국토의 청정한 공덕을 찬탄하지 않는 연고며, 부처님 세존들의 가지가지 신통과 변화를 본래 칭찬하지 않는 연고다.

본래부터 생사에 헤매는 가운데서 아뇩다라삼먁삼보리심을 내지 않은 연고며, 본래부터 다른 이를 보리심에 머물게 하지 못한 연고며, 본래부터 여래의 종자를 끊이지 않게 하지 못한 연고며, 본래부터 중생들을 거두어 주지 못한 연고며, 본래부터 다른 이를 권하여 보살의 바라밀을 닦게 하지 못한 연고다.

본래부터 생사에 헤매면서 중생에게 권하여 가장 훌륭한 큰 지혜의 눈을 구하게 하지 못한 연고며, 본래부터 온갖 지혜를 내는 선근을 닦지 아니한 연고며, 본래부터 여래의 출세하는 선근을 성취하지 못한 연고며, 본래부터 부처님 세계를 장엄하는 신통과 지혜를 얻지 못한 연고다.

본래부터 보살의 눈으로 아는 경계를 얻지 못한 연고며, 본래부터 세간에서 뛰어나는 함께하지 않는 보리의 선근을 구하지 않은 연고며, 본래부터 모든 보살의 큰 서원을 내지 않은 연고며, 본래부터 여래의 가피로 쫓아 나지 아니한 연고며, 본래부터 모든 법이 눈어리 같고 보살이 꿈 같음을 알지 못한 연고며, 본래부터 여러 큰 보살의 광대한 환희를 얻지 못한 연고다.

이런 것이 다 보현보살의 지혜 눈의 경계로서 모든 이승과 함께하지 않는 것이니, 이런 인연으로 여러 큰 성문들이 보지도 못하고 알지도 못하고 듣지도 못하고 들어가지도 못하고 얻지도 못하고 기억하지도 못하고 관찰하지도 못하고 요량하지도 못하고 생각하지도 못하고 분별하지도 못하였다. 그래서 서다림에 있으면서도 여래의 여러 가지 큰 신통 변화를 보지 못하였다.

또 여러 큰 성문들은 이런 선근이 없고 이런 지혜의 눈이 없고 이런 삼매가 없고 이런 해탈이 없고 이런 신통이 없고 이런 위덕이 없고 이런 세력이 없고 이런 자재함이 없고 이런 머물 곳이 없고 이런 경계가 없는 연고다. 그러므로 이것을 알지 못하고 보지 못하고 들어가지 못하고 증득하지 못하고 머물지 못하고 이해하지 못하고 관찰하지 못하고 견디어 받지 못하고 나아가지 못하고 다니지 못하며, 또 다른 이들을 위하여 열어 보이고 해설하고 칭찬하고 인도하여 나아가게 하지 못하며, 향하여 가게 하고 닦아 익히게 하고 편안히 머물게 하고 증득하게 하지 못하였다.

왜냐 하면 큰 제자들이 성문승을 의지하여 벗어났으므로 성문의 도를 성취하고 성문의 행을 만족하고 성문의 과보에 머무르며, 없다 있다 하는 진리에 결정한 지혜를 얻고 실제에 항상 머물러서 끝까지 고요하며, 크게 가엾이 여김을 떠나서 중생을 버리고 자기의 일에만 머무르고, 저 지혜는 쌓아 모으지도 못하고 닦아 행하지도 못하고 편안히 머물지도 못하고 원하여 구하지도 못하고, 성취하지도 못하고 청정히 하지도 못하고 들어가지도 못하고 통달하지도 못하고 알고 보지도 못하고 증하여 얻지도 못하였으므로, 서다림 안에 있으면서도 여래를 대하여 이렇게 광대한 신통 변화를 보지 못하였다.

불자여, 마치 항하의 언덕에 백천억 한량없는 아귀餓鬼가 있으니, 맨 몸뚱이에 굶주리고 목마르고 온몸이 불에 타며, 까마귀·수리·승냥이·이리들이 다투어 와서 할퀴고, 기갈에 시달리어 물을 먹으려 하지만, 강가에 있으면서도 물을 보지 못하고 설사 보더라도 물이 말랐나니, 왜냐 하면 두터운 업장이 덮인 탓이다.

저 성문들도 그와 같아서 서다림에 있으면서도 여래의 광대한 신통의 힘을 보지 못하고 온갖 지혜를 버리었으니 무명無明의 꺼풀이 눈을 덮은 탓이며, 일찍이 온갖 지혜의 선근을 심지 못한 탓이다.

어떤 사람이 여럿이 모인 데서 편안히 자다가 꿈을 꾸는데, 수미산須彌山 꼭대기에 제석천왕이 있는 선견성善見城을 보니, 궁전과 동산 숲이

가지가지로 훌륭하고 천자와 천녀 백천만억 인들이 하늘 꽃을 뿌려 땅에 가득하며, 여러 가지 의복 나무에서는 묘한 의복이 나오고 갖가지 꽃 나무에는 아름다운 꽃이 피고, 음악 나무에서는 하늘 음악을 연주하고, 하늘 아씨들은 아름다운 음성으로 노래하고 한량없는 하늘들이 즐겁게 놀며, 자신도 하늘 옷을 입고 그곳에서 오고 가는 것을 보지만, 회중에 있는 사람들은 비록 한자리에 있으나 알지도 못하고 보지도 못하나니, 왜냐 하면 꿈에 보는 것은 그 대중들의 볼 수 있는 것이 아닌 연고다.

　모든 보살과 세간의 임금들도 그와 같아서 본래부터 선근을 쌓은 힘과, 온갖 지혜의 광대한 원을 내었음과, 모든 부처 공덕을 닦음과, 보살의 장엄하는 도를 수행함과, 온갖 지혜의 지혜 법을 원만함과, 보현의 행과 원을 만족함과, 모든 보살의 지혜에 들어감과, 모든 보살의 머무는 삼매에 유희함과, 모든 보살의 경계를 관찰하여 걸림이 없는 연고로, 여래 세존의 부사의한 자유자재하는 신통 변화를 모두 보거니와, 성문인 제자들은 보지 못하고 알지 못하나니, 보살의 청정한 눈이 없는 연고다.

　마치 설산雪山에는 여러 가지 약초가 많이 있거든, 의사가 거기 가면 모두 잘 알지만, 사냥꾼이나 목동들은 그 산에 항상 있으면서도 약초를 보지 못한다.

　이것도 그와 같아서 보살들은 지혜의 경계에 들어가서 자유자재한 힘을 갖추었으므로 여래의 광대한 신통 변화를 보지만, 큰 제자들은 자기만 이익하고 다른 이는 이익하려 하지 않으며 자기만 편안하려 하고 다른 이는 편안케 하려 하지 않으므로 서다림 속에 있으면서도 알지도 못하고 보지도 못한다.

　마치 땅 속에 여러 가지 묻힌 보물과 귀중한 보배가 가득 찼는데, 어떤 사람이 총명하고 지혜가 있으며 모든 묻힌 보물을 잘 알고, 또 큰 복력도 있으므로 마음대로 가져다가 부모를 봉양하고 친족들에게 나누어주고 병들고 늙고 곤궁한 이들을 구제하지만, 지혜가 없고 복덕이 없는 사람은 비록 보물이 묻힌 데 가더라도 알지 못하고 보지 못하여 이익을 얻지 못한다.

이것도 그와 같아서 큰 보살들은 깨끗한 지혜의 눈이 있으므로 여래의 불가사의한 깊은 경계에 들어가서 부처의 신통한 힘을 보며 여러 가지 법문에 들어가 삼매의 바다에 놀면서 부처님께 공양하고 바른 법으로 중생들을 깨우치고 사섭법四攝法으로 중생들을 거두어 주거니와, 큰 성문들은 여래의 신통한 힘을 보지도 못하고 보살 대중을 보지도 못한다.

마치 눈먼 사람이 보배가 많은 섬에 가서 다니고 서고 앉고 누우면서도 온갖 보배를 보지 못하며, 보지 못하므로 가져다가 사용하지 못한다. 큰 제자들도 그와 같아서 서다림 속에서 세존께 친근하면서도 여래의 자유자재한 신통을 보지 못하며, 보살 대중도 보지 못하나니, 왜냐하면 보살의 걸림 없는 깨끗한 눈이 없어서 차례차례로 법계에 들어가지 못하고 여래의 자재한 힘을 보지 못하는 탓이다.

어떤 사람이 때가 없는 광명[離垢光明]이라는 청정한 눈을 얻으면 모든 어둠이 장애하지 못하므로, 캄캄한 밤중에 백천만억 사람이 있는 곳에서 가고 서고 앉고 누우면서 여러 사람의 형상과 위의를 이 눈 밝은 사람은 능히 보지만 이 눈 밝은 이의 오고 가는 행동은 저 여러 사람들이 보지 못한다. 부처님도 그와 같아서 지혜 눈을 성취하여 청정하고 걸림이 없으므로 모든 세상 사람들을 모두 보지만, 부처님이 나투시는 신통 변화와 큰 보살들이 둘러 모시는 것을 큰 제자들은 보지 못한다.

어떤 비구가 대중들 가운데서 온갖 곳에 두루한 선정[遍處定]에 들었으니, 이른바 땅 온갖 곳에 두루한 선정[地遍處定]·물 온갖 곳에 두루한 선정·불 온갖 곳에 두루한 선정·바람 온갖 곳에 두루한 선정·푸른 온갖 곳에 두루한 선정·누른 온갖 곳에 두루한 선정·붉은 온갖 곳에 두루한 선정·흰 온갖 곳에 두루한 선정·하늘 온갖 곳에 두루한 선정·갖가지 중생의 몸 온갖 곳에 두루한 선정·모든 말과 음성 온갖 곳에 두루한 선정 모든 반연할 온갖 곳에 두루한 선정들이다. 이 선정에 든 이는 그의 반연함을 보지만, 다른 대중은 모두 보지 못하나니, 오직 이 삼매에 머무른 이는 제한다.

여래가 나타내는 불가사의한 부처님의 경계도 그와 같아서 보살들은 보지만 성문은 보지 못한다.

어떤 사람이 몸 숨기는 약을 눈에 바르면, 대중 가운데서 오고 가고 앉고 서고 하여도 보는 이가 없지만, 대중의 하는 일은 모두 본다. 여래도 그와 같아서 세간을 초월하고서도 세간일을 두루 보거니와, 성문들은 보지 못하나니, 온갖 지혜의 경계에 나아가는 대보살들은 제한다.

마치 사람이 태어나면 두 하늘이 항상 따라다니나니, 하나는 같이 난〔同生〕이요, 하나는 같은 이름〔同名〕이다. 이 하늘은 항상 사람을 보아도 사람은 이 하늘을 보지 못한다. 여래도 그와 같아서 보살들 가운데서 큰 신통을 나타내는 것을 큰 성문들은 모두 보지 못한다.

어떤 비구가 마음이 자유자재함을 얻어 식이 없어진 선정[滅盡定]에 들면 육근六根으로 짓는 업이 모두 행하지 않고 모든 말을 알지도 못하고 깨닫지 못하지만, 선정의 힘으로 유지되는 연고로 열반에 들지 않는다. 모든 성문도 그와 같아서 비록 서다림 속에 있으면서 육근을 갖추었지만 여래의 자재하심과 보살 대중들이 짓는 일을 알지 못하고 보지 못하고 이해하지 못하고 들어가지 못한다.

왜냐 하면 여래의 경계는 매우 깊고 광대하여 보기 어렵고 알기 어렵고 측량하기 어렵고 헤아리기 어려우며, 모든 세간을 초월하여 부사의하고 파괴할 이가 없어서 모든 이승의 경계가 아니다. 그러므로 여래의 자유자재하신 신통한 힘과 보살 대중의 모임과 서다림이 모든 청정한 세계에 두루하였지만, 이러한 일을 여러 큰 성문은 모두 알고 보지 못하나니, 그 그릇이 아닌 탓이다.

이 때에 비로자나원광명毘盧遮那願光明보살이 부처님의 신력을 받들어 시방을 살펴보고 게송을 말하였다.

그대들은 마땅히 살펴보라.
부처님의 도는 부사의하여
이 서다림에서
신통한 힘을 보이시네.

잘 가신 이〔善逝〕의 위신의 힘
나타내심이 다함이 없어
모든 세간들이
미혹하여 알지 못하며

법왕의 깊고 묘한 법
한량이 없고 헤아릴 수 없어
이 나타내시는 여러 가지 신통
온 세상이 측량할 이 없고

법이 모양 없음을 알았으므로
부처라 이름하거니와

모양으로 장엄하심을
칭찬하여도 다할 수 없나니

지금 이 서다림 속에서
큰 신통의 힘 보이시는 일
깊고 깊어 가이없으며
말로는 분별할 수 없어.

큰 위덕을 갖춘
한량없는 보살 대중을 보라.
시방의 여러 국토로부터
와서 세존을 뵈옵고

소원이 다 구족하고
행하시는 일 장애 없으매
모든 세간 사람들
아무도 측량할 이 없어

모든 연각이나
큰 성문들은
보살의 행하는 경계를
누구도 알지 못하네.

보살의 큰 지혜
모든 지위를 끝까지 마치고

용맹한 당기 높이 세우니
꺾을 수도 흔들 수도 없으며

소문이 널리 퍼진 보살들
한량없는 삼매의 힘으로
나타내는 신통과 변화
법계에 가득히 차네.

이 때 불가괴정진왕不可壞精進王보살이 부처님 신력을 받들어 시방을 살펴보고 게송을 말하였다.

모든 불자들의 지혜와
공덕의 광〔藏〕을 그대는 보라.
보리행을 끝까지 갖추고
온 세간을 편안케 하나니.

그 마음 본래 통달하였고
모든 삼매에도 잘 들어가
지혜는 가이없고
경계는 측량 못하네.

지금 이 서다림이
가지가지로 장엄되어 있고
보살 대중이 구름처럼 모여와
여래를 친근히 모시나니

집착이 없고 한량이 없는
대중 바다를 그대가 보라.
시방으로부터 여기 와서
연꽃 자리에 앉았으나

온 데도 없고 머무름도 없고
의지함도 없고 희론도 없으며
때를 여읜 마음 걸림이 없어
법계의 끝까지 이르네.

지혜의 당기 세우니
견고하여 동요할 수 없고
변화가 없는 법을 알지만
변화하는 일을 나타내며

시방의 한량없는 세계
모든 부처님 계신 데를
한꺼번에 모두 나아가지만
몸은 나누지 아니해.

그대가 또 석가 사자의
자재하신 신통을 보라.
여러 보살들을
모두 모여 오게 하나니

모든 부처님 법은
법계가 다 평등하거니와
말로 하는 것이 같지 않음을
이 대중이 모두 통달하며

모든 부처님 언제나
법계에 평등하게 머물러
차별한 법을 연설하시니
그 말씀 다하지 않네.

이 때 보승무상위덕왕普勝無上威德王보살이 부처님의 신력을 받들어 시방을 살펴보고 게송을 말하였다.

그대가 보라. 보살의
광대한 지혜가 원만
때와 때 아닌 것 잘 알고
대승에게 법을 말하며

모든 외도의 여러 가지 희론
꺾어 굴복시키고
중생의 마음을 따라
신통한 힘을 나투네.

바른 깨달음 한량이 있지도 않고
한량이 없는 것도 아니니

한량 있는 것 한량없는 것을
모니牟尼께서는 모두 초월해.

해가 허공에 떠서
온갖 곳에 비치듯
부처님 지혜 그와 같아서
삼세법을 통달하며

마치 보름달이
조금도 모자람 없듯이
여래도 그와 같아서
흰 법이 가득 둥글어.

마치 허공에 뜬 해가
굴러 가고 쉬지 않듯이
여래도 그와 같아서
신통과 변화 항상 계속해.

마치 시방의 세계
허공에 걸림 없듯이
세간 등불이 변화를
세상에 나툼도 역시 그러해.

세간에 있는 땅덩이
모든 생물이 의지했듯이

세상을 비추는 등불
법륜을 의지함도 그러해.

마치 맹렬한 바람이
부는 데 장애 없듯이
부처님 법도 그와 같아서
온 세상에 빨리 두루해.

마치 큰 물 둘레〔大水輪〕를
세계가 의지했듯이
지혜 바퀴도 그와 같아서
삼세 부처님 의지하였네.

이 때 무애승장왕無礙勝藏王보살이 부처님의 신력을 받들어 시방을 살펴보고 게송을 말하였다.

비유컨대 큰 보배 산이
여러 중생을 이익케 하듯이
부처님 산도 그와 같아서
세간을 두루 이익케 하고

비유컨대 큰 바닷물이
깨끗하고 때가 없듯이
부처님을 뵈옴도 그와 같아서
목마른 애정을 덜어 주시고

비유컨대 수미산이
큰 바다에서 솟았듯이
세간 등불도 그와 같아서
법 바다 가운데서 나왔으며

마치 바다에는 보배가 많아
구하는 이가 모두 만족하듯이
스승 없는 지혜도 그와 같아서
보는 이는 모두 깨달아.

여래의 깊고 깊은 지혜
한량이 없고 수가 없나니
그래서 신통한 힘을
나타내는 일 부사의하네.

마치 공교한 요술쟁이가
여러 가지 술법을 나타내듯이
부처의 지혜도 그와 같아서
자유자재하는 힘 나타내 보이고

마치 여의주 보배가
모든 욕구를 채워주듯이
가장 훌륭한 이 그와 같아서
청정한 소원을 채워주고

마치 밝고 깨끗한 보배
　　모든 물건을 두루 비추듯
　　부처의 지혜도 그와 같아서
　　중생들의 마음 두루 비추고

　　마치 팔면으로 된 보배
　　여러 방위를 평등히 비추듯
　　걸림 없는 등불도 그와 같아서
　　온 법계에 두루 비추고

　　마치 물을 맑히는 구슬
　　흐린 물을 능히 맑히듯
　　부처님 뵈옴도 그와 같아서
　　여러 감관〔根〕이 깨끗해지네.

　이 때 화현법계원월왕化現法界願月王보살이 부처님의 신력을 받들어 시방을 살펴보고 게송을 말하였다.

　　비유컨대 제청보배〔帝靑寶〕가
　　모든 빛을 푸르게 하듯이
　　부처님 뵈온 이도 그와 같아서
　　보리의 행을 내게 되나니

　　하나하나 티끌 속마다
　　부처님이 신통을 나투어

한량이 없고 그지없는
보살들을 청정케 하고

깊고 깊은 미묘한 힘
그지없이 알 수 없나니
보살의 경계도
세상에서 측량 못하며

여래의 나투시는 몸
청정한 모양으로 장엄하시고
법계에 두루 들어가
보살들을 성취하누나.

헤아릴 수 없는 부처님 국토
거기서 정각을 이루시니
모든 보살들과
세간 임금들 가득히 차고

위없는 석가모니 부처님
모든 법에 자유자재해
신통한 힘을 나타내는 일
끝이 없어 헤아릴 수 없고

보살들의 갖가지 행
한량없고 끝이 없건만

여래의 자재하신 힘으로
모두 다 나타내시며

불자들이 깊은 법계를
잘 닦아 배우고
걸림 없는 지혜 이루어
온갖 법을 분명히 알고

잘 가신 이〔善逝〕의 위신의 힘
대중에게 법륜 굴리니
신통과 변화 두루 충만해
세상을 모두 청정케 하며,

여래는 지혜 원만하고
경계도 청정하여
마치 큰 용왕이
중생들을 건지는 듯.

이 때 법혜광염왕法慧光焰王보살이 부처님의 신력을 받들어 시방을 살펴보고 게송을 말하였다.

삼세 여래의
성문인 큰 제자들
부처님이 발 들고 내리는 일
모두들 알지 못하고

지난 세상·이 세상의
여러 연각들도
여래의 발 들고 내리는 일
모두들 알지 못하는데

하물며 범부들이
번뇌에 속박되고
무명이 덮였거늘
부처님을 어찌 알리.

정각의 걸림 없는 지혜
말로 할 길 초월하여
얼마인지 모르거든
뉘라서 알고 보리.

비유컨대 밝은 달빛
갓[邊際]을 측량 못하나니
부처님 신통도 그러하여
그 끝을 볼 수 없고

하나하나 모든 방편
잠깐잠깐 변화함을
한량없는 겁이 끝나도록
생각하여도 알지 못하며

헤아려서 알 수 없는
온갖 지혜를 생각하는
낱낱 방편문
끝닿은 데를 알 수 없나니

누구나 이 법에 대하여
광대한 서원만 일으키면
그 사람은 이런 경계를
알고 보기 어렵지 않고

생각하기 어려운 법 바다
용맹하게 닦아 익히면
그 마음은 장애가 없어
이 방편문에 들어가리니

마음은 이미 조복되었고
소원도 크고 넓어서
큰 보리의
가장 좋은 경계를 얻으리.

그 때 파일체마군지당왕破一切魔軍智幢王보살이 부처님의 신력을 받들어 시방을 살펴보고 게송을 말하였다.

지혜의 몸은 몸이 아니니
걸림도 없고 생각하기 어려워

설사 생각하는 이 있어도
모든 것 믿기 어렵고

부사의한 업으로부터
청정한 이 몸 생기었으니
유난히 묘하게 장엄
삼계에 집착이 없어

밝은 광명 온갖 것에 비치니
법계가 모두 청정해
부처의 보리문 열고
여러 가지 지혜를 내고

마치 세간의 햇빛이
지혜의 광명을 놓아
모든 때와 티끌 멀리 여의고
온갖 장애 없애 버리며

삼계를 모두 깨끗이 하여
생사의 물결 영원히 끊고
보리의 도를 성취하여
위없는 깨달음 내나니

그지없는 빛깔 나타내니
이 빛이 의지한 데 없어

한량없는 것을 나투지만
하나도 생각할 수 없고

보살이 잠깐 동안에
온갖 법 깨닫지만
여래의 지혜의 끝간데
어떻게 측량하려나.

온갖 삼세법을
한 생각에 통달하올새
그러므로 부처님 지혜는
끝도 없고 파괴할 수도 없어

지혜 있는 이 이렇게
부처의 보리 생각하나니
이 생각 말할 수 없어
생각으로는 찾지 못하네.

보리는 말할 수 없고
말로 할 길을 뛰어넘어서
부처님들 여기서 났으매
이 법은 불가사의해.

이 때 원지광명당왕願智光明幢王보살이 부처님의 신력을 받들어 시방을 살펴보고 게송을 말하였다.

보리의 끝없는 바다
누구나 잘 생각하면
어리석은 생각 여의고
결정코 법을 받으리.

결정한 마음 얻기만 하면
묘한 행 능히 닦아서
고요한 경계 생각하고
모든 의혹 아주 끊나니

그 마음 피로하지 않고
게으른 생각도 없이
점점 더 닦아 나아가
부처님 법을 끝마치리라.

믿음과 지혜 성취하였고
생각생각에 더욱 증장해
항상 즐겁고 항상 살피나
얻을 것 없고 의지할 법도 없어

한량없는 억천겁에
닦은 공덕의 행
여러 부처님 구하던 도에
모든 것을 회향하리라.

죽살이 속에 있기는 하나
마음이 물들지 않고
불법에 편안히 머물러
여래의 행을 항상 즐기네.

이 세상에 있는
오온·십팔계 모든 법들
온갖 것을 모두 버리고
부처의 공덕 구해나 볼까.

범부는 의혹에 얽혀
세상에 헤매는 것을
보살의 마음 걸림이 없어
구원하여 해탈케 하고

보살의 행은 말할 수 없고
모든 세상이 생각도 못하나
온갖 괴로움 두루 없애고
중생들에게 즐거움 주네.

보리의 지혜 이미 얻었고
모든 중생들 가엾이 여겨
밝은 빛으로 세간에 비추어
모든 무리를 건져 내나니.

이 때 파일체장용맹지왕破一切障勇猛智王보살이 부처님의 신력을 받들어 시방을 살펴보고 게송을 말하였다.

한량없는 억천겁 동안
부처님 이름 듣지도 못하거든
하물며 친근히 모시고
모든 의혹 끊을 수 있으랴.

여래는 세간의 등불
모든 법 통달하시고
삼세 복을 두루 내어
중생들을 청정케 하며

여래의 미묘한 육신
모든 이의 존경하는 대상
오랜 세월에 항상 앙모하여도
마음에 만족한 줄 몰라

만일 어느 불자가
부처님의 육신을 본다면
모든 집착을 버리고
보리의 길에 회향하오리.

여래의 미묘한 육신
광대한 음성 항상 내며

변재가 걸림이 없어
부처님의 보리문 열고

한량없고 부사의한
모든 중생 깨우쳐
지혜의 문에 들게 하고
보리의 수기 주시네.

여래가 세간에 나시어
세상에 큰 복밭 되시고
모든 중생 인도하여
복덕의 행 모으게 하며

누구나 부처님께 공양하면
나쁜 길의 두려움 없어지고
모든 괴로움 소멸하여
지혜의 몸 성취하며

누구나 양족존兩足尊 뵈옵고
광대한 마음 내기만 하면
이 사람 부처님 항상 만나
지혜의 힘이 증장하고

만일 인간에서 수승한 이 보고
뜻을 결단코 보리에 향하면

이 사람 장래에 성불한 줄을
스스로 알게 되리라.

이 때 법계차별원지신통왕法界差別願智神通王보살이 부처님의 신력을 받들어 시방을 살펴보고 게송을 말하였다.

석가모니 위없는 세존
모든 공덕 갖추시니
보는 이의 마음이 청정하여
큰 지혜에 회향하고

여래의 크신 자비
세간에 출현하시어
중생들을 위하여
위없는 법륜 굴리시며

여래께서 수없는 겁 동안
중생을 위해 애쓰시는데
세상 사람들 어떻게 하면
대사의 은혜 갚사오리까.

차라리 한량없는 겁 동안
나쁜 길에서 고통을 받을지언정
여래를 버리고
벗어나기를 구하지 않으리.

차라리 중생을 대신하여
온갖 고통 받을지언정
부처님을 버리고
안락을 구하지 않으리.

차라리 나쁜 길에 있으면서
부처님 이름 항상 들을지언정
선한 길에 태어나 잠깐이라도
부처님 듣지 못함을 원치 않으리.

여러 곳 지옥에 있어
낱낱이 수없는 겁 지낼지언정
부처님을 멀리 여의고
나쁜 길에서 벗어나지 않으리.

모든 나쁜 길에 오래 있기를
어째서 원하는가.
여래를 뵈옵고
지혜를 늘리려 함이니

만일 부처님 뵈오면
모든 고통 없애고
여래의 지혜 경계에
들어가게 되나니

만일 부처님 뵈오면
온갖 장애 떠나고
무진한 복덕 길러서
보리를 성취하오리.

여래께서는 영원히
중생들의 의심을 끊고
그들의 좋아하는 마음 따라서
모두 다 만족케 하시네.

대방광불화엄경 제61권

제61권

39. 입법계품 ②

1) 근본 법회 ②

그 때 보현보살마하살은 모든 보살들의 모임을 두루 관찰하고, 법계와 같은 방편과 허공계와 같은 방편과 중생계와 같은 방편과 삼세와 같고 모든 겁과 같고 모든 중생의 업과 같고 모든 중생의 욕망과 같고 모든 중생의 이해와 같고 모든 중생의 근성과 같고 모든 중생의 성숙한 때와 같고 모든 법의 그림자와 같은 방편으로써 여러 보살들을 위하여 열 가지 법의 글귀로 이 사자의 기운 뻗는 삼매〔師子頻申三昧〕를 열어 보이며 밝혀 연설하였다.

"무엇이 열인가. 이른바 법계와 같은 모든 부처 세계의 티끌 속에서 부처님이 나시는 차례와 세계가 이루어지고 무너지는 차례를 나타내는 법의 글귀를 연설하며, 허공계와 같은 모든 부처 세계에서 오는 세월이 끝나도록 여래의 공덕을 찬탄하는 음성을 나타내는 법의 글귀를 연설하며, 허공계와 같은 모든 부처 세계에서 여래가 나시어서 한량없고 그지없는 바른 깨달음을 이루는 문을 나타내는 법의 글귀를 연설하며, 허공계와 같은 모든 부처 세계에서 부처님은 도량에 보살들이 모인 가운데 앉으셨음을 나타내는 법의 글귀를 연설하며, 모든 털구멍에 잠깐잠깐마다 삼세 부처님의 변화한 몸을 나타내어 법계에 가득하는 법의 글귀를 연설하며, 한 몸이 시방의 모든 세계 바다에 가득하게 평등히 나타내게 하는 법의 글귀를 연설하며, 모든 경계 가운데 삼세 부처님들의 신통 변화를 나타내게 하는 법의 글귀를 연설하며, 모든 부처 세계의 티끌 속에 삼세 모든 부처 세계의 티끌 수와 같은 부처님의 가지가지 신통 변화를 나타내어 한량없는 겁을 지나게 하는 법의 글귀를 연설하며, 모든 털구멍에서 삼세 모든 부처님의 큰 서원 바다에 음성을 내어 오는 세월〔未來劫〕이 끝나도록 모든 보살을 열어 교화하고 인도하는 법의 글귀를 연설하며, 부처님의 사자좌의 크기가 법계와 같으며 보살들의 모임과 도량의 장엄이 평등하고 차별이 없는데, 오는 세월이 끝나도록 가지가지 미묘한 법륜을 굴리는 법의 글귀를 연설함이니라.

불자여, 이 열 가지가 머리가 되어 말할 수 없는 부처 세계의 티끌 수 법의 글귀가 있으니, 다 여래의 지혜의 경계입니다."

그 때 보현보살이 이 뜻을 다시 펴려고 부처님의 신력을 받자와 여래를 관찰하고 모인 대중을 관찰하고 부처님들의 생각하기 어려운 경계를 관찰하고 부처님들의 그지없는 삼매를 관찰하고 부사의한 세계 바다를 관찰하고 부사의한 눈어리〔幻〕 같은 법의 지혜를 관찰하고 부사의한 삼세 부처님들이 다 평등함을 관찰하고 모든 한량없고 그지없는 여러 가지 말하는 법을 관찰하고 게송으로 말하였다.

하나하나 털구멍 속에

티끌 수의 세계 바다가 있어
부처님들이 앉으셨는데
모두 보살 대중이 모이었고

하나하나 털구멍 속에
한량없는 세계 바다가 있어
부처님이 보리좌에 앉으셨는데
이와 같이 법계에 두루하였고

하나하나 털구멍 속에
모든 세계 티끌의 부처님을
보살 대중이 둘러 모시었는데
보현의 행을 말씀하시네.

부처님은 한 국토에 앉으사
시방세계에 가득하신데
한량없는 보살 구름이
그곳으로 다 모여들고

억만 세계의 티끌 수 같은
보살의 공덕 바다가
모인 속에서 일어나
시방세계에 가득하였고

모두 보현의 행에 머물러

법계 바다에 노닐면서
모든 세계를 두루 나타내어
평등하게 부처님 회상으로 들어와서

모든 세계에 편안히 앉아
모든 법문을 들으면서
낱낱 국토에서
억겁 동안 행을 닦나니

보살들의 닦는 행은
두루 밝은 법 바다의 행으로
큰 서원 바다에 들어가
부처의 경계에 머무르면서

보현의 행을 잘 통달하고
부처님의 법을 내어
부처의 공덕 바다를 구족하고
신통한 일을 널리 나투며

몸 구름(身雲)이 티끌 수 같아
모든 세계에 가득하게
단 이슬 법을 널리 비내려
대중들을 부처의 도에 머물게 하네.

이 때 세존께서 모든 보살들을 여래의 사자 기운 뻗는 광대한 삼매에 들게 하려고 미간의 흰 털[白毫]로부터 큰 광명을 놓으니, 광명의 이름은 삼세 법계의 문을 두루 비춤[普照三世法界門]이었다. 말할 수 없는 부처 세계의 티끌 수 광명으로 권속을 삼아 시방의 모든 세계해의 여러 부처님 국토에 두루 비추었다.

　이 때에 서다림逝多林에 있는 보살 대중이 모두 보니 온 법계 허공계에 있는 모든 세계의 낱낱 티끌 속에, 각각 모든 부처 세계의 티끌 수 같은 부처님 국토들이 있는데, 가지가지 이름·가지가지 빛·가지가지 청정·가지가지 머무는 곳·가지가지 형상이며, 이러한 모든 국토마다 큰 보살들이 도량의 사자좌에 앉아서 등정각等正覺을 이루니, 보살 대중이 앞뒤로 둘러싸고 여러 세간 임금들이 공양하였다.

　또 보니, 말할 수 없는 부처 세계의 넓이와 같은 대중의 모인 가운데 아름다운 음성을 내어 법계에 가득 차게 바른 법륜을 굴리기도 하고, 혹은 하늘[天] 궁전·용龍의 궁전·야차夜叉의 궁전과, 건달바乾闥婆·아수라阿修羅·가루라迦樓羅·긴나라緊那羅·마후라가摩睺羅伽 등의 사람인 듯 아닌 듯한 이들[人非人]이 여러 궁전 속에 있기도 하고, 인간의 마을과 도시와 도성 같은 대처大處에 있기도 하여, 갖가지 성·갖가지 이름·갖가지 몸·갖가지 모양·갖가지 광명을 나타내며, 가지가지 위의에 머무르고, 가지가지 삼매에 들어 가지가지 신통 변화를 나타내며, 어떤 때에는 스스로 가지가지 말을 내기도 하고, 또는 여러 가지 보살들로 하여금 여러 가지 대중의 모인 데 있어서 가지가지 말을 하게도 하여, 가지가지 법을 말하였다.

　이 회중에 있는 보살 대중이 이러한 부처님 여래의 깊은 삼매와 큰 신통의 힘을 보는 것같이, 온 법계 허공계의 동서남북과 네 간방과 상방·하방의 바다 가운데서 중생의 마음을 의지하여 머무르면서, 비롯 없는 가운데서 중생의 마음을 의지하여 머무르면서, 비롯 없는 과거로부터 현재에 이르는 모든 국토나 모든 중생의 몸이나 모든 허공 가운데 한 털 끝만한 곳마다 낱낱이 티끌 수 같은 세계가 있어 가지가지 업으로 생기어 차례로 머물거든, 그 세계마다 도량에 모인 보살 대중이 있었다.

이 보살들도 이렇게 부처님의 신력을 보되, 삼세를 헐지도 않고 세간을 헐지도 않으면서, 모든 중생의 마음에 그 영상을 나타내며, 모든 중생의 마음을 따라 미묘한 음성을 내고, 모든 대중의 모인 데 들어가서 모든 중생의 앞에 나타나는데, 빛과 모양은 다르나 지혜는 다르지 않으며, 그들에게 마땅한 대로 불법을 보이며, 모든 중생을 교화하고 조복하기를 잠깐도 쉬지 아니하였다.

이 부처님의 신력을 보는 이들은 다 비로자나여래毘盧遮那如來께서 지난 옛적에 선근善根으로 거두어 준 이며, 사섭법四攝法으로 붙들어 주신 이거나, 보고 듣고 생각하고 친근하여서 성숙한 이거나, 옛적에 그를 교화하여 아뇩다라삼먁삼보리심을 내게 하였거나, 과거에 부처님들 계신 데서 선근을 함께 심었거나, 과거에 온갖 지혜와 교묘한 방편으로 교화하여 성숙케 한 이들이었다.

그러므로 다 여래의 불가사의한 깊은 삼매와 온 법계 허공계의 큰 신통한 힘에 들어갔으니, 법의 몸에 들기도 하고, 육신에 들기도 하고, 옛적에 성취한 행에 들기도 하고, 원만한 여러 바라밀에 들기도 하고, 장엄하고 청정한 행에 들기도 하고, 보살의 여러 지위에 들기도 하고, 정각을 이루는 힘에 들기도 하고, 부처님이 머무는 삼매와 차별 없는 큰 신통 변화에 들기도 하고, 여래의 힘과 두려움 없는 지혜에 들기도 하고, 부처님의 걸림이 없는 변재辯才 바다에 들기도 하였다.

저 보살들이 가지가지 지해〔解〕와 가지가지 도道와 가지가지 문門과 가지가지 들어감〔入〕과 가지가지 이치〔理趣〕와 가지가지 따라줌〔隨順〕과

가지가지 지혜智慧와 가지가지 도를 도움[助道]과 가지가지 방편方便과 가지가지 삼매三昧로 이러한 열 가지 말할 수 없는 부처 세계의 티끌 수 부처님 신통 변화 바다의 방편문에 들어갔다.

무엇을 가지가지 삼매라 하는가? 이른바 법계를 두루 장엄하는 삼매·모든 삼세의 걸림 없는 경계를 널리 비추는 삼매·법계의 차별이 없는 지혜 광명 삼매·여래의 경계에 들어가 흔들리지 않는 삼매·그지없는 허공을 두루 비추는 삼매·여래의 힘에 들어가는 삼매·부처의 두려움 없는 용맹으로 기운 뻗고 장엄하는 삼매·모든 법계의 구르는 광 삼매·달처럼 모든 법계에 나타나서 걸림 없는 음성으로 크게 연설하는 삼매·두루 청정한 법계의 광명 삼매와, 걸림 없는 비단 법왕 당기 삼매·낱낱 경계 속에서 모든 부처님 바다를 보는 삼매·모든 세간에서 몸을 나타내는 삼매·여래의 차별 없는 몸의 경계에 들어가는 삼매·모든 세간을 따라 크게 가엾이 여기는 광[藏]을 굴리는 삼매와, 모든 법에 자취가 없음을 아는 삼매·모든 법이 끝까지 고요함을 아는 삼매·얻는 것은 없으나 능히 변화하여 세간에 두루 나타나는 삼매·모든 세계에 두루 들어가는 삼매·모든 부처 세계를 장엄하고 정각을 이루는 삼매와, 모든 세간 임금의 모양이 차별함을 보는 삼매·일체 중생의 경계를 보는 데 장애가 없는 삼매·모든 여래의 어머니를 내는 삼매·행을 닦아 모든 부처님의 공덕의 길에 들어가는 삼매·낱낱 경계마다 신통 변화를 나타내어 오는 세월이 끝나도록 하는 삼매·모든 여래의 본사本事 바다에 들어가는 삼매·모든 여래의 종자 성품을 보호하는 삼매·결정한 지혜의 힘으로 지금 시방에 있는 부처의 세계 바다가 다 청정하여지는 삼매·잠깐 동안에 모든 부처님의 머무신 데를 두루 비추는 삼매·모든 경계의 걸림 없는 짬[際]에 들어가는 삼매와, 모든 세계로 한 부처의 세계를 만드는 삼매·모든 부처님의 변화한 몸을 내는 삼매·금강왕 지혜로 모든 근성 바다를 아는 삼매·모든 여래와 동일한 몸임을 아는 삼매·모든 법계의 나란히 정돈된 것이 생각의 짬에 머무는 것을 아는 삼매·모든 법계의 광대한 국토에서 열반을 보이는 삼매·가장 높은 곳에 머물게 하는 삼매·모든 부처의 세계에서 가지가지 중생의 차별한 몸을 나타내는 삼매·모든 부처의 지혜에 널리 들어가는 삼매·모든 법의 성품과 모양을 아는 삼매와, 한 생각에 삼세법을 두루 아는 삼매·잠깐 동안에 법계의 몸을 두루 나타내는 삼매·사자의 용맹한 지혜로 모든 여래의 나시는 차례를 아는 삼매·모든 법계의 경계에 지혜 눈이 원만한 삼매·용맹하게 십력十力으로 향하여 나아가는 삼매·모든 공덕의 원만한 광명을 놓아 세간에 두루 비추는 삼매·흔들리지 않는 갈무리 삼매·한 법을 말하여 모든 법에 두루 들어가는 삼매·한 법에 대하여 모든 말로 차별하게 해석하는 삼매·모든 부처님의 둘이 없는 법을 연설하는 삼매·삼세의 걸림 없는 짬을 아는 삼매와, 모든 겁이 차별이 없음을 아는 삼매·십력의 미세한 방편에 들어가는 삼매·모든 겁에 온갖 보살의 행을 성취하여 끊어지지 않는 삼매·시방에 널리 몸을 나타내는 삼매·법계에서 마음대로 정각을 이루는 삼매·모든 편안하게 느낌을 내는 삼매·모든 장엄거리를 내어 허공계를 장엄하는 삼매·잠깐잠깐에 중생의 수효와 같은 변화하는 몸 구름을 내는 삼매·여래의 깨끗한 허공에 달의 광명 삼매·모든 여래가 허공에 머무름을 항상 보는 삼매와, 모든 부처의 장엄을 열어 보이는 삼매·모든 법과 뜻을 밝게 비추는 등불 삼매·십력의 경계를 비추는 삼매·삼세 모든 부처님의 당기 모양 삼매·모든 부처님의 한 가지 비밀한 갈무리 삼매·생각생각마다 짓는 일이 다 끝까지 이르는 삼매·다함이 없는 복덕광 삼매·그지없는 부처님의 경계를 보는 삼매·모든 법에 굳게 머무는 삼매·모든 여래의 변화를 나타내어 다 보고 알게 하는 삼매와, 생각생각마다 부처님 해가 나타나는 삼매·하루 동안에 삼세에 있는 법을 다 아는 삼매·두루한 음성으로 모든 법의 성품이 고요함을 연설하는 삼매·모든 부처님의 자재한 힘을 보는 삼매·법계에 연꽃이 피는 삼매·모든 법이 허공과 같아서 머무는 곳이 없음을 보는 삼매·시방의 바다가 한 방소에 두루 들어가는 삼매·모든 법계가 근원이 없는 데 들어가는 삼매·모든 법의 바다 삼매·고요한 몸으로 온갖 광명을 놓는 삼매와, 한 생각 동안에 모든 신통과 큰 원을 나타내는 삼매·온갖 시간, 온갖 처소에서 바른 깨달음을 이루는 삼매·한 장엄으로 모든 법계에 들어가는 삼매·모든 부처님 몸을 두루 나타내는 삼매·모든 중생의 광대하고 특수한 신통의 지혜를 아는 삼매·잠깐 동안에 몸이 법계에 두루하는 삼매·일승의 깨끗한 법계를 나타내는 삼매·넓은 문의 법계에 들어가서 큰 장엄을 나타내는 삼매·모든 부처님의 법륜을 머물러 지니는 삼매·모든 법문으로 한 법문을 장엄하는 삼매와, 인다라(因陀羅) 그물 같은 원과 행으로 모든 중생계를 거두어 주는 삼매·모든 세계의 문을 분별하는 삼매·연꽃을 타고 마음대로 걸어다니는 삼매·모든 중생의 가지가지로 차별한 신통의 지혜를 아는 삼매·그 몸을 모든 중생의 앞에 항상 나타내는 삼매·모든 중생의 차별한 음성과 말을 아는 삼매·모든 중생의 차별한 지혜와 신통을 아는 삼매·큰 자비가 평등한 갈무리 삼매·모든 부처가 여래의 짬(際)에 들어가는 삼매·모든 여래의 해탈한 곳을 관찰하는 사자의 기운 뻗는 삼매이다.

보살이 이렇게 말할 수 없는 부처 세계의 티끌 수 삼매로, 비로자나여래의 잠깐마다 모든 법계에 가득하는 삼매의 신통 변화 바다에 들어갔다.

그 보살들은 모두 큰 지혜와 신통을 구족하였으니, 밝고 예리함이 자유자재하여 여러 지위에 머물며, 광대한 지혜로 모든 것을 두루 보고, 모든 지혜의 성품으로 났으며, 온갖 지혜의 지혜가 항상 앞에 나타나서 어리석은 가림을 떠난 청정한 지혜 눈을 얻었다.

여러 중생을 거느리는 스승이 되어 부처님의 평등한 데 머무르며, 모든 법에 분별이 없으며, 경계를 분명히 통달하여 세간의 성품이 고요하여 의지한 데 없음을 알고, 모든 부처의 국토에 두루 나아가나 집착이 없으며, 모든 법을 관찰하나 머무름이 없고, 모든 묘한 법의 궁전에 두루 들어가나 오는 바가 없으며, 모든 세간을 교화하고 조복하여 여러 중생에게 편안한 곳을 나타내었다.

지혜의 해탈이 그의 행할 바가 되어 항상 지혜의 몸으로 탐욕을 떠난 짬에 머물며, 생사의 바다를 뛰어나와 진실한 짬을 보이고, 지혜의 빛이 원만하여 모든 법을 널리 보며, 삼매에 머물러서 견고하여 동요하지 않고, 여러 중생에게 크게 가엾이 여김을 일으키며, 모든 법문은 다 눈어리 같고 모든 중생은 꿈 같고 모든 여래는 그림자 같고 모든 말은 메아리 같고 모든 법은 변화와 같음을 알며, 훌륭한 행과 원을 잘 모으고, 지혜가 원만하고 방편이 청정하여 마음이 매우 고요하며, 모든 다라니[摠持] 경계에 잘 들어가고 삼매의 힘을 구족하여 용맹하고 겁이 없으며, 밝은 지혜의 눈을 얻어 법계의 짬에 머물고, 온갖 법이 얻을 것 없는 데 이르며, 가없는 지혜의 바다를 닦아 익혀 지혜바라밀의 끝인 저 언덕에 이르고, 반야바라밀의 거두어 가짐이 되며, 신통바라밀로 세간에 널리 들어가고, 삼매바라밀을 의지하여 마음이 자재함을 얻었다.

뒤바뀌지 않은 지혜로 모든 이치를 알고, 교묘하게 분별하는 지혜로 법장을 열어 보이며, 드러나게 아는 지혜로 그를 해석하고 큰 서원의 힘으로 법을 말함이 다하지 않으며, 두려움이 없는 큰 사자후로 의지한 데 없는 법을 관찰하기 좋아하고, 깨끗한 법 눈으로 모든 것을 두루 보며, 깨끗한 지혜 달로 세간이 이루고 무너짐을 비추고, 지혜의 빛으로 진실한 이치를 비추며, 복덕과 지혜는 금강산과 같아서 온갖 비유로 미칠 수 없고, 모든 법을 잘 관찰하여 지혜의 뿌리가 증장하며, 용맹하게 정진하여 여러 마를 꺾어 부수고, 한량없는 지혜는 위엄과 광채가 치성하여 몸이 모든 세간에서 뛰어났으며, 모든 법에 걸림 없는 지혜를 얻어 다하고 다함이 없는 쯤을 잘 알고, 넓은 쯤에 머물러 진실한 쯤에 들어가며, 형상 없이 관찰하는 지혜가 항상 앞에 나타나는 것이다.

교묘하게 보살들의 행을 성취하고 둘이 없는 지혜로 여러 경계를 알며, 모든 세간의 여러 길〔趣〕을 두루 보고 모든 부처님의 국토에 가고 지혜 등불이 원만하여 모든 법에 어둠이 없으며, 깨끗한 법의 광명을 놓아 시방세계를 비추고 여러 세간의 진실한 복밭이 되어 보는 이나 듣는 이가 다 소원을 이루며, 복덕이 높고 커서 세간에서 뛰어났고, 용맹하고 두려움이 없어 외도들을 굴복하며, 미묘한 음성을 내어 모든 세계에 두루하였다.

널리 부처님을 뵈옵는 마음은 만족한 줄 모르고 부처님의 법의 몸에는 이미 자유자재하였으며, 교화할 중생을 따라 몸을 나타내니 한 몸이 모든 부처님 세계에 가득하였다.

이미 자재하여져서 청정한 신통을 얻었고, 큰 지혜의 배를 타고 가는 곳마다 걸림이 없으며, 지혜가 원만하여 법계에 두루하니, 마치 해가 떠서 세간에 비치면 중생의 마음을 따라 빛과 형상을 나타내는 듯, 중생의 근성과 욕망을 알고 모든 법이 다함이 없는 경계에 들어가며, 법의 성품이 남도 없고 일어남도 없음을 알아 크고 작은 것이 자유자재하여 서고 들어가게 하였다.

부처님 지위의 깊은 뜻을 분명히 알고 무진한 글귀로 매우 깊은 이치를 말하되 한 구절 가운데 모든 다라니 바다를 연설하며, 큰 지혜의 다라니 몸을 얻어 배워 지닌 것을 영원히 잊지 않으며, 한 생각에 한량없는 겁 동안의 일을 기억하고, 한 생각에 삼세 모든 중생의 지혜를 알며, 항상 온갖 다라니 문으로 그지없는 부처님의 법 바다를 연설하고, 물러가지 않는 청정한 법륜을 항상 굴리어 중생들의 지혜를 내게 하였다.

부처 경계의 지혜 광명을 얻어서 잘 보는 깊은 삼매에 들어가며, 모든 법의 장애가 없는 짬에 들어가 온갖 법에 훌륭한 지혜가 자재하며, 모든 경계가 청정하게 장엄하여 시방의 모든 법계에 두루 들어가되 어느 방소에나 이르지 않는 데가 없었다.

모든 티끌 속마다 바른 깨달음을 이루며 색의 성품이 없는 데서 온갖 색을 나타내며 모든 방위를 한 방위에 넣었다.

그 보살들이 이와 같이 그지없는 공덕의 광을 갖추어 항상 부처님들의 칭찬함을 받으니, 가지가지 말로 그 공덕을 말하여도 다할 수 없으며, 다 서다림逝多林 속에 있으면서 여래의 공덕 바다에 들어가서 부처님의 광명이 비치는 것을 보았다.

이 때 모든 보살이 부사의한 바른 법의 광명을 얻고 마음이 매우 환희하여, 제각기 그 몸과 누각의 모든 장엄거리와 앉아 있는 사자좌로써 서다림 모든 물건에 두루하였으며, 가지각색 장엄 구름을 나투어 모든 시방 법계에 충만하였으니, 이른바 잠깐 동안에 큰 광명 구름을 낳아 시방에 가득하여 모든 중생을 깨우치며, 모든 마니보배와 풍경 구름을 내어 시방에 가득하여 미묘한 음성으로 삼세 부처님들의 공덕을 일컬어 찬탄하며, 모든 음악 구름을 내어 시방에 가득하여 그 음성 속에서 모든 중생의 업과 과보를 연설하였다.

모든 보살의 여러 가지 원과 행의 빛깔 구름을 내어 시방에 가득하여 보살들이 가진 큰 원願을 말하며, 모든 여래의 마음대로 변화하는 구름을 내어 시방에 가득하여 모든 부처님 여래의 음성을 말하여 내며, 모든 보살의 잘 생긴 모습으로 장엄한 몸 구름을 내어 시방에 가득하여 여래의 모든 국토 생기던 차례를 말하며, 삼세 여래의 도량 구름을 내어 시방에 가득하여 모든 여래께서 등정각을 이루는 공덕 장엄을 나타내며, 모든 용왕 구름을 내어 시방에 가득하여 온갖 향을 비내리며, 모든 세간 임금의 몸 구름을 내어 시방에 가득하여 보현보살의 행을 연설하며, 모든 보배로 장엄하여 청정한 부처 세계 구름을 내어 시방에 가득하여 모든 여래의 바른 법륜 굴림을 나타내었다.

이 보살들이 부사의한 법의 광명을 얻었으므로 으레 이런 말할 수 없는 부처 세계의 티끌 수 큰 신통 변화로 장엄한 구름을 일으키는 것이다.

이 때 문수사리보살이 부처님의 신력을 받자와 이 서다림 속의 여러 신통 변화한 일을 거듭 펴려고 시방을 관찰하고 게송으로 말하였다.

그대들은 보시오, 이 서다림이
부처님 위신으로 끝없이 넓고
온갖 가지 장엄을 다 나타내어
시방의 온 법계에 가득히 찼고

시방의 한량없는 모든 국토에
그지없는 종류를 모두 장엄해
거기 있는 사자좌들 경계 가운데
온갖 모양 분명히 다 나타나고

수없는 불자들의 털구멍에서

가지가지 장엄한 불꽃 구름과
여래의 미묘한 음성을 내어
시방의 모든 세계 가득히 차고

보배 꽃 나무에서 몸을 나투니
잘 생긴 그 모습이 범천과 같아
선정에서 일어나 걸어 다니며
오고 가는 거동이 항상 고요해

여래의 하나하나 털구멍 속에
변화하여 부사의한 몸을 나타내
모두 다 보현보살마하살같이
가지가지 상호相好를 장엄하였고

서다림 위에 있는 허공 중에서
여러 가지 장엄으로 소리를 내어
삼세 보살들이 닦아 이루신
갖가지 공덕 바다 널리 말하고

서다림 속에 있는 보배 나무도
한량없이 미묘한 음성을 내어
모든 중생 가지가지 업의 바다가
제각기 차별함을 연설도 하며

서다림 속에 있는 여러 경계가

삼세 여래들을 다 나타내어
저마다 큰 신통을 일으키는 일
시방의 세계 바다 티끌과 같고

시방에 널려 있는 갖가지 국토
모든 세계 바다의 티끌 수들이
여래의 털구멍에 다 들어가서
차례로 장엄함을 모두 보겠고

모든 장엄 속에서 나타낸 부처
중생과 같은 수가 세간에 가득
부처마다 큰 광명 모두 놓아서
갖가지로 마땅하게 중생을 교화

향 불꽃과 보배 광의 여러 가지 꽃
갖가지로 미묘하게 장엄한 구름
엄청나게 허공과 같은 것들이
시방의 국토들에 가득하였고

시방세계 삼세 모든 부처님
여러 가지 장엄한 묘한 도량이
이 동산의 서다림 경계 가운데
갖가지 모양들이 다 나타나고

수많은 보현보살 모든 불자들

백천만겁 동안에 장엄한 세계
그 수효 한량없어 중생 같거든
이 서다림 속에서 모두 보겠네.

그 때 저 보살들은 부처님의 삼매 광명이 비치었으므로 곧 이러한 삼매에 들어갔으며, 제각기 말할 수 없는 부처 세계 티끌 수의 크게 가엾이 여기는 문을 얻어 모든 중생들을 이익하고 안락케 하였는데, 몸에 있는 털구멍마다 말할 수 없는 부처 세계 티끌 수 광명을 내고, 낱낱 광명에서 말할 수 없는 부처 세계 티끌 수 보살들을 변화하여 나타내니, 그 형상이 세간 임금과 같으며, 일체 중생의 앞에 나타나서 시방 법계에 가득하게 차 있으면서 여러 가지 방편으로 교화하고 조복하였다.

말할 수 없는 부처 세계의 티끌 수 하늘 궁전의 무상한 문도 나타내고, 말할 수 없는 부처 세계의 티끌 수 모든 중생의 태어나는 문도 나타내고, 말할 수 없는 부처 세계의 티끌 수 모든 보살의 수행하는 문도 나타내고, 말할 수 없는 부처 세계의 티끌 수 꿈 경계의 문도 나타내고, 말할 수 없는 부처 세계의 티끌 수 보살의 큰 서원 문도 나타내고, 말할 수 없는 부처 세계의 티끌 수 세계를 진동하는 문도 나타내고, 말할 수 없는 부처 세계의 티끌 수 세계를 분별하는 문도 나타내고, 말할 수 없는 부처 세계의 티끌 수 세계가 지금 생기는 문도 나타내며, 말할 수 없는 부처 세계의 티끌 수 단바라밀檀波羅蜜 문도 나타내고, 말할 수 없는 부처 세계의 티끌 수 모든 여래들이 공덕을 닦느라고 가지가지로 고행하는 시바라밀尸波羅蜜 문도 나타내고, 말할 수 없는 부처 세계의 티끌 수 온몸을 오려내는 찬제바라밀羼提波羅蜜 문도 나타내고, 말할 수 없는 부처 세계의 티끌 수 부지런히 닦는 비리야바라밀毗梨耶波羅蜜 문도 나타내고, 말할 수 없는 부처 세계의 티끌 수 보살들이 삼매를 닦는 선정 해탈 문도 나타내고, 말할 수 없는 부처 세계의 티끌 수 부처의 도가 원만한 지혜의 광명 문도 나타내며, 말할 수 없는 부처 세계의 티끌 수 불법을 구하면서 한 글귀 한 토를 위하여 무수한 몸과 목숨을 버리는 문도 나타내고, 말할 수 없는 부처 세계의 티끌 수 모든 부처님을 친근하여 모든 법을 물으면서도 고달픈 생각이 없는 문도 나타내고, 말할 수 없는 부처 세계의 티끌 수 모든 중생의 시절과 욕망을 따라 있는 곳에 나아가서 방편으로 성숙시키어 온갖 지혜 바다의 광명에 머물게 하는 문도 나타내고, 말할 수 없는 부처 세계의 티끌 수 모든 마를 항복 받고 외도들을 제어하여 보살의 복덕의 힘을 드러내는 문도 나타내며, 말할 수 없는 부처 세계의 티끌 수 모든 기술학을 아는 밝은 지혜의 문도 나타내고, 말할 수 없는 부처 세계의 티끌 수 모든 중생의 차별을 아는 밝은 지혜의 문도 나타내고, 말할 수 없는 부처 세계의 티끌 수 모든 법의 차별을 아는 밝은 지혜의 문도 나타내고, 말할 수 없는 부처 세계의 티끌 수 모든 중생의 마음으로 좋아함이 차별함을 아는 밝은 지혜의 문도 나타내고, 말할 수 없는 부처 세계의 티끌 수 모든 중생의 근성·행동·번뇌·슬기를 아는 밝은 지혜의 문도 나타내고, 말할 수 없는 부처 세계의 티끌 수 모든 중생의 가지가지 업을 아는 밝은 지혜의 문도 나타내고, 말할 수 없는 부처 세계의 티끌 수 모든 중생을 깨우치는 문도 나타내었다.

　이와 같은 말할 수 없는 부처 세계의 티끌 수 방편문으로 모든 중생이 있는 곳에 나아가 성숙케 하나니, 이른바 천궁에도 가고 용궁에도 가고 야차·건달바·아수라·가루라·긴나라·마후라가 궁에도 가며, 범왕 궁에도 가고 인간의 왕궁에도 가고, 염라대왕의 궁에도 가고, 축생·아귀·지옥의 사는 곳에도 가는 것이다.

평등한 큰 자비와 평등한 큰 원과 평등한 지혜와 평등한 방편으로 중생들을 거두어 주는데, 보고서 조복되는 이도 있고, 듣고서 조복되는 이도 있고, 생각하고서 조복되는 이도 있으며, 음성을 듣고 조복되기도 하고, 이름을 듣고 조복되기도 하고, 둥근 광명을 보고 조복되기도 하고, 광명 그물을 보고 조복되기도 하나니, 중생들의 마음에 좋아함을 따라서 그들의 처소에 나아가서 이익을 얻게 하였다.

불자여, 이 서다림에 있는 모든 보살이 중생들을 성취하기 위하여, 어떤 때에는 가지가지로 장엄한 궁전에 있기도 하고, 어떤 때에는 자기의 누각에서 사자좌에 앉았거든, 도량에 모인 대중이 둘러 모시고 시방에 두루하여 여럿이 보게 하지만, 이 서다림 여래의 처소를 떠나지 아니하였다.

불자여, 이 보살들이 어떤 때에는 한량없는 나툰 몸〔化身〕 구름을 나타내기도 하고 동무가 없는 혼자 몸을 나타내기도 하나니, 이른바 사문의 몸도 나타내고 바라문의 몸도 나타내고 고행하는 몸도 나타내고 충성充盛한 몸도 나타내고 의사의 몸도 나타내고 장사 주인의 몸도 나타내고 깨끗이 생활하는 몸도 나타내고 배우의 몸도 나타내고 하늘을 섬기는 몸도 나타내고 공교한 기술자의 몸도 나타내어, 모든 시골과 도시와 서울과 마을에 있는 중생들의 처소에 가서 마땅한 대로 갖가지 형상·갖가지 위의·갖가지 음성·갖가지 언론·갖가지 사는 곳으로써 인다라 그물〔帝網〕과 같은 모든 세간에서 보살의 행을 행할 적에, 세간의 공교한 사업을 말하며, 모든 지혜로 세상을 비추는 등불을 말하며, 모든 중생의 업력業力으로 장엄하는 것을 말하며, 시방 국토에서 여러 가지 승乘을 세우는 지위를 말하며, 지혜 등불을 비추는 모든 법의 경계를 말하여, 일체 중생을 교화하여 성취하면서도 이 서다림 여래의 처소를 떠나지 아니하였다.

2) 가지[枝末] 법회 ①
(1) 문수보살을 만나다 ①

그 때 문수사리동자文殊師利童子가 선주누각善住樓閣으로부터 나와서, 한량없는 함께 수행하는 보살·항상 따르며 시위하는 금강신들·중생들을 두루 위하여 부처님께 공양하는 몸 맡은 신〔身衆神〕들·오래부터 굳은 서원으로 항상 시중하려는 발로 다니는 신〔足行神〕들·묘한 법을 듣기 좋아하는 땅 맡은 신들·항상 대자비를 닦는 물 맡은 신들·지혜 빛으로 비추는 불 맡은 신들·마니로 관을 만든 바람 맡은 신들·시방의 모든 의식을 잘 아는 방위 맡은 신들·무명의 어둠을 전력으로 제멸하는 밤 맡은 신들·일심으로 부처님 해를 쉬지 않고 밝히는 낮 맡은 신들·법계의 모든 허공을 장엄하는 허공 맡은 신들·중생을 건지어 생사의 바다를 뛰어나게 하는 바다 맡은 신들·온갖 지혜와 도를 돕는 선근을 부지런히 모으는 높고 크기 산과 같은 산 맡은 신들과, 모든 중생의 보살 마음 성城을 부지런히 수호하는 성 맡은 신들·온갖 지혜의 지혜와 위없는 법의 성을 부지런히 수호하는 용왕들·모든 중생을 부지런히 수호하는 야차왕들·중생들을 항상 즐겁게 하는 건달바왕들·아귀의 길을 항상 제멸하는 구반다왕들·모든 중생을 구제하여 생사의 바다에서 뛰어나게 하는 가루라왕들·여래의 몸을 성취하여 세간에서 뛰어나려 하는 아수라왕들·부처님을 뵈옵고 환희하여 허리 굽혀 공경하는 마후라가왕들·생사를 싫어하고 부처님 뵙기를 좋아하는 큰 천왕들·부처님을 존중하여 찬탄하고 공양하는 대범천왕들과 함께하였다.

문수사리는 이러한 공덕으로 장엄한 보살들과 더불어 자기가 있던 데서 떠나 부처님 계신 데 와서 세존을 오른쪽으로 한량없이 돌고 모든 공양거리로 공양하였다. 공양하기를 마치고는 하직하고 떠나 남쪽으로 인간을 향하였다.

그 때 사리불 존자는 부처님의 신력을 받자와 문수사리보살이 여러 보살 대중으로 장엄하고 서다림에서 나와 남쪽으로 인간을 향하여 가는 것을 보고 생각하기를 '나도 문수사리와 더불어 남쪽으로 함께 가리라'고 하였다.

그리고 사리불 존자는 6천 비구가 앞뒤로 둘러싸고 자기의 처소를 떠나 부처님 계신 데 와서 부처님 발에 엎드려 절하고 세존께 여쭈었다. 세존이 허락하시므로 오른쪽으로 세 번 돌고 하직하고 물러나 문수사리에게로 갔다.

이 6천 비구는 사리불과 함께 있는 이들로 출가한 지 오래지 않았으니, 이른바 해각海覺 비구·선생善生 비구·복광福光 비구·대동자大童子 비구·전생電生 비구·정행淨行 비구·천덕天德 비구·군혜君慧 비구·범승梵勝 비구·적혜寂慧 비구 등이니, 그 수가 6천이었다.

모두 한량없는 부처님께 공양한 이로서, 선근을 깊이 심어 이해하는 힘이 광대하며, 믿는 눈이 밝게 사무치고 마음이 너그러우며, 부처님의 경계를 관찰하고 법의 본 성품을 알아 중생들을 이익케 하며, 항상 부처님의 공덕을 부지런히 구하나니, 다 문수사리가 법을 말하여 교화하고 성취한 이들이었다.

이 때 사리불 존자는 길을 가던 도중에 비구들을 보고 해각海覺에게 말하였다.

"해각이여, 그대는 보라. 문수사리보살의 청정한 몸은 잘생긴 모습으로 장엄하였으매 모든 하늘이나 사람들이 헤아릴 수 없느니라. 그대는 보라. 문수사리의 둥근 광명이 사무쳐 비추어 한량없는 중생에게 환희심을 내게 합니다. 그대는 보라. 문수사리의 광명 그물로 장엄한 것은 중생들의 한량없는 괴로움을 멸합니다. 그대는 보라. 문수사리의 대중이 구족함은 다 보살이 옛적에 선근으로 거두어 준 것입니다. 그대는 보라. 문수사리의 다니는 길은 좌우로 8보씩이 평탄하게 장엄하였느니라.

그대는 보라. 문수사리의 머무는 곳에는 주위로 열 방위에 항상 도량이 있어 따라서 작용하게 됩니다. 그대는 보라. 문수사리의 다니는 길은 한량없는 복덕의 장엄을 갖추었으므로 좌우로 묻힌 갈무리가 있어 여러 가지 보배가 저절로 나오느니라. 그대는 보라. 문수사리는 일찍이 부처님께 공양한 선근으로 말미암아 모든 나무들 사이에서 장엄한 갈무리를 내느니라. 그대는 보라. 문수사리에게는 세간 임금들이 공양거리 구름을 비내리며 엎드려 절하고 공경하며 공양합니다. 그대는 보라. 문수사리는 시방의 모든 부처님 여래께서 법을 말씀하려 할 때에 미간의 흰 털은 광명을 놓아 보내어 그 몸에 비추고 정수리로 들어가느니라."

그 때 사리불 존자는 비구들에게 문수사리동자는 이렇게 한량없는 공덕으로 구족하게 장엄하였다고 찬탄하고 연설하였다.

그 비구들은 이 말을 듣고 마음이 청정하며 믿고 이해함이 견고하여 기쁨을 참지 못하여 뛰놀면서 형체가 부드럽고 전신이 화열하며 근심은 없어지고 업장이 다하여서, 부처님을 항상 뵈옵고 바른 법을 구하며 보살의 근기를 갖추고 보살의 힘을 얻었으며, 큰 자비와 큰 서원이 거기서 나고 모든 바라밀의 깊은 경지에 들어갔으며, 시방의 부처님들이 항상 앞에 나타나서 온갖 지혜에 믿고 좋아함을 내었다.

그리하여 사리불 존자에게 말하였다.

"바라옵건대 대사시여, 우리를 데리고 저 훌륭한 어른에게 나아가지이다."

그 때 사리불은 그들과 함께 그곳에 가서 여쭈었다.

"거룩하신 이여, 이 비구들이 뵈오려 하나이다."

그 때 문수사리동자는 한량없는 자재한 보살에게 둘러싸이어서 그 대중들과 함께 코끼리가 한 번 돌 듯이 비구들을 보았다. 비구들은 그의 발에 엎드려 절하고 합장하고 공경하여 말하였다.

"저희들이 지금 우러러 뵈옵고 공경하고 예배하는 일과, 그 밖에 모든 선근을, 거룩하신 문수사리와 화상和尙이신 사리불과 석가모니 세존께서 증명하여 아시나니, 거룩하신 당신이 가지신 그러한 몸과 그러한 음성과 그러한 모습과 그렇게 자유자재하심을 저희들로 하여금 모두 얻게 하여지이다."

그 때 문수사리보살은 비구들에게 말하였다.

"비구들이여, 선남자와 선여인이 열 가지 대승으로 나아가는 법을 성취하면 여래의 지위에 빨리 들어갈 것이거늘 하물며 보살의 지위리요. 무엇이 열인가. 이른바 모든 선근을 모으는 데 마음이 고달프지 않음과, 모든 부처님을 뵈옵고 섬기고 공양하는 데 마음이 고달프지 않음과, 모든 부처의 법을 구하는 데 마음이 고달프지 않음과, 온갖 바라밀을 행하는 데 마음이 고달프지 않음과, 모든 보살의 삼매를 성취하는 데 마음이 고달프지 않음과, 온갖 삼세에 차례로 들어가는 데 마음이 고달프지 않음과, 시방의 부처님 세계를 두루 장엄하는 데 마음이 고달프지 않음과, 일체 중생을 교화하고 조복하는 데 마음이 고달프지 않음과, 모든 세계의 모든 겁에서 보살의 행을 성취하는 데 마음이 고달프지 않음과, 한 중생을 성취하기 위하여 모든 부처세계의 티끌 수 바라밀을 수행하여, 여래의 한 가지 힘을 성취하며, 이와 같이 차례 차례로 모든 중생을 성취하기 위하여 여래의 모든 힘을 성취하는 데 마음이 고달프지 않음이니라.

비구여, 선남자와 선여인이 깊은 믿음을 성취하고 이 열 가지 고달프지 않은 마음을 내면, 능히 모든 선근을 기르며, 모든 생사의 길〔趣〕을 여의며, 모든 세간의 종자 성문을 초월하며, 성문과 벽지불의 지위에 떨어지지 않고 여래의 가문에 태어나며, 모든 보살의 소원을 갖추며, 모든 여래의 공덕을 배우며, 모든 보살의 행을 닦으며, 여래의 힘을 얻어 여러 마와 외도들을 굴복시키며, 모든 번뇌를 멸하고 보살의 지위에 들어가서 여래의 자리에 가까워지느니라."

이 때 비구들이 이 법문을 듣고 곧 삼매를 얻으니, 이름이 '걸림 없는 눈으로 모든 부처의 경계를 봄〔無礙眼見一切佛境界〕'이었다. 이 삼매를 얻었으므로 시방의 한량없고 그지없는 모든 세계의 부처님들과 그 도량에 모인 대중들을 보며, 시방세계의 여러 길에 있는 중생들도 보며, 그 모든 세계가 가지가지로 차별함도 보며, 저 여러 세계에 있는 중생들이 거처하는 궁전을 보니 여러 가지 보배로 장엄하였다.

또 저 부처님 여래께서 가지가지 음성으로 법을 연설함을 듣고 말씀과 해석하심을 모두 분명히 알며, 저 세계에 있는 중생들의 근성과 욕망을 잘 관찰하며, 저 세계에 있는 모든 중생들이 전생과 내생에 열 번 태어나던 일도 기억하며, 저 세계의 과거와 미래에 각각 열 겁 동안 일도 기억하며, 또 저 모든 여래의 열 번 본래생〔本生〕의 일과 열 번 바른 깨달음을 이룸과 열 번 법륜을 굴림과 열 가지 신통과 열 가지 설법과 열 가지 가르침과 열 가지 변재를 기억하였다.

또 십천 가지 보리심과 십천 가지 삼매와 십천 가지 바라밀을 성취하여 모두 청정하였으며, 큰 지혜를 얻어 광명이 원만하였으며, 보살의 열 가지 신통을 얻어 부드럽고 미묘하며, 보살의 마음에 머물러 견고하여 흔들리지 아니하였다.

이 때 문수사리보살이 여러 비구들을 권하여 보현의 행에 머물게 하였다. 보현의 행에 머물고는 큰 서원 바다에 들어가고, 서원 바다에 들어가서는 큰 서원 바다를 성취하고, 큰 서원 바다를 성취하였으므로 마음이 청정하고, 마음이 청정하였으므로 몸이 청정하고, 몸이 청정하였으므로 몸이 경쾌하고, 몸이 청정하고 경쾌하였으므로 큰 신통을 얻어 물러가지 아니하고, 이 신통을 얻었으므로 문수사리의 발 밑을 떠나지 않고서 시방의 모든 부처님 계신 데서 몸을 나타내어 모든 부처님 법을 구족하게 성취하였다."

대방광불화엄경 제62권

제62권

39. 입법계품 ③

2) 가지 법회 ②

(1) 문수文殊보살을 만나다 ②

이 때 문수사리보살이 비구들을 권하여 아뇩다라삼먁삼보리심을 내게 하고는, 점점 남방으로 가면서 인간 세상에서 지내다가 복성福城의 동쪽에 이르러 장엄당사라숲〔莊嚴幢娑羅林〕에 머물렀으니, 이곳은 옛적에 부처님들이 계시면서 중생을 교화하던 큰 탑이 있는 곳이며, 세존께서도 과거에 보살의 행을 닦으시며 한량없이 버리기 어려운 것을 버리시던 곳이다. 그래서 이 숲은 한량없는 부처님 세계에 소문이 퍼졌으며, 언제나 하늘·용·야차·건달바·아수라·가루라·긴나라·마후라가 등의 사람인 듯 사람 아닌 듯한 이들이 공양하는 곳이다.

이에 문수사리보살이 권속들과 함께 이곳에 이르러서 '법계를 두루 비추는 수다라修多羅'를 말씀하니, 백만억의 나유타那由他 수다라가 권속이 되었다.

 이 경을 말할 적에 바다 가운데 있던 한량없는 백천억 용들이 와서 법문을 듣고는 용의 길을 싫어하고 바로 불도를 구하여 용의 몸을 버리고 천상에나 인간에 태어나서, 1만 용들이 아뇩다라삼먁삼보리에서 물러가지 않게 되었고, 또 한량없고 수없는 중생들은 삼승 가운데서 제각기 조복하게 되었다.

 이 때에 복성福城 사람들은 문수사리동자가 장엄당사라숲 속 큰 탑 있는 곳에 왔다는 말을 듣고, 한량없는 대중이 복성에서 나와 그곳에 이르렀다.

 그 때 대지大智 우바새가 5백 우바새 권속과 함께 있었으니, 이른바 수달다須達多 우바새・바수달다婆須達多 우바새・복덕광福德光 우바새・유명칭有名稱 우바새・시명칭施名稱 우바새・월덕月德 우바새・선혜善慧 우바새・대혜大慧 우바새・현호賢護 우바새・현승賢勝 우바새들이었다. 이런 5백 우바새가 함께 문수사리동자 있는 데 와서 발에 엎드려 절하고 오른쪽으로 세 번 돌고 한 곁에 물러가 앉았다.

 또 5백 우바이가 있으니 이른바 대혜大慧 우바이・선광善光 우바이・묘신妙身 우바이・가락신可樂身 우바이・현현賢 우바이・현덕賢德 우바이・현광賢光 우바이・당광幢光 우바이・덕광德光 우바이・선목善目 우바이들이었다. 이런 5백 우바이가 문수사리동자 있는 데서 와 발에 엎드려 절하고 오른쪽으로 세 번 돌고 한 곁에 물러가 앉았다.

 또 5백 동자가 있으니, 이른바 선재善財 동자・선행善行 동자・선계善戒 동자・선위의善威儀 동자・선용맹善勇猛 동자・선사善思 동자・선혜善慧 동자・선각善覺 동자・선안善眼 동자・선비善臂 동자・선광善光 동자들이었다. 이런 5백 동자가 문수사리동자 있는 데 와서 발에 엎드려 절하고 오른쪽으로 세 번 돌고 한 곁에 물러가 앉았다. 또 5백 동녀가 있으니, 이른바 선현善賢 동녀·대지거사大智居士의 딸 동녀·현칭賢稱 동녀·미안美顔 동녀·견혜堅慧 동녀·현덕賢德 동녀·유덕有德 동녀·범수梵授 동녀·덕광德光 동녀·선광善光 동녀들이었다. 이런 5백 동녀가 문수사리동자 있는 데 와서 발에 엎드려 절하고 오른쪽으로 세 번 돌고 한 곁에 물러가 앉았다.

그 때 문수사리동자는 복성 사람들이 다 와서 모인 줄을 알고 그들이 좋아하는 마음을 따라 자유자재한 몸을 나투었으니, 위풍이 찬란하여 대중들을 가렸으며, 자재하게 인자함으로 그들을 서늘하게 하며, 자재하게 가엾이 여김으로 법을 말할 생각을 내며, 자재한 지혜로 그 마음을 알고 광대한 변재로 법을 말하려 하였다.

또 선재를 살펴보면서 무슨 인연으로 그런 이름을 지었는가 하여, 이 동자가 처음 태胎 가운데에 들 적에 그 집안에 저절로 칠보로 된 누각이 생기고, 누각 밑에는 일곱 개의 묻힌 갈무리가 있으며, 그 갈무리 위에는 땅이 저절로 갈라져 칠보의 싹이 나니, 금·은·유리瑠璃·파려玻瓈·진주·자거·마노 들이었다. 선재동자가 태에 있은 지 열 달 만에 탄생하니, 몸과 팔다리가 단정하였고, 일곱 개의 큰 갈무리가 가로와 세로와 높이가 각각 7척씩 되는 것이 땅에서 솟아오르니 광명이 찬란하였다.

또 집안에는 저절로 5백 개의 보배 그릇이 있어 갖가지 물건이 가득하였으니, 금강 그릇에는 모든 향이 담기고, 향 그릇에는 갖가지 옷이 담기고, 옥 그릇에는 갖가지 맛 좋은 음식이 담기고, 마니摩尼 그릇에는 갖가지 기이한 보배가 담기고, 금 그릇에는 은이 담기고, 은 그릇에는 금이 담기고, 금은 그릇에는 유리와 마니보배가 가득하고, 파리 그릇에는 자거가 가득하고, 자거 그릇에는 파리가 가득하고, 마노 그릇에는 진주가 가득하고, 진주 그릇에는 마노가 가득하고, 불 마니 그릇에는 물 마니가 가득하고, 물 마니 그릇에는 불 마니가 가득하였다.

이러한 5백 보배 그릇이 자연히 나오고, 또 여러 가지 보배와 모든 재물들이 온갖 광에 충만하였다. 그러므로 부모와 친척과 관상하는 이들이 이 아이의 이름을 선재라고 부른 줄을 알았다.

또 이 동자가 과거의 여러 부처님께 공양하며 선근을 많이 심었고, 믿고 이해함이 커서 여러 선지식을 항상 친근하였으며, 몸과 말과 뜻으로 짓는 일이 허물이 없고, 보살의 도를 깨끗이 하며, 온갖 지혜를 구하여 불법의 그릇을 이루었고, 마음이 청정하게 허공과 같으며 보리에 회향하여 장애가 없는 줄을 알았다.

그 때 문수사리보살이 이렇게 선재동자를 관찰하고는 위로하고 일러 주면서 모든 부처의 법을 연설하였으니, 이른바 모든 부처님의 모으는 법을 말하고, 모든 부처님의 계속하는 법[相續法]을 말하고, 모든 부처님의 차례로 하는 법을 말하고, 모든 부처님의 모인 대중이 청정한 법을 말하고, 모든 부처님이 법륜으로 교화하는 법을 말하고, 모든 부처님의 육신이 잘생긴 모습의 법을 말하고, 모든 부처님이 법의 몸을 성취하는 법을 말하고, 모든 부처님의 말씀하는 변재의 법을 말하고, 모든 부처님의 광명으로 비추는 법을 말하고, 모든 부처님의 평등하여 둘이 없는 법을 말하는 것이다.

그 때 문수사리동자가 선재동자와 대중들을 위하여 이런 법을 말하고는, 은근하게 권하여 세력이 늘게 하며, 그들을 기쁘게 하여 아뇩다라삼먁삼보리심을 내게 하였으며, 또 과거에 심은 선근을 기억하게 하였다. 이런 일을 하고는 그 자리에서 다시 중생들에게 마땅하게 법을 말하고 떠났다.

이 때 선재동자는 문수사리에게서 부처님의 이런 여러 가지 공덕을 듣고 한결같은 마음으로 아뇩다라삼먁삼보리를 구하며 문수사리를 따라서 게송을 말하였다.

　　삼계의 생사는 성곽 되고
　　교만한 마음 담장이며
　　여러 길은 문이 되고
　　사랑의 물이 해자(池濠)되었네.

　　어리석은 어둠에 덮이어
　　탐욕과 성내는 불이 치성하니
　　마왕은 임금이 되어
　　어린이들이 의지해 있고

　　탐심과 애욕은 묶는 노끈이요
　　아첨과 속이는 일 고삐가 되며
　　의혹의 눈을 가리어
　　삿된 길로 나아가게 하며

　　간탐과 질투와 교만이 많아
　　삼악취(三惡處)에 들어도 가고
　　여러 길에 떨어지면
　　나고 늙고 병나고 죽는 고통

　　묘한 지혜 청정한 해님의
　　가엾이 여기는 원만한 바퀴
　　번뇌의 바다 말리시나니

바라건대 나를 살펴 주소서.

묘한 지혜 청정한 달님의
인자하고 때 없는 바퀴
모든 이를 안락케 하시니
바라건대 나를 비춰 주소서.

온갖 법계의 왕이시여,
법보法寶로 길잡이 삼아
걸림 없이 허공에 다니시니
바라건대 나를 가르쳐 주소서.

복 많고 지혜 많은 장사 물주〔商主〕
용맹하게 보리 구하여
중생들을 이익케 하시니
바라건대 나를 보호하소서.

참는 갑옷 입으시고
손에는 지혜의 검을 들어
마군을 자재하게 항복 받으시니
바라건대 나를 구제하소서.

불법의 수미산 꼭대기에서
선정의 시녀들이 항상 모시고
번뇌의 아수라 멸하시나니

제석帝釋이여, 나를 살피소서.

삼계의 생사 범부의 집이요
의혹과 짓는 업 여러 길의 원인
보살께서 모두 조복하시니
등불처럼 나의 길 비춰 주소서.

여러 나쁜 길 여의시고
모든 착한 일 깨끗하게
세간을 초월하신 이시니
해탈의 문을 보여 주소서.

세간의 뒤바뀐 고집
항상하고 즐겁고 나[我]이고 깨끗하단 생각
지혜의 눈으로 모두 여의시니
해탈의 문을 열어 주소서.

바른 길·삿된 길 잘 아시고
분별하는 마음 겁이 없으사
온갖 것 다 아시는 이여,
보리의 길을 가르쳐 주소서.

부처님의 바른 소견에 머물고
부처님의 공덕 나무 기르며
부처님 법의 묘한 꽃 비내리시니

보리의 길을 보여 주소서.

과거・미래・현재의 부처님
간 데마다 두루하시어
해가 세상에 뜬 듯하시니
그 길을 말씀하소서.

온갖 업 잘 아시고
여러 승의 수행을 통달하시니
결정한 지혜 가지신 이여,
마하연摩訶衍 길을 보여 주소서.

서원은 바퀴, 자비는 속바퀴〔轂〕
신심의 굴대〔軸〕 참는 건 비녀장〔鎋〕
공덕 보배로 잘 꾸미시니
그 수레에 나를 태워 주소서.

다 지니신〔總持〕 광대한 수레방〔箱〕
자비로 장엄한 뚜껑
변재의 풍경 잘 울리나니
그 수레에 나를 태워 주소서.

청정한 범행梵行 돗자리 되고
삼매는 모시는 채녀들
법북의 아름다운 소리

그 수레에 나를 태워 주소서.

네 가지 거둬 주는 무진장無盡藏
공덕은 장엄한 보배
부끄러움은 굴레와 배띠〔鞅〕
그 수레에 나를 태워 주소서.

보시하는 바퀴 항상 굴리며
깨끗한 계율의 향을 바르고
참음으로 굳게 꾸미었으니
그 수레에 나를 태워 주소서.

선정과 삼매는 수레방〔箱〕이요
지혜와 방편은 멍에가 되어
물러가지 않도록 조복하나니
그 수레에 나를 태워 주소서.

큰 서원은 청정한 바퀴
다 지니는 견고한 힘
지혜로 이루어졌나니
그 수레에 나를 태워 주소서.

보현의 행으로 두루 장식하였고
자비한 마음 천천히 굴려서
어디로 가나 겁이 없나니

그 수레에 나를 태워 주소서.

견고하기론 금강과 같고
공교하기는 눈어리 같아
모든 것에 장애 없으니
그 수레에 나를 태워 주소서.

광대하고 매우 청정해
중생들에게 낙을 주는 일
허공이나 법계와 평등
그 수레에 나를 태워 주소서.

업과 번뇌를 깨끗이 하며
헤매는 고통 끊어 버리고
마와 외도를 꺾어 부수니
그 수레에 나를 태워 주소서.

지혜는 시방에 가득하고
장엄은 법계에 두루하여
중생의 소원 만족케 하니
그 수레에 나를 태워 주소서.

청정하기 허공과 같아
애욕과 소견 없애 버리고
모든 중생을 이익하나니

그 수레에 나를 태워 주소서.

서원의 힘은 빠르게 가고
선정의 마음 편안히 앉아
모든 중생을 옮기시나니
그 수레에 나를 태워 주소서.

땅과 같아서 흔들리지 않고
물과 같아서 모두 이익케
이러하게 중생을 옮기시나니
그 수레에 나를 태워 주소서.

네 가지로 거둬 주는 원만한 바퀴
다 지니는 청정한 광명
이와 같은 지혜의 해를
나로 하여금 보게 하소서.

법왕의 지위에 이미 들었고
지혜의 관을 이미 쓰셨고
법의 비단을 머리에 맺나니
바라건대 나를 돌봐 주소서.

이 때에 문수사리보살은 코끼리가 한 번 돌 듯이 선재동자를 보고 이렇게 말하였다.

"훌륭하고, 훌륭하다. 선남자여, 그대는 이미 아뇩다라삼먁삼보리심을 내었고, 또 선지식을 가까이하여 보살의 행을 물으며 보살의 도를 닦으려 하는구나. 선남자여, 선지식들을 친근하고 공양함은 온갖 지혜를 구족하는 첫째 인연입니다. 그러므로 이 일에는 고달픈 생각을 내지 말라."

선재동자가 여쭈었다.

"바라옵건대 거룩하신 이여, 나에게 일러 주소서. 보살은 어떻게 보살의 행을 배우며, 어떻게 보살의 행을 닦으며, 어떻게 보살의 행에 나아가며, 어떻게 보살의 행을 행하며, 어떻게 보살의 행을 깨끗이 하며, 어떻게 보살의 행에 들어가며, 어떻게 보살의 행을 성취하며, 어떻게 보살의 행을 따라가며, 어떻게 보살의 행을 생각하며, 어떻게 보살의 행을 더 넓히며, 어떻게 보현의 행을 빨리 원만케 하나이까?"

그 때 문수사리보살이 선재동자를 위하여 게송을 말하였다.

착하다, 공덕 갈무리
나에게 찾아와서
자비한 마음을 내고
위없는 깨달음을 구함이여,

엄청난 서원을 세우며
중생의 괴로움을 없애려고
세상 사람을 위하여
보살의 행을 닦나니

만일 어떤 보살이
생사의 괴로움을 싫어하지 않으면

보현의 도를 갖추어
아무도 깨뜨릴 수 없으리.

복의 빛, 복의 위력
복의 처소, 복의 깨끗한 바다
그대 중생을 위하여
보현의 행을 닦으려네.

그대가 끝닿은 데 없는
시방의 부처님들을 뵈옵고
법을 들으면
받아 지니고 잊지 않으리.

그대 시방세계에서
한량없는 부처님 뵈옵고
모든 원력 바다를 성취하면
보살의 행을 구족하리라.

방편 바다에 들어가
부처의 보리에 머물면
지도하는 스승을 따라 배워서
온갖 지혜를 이루게 되리.

그대 모든 세계에 두루하여
티끌 같은 겁 동안에

보현의 행을 닦아 행하면
보리의 도를 성취하리니

그대 한량없는 세계에서
그지없는 세월에
보현의 행을 닦으면
큰 서원을 이루리니

이 한량없는 중생들
그대의 소원을 듣고 기쁘게
보리심을 내어서
보현의 법을 배우려 하리.

그 때 문수사리보살이 이 게송을 말하고, 선재동자에게 말하였다.
"훌륭하다. 선남자여, 그대가 이미 아뇩다라삼먁삼보리심을 내고 보살의 행을 구하는구나. 선남자여, 어떤 중생이 아뇩다라삼먁삼보리심을 내는 것이 매우 어려운 일이거니와, 마음을 내고 또 보살의 행을 구하는 것은 더욱 어려운 일입니다. 선남자여, 온갖 지혜의 지혜를 성취하려거든, 결정코 선지식을 찾아야 합니다. 선남자여, 선지식을 찾는 일에 고달프고 게으른 생각을 내지 말고, 선지식을 보고는 만족한 마음을 내지 말고, 선지식의 가르치는 말씀은 그대로 순종하고, 선지식의 교묘한 방편에 허물을 보지 말라.
선남자여, 여기서 남쪽으로 가면 승락勝樂이란 나라가 있고, 그 나라에 묘봉妙峯이란 산이 있고, 그 산중에 비구가 있으니 이름을 덕운德雲이라 합니다. 그대는 그에게 가서 묻기를 '보살이 어떻게 보살의 행을 배우며, 보살이 어떻게 보살의 행을 닦으며, 내지 보살이 어떻게 보현의 행을 빨리 원만하느냐'고 하라. 그 덕운 비구는 자세히 말하여 주리라."

그 때 선재동자는 이 말을 듣고 기뻐 뛰놀면서 문수보살의 발에 엎드려 절하고 수없이 돌고 은근하게 앙모하면서 눈물을 흘리고 하직하고 남쪽으로 떠났다.

(2) 덕운德雲 비구를 찾다

승락국을 향하여 가서 묘봉산에 올랐다. 그 산상에서 동·서·남·북과 네 간방과 위와 아래로 살펴보고 찾아다니면서 목마르듯이 덕운德雲 비구를 보려 하다가 이레가 지난 뒤에 그 비구가 다른 산 위에서 거니는 것을 보았다.

보고는 그 앞에 나아가서 엎드려 발에 절하고 오른쪽으로 세 번 돌고 앞에 서서 말하였다.

"거룩하신 이여, 저는 이미 아뇩다라삼먁삼보리심을 내었사오나, 보살이 어떻게 보살의 행을 배우며, 어떻게 보살의 행을 닦으며, 내지 어떻게 해야 보살의 행을 빨리 원만하는지 알지 못하나이다. 들자온즉 거룩하신 이께서 잘 가르쳐 주신다 하오니, 바라옵건대 자비하신 마음으로 말씀하여 주소서. 어찌하오면 보살이 아뇩다라삼먁삼보리를 성취하나이까?"

덕운 비구는 선재동자에게 말하였다.

"훌륭하다. 선남자여, 그대가 이미 아뇩다라삼먁삼보리심을 내었고, 또 보살의 행을 물으니, 이것은 어려운 중에 어려운 일입니다. 이른바 보살의 행을 구하며, 보살의 경계를 구하며, 보살의 벗어나는 도를 구하며, 보살의 청정한 도를 구하며, 보살의 청정하고 광대한 마음을 구하며, 보살의 성취한 신통을 구하며, 보살의 해탈문 보임을 구하며, 보살이 세간에서 짓는 업을 나타내기를 구하며, 보살이 중생의 마음을 따라 줌을 구하며, 보살의 생사하고 열반하는 문을 구하며, 보살이 함이 있고 함이 없음을 관찰하되 마음이 집착이 없음을 구함이니라.

선남자여, 나는 자유자재하고 결정하게 이해하는 힘을 얻어서 믿는 눈이 청정하고 지혜빛이 밝게 비치므로 경계를 두루 관찰하여 모든 장애를 여의었으며, 교묘하게 관찰하여 넓은 눈이 밝아서 청정한 행을 갖추었으며, 시방의 모든 국토에 가서 여러 부처님을 공경하고 공양하며, 모든 부처님 여래를 항상 생각하며 모든 부처님의 바른 법을 모두 지니고 시방의 모든 부처님을 항상 뵈옵느니라.

이른바 동방에서 한 부처님·두 부처님·열 부처님·백 부처님·천 부처님·백천 부처님·억 부처님·백억 부처님·천억 부처님·백천억 부처님·나유타 억 부처님·백 나유타 억 부처님·천 나유타 억 부처님·백천 나유타 억 부처님을 뵈오며, 내지 수없고 한량없고 그지없고 같을 이 없고 셀 수 없고 일컬을 수 없고 생각할 수 없고 헤아릴 수 없고 말할 수 없고 말할 수 없이 말할 수 없는 부처님을 뵈오며, 내지 염부제閻浮提 티끌 수 부처님·사천하의 티끌 수 부처님·천 세계의 티끌 수 부처님·이천 세계의 티끌 수 부처님·삼천 세계의 티끌 수 부처님·부처 세계의 티끌 수 부처님과, 내지 말할 수 없이 말할 수 없는 부처 세계의 티끌 수 부처님을 뵈옵느니라.

동방에서와 같이 남방·서방·북방과 네 간방과 상방·하방에서도 역시 그러하며, 낱낱 방위에 계시는 부처님들의 갖가지 빛깔·갖가지 형상·갖가지 신통·갖가지 유희·갖가지 모인 대중과, 장엄한 도량·갖가지 광명이 끝없이 비치는 일·갖가지 국토·갖가지 수명과, 중생들의 갖가지 마음을 따라서 갖가지로 바른 깨달음을 이루는 문을 나타내어서 대중들 가운데서 사자후하느니라.

　선남자여, 나는 이 모든 부처님의 경계를 생각하여 지혜의 광명으로 두루 보는 법문을 얻었거니와, 모든 대 보살들의 그지없는 지혜로 청정하게 수행하는 문이야 어떻게 알겠는가.

　이른바 지혜의 빛으로 두루 비추는 염불문이니, 모든 부처님 국토의 가지가지 궁전을 청정하게 장엄함을 항상 보는 연고며, 일체 중생으로 하여금 생각케 하는 염불문이니, 중생들의 마음을 따라서 부처님을 뵈옵고 청정함을 얻게 하는 연고니라. 힘에 편안히 머물게 하는 염불문이니, 여래의 십력十力에 들게 하는 연고며, 법에 편안히 머물게 하는 염불문이니, 한량없는 부처님을 보고 법을 듣는 연고며, 여러 방위에 밝게 비치는 염불문이니, 모든 세계에 있는 차별이 없이 평등한 부처님 바다를 다 보는 연고며, 사람이 볼 수 없는 염불문이니, 모든 미세한 경계에 계시는 부처님들의 자유자재한 신통을 다 보는 연고니라.

　여러 겁에 머무는 염불문이니, 모든 겁 동안에 여래의 하시는 일들을 항상 보고 잠깐도 버리지 않는 연고며, 온갖 때에 머무는 염불문이니, 모든 시절에 여래를 항상 보고 친근하여 함께 있어서 잠깐도 떠나지 않는 연고며,

　모든 세계에 머무는 염불문이니 모든 국토에서 부처님 몸이 온갖 것을 초과하여 평등함이 없음을 보는 연고며, 모든 세상에 머무는 염불문이니, 자기 마음이 좋아함을 따라서 삼세의 모든 여래를 두루 보는 연고며, 모든 경계에 머무는 염불문이니, 온갖 경계에서 여러 부처님이 차례로 나타나심을 보는 연고며, 고요한 데 머무는 염불문이니, 잠깐 동안에 모든 세계의 모든 부처님이 열반을 보이심을 보는 연고니라.

　멀리 떠난 데 머무는 염불문이니, 하루 동안에 모든 부처님이 머무시던 데서 떠나 가심을 보는 연고며, 광대한 데 머무는 염불문이니, 낱낱

부처님이 모든 법계에 가득하심을 항상 마음으로 관찰하는 연고며, 미세한 데 머무는 염불문이니, 한 털끝에 말할 수 없는 여래가 나타나는 것을 그곳마다 가서 섬기는 연고며, 장엄한 데 머무는 염불문이니, 잠깐 동안에 모든 세계에서 부처님들이 등정각을 이루고 신통 변화를 나타내심을 보는 연고며, 능히 하는 일에 머무는 염불문이니, 모든 부처님이 세간에 나타나서 지혜의 광명을 놓으며 법륜을 굴리심을 보는 연고니라.

자유자재한 마음에 머무는 염불문이니, 자기 마음에 좋아함을 따라서 모든 부처님이 형상을 나타내시는 줄을 아는 연고며, 자기의 업에 머무는 염불문이니, 중생들의 쌓은 업을 따라 영상을 나타내어 깨닫게 하는 줄을 아는 연고며, 신통 변화에 머무는 염불문이니, 부처님의 앉으신 큰 연꽃이 법계에 두루하게 핀 것을 보는 연고며, 허공에 머무는 염불문이니, 여래의 소유하신 몸 구름이 법계와 허공계를 장엄하였음을 관찰하는 연고며, 그렇거늘 내가 어떻게 그 공덕의 행을 능히 알며 능히 말하겠는가.

선남자여, 남쪽에 한 나라가 있으니 이름이 바다문〔海門〕이요, 거기 비구가 있으니 이름을 해운海雲이라 합니다. 그대는 그에게 가서 묻기를 '보살이 어떻게 보살의 행을 배우며, 보살의 도를 닦느냐'고 물으라. 해운비구가 광대한 선근을 발기하는 인연을 분별하여 말하리라.

선남자여, 해운비구가 그대로 하여금 광대한 도를 도와주는 지위에 들어가게 하며, 그대로 하여금 광대한 선근의 힘을 내게 하며, 그대에게 보리심을 내는 원인을 말하며, 그대로 하여금 광대한 승乘의 광명을 내게 하며, 그대로 하여금 광대한 바라밀을 닦게 하며, 그대로 하여금 광대한 수행 바다에 들어가게 하며, 그대로 하여금 광대한 서원을 만족케 하며, 그대로 하여금 광대하게 장엄하는 문을 깨끗하게 하며, 그대로 하여금 광대한 자비의 힘을 내게 하리라."

그 때 선재동자는 덕운 비구의 발에 절하고 오른쪽으로 돌고 관찰하면서 물러갔다.

(3) 해운海雲 비구를 찾다

그 때 선재동자는 한결같은 마음으로 선지식의 가르침을 생각하며, 바른 생각으로 지혜 광명의 문을 관찰하며, 바른 생각으로 보살의 해탈문을 관찰하며, 바른 생각으로 보살의 삼매문을 관찰하며, 바른 생각으로 보살의 큰 바다의 문을 관찰하며, 바른 생각으로 부처님이 앞에 나타나는 문을 관찰하며, 바른 생각으로 부처님의 방위[方所]의 문을 관찰하며, 바른 생각으로 부처님의 법칙의 문을 관찰하며, 바른 생각으로 부처님의 허공계와 평등한 문을 관찰하며, 바른 생각으로 부처님의 차례로 나타나시는 문을 관찰하며, 바른 생각으로 부처님의 들어가신 방편의 문을 관찰하면서, 점점 남쪽으로 가서 바다문 나라에 이르렀다. 해운海雲 비구의 있는 데 가서 엎드려 발에 절하고 오른쪽으로 돌기를 마치고 합장하고 이렇게 말하였다.

"거룩하신 이여, 저는 이미 아뇩다라삼먁삼보리심을 내었고, 위없는 온갖 지혜의 바다에 들고자 하오나, 보살이 어떻게 세속 집을 버리고 여래의 집에 태어나며, 어떻게 죽살이 바다를 건너서 부처 지혜의 바다에 들어가며, 어떻게 범부의 지위를 떠나서 여래의 지위에 들어가며, 어떻게 죽살이의 흐름을 끊고 보살행의 흐름에 들어가며 어떻게 죽살이의 바퀴를 깨뜨리고 보살의 서원 바퀴를 이루며, 어떻게 마의 경계를 없애고 부처의 경계를 나타내며, 어떻게 애욕 바다를 말리고 자비 바다를 자라게 하며, 어떻게 모든 난관과 악취惡趣에 들어가는 문을 닫고 큰 열반의 문을 열며, 어떻게 삼계三界의 성에서 벗어나 온갖 지혜의 성에 들어가며, 어떻게 모든 노리개〔玩好物〕를 버려서 일체 중생을 이익케 할 수 있겠습니까?"

해운 비구는 선재에게 말하였다.

"선남자여, 그대는 아뇩다라삼먁삼보리심을 내었는가?"

선재동자는 대답하였다.

"그러합니다. 저는 아뇩다라삼먁삼보리심을 내었습니다."

해운 비구가 말하였다.

"선남자여, 만일 중생들이 선근을 심지 않고는 아뇩다라삼먁삼보리심을 내지 못하나니, 보현 법문의 선근 광명을 얻어야 하며, 참된 길인 삼매의 광명을 갖추어야 하며, 가지가지 광대한 복바다를 내야 하며, 희고 깨끗한 법을 자라게 하는 데 게으름이 없어야 하며, 선지식을 섬기는 데 고달픈 생각을 내지 말아야 하며, 몸과 목숨을 돌보지 말고 쌓아 두는 일이 없어야 하며, 평등한 마음이 땅과 같아서 높낮이가 없어야 하며, 항상 모든 중생을 사랑해야 하며, 생사의 길을 늘 생각하고 버리지 말아야 하며, 여래의 경계 관찰하기를 항상 좋아해야 능히 보리심을 내게 되느니라.

보리심을 낸다는 것은 크게 가엾이 여기는 마음을 냄이니 일체 중생을 널리 구원하는 연고며, 크게 인자한 마음을 냄이니 모든 세간을 다 같이 복되게 하는 연고며, 안락케 하는 마음을 냄이니 일체 중생들로 하여금 괴로움을 없애게 하는 연고며, 이익케 하는 마음을 냄이니 모든 중생이 나쁜 법을 떠나게 하는 연고며, 슬피 여기는 마음을 냄이니 공포하는 이들을 보호하는 연고며, 걸림 없는 마음을 냄이니 모든 장애를 여의는 연고며, 광대한 마음을 냄이니 모든 법계에 두루 가득하는 연고며, 그지없는 마음을 냄이니 허공 같은 세계에 가지 않는 데가 없는 연고며, 너그러운 마음을 냄이니 모든 여래를 다 뵈옵는 연고며, 청정한 마음을 냄이니 삼세 법에 지혜가 어기지 않는 연고며, 지혜의 마음을 냄이니 온갖 지혜의 바다에 널리 들어가는 연고니라.

선남자여, 내가 이 바다문 나라에 있는 지가 12년인데 항상 큰 바다로 경계를 삼노라.

이른바 큰 바다가 광대하여 한량이 없음을 생각하며, 큰 바다가 매우 깊어서 측량할 수 없음을 생각하며, 큰 바다가 점점 깊고 넓어짐을 생각하며, 큰 바다에 한량없는 보물들이 기묘하게 장엄함을 생각하며, 큰 바다에 한량없는 물이 쌓였음을 생각하며, 큰 바다의 물빛이 같지 않아 헤아릴 수 없음을 생각하여, 큰 바다는 한량없는 중생이 사는 곳인 줄 알며, 큰 바다는 갖가지 엄청나게 몸 큰 중생을 있게 함을 생각하며, 큰 바다는 큰 구름에서 내리는 비를 모두 받아 둠을 생각하며, 큰 바다는 늘지도 않고 줄지도 않음을 생각하였느니라.

선남자여, 내가 생각할 적에 또 이렇게 생각하였으니, 이 세상에는 이 바다보다 더 넓은 것이 있는가, 이 바다보다 더 한량없는 것이 있는가, 이 바다보다 더 깊은 것이 있는가, 이 바다보다 특수한 것이 있는가 하였느니라.

선남자여, 내가 이렇게 생각할 적에 이 바다 밑에서 큰 연꽃이 홀연히 솟아나는데, 이길 이 없는[無能勝] 다라니 보배로 줄기가 되고, 폐유리吠瑠璃 보배로 연밥이 되고, 염부단금閻浮檀金으로 잎이 피고, 침수沈水향으로 꽃판이 되고, 마노碼 로 꽃술이 되어 아름답게 피어서 바다 위에 가득하게 덮이었다.

백만 아수라왕이 연꽃 줄기를 잡았는데, 백만 마니보배로 장엄한 그물이 위에 덮이고, 백만 용왕이 향수를 비내리고, 백만 가루라왕이 영락과 비단 띠를 둘러서 사방으로 드리우고, 백만 나찰왕은 자비한 마음으로 관찰하고, 백만 야차왕은 공경하며 예배하고, 백만 건달바왕은 갖가지 음악으로 찬탄하며 공양하고, 백만 천왕은 여러 가지 하늘 꽃·하늘 화만·하늘 향·사르는 하늘 향·바르는 하늘 향·가루 하늘 향·하늘 의복·하늘의 당기·번기·일산을 비내리었다.

백만 범천왕은 엎드려 절하고, 백만 정거천淨居天은 합장하고 절하며, 백만 전륜왕은 칠보로 장엄하여 공양하고, 백만 바다 맡은 신은 한꺼번에 나와서 공경하고 예배하며, 백만 미광味光 마니보배에서는 광명이 두루 비치고, 백만 정복淨福 마니보배로 장엄하였으며, 백만 보광普光 마니보배로는 청정한 갈무리가 되고, 백만 수승殊勝 마니보배는 빛이 찬란하며, 백만 묘장妙藏마니보배는 광명이 그지없이 비치고, 백만 염부당閻浮幢 마니보배는 차례로 줄을 지었으며, 백만 금강사자 마니보배는 깨뜨릴 수 없이 청정하게 장엄하고, 백만 일장日藏 마니보배는 엄청나게 청정하며, 백만 가락可樂 마니보배는 가지각색 빛을 갖추고, 백만 여의如意 마니보배는 장엄이 끝이 없고 광명이 찬란하게 비치었다.

이렇게 큰 연꽃은 여래가 출세하시는 선근으로 일어났으므로 모든 보살이 믿고 좋아하며, 시방세계에 모두 나타나는데, 눈어리 같은 법에서 났으며, 꿈 같은 법에서 났으며, 청정한 업으로 생겼으며, 다툼이 없는 법문으로 장엄하여 함이 없는 인印에 들어갔고, 걸림 없는 문에 머물러 시방의 모든 국토에 가득하였으며, 부처님들의 깊고 깊은 경계를 따르는 것이며, 수 없는 백천 겁 동안에 그 공덕을 칭찬하여도 다할 수 없느니라.

내가 보니, 그 때 연꽃 위에 여래가 가부하고 앉으셨는데, 몸이 여기서부터 형상 세계 꼭대기까지 이르렀고, 보배 연꽃 자리가 헤아릴 수 없고 도량에 모인 대중도 헤아릴 수 없고 거룩한 모습을 이루심도 헤아릴 수 없고 잘 생긴 모습이 원만함도 헤아릴 수 없고 신통과 변화도 헤아릴 수 없고 빛깔이 청정함도 헤아릴 수 없고 볼 수 없는 정수리도 헤아릴 수 없고 넓고 긴 혀도 헤아릴 수 없고 교묘한 말씀도 헤아릴 수 없고 원만한 음성도 헤아릴 수 없고 끝이 없는 힘도 헤아릴 수 없고 청정한 두려움 없음도 헤아릴 수 없고 광대한 변재도 헤아릴 수 없으며, 또 생각하건대 그 부처님이 지난 옛날에 여러 가지 행을 닦으심도 헤아릴 수 없고 자재하게 도를 이룸도 헤아릴 수 없고 묘한 음성으로 법을 말함도 헤아릴 수 없고 여러 문으로 나타나시어 가지가지로 장엄함도 헤아릴 수 없고 좌우로 보는 것이 차별함도 헤아릴 수 없고 모든 것을 이익하여 다 원만케 함도 헤아릴 수 없느니라.

그 때 이 여래께서 오른손을 펴서 내 정수리를 만지시고 나에게 넓은 눈 법문〔普眼法門〕을 연설하시니 모든 여래의 경계를 열어 보이며, 모든 보살의 행을 드러내며, 모든 부처의 묘한 법을 열어 밝히니, 모든 법륜이 다 그 가운데 들었으며, 모든 부처님의 국토를 깨끗이 하고 모든 외도의 삿된 이론을 꺾어 부수고 모든 마의 군중을 멸하여 중생들을 기쁘게 하며, 모든 중생의 마음과 행을 비추고 모든 중생의 근성을 분명히 알아 중생들의 마음을 깨닫게 하였느니라.

내가 그 여래의 계신 데서 이 법문을 듣고 받아 지니고 읽고 외우고 기억하고 관찰한 것을 어떤 사람이 바닷물로 먹을 삼고 수미산으로 붓을 삼아 이 넓은 눈 법문의 한 품 가운데 한 문〔門〕이나, 한 문 가운데 한 법이나, 한 법 가운데 한 뜻이나, 한 뜻 가운데 한 구절을 쓴다 하여도 조금도 쓸 수 없거든, 하물며 다할 수 있을까 보냐.

선남자여, 내가 그 부처님 계신 데서 1천 2백 년 동안에 이 넓은 눈 법문을 받아 가지고, 날마다 들어 지니는 다라니 광명으로 수없는 품을 받아들이고, 고요한 문〔寂靜門〕 다라니 광명으로 수없는 품에 나아가고, 그지없는 도는〔無邊旋〕 다라니 광명으로 수없는 품에 두루 들어가고, 곳을 따라 관찰하는 다라니 광명으로 수없는 품을 분별하고, 위엄과 힘〔力〕다라니 광명으로 수없는 품을 널리 거둬 가지고, 연꽃 장엄 다라니 광명으로 수없는 품을 끌어내고, 청정한 음성 다라니 광명으로 수없는 품을 연설하고, 허공장 다라니 광명으로 수없는 품을 드러내 보이고, 광명 무더기〔光聚〕다라니 광명으로 수없는 품을 넓히고, 바다광〔海藏〕다라니 광명으로 수없는 품을 해석하였느니라.

어떤 중생이든지 시방에서 오는 하늘이나 하늘 왕이나 용이나 용왕이나 야차나 야차왕이나 건달바나 건달바왕이나 아수라나 아수라왕이나 가루라나 가루라왕이나 긴나라나 긴나라왕이나 마후라가나 마후라가왕이나 사람이나 사람왕이나 범천이나 범천왕이나 이런 이들이 나에게 오면, 내가 그들을 위하여 이 법문을 열어 보이고 해석하고 선양하고 찬탄하여 사랑하고 좋아하게 하며, 이 부처님들의 보살행 광명인 넓은 눈 법문에 들어가 편안히 머물게 하노라.

선남자여, 나는 다만 이 넓은 눈 법문을 알거니와, 저 보살마하살들은 모든 보살행의 바다에 깊이 들어가나니, 그 원력을 따라서 수행하는 연고며, 큰 서원 바다에 들어가나니, 한량없는 세월에 세간에 머무는 연고며, 모든 중생 바다에 들어가나니, 그 마음을 따라 널리 이익케 하는 연고며, 모든 중생의 마음 바다에 들어가나니, 십력과 걸림 없는 지혜 광光을 내는 연고며, 모든 중생의 근성 바다에 들어가나니, 때를 맞추어 교화하여 다 조복하는 연고니라.

모든 세계 바다에 들어가나니, 본래의 서원을 성취하여 부처님 세계를 깨끗이 장엄하는 연고며, 모든 부처님 바다에 들어가나니 모든 여래께 항상 공양하기를 원하는 연고며, 모든 법 바다에 들어가나니, 지혜로 모두 깨닫는 연고며, 모든 공덕 바다에 들어가나니, 낱낱이 수행하여 구족케 하는 연고며, 모든 중생의 말씀 바다에 들어가나니, 모든 세계에서 바른 법륜을 굴리는 연고며, 내가 어떻게 저러한 공덕의 행을 능히 알고 능히 말하겠는가.

　선남자여, 여기서 남쪽으로 60유순쯤 가면 능가산으로 가는 길 옆에 한 마을이 있어 이름을 바다 연안(海岸)이라 하며, 거기 비구가 있으니 이름은 선주善住니라.

　그대는 그에게 가서 '보살이 어떻게 해서 보살의 행을 깨끗케 하느냐'라고 물으라."

　그 때 선재동자는 해운 비구의 발에 절하고 오른쪽으로 돌고 우러러 보면서 물러갔다.

　(4) 선주善住 비구를 찾다

　그 때 선재동자가 선지식의 가르침을 오로지 생각하며 넓은 눈 법문을 오로지 생각하며, 부처님의 신통한 힘을 오로지 생각하며, 법문의 글귀를 오로지 지니며, 법바다의 문에 오로지 들어가며, 법의 차별을 오로지 생각하며, 법의 소용돌이에 깊이 들어가며, 법의 허공에 널리 들어가며, 법의 가리움을 깨끗이 하며, 법보의 있는 데를 관찰하면서, 점점 남쪽으로 가다가 능가산으로 가는 길 옆에 있는 바다 연안 마을에 이르러 시방을 살피면서 선주善住 비구를 찾았다.

　이 비구가 허공에서 거니는데 수없는 하늘들이 공경하고 둘러 있어 하늘 꽃을 흩으며 하늘 풍류를 지으니, 수없는 번기·당기와 비단들이 허공에 가득하여 공양하고, 여러 용왕들은 허공에서 부사의한 침수향 구름과 뇌성과 번개를 일으켜 공양하고, 긴나라왕은 여러 음악을 연주하여 법다이 찬탄하면서 공양하며, 마후라가왕은 부사의한 보드라운 의복을 허공에 가득하게 베풀고 즐거운 마음으로 공양하고, 아수라왕은 부사의한 마니보배 구름을 일으키니, 한량없는 광명과 가지가지 장엄이 허공에 가득하여 공양하며, 가루라왕은 동자가 되었는데 한량없는 채녀采女들이 둘러쌌으며, 필경에 살해하는 마음이 없어져서 허공에서 합장하고 공양하며, 부사의한 나찰왕들은 한량없는 나찰에게 둘러싸였는데 형상이 장대하고 매우 무섭게 생긴 것이, 선주비구의 인자한 마음이 자재함을 보고 허리를 굽히고 합장하여 무리에게 둘러싸여 우러러 공양하며, 부사의한 야차왕들은 제각기 자기의 무리에게 둘러싸여 사면에 둘러서서 공경하고 수호하며, 부사의한 범천왕들은 허공중에서 몸을 굽히고 합장하여 인간의 법으로 찬탄하며, 부사의한 정거천들은 허공에서나 궁전에서 함께 공경하며 합장하고 큰 서원을 내는 것을 보았다.

이 때 선재동자는 이런 일을 보고는 마음이 환희하여 합장 예경하고 이렇게 말하였다.

"거룩하신 이여, 저는 이미 아뇩다라삼먁삼보리심을 내었사오나, 보살이 어떻게 불법을 수행하며, 보살이 어떻게 불법을 쌓아 모으며, 어떻게 불법을 갖추며, 어떻게 불법을 익히며, 어떻게 불법을 증장하며, 어떻게 불법을 모두 거두며, 어떻게 불법을 끝까지 마치며, 어떻게 불법을 깨끗이 다스리며, 어떻게 불법을 매우 깨끗케 하며, 어떻게 불법을 통달하는지 알지 못하옵니다. 제가 듣자온즉 거룩하신 이께서 잘 가르치신다 하오니, 바라옵건대 사랑하시고 어여삐 여기사 저에게 말씀하소서.

보살이 어떻게 부처님 뵈옴을 버리지 않고 항상 그곳에서 부지런히 닦습니까? 보살이 어떻게 보살을 버리지 않고 여러 보살들과 선근이 같습니까? 보살이 어떻게 불법을 버리지 않고 다 지혜로 밝게 증득합니까? 보살이 어떻게 큰 서원을 버리지 않고 일체 중생을 두루 이익케 합니까? 보살이 어떻게 중생의 행을 버리지 않고 온갖 겁에 머무르면서 고달픈 마음이 없습니까?

보살이 어떻게 부처 세계를 버리지 않고 모든 세계를 모두 깨끗하게 장엄합니까? 보살이 어떻게 부처님 힘을 버리지 않고 여래의 자유자재하심을 다 보고 압니까? 보살이 어떻게 함이 있음을 버리지도 않고 머물지도 않으면서 모든 생사의 길에서 변화하는 것처럼 죽살이를 받으면서 보살의 행을 닦습니까? 보살이 어떻게 법문 듣는 일을 버리지 않고 부처님들의 바른 가르침을 다 받습니까? 보살이 어떻게 지혜의 광명을 버리지 않고 삼세에서 지혜로 행할 곳에 두루 들어갑니까?"

이 때 선주 비구는 선재에게 말하였다.

"훌륭하고, 훌륭하다. 선남자여, 그대가 이미 아뇩다라삼먁삼보리심을 내었고, 이제 또 마음을 내어 부처의 법과 온갖 지혜의 법과 자연인 법을 묻는구나.

선남자여, 나는 이미 보살의 걸림 없는 해탈의 행을 성취하였으므로, 오고 가고 다니고 그칠 적에 따라서 생각하고 닦고 관찰하여서, 곧 지혜의 광명을 얻었으니 이 몸이 필경까지 걸림 없음이니라.

이 지혜의 광명을 얻었으므로 일체 중생의 마음과 행을 아는 데 걸림이 없고, 일체 중생의 죽고 나는 것을 아는 데 걸림이 없고, 일체 중생의 지난 세상 일을 아는 데 걸림이 없고, 일체 중생의 오는 세상 일을 아는 데 걸림이 없고, 일체 중생의 지금 세상 일을 아는 데 걸림이 없고, 일체 중생의 말과 음성이 제각기 다름을 아는 데 걸림이 없고, 일체 중생의 의문을 결단하는 데 걸림이 없고, 일체 중생의 근성을 아는 데 걸림이 없고, 일체 중생의 교화를 받을 만한 곳에 모두 나아가는 데 걸림이 없고, 모든 찰나·라바羅婆·모호율다牟呼栗多·낮·밤·시간을 아는 데 걸림이 없고, 삼세 바다[三世海]에서 헤매는 차례를 아는 데 걸림이 없으며, 이 몸으로 시방의 모든 세계를 두루 이르는 데 걸림이 없나니, 왜냐 하면 머무름도 없고 짓는 일도 없는 신통한 힘을 얻은 연고이니라.

 선남자여, 나는 이 신통한 힘을 얻었으므로, 허공 중에서 다니고 서고 앉고 눕기도 하며, 숨고 나타나기도 하고, 한 몸도 나타내고 여러 몸도 나타내며, 장벽을 뚫고 나가기를 허공처럼 하고, 공중에서 가부좌하고 자유롭게 가고 오는 것이 나는 새와 같이하며, 땅 속에 들어가기를 물과 같이 하고, 물을 밟고 가기를 땅과 같이하며, 온몸의 아래와 위에서 연기와 불꽃이 나는 것이 불더미 같으며, 어떤 때는 모든 땅을 진동케 하고 어떤 때는 손으로 해와 달을 만지기도 하고, 키가 커서 범천의 궁전까지 이르기도 하고 사르는 향 구름도 나타내고 보배 불꽃 구름도 나타내고 변화하는 구름도 나타내고 광명 그물 구름도 나타내서 시방세계를 두루 덮기도 하노라.

 한 생각 동안에 동방으로 한 세계로 지나가고, 두 세계·백 세계·천 세계·백천 세계·한량없는 세계와 말할 수 없이 말할 수 없는 세계를 지나기도 하며, 혹은 염부제의 티끌 수 세계도 지나가고, 말할 수 없이 말할 수 없는 세계의 티끌 수 세계를 지나가기도 하면서, 그 모든 세계의 부처님 세존 앞에서 법을 듣기도 하며, 그 여러 부처님 계신 데서 한량없는 부처 세계의 티끌 수 같은 차별한 몸을 나타내고, 낱낱 몸마다 한량없는 부처 세계의 티끌 수 공양 구름을 내리니, 이른바 모든 꽃 구름·모든 향 구름·모든 화만 구름·모든 가루향 구름·모든 바르는 향 구름·모든 일산 구름·모든 옷 구름·모든 당기 구름·모든 번기 구름·모든 휘장 구름과, 모든 몸 구름으로 공양하고, 낱낱 여래께서 말씀하시는 법을 내가 모두 받아 지니고 낱낱 국토에 있는 장엄을 내가 모두 기억하노라.

 동방에서와 같이 남방·서방·북방과, 네 간방과 상방·하방도 그러하며, 이러한 모든 세계에 있는 중생들이 내 몸을 보면 결정코 아뇩다라삼먁삼보리를 얻을 것이며, 저 세계의 모든 중생을 내가 다 분명하게 보고 그들의 크고 작고 잘나고 못나고 괴롭고 즐거움을 따라 그 형상과 같은 몸으로 교화하여 성취하며, 만일 나를 친근하는 중생이면 모두 이러한 법문에 편안히 머물게 하느니라.

선남자여, 나는 다만 이 빨리 부처님께 공양하고 중생들을 성취시키는 데 걸림 없는 해탈문만을 알거니와, 저 보살들이 크게 가엾이 여기는 계행·바라밀 계행·대승의 계행·보살의 도와 서로 응하는 계행·걸림이 없는 계행·물러가지 않는 계행·보리심을 버리지 않는 계행·항상 불법으로 상대할 이를 위하는 계행·온갖 지혜에 항상 뜻을 두는 계행·허공 같은 계행·모든 세간에 의지함이 없는 계행·허물이 없는 계행·손해가 없는 계행·모자라지 않는 계행·섞이지 않는 계행·흐리지 않는 계행·뉘우침이 없는 계행·청정한 계행·때를 여읜 계행·티끌을 여읜 계행·이러한 공덕이야 내가 어떻게 알며 어떻게 말하겠는가.

선남자여, 여기서 남방에 한 나라가 있으니 이름이 달리비다達里鼻茶요, 그 나라에 자재自在라는 성이 있고, 그 성중에 사람이 있는데 이름은 미가彌伽니라.

그대는 그에게 가서 '보살이 어떻게 보살의 행을 배우며 보살의 도를 닦느냐'라고 물으라."

그 때 선재동자는 그의 발에 예배하고 오른쪽으로 돌고 우러르면서 하직하고 물러갔다.

대방광불화엄경 제63권

제63권

39. 입법계품 ④

2) 가지 법회 ③

(5) 미가彌伽 장자를 찾다

그 때 선재동자는 한결같은 마음으로 법의 광명인 법문을 바로 생각하여, 깊은 믿음으로 나아가 들어가서 부처님을 오로지 생각하여 삼보를 끊이지 않게 하며, 욕심을 여읜 성품을 찬탄하고 선지식을 생각하며, 삼세三世를 널리 비추어 큰 서원을 기억하며, 중생들을 두루 구제하되 함이 있는[有爲] 데 집착하지 않고 필경까지 모든 법의 성품을 생각하며, 모든 세계를 다 깨끗이 장엄하고, 여러 부처님의 도량에 모인 대중에게 마음이 집착하지 아니하면서 점점 남쪽으로 가다가 자재성自在城에 이르러 미가彌伽를 찾다가 보니, 그 사람이 시장 가운데서 법을 말하는 사자좌에 앉았는데, 십천 사람들에게 둘러싸이어 바퀴 윤輪자 장엄 법문을 연설하고 있었다.

그 때 선재동자가 그의 발 아래 엎드려 절하고 한량없이 돌고 앞에서 합장하고 말하였다.

"거룩하신 이여, 저는 이미 아뇩다라삼먁삼보리심을 내었습니다. 그러나 보살이 어떻게 보살의 행을 배우며, 어떻게 보살의 도를 닦으며, 어떻게 하여 여러 생사의 길에 헤매면서도 보리심을 항상 잊지 아니하며, 어떻게 평등한 뜻을 얻어 견고하여 흔들리지 않으며, 어떻게 청정한 마음을 얻고 능히 파괴할 이 없으며, 어떻게 크게 가엾이 여기는 힘을 내어 항상 고달프지 않으며, 어떻게 다라니에 들어가서 두루 청정함을 얻으며, 어떻게 지혜의 광대한 광명을 내어 모든 법에 어둠을 여의며, 어떻게 걸림 없는 이해와 변재의 힘을 얻어 모든 깊은 이치의 광〔藏〕을 결정하며, 어떻게 바로 기억하는 힘을 얻어 모든 차별한 법륜을 기억하여 가지며, 어떻게 길을 깨끗케 하는 힘을 얻어 모든 길에서 법을 두루 연설하며, 어떻게 지혜의 힘을 얻어 모든 법을 능히 결정하고 이치를 분별하는지를 알지 못합니다."

그 때 미가는 선재에게 말하였다.

"선남자여, 그대는 아뇩다라삼먁삼보리심을 이미 내었는가?"

"그러합니다. 저는 아뇩다라삼먁보리심을 이미 내었습니다."

미가는 문득 사자좌에서 내려와 선재가 있는 데서 땅에 엎드리고, 금꽃·은꽃과 값 많은 보배와 훌륭한 가루 전단향을 흩으며, 한량없는 여러 가지 옷을 그 위에 덮고, 또 한량없는 가지가지 향과 꽃과 갖가지 공양거리를 흩어서 공양하고, 일어서서 칭찬하였다.

"훌륭하고, 훌륭하다. 선남자여, 그대가 아뇩다라삼먁삼보리심을 능히 내었도다.

선남자여, 만일 아뇩다라삼먁삼보리심을 내는 이는 모든 부처의 종자를 끊지 않게 함이며, 모든 부처의 세계를 깨끗이 함이며, 모든 중생을 성숙케 함이며, 모든 법의 성품을 통달함이며, 모든 업의 종자를 깨달음이며, 모든 행을 원만함이며, 모든 서원을 끊지 않음이며, 탐욕을 여읜 성품을 사실대로 이해함이며, 능히 삼세에 차별한 것을 분명히 보고, 믿는 지혜를 영원히 견고케 함이니라.

곧 모든 여래의 거두어 주심이 되며, 모든 부처님의 생각함이 되며, 모든 보살과 평등하며, 모든 성현의 찬탄함이 되며, 모든 범천왕이 절하여 뵈옴이 되며, 모든 천왕이 공양함이 되며, 모든 야차의 수호함이 되며, 모든 나찰의 호위함이 되며, 모든 용왕의 영접함이 되며, 모든 긴나라왕의 노래하여 찬탄함이 되며, 모든 세상 임금의 칭찬하고 경축함이 되느니라.

모든 중생 세계를 편안케 하나니, 이른바 나쁜 길을 버리게 하는 연고며, 어려운 데서 벗어나게 하는 연고며, 모든 가난의 근본을 끊는 연고며, 모든 하늘들이 쾌락하는 연고며, 선지식을 만나 친근하는 연고며, 광대한 법을 듣고 받아 지니는 연고며, 보리심을 내는 연고며, 보리심을 청정케 하는 연고며, 보살의 길을 비추는 연고며, 보살의 지혜에 들어가는 연고며, 보살의 지위에 머무는 연고니라.

선남자여, 그대는 알아라. 보살의 하는 일이 매우 어려우니, 나기도 어렵고 만나기도 어려우며, 보살을 보기는 곱이나 더 어려우니라.

보살은 모든 중생의 믿을 데가 되나니, 낳고 기르고 성취하는 연고며, 모든 중생을 건짐이 되나니, 여러 괴로움에서 빼어내는 연고며, 모든 중생의 의지할 곳이니, 세간을 수호하는 연고며, 모든 중생을 구호함이 되나니, 공포에서 면해 나게 하는 연고며, 보살은 바람 둘레와 같으니, 세간을 유지하여 나쁜 길에 떨어지지 않게 하는 연고며, 땅과 같으니, 중생들의 선근을 증장케 하는 연고며, 큰 바다와 같으니, 복덕이 충만하여 다하지 않는 연고니라.

밝은 해와 같으니, 지혜의 광명이 널리 비추는 연고며, 수미산과 같으니, 선근이 높이 솟아난 연고며, 밝은 달과 같으니, 지혜의 빛이 나타나는 연고며, 용맹한 장수와 같으니, 마의 군중을 굴복하는 연고며, 임금과 같으니, 불법의 성중에서 마음대로 하는 연고며, 맹렬한 불과 같으니, 중생들의 애착하는 마음을 태우는 연고며, 큰 구름과 같으니, 한량없는 법 비를 내리는 연고며, 때 맞춰 오는 비와 같으니, 모든 믿음의 싹을 자라게 하는 연고며, 뱃사공과 같으니, 법 바다의 나루를 보여 인도하는 연고며, 다리〔橋梁〕와 같나니, 생사의 흐름을 건너게 하는 연고니라."

미가는 이렇게 선재동자를 찬탄하여 여러 보살을 기쁘게 하고, 얼굴로써 갖가지 광명을 놓아 삼천대천세계를 비추니, 그 가운데 있는 중생들이 이 광명을 만나고는, 용과 귀신과 내지 범천들이 모두 미가의 있는 데로 모여왔다. 미가 대사大士는 곧 방편으로 바퀴 윤輪자 품의 장엄 법문을 보여서 연설하고 분별하여 해석하니, 저 중생들이 그 법문을 듣고는 모두 아뇩다라삼먁삼보리에서 물러가지 않게 되었다.

그리고는 미가가 다시 자리에 올라 앉아 선재에게 말하였다.

"선남자여, 나는 이미 묘한 음성 다라니를 얻었으므로, 삼천대천세계에 있는 모든 하늘들의 말과, 용·야차·건달바·아수라·가루라·긴나라·마후라가 등의 사람인 듯 사람 아닌 듯한 이들과 범천들의 말을 모두 분별하여 아노라. 이 삼천대천세계와 같이, 시방의 수가 없는 세계와, 내지 말할 수 없고 말할 수 없는 세계들도 역시 그러하니라.

선남자여, 나는 다만 이 보살의 묘한 음성 다라니 광명 법문만을 알거니와, 저 여러 보살마하살은 모든 중생의 여러 가지 생각 바다와 여러 가지 시설 바다와, 여러 가지 이름 바다와 여러 가지 말씀 바다에 들어가고, 모든 비밀을 말하는 법구 바다〔法句海〕와, 모든 끝까지를 말하는 법구 바다와, 모든 반연할 것 가운데 온갖 삼세에서 반연할 것을 말하는 법구 바다와 상품을 말하는 법구 바다와 상상품을 말하는 법구 바다와 차별을 말하는 법구 바다와 온갖 차별을 말하는 법구 바다에 두루 들어가며, 모든 세간의 주문 바다와, 모든 음성의 장엄한 바퀴와, 모든 차별한 글자 바퀴의 짬에 두루 들어가나니, 이러한 공덕이야 내가 어떻게 알고 말하겠는가.

선남자여, 여기서 남방으로 가면 한 마을이 있으니 이름이 주림住林이요, 거기 장자가 있으니 이름이 해탈解脫입니다. 그대는 그에게 가서 '보살이 어떻게 보살의 행을 닦으며, 보살이 어떻게 보살의 행을 이루며, 보살이 어떻게 보살의 행을 모으며, 보살이 어떻게 보살의 행을 생각하는가'라고 물으라."

그 때 선재동자는 선지식으로 말미암아 온갖 지혜의 법에 존중한 마음을 내고 깨끗한 신심을 심고 매우 더 이익하여 미가의 발에 예배하고 눈물을 흘리며 수없이 돌고 사모하고 앙모하면서 하직하고 물러갔다.

(6) 해탈解脫 장자를 찾다

이 때 선재동자는 보살의 걸림 없는 지혜[解] 다라니의 광명으로 장엄한 문을 생각하여, 보살들의 말씀 바다 문에 깊이 들어갔고, 보살들의 모든 중생을 아는 미세한 방편문을 기억하고, 보살들의 청정한 마음의 문을 관찰하고, 보살들의 선근의 광명문을 성취하고, 보살들의 중생을 교화하는 문을 깨끗이 다스리고, 보살들이 중생을 거둬 주는 지혜의 문을 밝히고, 보살들의 광대하게 좋아하는 문을 견고히 하고, 보살들의 훌륭하게 좋아하는 문에 머물러 지니고, 보살들의 가지가지로 믿고 이해하는 문을 깨끗이 다스리고, 보살들의 한량없는 착한 마음의 문을 생각하였다.

그래서 서원이 견고하여 고달픈 생각이 없고, 여러 갑주로 스스로 장엄하며, 정진하는 깊은 마음을 물리칠 수 없으며 깨뜨릴 수 없는 신심을 갖추고 마음이 견고하기가 금강이나 나라연那羅延과 같아서 파괴할 이 없으며, 여러 선지식의 가르침을 지니어 모든 경계에서 깨뜨릴 수 없는 지혜를 얻었으며, 넓은 문이 청정하여 행하는 데 걸림이 없으며, 지혜의 광명이 원만하여 모든 것을 두루 비추며, 모든 지위의 모두 지니는 광명을 구족하여 법계의 가지가지 차별을 알며, 의지함도 없고 머무름도 없어 평등하여 둘이 없으며, 저 성품이 청정하여 두루 장엄하고 여러 행하는 것이 끝까지 이르렀으며, 지혜가 청정하여 집착을 여의었다.

시방의 차별한 법을 알매 지혜가 걸림 없으며, 시방의 차별한 곳에 가되 몸이 고달프지 않으며, 시방의 차별한 업을 다 분명히 알며, 시방의 차별한 부처님을 모두 보며, 시방의 차별한 시간에 깊이 들어갔으며, 청정한 묘한 법이 마음에 가득 차고 넓은 지혜의 삼매가 마음을 밝게 비추며, 마음이 평등한 경계에 항상 들어가 여래의 지혜를 비추어 알며, 온갖 지혜의 흐름이 계속하여 끊어지지 않으며, 몸과 마음이 불법을 떠나지 않았으며, 모든 부처님의 신통으로 가피加被하고, 모든 여래의 광명으로 비추어서 큰 서원을 성취하고, 서원의 몸이 모든 세계에 두루하며, 온갖 법계가 다 그 몸에 들어가는 것이다.

점점 걸어서 12년 동안을 다니다가 주림住林성에 이르러 해탈解脫장자를 두루 찾다가 장자를 보고는 땅에 엎드려 절하고 일어서서 합장하고 말하였다.

"거룩하신 이여, 제가 이제 선지식과 한데 모였으니, 이는 제가 광대한 좋은 이익을 얻음입니다. 왜냐 하면 선지식은 보기도 어렵고 듣기도 어렵고 나타나기도 어려우며, 받들어 섬기기도 어렵고 가까이 모시기도 어렵고, 대하여 뵈옵기도 어렵고 만나기도 어렵고, 함께 있기도 어려우며 기쁘게 하기도 어렵고 따라다니기도 어렵사온데, 저는 이제 만났사오니 이것이 좋은 이익을 얻은 것입니다.

거룩하신 이여, 저는 이미 아뇩다라삼먁삼보리심을 내었사오니, 모든 부처님을 섬기기 위함이며, 모든 부처님을 만나기 위함이며, 모든 부처님을 뵈옵기 위함이며, 모든 부처님을 관찰하기 위함이며, 모든 부처님을 알기 위함이며, 모든 부처의 평등함을 증득하기 위함이며, 모든 부처의 큰 서원을 내기 위함이며, 모든 부처의 큰 서원을 채우기 위함이며, 모든 부처의 지혜 빛을 갖추기 위함이며, 모든 부처의 여러 가지 행을 이루기 위함이며, 모든 부처의 신통을 얻기 위함이며, 모든 부처의 여러 힘을 갖추기 위함이며, 모든 부처의 두려움 없음을 얻기 위함입니다.

또 모든 부처의 법을 듣기 위함이며, 모든 부처의 법을 받기 위함이며, 모든 부처의 법을 지니기 위함이며, 모든 부처의 법을 이해하기 위함이며, 모든 부처의 법을 보호하기 위함이며, 모든 보살 대중과 한 몸이 같기 위함이며, 모든 보살의 선근과 평등하여 다름이 없기 위함이며, 모든 보살의 바라밀을 원만하기 위함이며, 모든 보살의 수행을 성취하기 위함이며, 모든 보살의 청정한 서원을 내기 위함이며, 모든 보살의 위신의 장藏을 얻기 위함입니다.

모든 보살의 법장의 끝이 없는 지혜와 큰 광명을 얻기 위함이며, 모든 보살의 삼매인 광대한 장을 얻기 위함이며, 모든 보살의 한량없고 수가 없는 신통의 장을 성취하기 위함이며, 크게 가엾이 여기는 장으로 모든 중생을 교화하고 조복하여 모두 필경에 저 가[邊際]에 이르게 하기 위함이며, 신통 변화의 장을 나타내기 위함이며, 모든 자유자재한 장에서 자기의 마음으로 자재함을 얻기 위함이며, 청정한 장 속에 들어가서 온갖 모습으로 장엄하기 위함입니다.

　거룩하신 이여, 저는 이제 이런 마음·이런 뜻·이런 낙樂·이런 욕망·이런 희망·이런 사상·이런 존경·이런 방편·이런 끝닿은 데·이런 겸양으로 거룩하신 이의 계신 데 왔습니다.

　제가 듣자온즉 거룩하신 이께서는 보살들을 잘 가르치어, 방편으로써 얻은 바를 열어 밝히며, 길을 보이며 나루터를 일러 주며 법문을 주시오며, 아득한 장애를 제거하고 망설이는 살을 뽑고 의혹의 그물을 찢고 마음의 숲을 비추고 마음의 때를 씻어서, 마음을 결백케 하고 마음을 청정케 하고 마음의 아첨을 바로 하고 마음의 생사를 끊고 마음의 착하지 못함을 멈추고 마음의 집착을 풀고, 집착한 데서 마음을 해탈케 하고 물든 애욕에서 마음을 돌리게 하며, 온갖 지혜의 경계에 빨리 들어가게 하고, 위없는 법성法城에 빨리 이르게 하고 크게 가엾이 여김에 머물게 하고, 크게 인자함에 머물게 하고, 보살의 행에 들어가게 하고 삼매의 문을 닦게 하고 증득하는 지위에 들게 하고, 법의 성품을 보게 하고 힘을 증장케 하고 행을 익히게 하여 온갖 것에 마음을 평등케 하신다 하더이다.

　원하옵건대 거룩하신 이여, 보살이 어떻게 보살의 행을 배우며 보살의 도를 닦으며, 닦아 익힌 것이 빨리 청정해지며, 빨리 분명하여지는 것을 저에게 말씀하여 주소서."

　그 때 해탈 장자는 과거의 선근의 힘과 부처님 위신의 힘과 문수사리 동자의 생각하는 힘으로써 보살의 삼매의 문에 들어갔으니, 삼매의 이름을 모든 부처의 세계를 두루 거두어 그지없이 도는 다라니〔普攝一切佛刹無邊旋陀羅尼〕다.

　이 삼매에 들어가서는 청정한 몸을 얻었다. 그 몸에서는 시방으로 각각 열 부처 세계의 티끌 수 부처님과, 부처님의 국토와 여럿이 모인 도량과 가지가지 광명으로 장엄한 것을 나타내고, 또 저 부처님들이 옛적에 행하시던 신통 변화와 모든 서원과 도를 돕는 법과 벗어나는 행과 청정한 장엄을 나타내며, 또 부처님들이 등정각을 이루고 묘한 법륜을 굴리어 중생을 교화함을 보겠으며, 이런 일들이 그 몸 가운데 나타나지만 조금도 장애되지 아니하였다.

가지가지 형상과 가지가지 차례로 본래와 같이 머물면서도 섞이거나 혼란하지 아니하니, 이른바 갖가지 국토·갖가지 모인 대중·갖가지 도량·갖가지 장엄들이며, 그 가운데 계시는 부처님이 갖가지 신통한 힘을 나타내고, 갖가지 법의 길을 세우고, 갖가지 서원의 문을 보이었다.

한 세계에서 도솔천궁에 계시어 불사를 짓기도 하고, 한 세계의 도솔천궁에서 죽어서 불사를 짓기도 하는데, 태중에 있기도 하고, 탄생도 하고, 궁중에 계시기도 하고, 출가도 하고, 도량에 나아가기도 하고, 마의 군중을 깨뜨리기도 하고, 하늘과 용들이 공경하여 둘러 모시기도 하고, 세상 임금들이 법 말씀하기를 청하기도 하고, 법륜을 굴리기도 하고, 열반에 들기도 하고, 사리를 나누기도 하고, 탑을 쌓기도 하였다.

저 여래께서 가지가지 대중의 모임과 가지가지 세간과 가지가지 태어나는 길과 가지가지 가족과 가지가지 욕망과 가지가지 업과 가지가지 말과 가지가지 근성과 가지가지 번뇌와 습기를 가진 중생들 가운데서, 작은 도량에 있기도 하고 넓은 도량에 있기도 하고, 1유순 되는 도량에 있기도 하고 10유순 되는 도량에 있기도 하고, 말할 수 없이 말할 수 없는 세계의 티끌 수 유순되는 도량에 있기도 하면서, 갖가지 신통과 갖가지 말과 갖가지 음성과 갖가지 법문과 갖가지 다라니 문과 갖가지 변재의 문으로써, 여러 가지 성인의 참 이치 바다에서 여러 가지 두려움 없는 대사자후로 중생의 가지가지 선근과 가지가지 생각을 말하며, 여러 가지 보살의 수기를 주며, 여러 가지 부처의 법을 말하였다.

저 모든 여래의 말씀을 선재동자가 다 들었으며, 부처님들과 보살들이 부사의한 삼매와 신통 변화를 보기도 하였다.

이 때 해탈 장자가 삼매에서 일어나 선재동자에게 말하였다.

"선남자여, 나는 이미 여래의 걸림 없는 장엄 해탈문에 들어갔다 나왔노라. 선남자여, 내가 이 해탈문에 들었다 나올 적에 동방의 염부단금 광명〔閻浮檀金光明〕세계의 용자재왕龍自在王 여래・응공・정등각을 도량에 모인 대중이 둘러쌌는데 비로자나장毘盧遮那藏보살이 우두머리가 되었음을 보았노라.

또 남방의 속질력速迭力 세계의 보향普香 여래・응공・정등각을 도량에 모인 대중이 둘러쌌는데 심왕心王보살이 우두머리가 되었음을 보았노라.

또 서방의 향광香光 세계의 수미등왕須彌燈王 여래・응공・정등각을 도량에 모인 대중이 둘러쌌는데 무애심無礙心보살이 우두머리가 되었음을 보았노라.

또 북방의 가사당袈裟幢 세계의 불가괴금강不可壞金剛 여래・응공・정등각을 도량에 모인 대중이 둘러쌌는데 금강보용맹金剛步勇猛보살이 우두머리가 되었음을 보았노라.

또 동북방의 일체상묘보一切上妙寶 세계의 무소득경계안無所得境界眼 여래・응공・정등각을 도량에 모인 대중이 둘러쌌는데 무소득선변화無所得善變化보살이 우두머리가 되었음을 보았노라.

또 동남방의 향염광음香焰光音 세계의 향등香燈 여래・응공・정등각을 도량에 모인 대중이 둘러쌌는데 금강염해金剛焰海보살이 우두머리가 되었음을 보았노라.

또 서남방의 지혜일보광명智慧日普光明 세계의 법계윤당法界輪幢 여래·응공·정등각을 도량에 모인 대중이 둘러쌌는데 현일체변화당現一切變化幢보살이 우두머리가 되었음을 보았노라.

또 서북방의 보청정普淸淨 세계의 일체불보고승당一切佛寶高勝幢 여래·응공·정등각을 도량에 모인 대중이 둘러쌌는데 법당왕法幢王보살이 우두머리가 되었음을 보았노라.

또 상방의 불차제출현무진佛次第出現無盡 세계의 무변지혜광원만당無邊智慧光圓滿幢 여래·응공·정등각을 도량에 모인 대중이 둘러쌌는데 법계문당왕法界門幢王보살이 우두머리가 되었음을 보았노라.

또 하방의 불광명佛光明 세계의 무애지당無礙智幢 여래·응공·정등각을 도량에 모인 대중이 둘러쌌는데 일체세간찰당왕一切世間刹幢王보살이 우두머리가 되었음을 보았노라.

선남자여, 내가 이렇게 시방으로 각각 열 부처 세계의 티끌 수 여래를 보지만, 저 여래들이 여기 오시지도 아니하고 내가 저기 가지도 아니하느니라.

내가 안락安樂 세계의 아미타 여래를 뵈오려 하면 마음대로 보고, 내가 전단栴檀 세계의 금강광명金剛光明 여래나, 묘향妙香 세계의 보광명寶光明 여래나, 연화 세계의 보련화광명寶蓮華光明 여래나, 묘금妙金 세계의 적정광寂靜光 여래나, 묘희妙喜 세계의 부동不動 여래나, 선주善住 세계의 사자師子 여래나, 경광명鏡光明 세계의 월각月覺 여래나, 보사자장엄寶師子莊嚴 세계의 비로자나毘盧遮那 여래를 뵈오려 하면 이런 부처님을 다 보게 되느니라.

그러나 저 여래께서 여기 오시지도 않고 내 몸이 거기 가지도 않나니, 모든 부처님이나 내 마음이 모두 꿈과 같음을 알며, 모든 부처님은 그림자 같고 내 마음은 물 같은 줄을 알며, 모든 부처님의 모습과 내 마음이 눈어리 같음을 알며, 모든 부처님과 내 마음이 메아리 같음을 아나니, 나는 이렇게 알고 이렇게 뵈옵는 부처님이 제 마음으로 말미암음인 줄을 생각하노라.

선남자여, 그렇게 알아라. 보살들이 부처의 법을 닦아 부처의 세계를 청정케 하며, 묘한 행을 쌓아 중생을 조복하며, 큰 서원을 내고 온갖 지혜에 들어가 자재하게 유희하며, 부사의한 해탈문으로 부처의 보리를 얻으며, 큰 신통을 나타내고 모든 시방세계에 두루 가며, 미세한 지혜로 여러 겁에 널리 들어가는 이런 것들이 모두 자기의 마음으로 말미암느니라.

그러기에 선남자여, 마땅히 착한 법으로 제 마음을 붙들며, 법의 물로 제 마음을 윤택케 하며, 모든 경계에서 제 마음을 깨끗이 다스리며, 꾸준히 노력하므로 제 마음을 굳게 하며, 참으므로 제 마음을 평탄케 하며, 지혜로 증득하여 제 마음을 결백케 하며, 지혜로써 제 마음을 명랑케 하며, 부처의 자재함으로 제 마음을 개발하며, 부처의 평등으로 제 마음을 너그럽게 하며, 부처의 십력으로 제 마음으로 비추어 살필 것이니라.

선남자여, 나는 다만 이 여래의 걸림 없는 장엄 해탈문에서 드나들거니와, 여러 보살마하살들이 걸림 없는 지혜를 얻고 걸림 없는 행에 머물며, 모든 부처를 항상 보는 삼매를 얻으며, 열반의 짬〔際〕에 머물지 않는 삼매를 얻으며, 삼매의 넓은 문 경계를 통달하며, 삼세 법이 다 평등하며, 능히 몸을 나누어 여러 세계에 두루 이르며, 부처님의 평등한 경계에 머물러 시방의 경계가 앞에 나타나거든 지혜로 관찰하여 분명히 알며, 몸 가운데 모든 세계가 이루어지고 무너짐을 나타내어도 자기의 몸과 여러 세계가 둘이란 생각을 내지 아니하나니, 이렇게 미묘한 행이야 내가 어떻게 알며 어떻게 보겠는가.

선남자여, 여기서 남방으로 가서 염부제閻浮提의 경계선에 이르면 한 나라가 있으니 이름이 마리가라摩利伽羅요, 그 나라에 비구가 있으니 이름은 해당海幢입니다. 그대는 그에게 가서 '보살이 어떻게 보살의 행을 배우며 보살의 도를 닦느냐'고 물으라."

이 때 선재동자는 해탈 장자의 발에 예배하고 오른쪽으로 돌며 관찰하고, 일컬어 찬탄하여 생각하여 앙모하고 슬프게 울어 눈물을 흘리면서 생각하기를 '선지식을 의지하며 선지식을 섬기고 선지식을 공경하며, 선지식을 말미암아 온갖 지혜를 보았으니, 선지식에게 거스리는 생각을 내지 아니하며, 선지식에 아첨하거나 속이는 마음이 없으며, 마음으로 선지식을 항상 순종하며, 선지식에게 어머니란 생각을 일으킬 것이니 모든 무익한 법을 버리는 연고며, 선지식에게 아버지란 생각을 일으킬 것이니, 모든 선한 법을 내게 하는 연고입니다' 하면서 하직하고 물러갔다.

(7) 해당海幢 비구를 찾다

그 때 선재동자는 일심으로 저 장자의 가르침을 바로 생각하며, 장자의 가르침을 관찰하며, 저 부사의한 보살의 해탈문을 기억하며, 저 부사의한 보살의 지혜 광명을 생각하며, 저 부사의한 법계문法界門에 깊이 들어갔고, 저 부사의한 보살의 널리 들어가는 문에 향하여 나아가며, 저 부사의한 여래의 신통 변화를 밝혀 보고, 저 부사의하게 널리 들어가는 문을 이해하며, 저 부사의한 부처의 힘으로 장엄함을 분별하며, 저 부사의한 보살의 삼매 해탈 경계의 나뉘는 자리〔分位〕를 생각하며, 저 부사의한 차별한 세계가 필경에 걸림이 없음을 통달하며, 저 부사의한 보살의 견고하고 깊은 마음을 닦아 행하며, 저 부사의한 보살의 큰 서원과 깨끗한 업을 발기하였다.

점점 남방으로 가서 염부제 경계선인 마리摩利 마을에 이르러 해당海幢 비구를 두루 찾다가, 문득 보니 그가 거니는 장소 곁에서 가부좌하고 삼매에 들었는데, 숨을 쉬지 아니하고 별로 생각함이 없어서 몸이 편안히 있고 동하지 아니하였다.

그 발바닥에서 수없는 백천억 장자·거사·바라문들이 나오는데, 모두 갖가지 장엄거리로 몸을 장엄하였고, 보배 관을 쓰고 정수리에 밝은 구슬을 매었으며, 시방의 모든 세계로 가서 모든 보배·모든 영락·모든 의복·법답게 맛있는 모든 음식·모든 꽃·모든 화만·모든 향·모든 바르는 향과, 여러 가지 좋아하고 필요한 물건들을 내리며, 여러 곳에서 여러 빈궁한 중생을 구제하여 거둬 주고, 모든 고통 받는 중생을 위로하여 환희케 하며 마음이 청정하여 위없는 보리의 도를 성취케 하였다.

두 무릎에서는 수없는 백천억 찰제리·바라문들이 나오니, 모두 총명하고 슬기로우며, 가지가지 빛깔·가지가지 형상·가지가지 의복으로 훌륭하게 장엄하고, 시방의 모든 세계에 두루 퍼져 사랑스러운 말과 일을 같이 함으로 중생들을 거두어 주니, 이른바 가난한 이는 넉넉케 하고 병든 이는 낫게 하고 위태한 이는 편안케 하고 무서워하는 이는 무섭지 않게 하고, 근심하는 이는 쾌락케 하며, 또 방편으로 권장하고 인도하여 나쁜 짓을 버리고 선한 법에 머물게 하였다.

허리에서는 중생의 수효와 같은 한량없는 신선들이 나오는데, 풀 옷을 입기도 하고 나무껍질 옷을 입기도 하며, 물병을 들고 위의가 조용하여 시방세계로 다니면서 공중에서 부처의 묘한 음성으로 여래를 칭찬하고 법을 연설하며, 청정한 범행도 말하며 닦아 익히고, 여러 감관을 조복케 하며, 모든 법이 제 성품이 없다고 말하여 자세히 살피고 지혜를 내게 하며, 세간의 논란하는 법을 말하기도 하고 온갖 지혜와 벗어나는 방편을 말하여 차례대로 업을 닦게 하기도 하였다.

　두 옆구리로는 부사의한 용龍과 부사의한 용의 여자를 내며, 부사의한 용의 신통 변화를 보이니, 이른바 부사의한 향 구름, 부사의한 꽃 구름, 부사의한 화만 구름·부사의한 보배 일산 구름·부사의한 보배 번기 구름·부사의한 보배 장엄거리 구름·부사의한 큰 마니보배 구름·부사의한 보배 영락 구름·부사의한 보배 자리 구름·부사의한 보배 궁전 구름·부사의한 보배 연꽃 구름·부사의한 보배 관 구름·부사의한 하늘 몸 구름·부사의한 채녀 구름을 비내리어, 허공에 두루 장엄하고 모든 시방세계의 부처님 도량에 가득하여 공양하며, 중생들로 하여금 기쁜 마음을 내게 하였다.

　가슴의 만卍자에서는 수없는 백천억 아수라왕을 내니, 모두 헤아릴 수 없는 자유자재한 눈어리를 보여서 백천 세계를 진동케 하며, 모든 바닷물은 저절로 뒤솟고 모든 산들은 서로 부딪치며, 하늘의 궁전은 모두 흔들리고, 마의 광명은 모두 가리워지고 마의 군중들은 모두 부서지며, 중생들로 하여금 교만한 마음을 버리고 성내는 마음을 없애고 번뇌의 산을 파괴하고 나쁜 법들을 쉬게 하여 투쟁은 없어지고, 영원히 화평하게 하였다.

　또 눈어리의 힘으로 중생들을 깨우쳐서 죄악은 소멸하고, 생사를 무서워하며, 여러 길에서 벗어나고 물드는 고집을 여의어 위없는 보리심에 머물게 하며, 모든 보살의 행을 닦아 모든 바라밀에 머물게 하며, 모든 보살의 지위에 들어가서 모든 미묘한 법문을 관찰하고 모든 부처님의 방편을 알게 하니, 이렇게 하는 일이 법계에 두루하였다.

　등[背]으로부터는 이승으로 제도할 이를 위하여 수없는 백천억 성문과 독각을 내나니, 나에 집착한 이에게는 나가 없다고 말하며, 항상하다고 집착하는 이에게는 모든 변천하는 법이 다 무상하다고 말하며, 탐심이 많은 이에게는 부정한 관觀을 하라 말하며, 성내는 일이 많은 이에게는 인자한 관을 하라 말하며, 어리석은 이에게는 인연으로 일어남을 관하라 말하며, 균등한 이에게는 지혜와 서로 응하는 경계를 말하며, 경계에 애착한 이에게는 아무 것도 없는 법을 말하며, 고요한 처소에 집착한 이에게는 큰 서원을 내어 모든 중생을 두루 이익케 하는 법을 말하나니, 이런 일들이 법계에 두루하였다.

두 어깨에서는 수없는 백천억 야차왕과 나찰왕들이 나오는데, 갖가지 빛깔로서 크기도 하고 짧기도 하여 한량없이 무서운 권속에게 둘러싸여서, 착한 일을 하는 모든 중생과 여러 성현과 보살 대중으로서 바르게 머무는 데로 향하는 이나 바르게 머무는 이를 수호하며, 어떤 때는 집금강신執金剛神으로 나타나서 부처님과 부처님 계신 데를 수호하며, 어떤 때는 모든 세간을 두루 수호하되, 무서워하는 이는 편안케 하고, 병난 이는 쾌차케 하고, 번뇌가 있는 이는 여의게 하고, 허물이 있는 이는 뉘우치게 하고, 횡액이 있는 이는 없어지게 하나니, 이렇게 모든 중생을 이익케 하여 그들로 하여금 죽살이 바퀴를 버리고 바른 법륜을 굴리게 하였다.

배(腹)에서는 수없는 백천억 긴나라왕이 나오는데, 각각 무수한 긴나라 여인들이 앞뒤로 둘러싸며, 또 수없는 백천억 건달바왕이 나오는데, 각각 무수한 건달바 여인들이 앞뒤로 둘러싸고 있으면서, 각각 수없는 백천 하늘 풍류를 잡히어 법의 참 성품을 노래하며 찬탄하고, 모든 부처님을 노래하며 찬탄하고, 보리심 내는 것을 노래하며 찬탄하고, 보살의 행을 닦음을 노래하며 찬탄하고, 모든 부처님이 바른 깨달음 이루는 문을 노래하며 찬탄하고, 모든 부처님이 법륜 굴리는 문을 노래하며 찬탄하고, 모든 부처님이 신통 변화 나투는 문을 노래하며 찬탄하였다.

모든 부처님이 열반에 드시는 문을 열어 보이며 연설하고, 모든 부처의 가르침을 수호하는 문을 열어 보이며 연설하고, 모든 중생을 기쁘게 하는 문을 열어 보이며 찬탄하고, 모든 부처 세계를 깨끗이 하는 문을 열어 보이며 연설하고, 모든 미묘한 법을 드러내는 것을 열어 보이며 연설하고, 모든 장애를 여의는 문을 열어 보이며 연설하고, 모든 선근을 나게 하는 문을 열어 보이며 연설하여, 이렇게 시방 법계에 두루하였다.

얼굴로는 수없는 백천억 전륜성왕이 나오는데, 칠보가 구족하고 네 가지 군대가 둘러싸며, 크게 버리는 광명을 놓으며, 한량없는 보배를 비내려 가난한 이는 만족케 하여 영원히 훔치는 행을 끊게 하며, 단정한 수없는 백천 채녀采女들에게 모두 보시하면서 마음에 집착함이 없어 영원히 음란한 행을 끊게 하며, 인자한 마음을 내어 생명을 죽이지 않게 하며, 진실한 말을 끝까지 하여 허황하고 쓸데없는 말을 하지 않게 하며, 남을 거두어 주는 말을 하고 이간질하지 않게 하며, 부드러운 말을 하게 하고 추악한 말이 없게 하며, 항상 깊고 결정하여 분명한 뜻을 연설하고 소용없고 꾸미는 말을 하지 않게 하며, 욕심이 없을 것을 말하여 탐욕을 제하고 때 낀 마음이 없게 하며, 크게 가엾이 여김을 말하여 분함을 덜고 뜻이 청정케 하며, 진실한 이치를 말하여 모든 법을 관찰하고 인연을 깊이 알게 하며, 참된 이치를 밝게 알고 삿된 소견을 없애며, 의혹을 깨뜨리고 모든 장애를 다 제멸케 하여 이렇게 하는 일이 법계에 가득하였다.

두 눈에서는 수없는 백천억 해가 나오는데, 모든 대지옥과 나쁜 길을 널리 비추어 괴로움을 여의게 하며, 모든 세계의 중간을 비추어 어둠을 덜게 하며, 모든 시방의 중생에게 비추어 어리석은 장애를 여의게 하였다.

더러운 국토에는 청정한 광명을 놓고, 은빛 국토에는 황금빛 광명을 놓고, 황금빛 국토에는 은빛 광명을 놓으며, 유리瑠璃 국토에는 파려玻瓈빛 광명을 놓고, 파리 국토에는 유리빛 광명을 놓으며, 자거硨磲 국토에는 마노빛 광명을 놓고, 마노 국토에는 자거빛 광명을 놓으며, 제청帝靑보배 국토에는 일장마니왕日藏摩尼王빛 광명을 놓고, 일장마니왕 국토에는 제청보배빛 광명을 놓으며, 적진주赤眞珠 국토에는 월광망장마니왕月光網藏摩尼王빛 광명을 놓고, 월광망장마니왕 국토에는 적진주빛 광명을 놓았다.

한 보배로 된 국토에는 가지가지 보배빛 광명을 놓고, 가지가지 보배로 된 국토에는 한 보배빛 광명을 놓아서, 모든 중생의 마음 숲을 비추어 중생들의 한량없는 사업事業을 짓게 하며, 온갖 세간의 경계를 장엄하여 중생들의 마음이 맑아서 기쁨을 내게 하였으니, 이렇게 하는 일이 법계에 가득히 찼다.

미간의 흰 털에서는 수없는 백천억 제석이 나오는데, 모두 경계에 대하여 자유자재하게 되었고, 마니 구슬을 정수리에 매었으니 광명이 모든 하늘 궁전에 비치며 모든 수미산왕들을 진동하고, 모든 하늘 대중들을 깨우치며, 복덕의 힘을 찬탄하고 지혜의 힘을 말하며, 좋아하는 힘을 내고 뜻 두는 힘을 지니고 생각하는 힘을 깨끗이 하고 보리심을 내는 힘을 굳게 하며, 부처님 보기를 좋아한다고 찬탄하여 세상의 탐욕을 덜게 하며, 법문 듣기를 좋아한다고 찬탄하여 세상의 경계를 싫어하게 하며, 관찰하는 지혜를 좋아한다고 찬탄하여 세상의 물듦을 끊게 하며, 아수라의 전쟁을 그치고 번뇌의 다툼을 끊으며, 죽기를 두려워하는 마음을 없애고 마군 항복 받을 원을 내며, 바른 법의 수미산왕을 세우고 중생의 모든 사업을 마련하나니, 이렇게 하는 일이 법계에 두루하였다.

이마에서는 수없는 백천억 범천이 나오는데, 모습이 단정하며 세간에 비길 데 없고, 위의가 조용하고 음성이 아름다워 부처님께 권하여 법을 연설하며, 부처님의 공덕을 찬탄하여 보살들을 기쁘게 하며, 중생들의 한량없는 사업을 마련하여 모든 시방세계에 두루하였다.

머리 위에서는 한량없는 부처 세계의 티끌 수 보살 대중이 나오는데, 모두 훌륭한 모습으로 몸을 장엄하고 그지 없는 광명을 놓으며, 가지가지 행을 말하였다. 이른바 보시를 찬탄하여 간탐을 버리고 묘한 보배들을 얻어 세계를 장엄케 하였다. 계율을 지니는 공덕을 찬탄하여 중생들로 하여금 나쁜 짓을 영원히 끊고 보살들이 크게 자비한 계율에 머물게 하였다. 모든 것이 꿈과 같다고 말하며, 모든 욕락이 재미가 없다고 말하여 중생들로 하여금 번뇌의 속박을 여의게 하였다.

참는 힘을 말하여 모든 법에 마음이 자재하게 하였다. 금빛 몸을 칭찬하여 중생들로 하여금 성내는 때를 떠나고 다스리는 행을 일으켜 축생의 길을 끊게 하였다. 꾸준히 노력하는 행을 찬탄하여 세간에서 방일하는 일을 여의고 한량없는 묘한 법을 부지런히 닦게 하였다. 또 선禪바라밀을 찬탄하여 모든 사람들로 하여금 자유자재함을 얻게 하였다. 또 반야般若바라밀을 연설하여 바른 소견을 열어 보이어 중생들로 하여금 자유자재한 지혜를 좋아하고 나쁜 소견의 독한 살을 뽑게 하였다.

또 세간을 따라서 가지가지 짓는 일을 말하여 중생들로 하여금 죽살이를 여의었으나 여러 길에서 뜻대로 태어나게 하였다. 또 신통 변화를 보이며 목숨에 자재함을 말하여 중생들로 하여금 큰 서원을 내게 하였다. 또 다라니를 성취하는 힘과, 큰 서원을 내는 힘과, 삼매를 깨끗이 다스리는 힘과, 뜻대로 태어나는 힘을 말하며, 또 갖가지 지혜를 연설하니 중생들의 근성을 두루 아는 지혜·모든 이의 마음과 행을 두루 아는 지혜·여래의 십력을 아는 지혜·부처님들의 자재함을 아는 지혜들이었다. 이렇게 하는 일이 법계에 두루하였다.

정수리로부터는 수없는 백천억 여래의 몸이 나오는데, 그 몸은 같을 이가 없어 거룩한 모습과 잘생긴 모양으로 청정하게 장엄하였고, 위엄과 빛이 엄숙하고 찬란하여 금산과 같으며, 한량없는 광명이 시방에 두루 비치고 묘한 음성이 법계에 가득하며, 한량없는 큰 신통을 나타내며, 모든 세간을 위하여 널리 법 비를 내렸다.

이른바 보리 도량에 앉은 보살을 위해서는 평등을 두루 아는 법 비를 내리고, 정수리에 물붓는 지위[灌頂位]의 보살을 위해서는 넓은 문에 들어가는 법 비를 내리고, 법왕자 지위의 보살을 위해서는 두루 장엄하는 법 비를 내리고, 동자의 지위에 있는 보살을 위해서는 견고한 산의 법 비를 내리고, 물러가지 않는 지위의 보살을 위해서는 바다광[海藏] 법 비를 내리고, 바른 마음을 성취한 지위의 보살을 위해서는 넓은 경계의 법 비를 내리고, 방편이 구족한 지위의 보살을 위해서는 제 성품 문의 법 비를 내리고, 귀한 집에 태어나는 지위의 보살을 위해서는 세간을 따라주는 법 비를 내리고, 수행하는 지위의 보살을 위해서는 두루 가엾이 여기는 법 비를 내리고, 새로 배우는 보살에게는 모아 쌓은 광의 법 비를 내리고, 처음 마음을 낸 보살에게는 중생을 거둬 주는 법 비를 내리고, 믿고 이해하는 보살에게는 그지없는 경계가 앞에 나타나는 법 비를 내렸다.

항상 세계[色界]의 중생들에게는 넓은 문 법 비를 내리고, 범천들에게는 넓은 광 법 비를 내리고, 자재천自在天에게는 힘을 내는 법 비를 내리고, 마군중[魔衆]에게는 마음 당기 법 비를 내리고, 화락천化樂天에는 깨끗한 생각 법 비를 내리고, 도솔천兜率天에는 뜻을 내는 법 비를 내리고, 야마천夜摩天에는 환희한 법 비를 내리고, 도리천忉利天에는 허공계를 빨리 장엄하는 법 비를 내리고, 야차왕에게는 즐거운 법 비를 내리고, 건달바왕에게는 금강 바퀴 법 비를 내리고, 아수라왕에게는 큰 경계 법 비를 내리고, 가루라왕에게는 그지없는 광명 법 비를 내리고, 긴나라왕에게는 모든 세간의 훌륭한 지혜 법 비를 내리고, 사람의 왕에게는 즐거운 데 집착하지 않는 법 비를 내리고, 용왕들에게는 환희한 당기 법 비를 내리고, 마후라가왕에게는 크게 쉬는 법 비를 내리고, 지옥중생에게는 바른 생각으로 장엄하는 법 비를 내리고, 축생들에게는 지혜 갈무리 법 비를 내리고, 염마라왕 세계의 중생들에게는 두려움 없는 법 비를 내리고, 액난이 있는 곳 중생에게는 널리 위로하는 법 비를 내리어서, 모두 성현의 무리에 들게 하여, 이렇게 하는 일이 법계에 가득하였다.

해당 비구는 그 몸에 있는 모든 털구멍마다 아승기 세계의 티끌 수 광명 그물을 내고, 광명 그물마다 아승기 빛깔과 아승기 장엄과 아승기 경계와 아승기 사업을 갖추어서 시방의 모든 법계에 가득하였다.

그 때 선재동자는 일심으로 해당 비구를 관찰하면서, 앙모하여 그 삼매의 해탈을 생각하고, 그 부사의한 보살의 삼매를 생각하고, 부사의하게 중생을 이익케 하는 방편 바다를 생각하고, 그 부사의하고 힘이 없는 널리 장엄하는 문을 생각하고, 그 법계를 장엄하는 청정한 지혜를 생각하고, 그의 부처님 가지加持를 받는 지혜를 생각하고, 그 보살의 자재함을 내는 힘을 생각하고, 그 보살의 큰 서원을 견고히 하는 힘을 생각하고, 그 보살의 모든 행을 증장하는 힘을 생각하였다.

이렇게 서서 생각하고 관찰하기를 하루 낮·하룻밤을 지내고, 7일 7야·보름·한 달·여섯 달을 지내고, 또 엿새를 지냈다. 이렇게 지낸 뒤에 해당 비구는 삼매에서 나왔다.

선재동자는 찬탄하였다.

"거룩하신 이여, 희한하시고 기특하십니다. 이런 삼매는 가장 깊고, 이런 삼매는 가장 광대하고, 이런 삼매는 경계가 한량없고, 이런 삼매는 신력을 생각하기 어렵고, 이런 삼매는 광명이 비길 데 없고, 이런 삼매는 장엄이 수가 없고, 이런 삼매는 힘을 제어하기 어렵고, 이런 삼매는 경계가 평등하고, 이런 삼매는 시방을 두루 비추고, 이런 삼매는 이익이 한이 없어서 능히 모든 중생의 한량없는 괴로움을 제합니다.

이른바 모든 중생으로 하여금 가난한 고통을 여의게 하며, 지옥에서 벗어나게 하며, 축생을 면하게 하며, 액난의 문을 닫으며, 사람과 하늘의 길을 열며, 천상 인간의 중생을 기쁘게 하며, 선정의 경계를 사랑하게 하며, 함이 있는 낙을 늘게 하며, 죽살이에서 벗어나는 낙을 나타내며, 보리심을 인도하여 내며, 복과 지혜의 행을 증장케 하며, 가엾이 여기는 마음을 증장케 하며, 큰 서원의 힘을 일으키게 하며, 보살의 도를 분명히 알게 하며, 가장 높은 지혜〔究竟智〕를 장엄케 하며, 대승의 경지에 나아가게 하며, 보현의 행을 환히 알게 하며, 보살 지위의 지혜 광명을 증득케 하며, 모든 보살의 원과 행을 성취케 하며, 온갖 지혜의 지혜 경계에 머물게 하는 연고입니다.

거룩하신 이여, 이 삼매의 이름은 무엇입니까?"

해당 비구는 말하였다.

"선남자여, 이 삼매의 이름은 넓은 눈으로 얼음을 버림이라고도 하고, 반야바라밀 경계의 청정한 광명이라고도 하고, 두루 장엄한 청정한 문이라고도 합니다. 선남자여, 나는 반야바라밀을 닦았으므로 이 두루 장엄한, 청정한 삼매 등 백만 아승기 삼매를 얻었느니라."

선재동자가 말하였다.

"이 삼매의 경계는 필경에 이것뿐이옵니까?"

해당 비구는 말하였다.

"선남자여, 이 삼매에 드는 때에는 모든 세계를 아는 데 장애가 없고, 모든 세계에 가는 데 장애가 없고, 모든 세계를 초과하는 데 장애가 없고, 모든 세계를 장엄하는 데 장애가 없고, 모든 세계를 다스리는 데 장애가 없고, 모든 세계를 깨끗이 하는 데 장애가 없고, 모든 부처님을 보는 데 장애가 없고, 모든 부처님의 광대한 위엄과 도덕을 관찰하는 데 장애가 없고, 모든 부처님의 자재한 신통의 힘을 아는 데 장애가 없고, 모든 부처님의 광대한 힘을 증득하는 데 장애가 없고, 모든 부처님의 공덕 바다에 들어가는 데 장애가 없고, 모든 부처님의 한량없는 묘한 법을 받는 데 장애가 없으며, 모든 부처님의 법 가운데 들어가서 묘한 행을 닦는 데 장애가 없고, 모든 부처님이 법륜을 굴리는 평등한 지혜를 증득하는 데 장애가 없고, 모든 부처님의 대중이 모인 도량 바다에 들어가는 데 장애가 없고, 시방 부처의 법을 관찰하는 데 장애가 없고, 크게 가엾이 여기므로 시방 중생을 거둬 주는 데 장애가 없고, 크게 인자함을 항상 일으켜 시방에 충만하는 데 장애가 없고, 시방 부처님을 보되 만족한 마음이 없는 데 장애가 없고, 모든 중생 바다에 들어가는 데 장애가 없고, 모든 중생의 근성 바다를 아는 데 장애가 없고, 모든 중생의 근기와 차별한 지혜를 아는 데 장애가 없느니라.

　선남자여, 나는 오직 이 한 가지 반야바라밀 삼매의 광명만을 알거니와, 보살들이 지혜 바다에 들어가 법계의 지경을 깨끗이 하며, 모든 길을 통달하며 한량없는 세계에 두루하며, 다라니에 자재하고 삼매가 청정하며, 신통이 광대하고 변재가 다하지 않으며, 여러 지위를 잘 말하며, 중생의 의지가 되는 일이야, 내가 어떻게 그 묘한 행을 알며 그 공덕을 말하며, 그 행할 것을 알며, 그 경계를 밝히며, 그 원력을 끝까지 마치며, 그 중요한 문에 들어가며, 그 증득한 것을 통달하며, 그 길의 부분을 말하며, 그 삼매에 머물며, 그 마음의 경지를 보며, 그 가진 바 평등한 지혜를 얻겠는가.

　선남자여, 여기서 남으로 가면 한 곳이 있으니 이름이 바다 조수〔海潮〕요, 거기 동산이 있으니 이름이 두루 장엄〔普莊嚴〕이며, 그 동산에 우바이가 있으니 이름이 휴사(休捨)라 합니다. 그대는 그에게 가서 보살이 어떻게 보살의 행을 배우며 보살의 도를 닦느냐고 물으라."

그 때 선재동자는 해당 비구에게서 견고한 몸을 얻고 묘한 법의 재물을 얻었으며, 깊은 경계에 들어가서 지혜가 밝게 통달하고 삼매가 환히 비치며, 청정한 지해(解)에 머물러 깊은 법을 보았고, 마음은 청정한 문에 편안히 머물고 지혜의 광명이 시방에 가득하여, 환희한 마음으로 한량없이 뛰놀며, 땅에 엎드려 발에 절하고 한량없이 돌고 공경하고 앙모하며, 생각하고 관찰하며, 찬탄하고 앙모하여 그 이름을 염하고 그 동작을 생각하고 그 음성을 기억하고, 그 삼매와 큰 서원과 행하는 경계를 생각하며, 그 지혜와 청정한 광명을 받으면서 하직하고 물러갔다.

대방광불화엄경 제64권

제64권

39. 입법계품 ⑤

2) 가지 법회 ④

(8) 휴사休捨 우바이를 찾다

이 때 선재동자가 선지식의 힘을 입고 선지식의 가르침을 의지하여 선지식을 생각하면서 선지식에게 깊이 사랑하는 마음을 내어 생각하기를, '선지식이 나로 하여금 부처님을 보게 하고 선지식이 나로 하여금 법을 듣게 하였도다. 선지식은 나의 스승이니 나에게 부처님의 법을 보여 준 연고며, 선지식은 나의 눈이니 나에게 부처님 보기를 허공과 같이 하게 한 연고며, 선지식은 나의 나룻목이니 나로 하여금 부처님 여래의 연못에 들어가게 하는 연고입니다' 하면서, 점점 남으로 가서 바다 조수라는 곳에 이르렀다.

두루 장엄 동산을 보니, 여러 보배로 된 담이 두루 둘러쌌는데, 모든 보배 나무는 열을 지어 장엄하고, 모든 보배 꽃 나무는 여러 가지 묘한 꽃을 내려 땅에 흩었고, 모든 보배 향 나무는 향기가 자욱하게 시방에 풍기고, 모든 보배 화만 나무는 큰 보배 화만을 내려간 데마다 드리우고 모든 마니보배왕 나무는 큰 마니보배를 내려 널리 퍼져 가득하고, 모든 보배옷 나무는 가지각색 옷을 내려 알맞게 두루 널렸고, 모든 음악 나무는 바람을 따라 내는 음악이 매우 아름답기가 하늘 풍류보다 지나치고, 모든 장엄거리 나무는 각각 훌륭하고 기묘한 물건을 내려 곳곳마다 널리어 장엄하였다.

그 땅은 청정하여 고하高下가 없는데, 그 가운데는 백만 궁전이 있으니, 큰 마니보배로 합하여 되었고, 백만 누각에는 염부단금이 위에 덮였고, 백만 궁전은 비로자나마니보배가 사이사이 장엄하였다.

1만의 목욕하는 못은 여러 보배로 합하여 되었고, 칠보로 된 난간이 두루 둘렸으며, 칠보로 된 계단 길이 사면으로 뻗었고, 팔공덕수八功德水가 고요하게 가득하였는데 물의 향기가 하늘의 전단과 같으며, 금모래가 밑에 깔리고 물을 막히는 구슬이 사이사이 장식되었으며, 오리·기러기·공작·구기라 새들이 그 속에서 놀며 화평한 소리를 내었다.

보배 다라 나무가 주위로 항렬을 지어 섰는데, 보배 그물이 덮이고 금으로 만든 풍경을 달아서 가는 바람이 불면 아름다운 소리를 내고, 보배 휘장을 둘러치고 보배 나무가 둘러섰으며, 무수한 마니보배 당기를 세워서 백천 유순까지 광명이 비치며, 그 가운데 또 백만 못이 있는데 흑전단 앙금이 밑에 깔리고, 여러 가지 기묘한 보배로 연꽃이 되어 물 위에 덮였으며, 큰 마니보배 꽃에서는 빛이 찬란하였다.

동산 안에 또 광대한 궁전이 있으니 이름이 장엄당莊嚴幢이었다. 묘한 해장보배[海藏寶]로 땅이 되고, 비유리毘瑠璃보배로 기둥이 되고, 염부단금이 위에 덮이고 광장光藏마니로 장엄하였으며, 무수한 보배는 빛이 찬란하게 누각과 대청에 가지가지로 꾸미었고, 아로나향阿盧那香과 각오

覺悟향에서 묘한 향기를 풍겨 모든 것에 퍼졌다.

그 궁전 안에 한량없는 보배 연꽃 자리가 둘러 놓였으니, 시방에 환하게 비치는 마니보배 연꽃자리·비로자나마니보배 연꽃자리·세간에 환히 비치는 마니보배 연꽃자리·묘장妙藏마니보배 연꽃자리·사자장師子藏마니보배 연꽃자리·이구장離垢藏마니보배 연꽃자리·넓은 문 마니보배 연꽃자리·광엄光嚴마니보배 연꽃자리·큰 바다에 머무는 장 청정 마니보배 연꽃자리·금강사자 마니보배 연꽃자리들이다.

동산 가운데에는 또 백만 가지 휘장이 있으니, 옷 휘장·화만 휘장·향 휘장·꽃 휘장·가지〔枝〕 휘장·마니 휘장·진금 휘장·장엄거리 휘장·음악 휘장·코끼리 신통 변화 휘장·말 신통 변화 휘장·제석에 쓰는 마니보배 휘장들의 수효가 백만이다.

또 백만 가지 보배 그물이 위에 덮였으니, 보배 풍경 그물·보배 일산 그물·보배 몸 그물·해장진주海藏眞珠 그물·야청빛 유리 마니보배 그물·사자마니 그물·월광月光마니 그물·종종형상 뭇 향〔種種形象衆香〕 그물·보배관 그물·보배영락 그물 이런 것들의 수효가 백만이다.

또 백만 가지 큰 광명으로 비추었으니, 불꽃빛 마니보배 광명·일장 마니보배 광명·월당月幢마니보배 광명·향불꽃 마니보배 광명·승장勝藏마니보배 광명·연화장마니보배 광명·염당焰幢마니보배 광명·큰 등불 마니보배 광명·시방에 비치는 마니보배 광명·향빛 마니보배 광명들의 수효가 백만이다.

백만 가지 장엄거리와 백만 가지 흑전단향을 내리니 거기서 묘한 음성이 나고, 하늘 만다라보다 더 좋은 백만 가지 만다라꽃을 흩고, 하늘 영락보다 더 좋은 백만 가지 영락으로 장엄하고, 하늘 화만보다 더 좋은 백만 가지 보배 화만 띠를 곳곳에 드리우고, 하늘 옷보다 더 좋은 백만 가지 여러 빛깔 옷과 백만 가지 잡색 마니보배에서는 기묘한 빛이 널리 비치었다.

　백만 천자天子들은 즐겁게 앙모하여 엎드려 절하고, 백만 채녀들은 허공에서 몸을 던져 내려오고, 백만 보살들은 공경하고 친근하면서 법문 듣기를 좋아하였다.

　이 때 휴사休捨 우바이는 황금 자리에 앉아서 해장진주 그물관을 쓰고, 하늘 것보다 더 좋은 진금 팔찌를 끼고, 검푸른 머리카락을 드리우고, 큰 마니 그물로 머리를 장엄하고, 사자구師子口마니보배로 귀고리를 하였고, 여의마니보배로 영락을 만들고, 온갖 보배 그물로 몸을 덮어 드리웠는데, 백천억 나유타 중생이 허리를 굽혀 공경하며, 동방에서 한량없는 중생이 모여왔으니, 범천·범중천·대범천·범보천·자재천들이며, 내지 사람과 사람 아닌 이들이요, 남방·서방·북방과 네 간방과 상방·하방도 역시 그러하였다.

　이 우바이를 보는 이는 모든 병이 다 없어지고, 번뇌의 때를 여의고 나쁜 소견을 뽑아 버렸으며, 장애의 산을 부수고 걸림 없이 청정한 경계에 들어가며, 모든 선근을 더욱 밝히고, 모든 감관을 기르며, 모든 지혜의 문에 들어가고, 모든 다라니 문에 들어가서, 모든 삼매문·모든 서원 문·모든 미묘한 수행 문·모든 공덕 문들이 앞에 나타나며, 마음이 광대하고 신통을 구족하며 몸에는 장애가 없이 모든 곳에 이르는 것이다.

　그 때 선재동자는 두루 장엄 동산에 들어가 두루 살피다가 휴사 우바이가 묘한 자리에 앉은 것을 보고, 그곳에 나아가 발에 절하고 수없이 돌고 말하였다.

　"거룩하신 이여, 저는 이미 아뇩다라삼먁삼보리심을 내었사오나, 보살이 어떻게 보살의 행을 배우며, 어떻게 보살의 도를 닦는지를 알지 못하겠습니다. 듣자온즉 거룩하신 이께서 잘 가르치신다 하오니 저에게 말씀하소서."

휴사 우바이는 말하였다.

"선남자여, 나는 오직 보살의 한 해탈문을 얻었으니, 나를 보거나 듣거나 생각하는 이나, 나와 함께 있는 이나 나를 이바지하는 이는 모두 헛되지 아니하리라.

선남자여, 만일 중생으로서 선근을 심지 못하고, 선지식의 거두어 줌을 받지 못하고, 부처님들의 보호함이 되지 않는 이는 마침내 나를 보지 못합니다. 선남자여, 어떤 중생이나 나를 보기만 하면 다 아뇩다라삼먁삼보리에서 물러가지 아니하니라.

선남자여, 동방의 부처님들이 항상 여기 오셔서 보배 자리에 앉아 나에게 법을 말하며, 남방·서방·북방과 네 간방과 상방·하방에 계시는 부처님들도 다 여기 오셔서 보배 자리에 앉아 나에게 법을 말하느니라.

선남자여, 나는 항상 부처님을 보고 법을 들음을 떠나지 않고, 여러 보살과 함께 있노라. 선남자여, 나의 대중은 8만 4천억 나유타인데 모두 이 동산에서 나와 함께 수행하며, 아뇩다라삼먁삼보리에서 물러가지 아니하고, 다른 중생들도 이 동산에 있는 이는 다 물러가지 않는 지위에 들어가느니라."

선재동자가 말하였다.

"거룩하신 이께서 아뇩다라삼먁삼보리심을 낸 지는 얼마나 오래되었습니까?"

휴사 우바이가 대답하였다.

"선남자여, 나는 과거 연등然燈부처님에게서 범행을 닦고 공경하고 공양하면서 법문을 들었고, 그 전에는 이구離垢부처님에게 출가하여 도를 배우며 바른 법을 받아 지녔고, 그 전에는 묘당妙幢부처님에게서, 그

전에는 승수미勝須彌부처님에게서, 그 전에는 연화덕장蓮華德藏부처님에게서, 그 전에는 비로자나毘盧遮那부처님에게서, 그 전에는 보안普眼부처님에게서, 그 전에는 범수梵壽부처님에게서, 그 전에는 금강제金剛齊부처님에게서, 그 전에는 바루나천婆樓那天부처님에게서 배우던 것을 기억하노라.

선남자여, 나는 과거의 한량없는 겁 동안, 한량없이 태어나면서 이렇게 차례차례 36항하의 모래 수 부처님 계신 데서 받자와 섬기고 공경하고 공양하며 법을 듣고 받아 지니고 범행을 닦던 일을 기억하거니와, 그 이전의 일은 부처의 지혜로나 알 것이고 나로는 헤아릴 수 없노라.

선남자여, 보살의 처음으로 마음을 내는 것이 한량이 없나니, 모든 법계에 충만한 연고며, 보살의 크게 가엾이 여기는 문이 한량이 없나니, 모든 세간에 널리 들어가는 연고며, 보살의 큰 서원의 문이 한량이 없나니 시방 법계에 끝까지 이르는 연고며, 보살의 크게 인자한 문이 한량이 없나니 모든 중생에게 널리 덮이는 연고며, 보살의 닦는 행이 한량이 없나니 모든 세계에서 모든 겁 동안에 닦은 연고니라.

보살의 삼매의 힘이 한량이 없나니 보살의 도가 물러가지 않게 하는 연고며, 보살의 모두 지니는 힘이 한량이 없나니 모든 세간을 능히 지니는 연고며, 보살의 지혜 광명의 힘이 한량이 없나니 삼세에 능히 증득하여 들어가는 연고며, 보살의 신통한 힘이 한량이 없나니 모든 세계에 널리 나타나는 연고며, 보살의 변재의 힘이 한량이 없나니, 한 음성으로 모든 것을 다 이해케 하는 연고며, 보살의 청정한 몸이 한량이 없나니 모든 부처의 세계에 두루하는 연고니라."

선재동자가 말하였다.

"거룩하신 이여, 얼마나 오래면 아뇩다라삼막삼보리를 얻게 됩니까?"

휴사는 대답하였다.

"선남자여, 보살은 한 중생을 교화하고 조복하기 위하여 보리심을 내지 아니하며, 백 중생을 교화하고 조복하기 위하여 보리심을 내지 아니하며, 내지 말할 수 없이 말할 수 없는 곱 중생을 교화하고 조복하기 위하여 보리심을 내지 아니하며, 한 세계의 중생을 교화하기 위하여 보리심을 내지 아니하며, 내지 말할 수 없이 말할 수 없는 곱 세계의 중생을 교화하기 위하여 보리심을 내지 않느니라.

염부제의 티끌 수 세계의 중생을 교화하기 위하여 보리심을 내지 아니하며, 내지 말할 수 없이 말할 수 없는 곱 삼천대천세계의 티끌 수 세계 중생을 교화하기 위하여 보리심을 내지 않느니라.

한 여래를 공양하기 위하여 보리심을 내지 아니하며, 내지 말할 수 없이 말할 수 없는 곱 여래를 공양하기 위하여 보리심을 내지 아니하며, 한 세계 가운데 차례로 세상에 나시는 여래를 공양하기 위하여 보리심을 내지 아니하며, 내지 말할 수 없이 말할 수 없는 곱 세계 가운데 차례로 세상에 나시는 여래를 공양하기 위하여 보리심을 내지 아니하며, 한 삼천대천세계의 티끌 수 세계 가운데 차례로 세상에 나시는 여래를 공양하기 위하여 보리심을 내지 아니하며, 내지 말할 수 없이 말할 수 없는 곱 세계의 티끌 수 세계 가운데 차례로 세상에 나시는 여래를 공양하기 위하여 보리심을 내지 않습니다.

한 세계를 깨끗이 장엄하기 위하여 보리심을 내지 아니하며 내지 말할 수 없이 말할 수 없는 곱 세계를 깨끗이 하기 위하여 보리심을 내지 아니하며, 한 삼천대천세계의 티끌 수 세계를 깨끗이 하기 위하여 보리심을 내지 아니하며, 내지 말할 수 없이 말할 수 없는 곱 삼천대천세계의 티끌 수 세계를 깨끗이 하기 위하여 보리심을 내지 않느니라.

한 여래의 남기신 법을 머물러 지니기 위하여 보리심을 내지 아니하며, 내지 말할 수 없이 말할 수 없는 곱 여래의 남기신 법을 머물러 지니기 위하여 보리심을 내지 아니하며, 한 세계 여래의 남기신 법을 머물러 지니기 위하여 보리심을 내지 아니하며, 내지 말할 수 없이 말할 수 없는 곱 세계 여래의 남기신 법을 머물러 지니기 위하여 보리심을 내지 아니하며, 한 염부제 티끌 수 세계 여래의 남기신 법을 머물러 지니기 위하여 보리심을 내지 아니하며, 내지 말할 수 없이 말할 수 없는 곱 세계의 티끌 수 세계 여래의 남기신 법을 머물러 지니기 위하여 보리심을 내지 않느니라.

 이와 같이 간략히 말하면 한 부처의 서원만을 채우기 위하지 않은 연고며, 한 부처의 국토에만 가기 위하지 않은 연고며, 한 부처의 대중에 들기만 위하지 않은 연고며, 한 부처님의 법눈을 지니기만 위하지 않은 연고며, 한 부처님의 법륜을 굴리기만 위하지 않은 연고며, 한 세계의 여러 겁의 차례를 알기만 위하지 않은 연고며, 한 중생의 마음 바다를 알기만 위하지 않은 연고며, 한 중생의 근성 바다를 알기만 위하지 않은 연고며, 한 중생의 수행 바다를 알기만 위하지 않은 연고며, 한 중생의 번뇌 바다를 알기만 위하지 않은 연고며, 한 중생의 번뇌 습기(習氣) 바다를 알기만 위하지 않은 연고며, 내지 말할 수 없이 말할 수 없는 곱 부처세계의 티끌 수 중생의 번뇌습기 바다를 알기만 위하지 않은 연고로 보리심을 내느니라.

 모든 중생을 다 교화하고 조복하여 남음이 없게 하려고 보리심을 내며, 모든 부처님을 다 섬기고 공양하여 남음이 없게 하려고 보리심을 내며, 모든 부처의 국토를 다 깨끗이 하여 남음이 없게 하려고 보리심을 내며, 모든 부처님의 바른 가르침을 다 보호하고 지니어 남음이 없게 하려고 보리심을 내며, 모든 여래의 서원을 다 성취하여 남음이 없게 하려고 보리심을 내며, 모든 부처의 국토에 모두 가서 남음이 없게 하려고 보리심을 내며, 모든 부처님의 대중에 다 들어가서 남음이 없게 하려고 보리심을 내며, 모든 세계의 여러 겁의 차례를 다 알아서 남음이 없게 하려고 보리심을 내느니라.

 모든 중생의 마음 바다를 다 알아서 남음이 없게 하려고 보리심을 내며, 모든 중생의 근성 바다를 다 알아서 남음이 없게 하려고 보리심을 내며, 모든 중생의 업 바다를 다 알아서 남음이 없게 하려고 보리심을 내며, 모든 중생의 수행 바다를 다 알아서 남음이 없게 하려고 보리심을 내며, 모든 중생의 번뇌 바다를 다 멸하여 남음이 없게 하려고 보리심을 내며, 모든 중생의 번뇌습기 바다를 다 빼내어 남음이 없게 하려고 보리심을 내느니라.

 선남자여, 중요한 것을 추려서 말하면 보살은 이러한 백만 아승기 방편의 행을 하기 위하여 보리심을 내느니라.

 선남자여, 보살의 행은 모든 법에 두루 들어가서 다 증득하려는 연고며, 모든 세계에 두루 들어가서 다 깨끗이 하려는 연고며, 선남자여, 그러기에 온갖 세계를 깨끗이 하여 마치면 나의 서원도 마칠 것이며, 모든 중생의 번뇌 습기를 뽑아 끝내면 나의 서원도 만족할 것이니라.”

 선재동자가 말하였다.

 “거룩하신 이여, 이 해탈의 이름은 무엇이라 합니까?”

 “선남자여, 이 해탈은 '근심 없고 편안한 당기'라 하느니라.

 선남자여, 나는 다만 이 한 해탈문만을 알거니와, 보살마하살들의 마음이 바다 같아서 모든 부처의 법을 받아들이며, 수미산과 같이 뜻이 견고하여 동요할 수 없으며, 선견약善見藥과 같아서 중생들의 번뇌병을 치료하며, 밝은 해와 같아서 중생들의 어두운 무명을 깨뜨리며, 땅덩이와 같아서 모든 중생의 의지할 데가 되며, 좋은 바람과 같아서 모든 중생의 이익을 지으며, 밝은 등불과 같아서 중생들의 지혜의 빛을 내며, 큰 구름과 같아서 중생에게 고요한 법을 비추며, 깨끗한 달과 같아서 중생에게 복덕의 빛을 놓으며, 제석과 같아서 모든 중생을 수호하는 일이야 내가 어떻게 알며 어떻게 그 공덕의 행을 말하겠는가.

선남자여, 여기서 남쪽으로 가면 바다의 조수 미는 곳에 한 나라가 있으니 이름은 나라소那羅素요, 거기 선인이 있으니 이름이 비목구사毘目瞿沙니라. 그대는 그에게 가서 보살이 어떻게 보살의 행을 배우며 어떻게 보살의 도를 닦느냐고 물으라."

선재동자는 그의 발에 절하고 수없이 돌고 은근하게 앙모하여 눈물을 흘리면서 이렇게 생각하였다.

'보리는 얻기 어렵고, 선지식을 친근하기 어렵고, 선지식을 만나기 어렵고, 보살의 근기를 얻기 어렵고, 보살의 근기를 깨끗이 하기 어렵고, 함께 수행할 선지식을 만나기 어렵고, 이치대로 관찰하기 어렵고, 가르치는 대로 수행하기 어렵고, 착한 마음을 내는 방편을 만나기 어렵고, 온갖 지혜를 증장케 하는 법의 광명을 만나기 어렵구나.'

이렇게 생각하고는 하직하고 물러갔다.

(9) 비목毘目 선인을 찾다

그 때 선재동자는 보살의 바르게 가르침을 따라 생각하고, 보살의 깨끗한 행을 따라 생각하며, 보살의 복력을 증장하려는 마음을 내고, 모든 부처님을 분명히 보려는 마음을 내고, 모든 부처님을 내려는 마음을 내고, 모든 큰 서원을 증장하려는 마음을 내고, 시방의 모든 법을 두루 보려는 마음을 내고, 모든 법의 참된 성품을 밝게 보려는 마음을 내고, 모든 장애를 두루 없애려는 마음을 내고, 법계를 관찰하여 어둠이 없으려는 마음을 내고, 모든 마를 항복 받으려는 마음을 내면서, 점점 다니다가 나라 소국에 이르러 비목구사를 두루 찾았다.

큰 숲이 있는데 아승기 나무로 장엄하였다. 가지가지 나뭇잎은 울창하게 퍼지고, 가지가지 꽃 나무는 아름답게 피었으며, 가지가지 과실 나무는 계속하여 익었고, 가지가지 보배 나무는 마니 열매를 비내리며, 큰 전단 나무는 간 데마다 열을 지어 섰고, 침수향 나무는 좋은 향기를 풍기며, 유쾌한 향 나무는 묘한 향으로 장엄하고, 파타라波吒羅 나무가 사면에 둘러섰으며, 니구율尼拘律 나무는 밑동이 높이 솟았고, 염부단 나무에서는 단 과실이 항상 떨어지고, 우발라優鉢羅꽃·파두마波頭摩꽃으로 연못을 장엄하였다.

　이 때 선재동자는, 그 선인이 전단 나무 아래서 풀을 깔고 앉아서 1만 무리를 거느리고 있는데, 사슴 가죽을 입기도 하고 나무껍질을 입기도 하고, 풀을 엮어서 옷을 만들기도 하였으며, 상투를 짜고 고리를 드리운 이들이 앞뒤로 둘러 모시고 있는 것을 보았다.

　선재동자는 그 앞에 나아가서 엎드려 절하고 이렇게 말하였다.

　"나는 이제 참말 선지식을 만났습니다. 선지식은 온갖 지혜에 나아가는 문이니, 나로 하여금 진실한 도에 들게 하는 연고며, 선지식은 온갖 지혜에 나아가는 법이니, 여래의 지위에 이르게 하는 연고며, 선지식은 온갖 지혜에 나아가는 배〔船〕니, 지혜 보배의 섬에 이르게 하는 연고며, 선지식은 온갖 지혜에 나아가는 횃불이니, 십력의 빛을 내게 하는 연고며, 선지식은 온갖 지혜에 나아가는 길이니, 열반의 성에 들어가게 하는 연고입니다.

　선지식은 온갖 지혜에 나아가는 등불이니, 평탄하고 험한 길을 보게 하는 연고며, 선지식은 온갖 지혜에 나아가는 다리니, 험난한 곳을 건너게 하는 연고며, 선지식은 온갖 지혜에 나아가는 일산이니, 크게 인자한 그늘을 내게 하는 연고며, 선지식은 온갖 지혜에 나아가는 눈이니, 법의 성품의 문을 보게 하는 연고며, 선지식은 온갖 지혜에 나아가는 조수니, 크게 가엾이 여기는 물을 만족케 하는 연고입니다."

이렇게 말하고는 땅에서 일어나 한량없이 돌고 합장하고 서서 여쭈었다.

"거룩하신 이여, 저는 이미 아뇩다라삼먁삼보리심을 내었사오나, 보살이 어떻게 보살의 행을 배우며 보살의 도를 닦는지를 알지 못하옵니다. 듣자온즉 거룩한 이께서 잘 가르치신다 하오니, 바라건대 말씀하여 주소서."

비목구사는 그 무리들을 돌아보고 이렇게 말하였다.

"선남자들아, 이 동자는 이미 아뇩다라삼먁삼보리심을 내었느니라. 선남자여, 이 동자는 모든 중생에게 두려움 없음을 보시합니다. 이 동자는 모든 중생에게 이익을 주느니라. 이 동자는 모든 부처의 지혜바다를 관찰합니다. 이 동자는 모든 감로의 법 비를 마시려 합니다. 이 동자는 모든 광대한 법 바다를 측량하려 합니다. 이 동자는 중생들을 지혜 바다에 머물게 하려 합니다. 이 동자는 광대한 자비 구름을 일으키려 합니다. 이 동자는 광대한 법 비를 내리려 합니다. 이 동자는 지혜의 달로 세간을 두루 비추려 합니다. 이 동자는 세간의 지독한 번뇌를 멸하려 합니다. 이 동자는 중생들의 모든 선근을 기르려 하느니라."

이 때 여러 신선 무리는 이 말을 듣고 가지각색 묘한 향과 꽃으로 선재에게 흩고 절하고 두루 돌며 공경하고 이렇게 말하였다.

"이제 이 동자는 반드시 모든 중생을 구호하리라. 반드시 모든 지옥의 고통을 멸하리라. 반드시 모든 축생의 길을 끊으리라. 반드시 염라대왕의 세계를 바꾸어 놓으리라. 반드시 여러 험난한 문을 닫으리라. 반드시 애욕 바다를 말리리라. 반드시 괴로움 덩어리를 없애리라. 반드시 무명의 어둠을 깨뜨리리라. 반드시 탐애의 결박을 끊으리라. 반드시 복덕의 철위산으로 세간을 둘러싸리라. 반드시 지혜의 수미산으로 세간을 드러내리라. 반드시 청정한 지혜의 해를 뜨게 하리라. 반드시 선근의 법장(法藏)을 열어 보이리라. 반드시 세간 사람들로 하여금 험하고 평탄함을 알게 하리라."

이 때 비목구사가 여러 신선에게 말하였다.

"선남자여, 만일 어떤 이가 아뇩다라삼먁삼보리심을 내면 반드시 온갖 지혜의 도를 성취하리라. 그러므로 이 선남자는 이미 아뇩다라삼먁삼보리심을 내었으므로 마땅히 모든 부처의 공덕 바탕을 깨끗이 하리라."

비목구사는 선재동자에게 말하였다.

"선남자여, 나는 보살의 이길 이 없는 당기 해탈〔無勝幢解脫〕을 얻었노라."

선재동자가 여쭈었다.

"거룩하신 이여, 이길 이 없는 당기 해탈은 그 경계가 어떠하옵니까?"

이 때 비목 선인은 오른손을 펴서 선재의 정수리를 만지며 선재의 손을 잡았다. 그 때 선재동자는 자기의 몸이 시방으로 열 부처 세계의 티끌 수 세계에 가서 열 부처 세계의 티끌 수 부처님 처소에 이르렀음을 보았고, 저 부처 세계와 모인 대중과 부처님의 잘생긴 모습이 여러 가지로 장엄하였음을 보았으며, 또 그 부처님이 중생들의 마음을 따라서 법을 연설함을 듣고 한 글자 한 구절을 모두 통달하여 따로따로 받아지니어 섞이지 아니하였다.

또 저 부처님이 갖가지 지혜로 모든 서원을 깨끗하게 다스림도 보고, 저 부처님이 청정한 서원으로 모든 힘을 성취함도 보고, 저 부처님이 중생들의 마음을 따라 나타내는 모습도 보고, 저 부처님의 큰 광명 그물의 가지각색 빛이 청정하고 원만함도 보고, 또 저 부처님의 걸림 없는 지혜와 큰 광명의 힘도 알았다.

또 자기의 몸이 여러 부처님 계신 데서 하루 낮 하룻밤을 지내기도 하고, 이레를 지내기도 하고, 혹은 반달·한 달·일 년·십 년·백 년·천 년·억 년을 지내기도 하며, 혹 아유다阿庾多 억년·나유타那由他 억년 혹, 반 겁·한 겁·백 겁·천 겁·백천억 겁으로 내지 말할 수 없이 말할 수 없는 세계의 티끌 수 겁을 지내는 것을 보기도 하였다.

그 때 선재동자는 보살의 이길 이 없는 당기 해탈의 지혜 광명이 비춤으로 해서 비로자나장삼매의 광명을 얻고, 다함 없는 지혜 해탈삼매의 광명이 비춤으로 해서 여러 방위를 두루 거두는 다라니 광명을 얻고, 금강륜 다라니문의 광명이 비춤으로 해서 매우 청정한 지혜의 마음 삼매 광명을 얻고, 넓은 문 장엄장 반야바라밀의 광명이 비춤으로 해서 불허공장륜佛虛空藏輪삼매의 광명을 얻고, 일체불법륜삼매의 광명이 비춤으로 해서 삼세 그지없는 삼매 광명을 얻었다.

이 때 비목 선인이 선재의 손을 놓으니, 선재동자는 자기의 몸이 도로 본 고장에 있음을 보았다.

그 때 비목 선인은 선재에게 말하였다.

"선남자여, 그대는 생각하는가?"

선재동자는 대답하였다.

"그러하옵니다. 이것이 다 거룩하신 선지식의 힘인 줄 아옵니다."

비목 선인이 말하였다.

"선남자여, 나는 다만 이 보살의 이길 이 없는 당기 해탈만을 알거니와, 저 보살마하살이 모든 훌륭한 삼매를 성취하여, 모든 시절에 자유자재하고 잠깐 동안에 부처님의 한량없는 지혜를 내고 부처의 지혜 등불로 장엄하여 세간을 두루 비추며, 한 생각에 삼세 경계에 두루 들어가서 형상을 나누어 시방의 국토에 두루 가며, 지혜 몸이 모든 법계에 들어가서 중생의 마음을 따라 그의 앞에 나타나서, 그의 근성과 행을 관찰하고 이익케 하며, 매우 사랑스러운 깨끗한 광명을 놓는 일이야 내가 어떻게 알며, 저의 공덕의 행과 훌륭한 서원과 장엄한 세계와 지혜의 경계와 삼매의 행하는 데와 신통 변화와 해탈의 유희와 몸이 각각 차별함과 음성이 청정함과 지혜의 광명을 말하겠는가.

선남자여, 여기서 남쪽에 한 마을이 있으니 이름이 이사나伊沙那요, 거기 바라문이 있으니 이름이 승열勝熱입니다. 그대는 그에게 가서 보살이 어떻게 보살의 행을 배우며 보살의 도를 닦느냐고 물으라."

이 때 선재동자는 즐거워 뛰놀면서 그의 발에 절하고 수없이 돌고 은근하게 앙모하면서 하직하고 남쪽으로 떠났다.

(10) 승열勝熱 바라문을 찾다

이 때 선재동자는 보살의 이길 이 없는 당기 해탈의 비침을 받은 연고로 부처님의 부사의한 신통의 힘에 머물며, 보살의 부사의한 해탈과 신통한 지혜를 증득하며, 보살의 부사의한 삼매의 지혜 광명을 얻으며, 모든 시기에 닦는 삼매의 지혜 광명을 얻으며, 모든 경계가 다 생각을 의지하여 존재한 것임을 아는 삼매의 지혜 광명을 얻으며, 모든 세간에서 가장 훌륭한 지혜 광명을 얻었다.

모든 곳에 몸을 나타내고 끝까지 이른 지혜로 둘이 없고 분별이 없는 평등한 법을 말하며, 밝고 깨끗한 지혜로 경계를 두루 비추며, 들은 법을 모두 알아 가지며, 청정한 마음과 지해로 법의 성품을 결정하여 알고 마음에는 보살의 묘한 행을 항상 버리지 않았다.

온갖 지혜를 구하되 영원히 물러가지 아니하고 십력과 지혜의 광명을 얻었으며, 묘한 법을 부지런히 구하여 싫은 생각이 없으며, 바르게 행을 닦아 부처의 경지에 들어갔으며, 보살의 한량없는 장엄을 내고 그지없는 큰 서원이 모두 청정하였으며, 다함이 없는 지혜로 그지없는 세계 그물을 알고, 겁약하지 않은 마음으로 한량없는 중생 바다를 제도하며, 그지없는 보살의 모든 수행하는 경계를 알고, 그지없는 세계의 여러 가지 차별을 보며, 그지없는 세계의 여러 가지 장엄을 보며, 그지없는 세계의 미세한 경계에 들어가며, 그지없는 세계의 여러 가지 이름을 알며, 그지없는 세계의 여러 가지 말을 알며, 그지없는 중생의 여러 가지 지혜를 알며, 그지없는 중생의 여러 가지 행을 보며, 그지없는 중생의 성숙한 행을 보며, 그지없는 중생의 차별한 생각을 보았다.

선지식을 생각하면서 점점 가다가 이사나 마을에 이르러, 승열勝熱 바라문이 모든 고행을 닦으며 온갖 지혜를 구하는 것을 보니, 사면에 있는 불 무더기가 큰 산과 같은데, 그 속에 칼산〔刀山〕이 있어 높고 가파르기 그지없었다. 승열 바라문이 그 산 위에 올라가서 몸을 날려 불구덩이에 들어가는 것이었다.

선재동자가 그의 발에 절하고 합장하고 서서 말하였다.

"거룩하신 이여, 저는 이미 아뇩다라삼먁삼보리심을 내었사오나, 보살이 어떻게 보살의 행을 배우며 어떻게 보살의 도를 닦는지를 알지 못합니다. 듣자온즉 거룩하신 이께서 잘 가르친다 하오니 바라건대 말씀하여 주소서."

바라문이 말하였다.

"선남자여, 그대가 만일 이 칼산 위에 올라가서 몸을 불구덩이에 던지면 모든 보살의 행이 모두 청정하여지리라."

선재동자는 이렇게 생각하였다.

"사람의 몸을 얻기 어렵고, 모든 난難을 여의기 어렵고, 난이 없어짐을 얻기 어렵고, 청정한 법을 얻기 어렵고, 부처를 만나기 어렵고, 모든 감관을 구비하기 어렵고, 불법을 얻기 어렵고, 선한 사람을 만나기 어렵고, 선지식을 만나기 어렵고, 이치대로 가르침을 받기 어렵고, 바른 생활을 하기 어렵고, 법을 따라 행하기 어렵다더니, 이것은 마가 아닌가, 마가 시키는 것이 아닌가? 마의 험악한 도량이 보살인 듯이 선지식의 모양을 꾸며 가지고, 나에게 선근의 난을 짓고 수명의 난을 지어서 나의 온갖 지혜의 길을 닦는 것을 장애하고, 나를 끌어서 나쁜 길에 들어가게 하고, 나의 법문을 막고 나의 불법을 막는 것이 아닌가?"

이렇게 생각할 때에 십천 범천이 허공에서 이렇게 말했다.

"선남자여, 그런 생각을 하지 말라. 그런 생각을 하지 말라. 이 거룩한 이는 금강불꽃 삼매(金剛焰三昧)의 광명을 얻었고, 크게 정진하여 중생을 건지려는 마음이 물러가지 아니하였으며, 모든 탐애의 바다를 말리려 하고, 모든 삿된 소견의 그물을 찢으려 하고, 모든 번뇌의 섶을 태우려 하고, 모든 의혹의 숲을 비추려 하고, 모든 늙어 죽는 공포를 끊으려 하고, 모든 삼세 장애를 무너뜨리려 하고, 모든 법의 광명을 놓으려 하느니라.

선남자여, 우리 범천들이 흔히 삿된 소견에 집착하여 스스로 생각하기를 '우리가 자유자재한 이며, 능히 짓는 이가 되어, 이 세간에서 가장 훌륭하다' 하였더니, 이 바라문이 다섯 군데 뜨거움으로 몸을 볶는 것을 보고는 우리의 궁전에 사랑하는 마음이 없고, 여러 가지 선정에서도 자미(滋味)를 얻지 못하여서, 함께 와서 바라문에게 청하였노라.

그 때 바라문은 신통한 힘으로 크게 고행함을 보이면서 우리에게 법을 말하여 우리의 모든 소견을 없애어 주고, 모든 교만을 제하여 주며, 크게 인자함에 머물고 크게 가엾이 여김을 행하며, 광대한 마음을 일으키고 보리심을 내게 하여, 항상 부처님을 뵈옵고 항상 묘한 법을 듣고는 온갖 곳에 마음이 걸리지 아니하였노라."

또 십천의 마의 무리가 공중에서 하늘마니보배로 바라문의 위에 흩고, 선재동자에게 말하였다.

"선남자여, 이 바라문이 다섯 군데 뜨거움으로 몸을 볶을 때에 그 불의 광명이 나의 궁전의 장엄거리를 가리어 먹덩이 같게 하므로 나는 그 궁전에 애착을 내지 않고 권속들과 함께 그의 처소에 왔더니, 이 바라문이 나에게 법을 말하여, 나와 한량없는 다른 천자와 천녀들로 하여금 아뇩다라삼먁삼보리에 물러가지 않게 하였느니라."

또 십천의 자재천왕이 허공 중에서 하늘꽃을 뿌리고 이렇게 말하였다.

"선남자여, 이 바라문이 다섯 군데 뜨거움으로 몸을 볶을 때에 그 불의 광명이 나의 궁전에 있는 장엄거리를 가리어 먹덩이 같게 하므로 나는 거기에 애착하지 않고 권속들과 함께 그의 처소에 왔더니, 이 바라문이 나에게 법을 말하여 나로 하여금 마음에 자재하게 하고 번뇌에도 자재하게 하고, 태어나는 데도 자재하게 하고 모든 업장에도 자재하게 하고, 모든 삼매에도 자재하게 하고 장엄거리에도 자재하게 하고 목숨에도 자재하게 하며, 내지 모든 불법에까지 자재하게 하였느니라."

또 십천의 화락천왕이 허공에서 하늘음악을 연주하여 공경하며 공양하고 이렇게 말하였다.

"선남자여, 이 바라문이 다섯 군데 뜨거움으로 몸을 볶을 때에 그 불의 광명이 나의 궁전의 장엄거리들과 채녀들에게 비추매 나는 욕망을 내지도 않고 욕망을 구하지도 않고 몸과 마음이 부드러워져서 무리들과 함께 그의 처소에 왔더니, 바라문이 나에게 법을 말하며 나의 마음이 청량하고 마음이 깨끗하고 마음이 순일하여지고, 마음이 부드러워지고 환희하게 하며, 내지 깨끗한 십력과 깨끗한 몸을 얻게 하고 한량없는 몸을 내며, 내지 부처의 몸·부처의 말·부처의 음성·부처의 마음을 얻으며, 온갖 지혜의 지혜까지 구족히 성취하게 하였느니라."

또 십천의 도솔천왕과 천자 천녀와 한량없는 권속들이 허공에서 묘한 향을 뿌려서 공경하며 절하고 이렇게 말하였다.

"선남자여, 이 바라문이 다섯 군데 뜨거움으로 몸을 볶을 적에 우리 하늘들과 권속들이 자기의 궁전을 좋아하지 않고, 그의 처소에 와서 그의 설법을 들었더니, 우리들은 경계에 탐하지 않고 욕심이 적어 넉넉함을 알았으며, 마음이 기쁘고 마음이 만족하여 선근을 내고 보리심을 내었으며, 내지 모든 불법을 원만하였느니라."

또 십천의 삼십삼천이 있어 권속들과 천자와 천녀들에게 둘러싸여서 허공중으로 만다라꽃을 내리어 공경하고 공양하면서 이렇게 말하였다.

"선남자여, 이 바라문이 다섯 군데 뜨거움으로 몸을 볶을 적에 우리들은 하늘 음악에는 즐거운 생각을 내지 않고 그의 처소에 왔더니, 바라문이 우리에게 모든 법은 무상하고 파괴되는 것이라 말하여, 우리로 하여금 모든 낙을 버리고 교만을 끊게 하여 위없는 보리를 사랑하게 하였느니라.

또 선남자여, 우리들이 이 바라문을 보았을 적에 수미산 꼭대기가 여섯 가지로 진동하므로 우리들은 무서워서 보리심을 내었는데 견고하여 동요하지 않았느니라."

또 십천의 용왕이 있으니, 이나발라伊那跋羅용왕과 난타·우파난타優波難陀용왕들이었다. 허공에서 흑전단을 비내리고, 한량없는 용녀들은 하늘음악을 연주하며 하늘꽃과 하늘향수를 비내려서 공경하며 공양하고 이렇게 말하였다.

"선남자여, 이 바라문이 다섯 군데 뜨거움으로 몸을 볶을 적에, 그 불의 광명이 모든 용의 궁전에 비치어, 용들로 하여금 뜨거운 모래의 공포와 금시조의 공포를 여의고, 성내는 일을 제하고 몸이 청량하여졌으며, 마음에 흐림이 없어 법을 듣고 믿었으며, 용의 종류를 싫어하고 지성으로 업장을 뉘우쳐 없애며, 아뇩다라삼먁삼보리심까지 내어 온갖 지혜에 머물렀느니라."

또 십천의 야차왕이 허공 중에서 가지가지 공양거리로 이 바라문과 선재동자에게 공경하며 공양하고 이렇게 말하였다.

"선남자여, 이 바라문이 다섯 군데 뜨거움으로 몸을 볶을 적에 나와 권속들은 중생에게 가엾이 여기는 마음을 내었고, 모든 나찰羅刹과 구반다鳩槃茶들도 인자한 마음을 내었다. 인자한 마음을 가졌으므로 중생들을 해롭게 하지 아니하고 나에게로 왔다. 나와 그들은 자기의 궁전에 좋아하는 생각이 없었고, 함께 바라문의 처소에 갔더니, 그는 우리에게 적당한 법을 말하여 모두 몸과 마음이 안락하였으며, 한량없는 야차와 나찰과 구반다들도 위없는 보리심을 내게 하였느니라."

또 십천의 건달바왕이 허공 중에서 이렇게 말하였다.

"선남자여, 이 바라문이 다섯 군데 뜨거움으로 몸을 볶을 적에 그 광명이 나의 궁전에 비치어 우리들로 하여금 부사의하고 한량없는 쾌락을 받게 하였다. 그래서 우리들은 그의 처소에 갔더니, 이 바라문이 우리에게 법을 말하여 아뇩다라삼먁삼보리에서 물러가지 않게 하였느니라."

또 십천의 아수라왕이 큰 바다에서 나와 허공에 있으면서 오른 무릎을 펴고 합장하여 절하고 이렇게 말하였다.

"선남자여, 이 바라문이 다섯 군데 뜨거움으로 몸을 볶을 적에 우리 아수라들의 궁전과 바다와 육지들이 모두 진동하여 우리들로 하여금 교만과 방일을 버리게 하였으므로, 우리들은 그의 처소에 가서 그의 법문을 듣고 아첨과 허황함을 버리고 참는 지위에 머물러서 견고하여 동하지 않으며 십력을 원만히 하였느니라."

또 십천의 가루라왕이 있는데, 용맹을 가진 왕이 우두머리가 되었더니, 외도의 동자 형상으로 변화하여 허공 중에서 이런 말을 외쳤다.

"선남자여, 이 바라문이 다섯 군데 뜨거움으로 몸을 볶을 적에, 그 불 광명이 우리 궁전에 비치니 온갖 것이 진동하여 모두 무서워하였다. 그래서 우리들이 그의 처소에 갔더니, 바라문이 우리에게 적당하게 법을 말하여 크게 인자함을 익히고 크게 가엾이 여김을 칭찬하고 죽살이 바다를 건너게 하며, 탐욕의 수렁에서 중생들을 빼내어 보리심을 찬탄하고 방편의 지혜를 일으키며, 적당하게 중생들을 조복하였느니라."

또 십천의 긴나라왕이 허공 중에서 이렇게 외쳤다.

"선남자여, 이 바라문이 다섯 군데 뜨거움으로 몸을 볶을 적에 우리가 있는 궁전의 여러 다라 나무·여러 보배 풍경 그물·보배 비단 띠·여러 음악 나무·여러 묘한 보배 나무와 모든 악기에서 저절로 부처의 소리·법의 소리·물러가지 않는 보살승의 소리와, 위없는 보리를 구하는 소리를 내어 말하였다.

'어느 곳 어느 나라에는 아무 보살이 보리심을 내었다. 어느 쪽 어느 나라에서는 아무 보살이 고행을 행하고 버리기 어려운 것을 버렸으며, 내지 온갖 지혜의 행을 깨끗이 하였다. 어느 쪽 어느 나라에서는 아무 보살이 도량에 나아갔으며, 내지 어느 쪽 어느 나라에는 아무 여래가 불사를 마치고 열반에 들었다'고 하였느니라.

선남자여, 어떤 사람이 염부제의 모든 초목을 갈아서 작은 티끌을 만들면, 그 티끌 수효는 알 수 있다 하더라도, 나의 궁전에 있는 보배 다라 나무와 내지 악기에서 말하는 보살의 이름·여래의 이름·내는 서원·닦는 행들은 그 끝닿은 데를 알지 못하리라.

선남자여, 우리는 부처의 소리·법의 소리·보살승의 소리를 듣고 매우 기뻐서 바라문의 처소에 왔더니, 그 때 바라문은 나에게 적당하게 법을 말하여 나와 다른 한량없는 중생들로 하여금 아뇩다라삼먁삼보리에서 물러가지 않게 하였느니라."

또 한량없는 욕심 세계 하늘들이 허공 중에서 아름다운 공양거리로 공경하며 공양하고 이렇게 외쳤다.

"선남자여, 이 바라문이 다섯 군데 뜨거움으로 몸을 볶을 적에 불의 광명이 아비지옥 등 여러 지옥에 비치어 모든 고통 받던 일이 쉬었으며, 우리들도 그 불의 광명을 보고 깨끗한 신심을 내었고, 신심을 내었으므로 거기서 죽어서 하늘에 태어났으며, 그 은혜를 알았으므로 바라문의 처소에 와서 공경하고 앙모하여 싫은 생각이 없었고, 바라문은 우리에게 법을 말하여 한량없는 중생들이 보리심을 내었느니라."

그 때 선재동자는 이런 법문을 듣고 매우 기뻐서 바라문에 대하여 진실한 선지식이란 마음을 내어 엎드려 절하고 이렇게 말하였다.

"제가 거룩하신 선지식에게 착하지 못한 마음을 내었습니다. 바라옵건대 거룩하신 이여, 저의 참회를 받아 주옵소서."

바라문은 선재동자에게 게송을 말하였다.

　　보살이 누구든지
　　선지식의 가르침을 순종하면
　　모든 의심과 두려움이 없어지고
　　편안히 있어 마음이 흔들리지 않으리.

　　이런 사람들은
　　광대한 이익 얻으리니
　　보리수 아래 앉아서
　　위없는 깨달음 이루리라.

그 때 선재동자는 즉시 칼산에 올라가서 몸을 불 구렁에 던졌다. 내려가는 중간에서 보살의 잘 머무는 삼매를 얻었고, 몸이 불꽃에 닿자 또 보살의 고요하고 즐거운 신통 삼매를 얻었다. 그러자 선재동자가 여쭈었다.

"매우 신기하옵니다. 거룩하신 이여, 이런 칼산과 불무더기에 몸이 닿을 적에 편안하고 쾌락하였습니다."

이 때 바라문이 선재에게 말하였다.

"선남자여, 나는 다만 이 보살의 다함이 없는 바퀴 해탈문을 얻었거니와, 저 보살마하살의 큰 공덕 불꽃으로써 모든 중생의 견혹見惑을 불살라 남지 않게 하고, 다하지 않는 마음·게으르지 않는 마음·겁이 없는 마음을 물러가지 않게 하며, 금강장金剛藏 나라연那羅延 같은 마음과 빨리 수행하고 지체하지 않는 마음을 내며, 바람 둘레와 같이 여러 가지 노력과 큰 서원을 두루 지나려는 마음이 물러가지 않는 것이야 내가 어떻게 알며 어떻게 그 공덕의 행을 말하겠는가.

선남자여, 여기서 남쪽으로 가면 사자분신師子奮迅이란 성이 있고, 그 성안에 동녀가 있으니 이름이 자행慈行입니다. 그대는 그에게 가서 보살이 어떻게 보살의 행을 배우며 보살의 도를 닦느냐고 물으라."

그 때 선재동자는 그의 발에 엎드려 절하고 수없이 돌고 하직하고 물러갔다.

대방광불화엄경 제65권

제65권

39. 입법계품 ⑥

3) 가지 법회 ⑤

(11) 자행慈行 동녀를 찾다

그 때 선재동자는 선지식에게 가장 존중하는 마음을 내며, 광대하고 청정한 이해를 내어, 항상 대승을 생각하고 부처 지혜를 일심으로 구하며, 부처님 뵈옵기를 원하고 법의 경계를 관찰하며, 걸림 없는 지혜가 항상 앞에 나타나서, 모든 법의 참된 짬[實際]과, 항상 머물러 있는 짬과, 모든 삼세三世와 찰나의 짬과, 허공과 같은 짬과, 둘이 없는 짬과, 모든 법의 분별이 없는 짬과, 모든 이치의 걸림이 없는 짬과, 모든 겁의 무너지지 않는 짬과, 모든 여래의 짬이 없는 짬을 결정하게 알며, 모든 부처에게 분별하는 마음이 없고, 모든 생각의 그물을 깨뜨려 집착이 없으며, 부처님들의 대중이 모인 도량도 취하지 않고, 부처님의 청정한 국토도 취하지 않으며, 중생들은 모두 나[我]가 없음을 알고, 모든 소리는 다 메아리와 같음을 알고, 모든 빛은 다 그림자와 같은 줄 알았다.

점점 남쪽으로 가다가 사자분신師子奮迅성에 이르러 여러 곳으로 다니면서 자행 동녀慈行童女를 찾았다.

이 동녀는 사자당왕師子幢王의 딸로서 5백 동녀가 시종이 되고 비로자나장毘盧遮那藏 궁전에 있으며, 용승전단龍勝栴檀이 발이 되고 금실 그물을 두루고 하늘옷을 깐 자리에 앉아 묘한 법을 연설한다는 말을 들었다.

이 말을 듣고 선재동자는 왕궁에 나아가 자행 동녀를 찾았는데, 한량없는 사람들이 궁중으로 들어가는 것을 보고, 선재동자는 "당신들은 어디로 가느냐?"고 물으니, 그 사람들은 "우리는 자행 동녀에게 가서 묘한 법을 들으려 한다"고 대답하였다.

선재동자는 생각하기를 '이 왕궁의 문은 제한이 없으니 나도 들어가리라' 하고 들어가서 비로자나장 궁전을 보았다.

파려玻瓈로 땅이 되고 유리瑠璃로 기둥을 만들고 금강金剛으로 벽이 되었으며, 염부단금閻浮檀金으로 담을 쌓았고, 백천 광명은 창호〔牕牖〕가 되고 아승기 보배로 꾸미었으며, 보장寶藏마니 거울로 장엄하고 세상에 제일가는 마니보배로 장식하였는데, 수없는 보배 그물이 위에 덮였으며, 백천의 황금 풍경에서는 아름다운 소리가 나와서, 이렇게 부사의한 보배로 훌륭하게 꾸몄으며, 자행 동녀는 살갗이 금빛이요 눈은 자주빛이고 머리카락은 검푸르며, 범천의 음성으로 법을 연설하고 있었다.

선재는 앞에 나아가 발에 엎드려 절하고 수없이 돌고 합장하고 서서 말하였다.

"거룩하신 이여, 저는 이미 아뇩다라삼먁삼보리심을 내었사오나, 보살이 어떻게 보살의 행을 배우며 어떻게 보살의 도를 닦는지를 알지 못합니다. 듣자온즉 거룩한 이께서 잘 가르치신다 하오니 바라건대 말씀하여 주소서."

그 때 자행 동녀가 선재에게 말하였다.

"선남자여, 그대는 나의 궁전에 장엄한 것을 보라."

선재동자는 엎드려 절하고 두루 살펴보았다.

낱낱 벽과 낱낱 기둥과 낱낱 거울과 낱낱 모양과 낱낱 형상과 낱낱 마니보배와 낱낱 장엄거리와 낱낱 황금 풍경과 낱낱 보배 나무와 낱낱 보배 형상과 낱낱 보배 영락에 온 법계의 여러 여래께서 처음 마음을 내고 보살의 행을 닦고 큰 서원을 만족하고 공덕을 갖추고 정등각을 이루는 일과, 묘한 법륜을 굴리다가 열반에 드시는 일이 영상처럼 나타나니, 마치 깨끗한 물 속에 일월성신과 모든 물상이 비치는 듯하였다. 이런 것이 모두 자행 동녀가 지난 세상에 심은 선근의 힘이었다.

이 때 선재동자는 궁전의 장엄에서, 본 부처님들의 여러 가지 모양을 생각하면서 합장하고 자행 동녀를 쳐다보았다.

자행 동녀는 선재에게 말하였다.

"선남자여, 이것은 반야바라밀의 두루 장엄하는 문이니, 내가 36항하사恒河沙의 부처님 계신 데서 이 법을 얻었는데, 저 여래들이 각각 다른 문으로써 나로 하여금 이 반야바라밀로 두루 장엄하는 문에 들어가게 하였으며, 한 부처님이 말씀한 것은 다른 부처님이 다시 말하지 아니하였느니라."

선재동자는 여쭈었다.

"거룩하신 이여, 이 반야바라밀로 두루 장엄하는 문의 경계는 어떠합니까?"

동녀는 대답하였다.

"선남자여, 내가 이 반야바라밀로 두루 장엄하는 문에 들어가서 따라 나아가면서 생각하고 관찰하고 기억하고 분별할 적에 넓은 문 다라니를 얻으니, 백만 아승기 다라니문이 앞에 나타났느니라.

　이른바 부처 세계 다라니문·부처 다라니문·법 다라니문·중생 다라니문·과거 다라니문·미래 다라니문·현재 다라니문·항상 머무는 쩍 다라니문이며, 복덕 다라니문·복덕으로 도를 돕는 거리 다라니문·지혜 다라니문·지혜로 도를 돕는 거리 다라니문·여러 소원 다라니문·여러 소원을 분별하는 다라니문·모든 행을 모으는 다라니문·행을 청정케 하는 다라니문·행을 원만케 하는 다라니문이며, 업 다라니문·업이 없어지지 않는 다라니문·업이 흐르는 다라니문·업으로 짓는 다라니문·나쁜 업 버리는 다라니문·바른 업 닦는 다라니문·업이 자재한 다라니문·착한 행 다라니문·착한 행 유지하는 다라니문이며, 삼매 다라니문·삼매를 따르는 다라니문·삼매를 관찰하는 다라니문·삼매의 경계 다라니문·삼매에서 일어나는 다라니문·신통한 다라니문이며, 마음 바다 다라니문·갖가지 마음 다라니문·곧은 마음 다라니문·마음 숲을 비추는 다라니문·마음을 조복하여 청정케 하는 다라니문이며, 중생의 나는 데를 아는 다라니문·중생의 번뇌 행을 아는 다라니문·중생의 번뇌 습기를 아는 다라니문·번뇌의 방편을 아는 다라니문·중생의 지혜를 아는 다라니문·중생의 행을 아는 다라니문·중생의 행이 같지 않음을 아는 다라니문·중생의 성품을 아는 다라니문·중생의 욕망을 아는 다라니문·중생의 생각을 아는 다라니문이며, 시방을 두루 보는 다라니문·법을 말하는 다라니문·크게 가엾이 여기는 다라니문·크게 인자한 다라니문·고요한 다라니문·말하는 길 다라니문·방편과 방편 아닌 다라니문·따라 주는 다라니문·차별한 다라니문·널리 들어가는 다라니문·걸림 없는 쩍 다라니문·널리 두루 하는 다라니문·부처의 법 다라니문·보살의 법 다라니문·성문의 법

다라니문·독각의 법 다라니문·세간의 법 다라니문이며, 세계가 이루어지는 다라니문·세계가 무너지는 다라니문·세계가 머무는 다라니문·깨끗한 세계 다라니문·더러운 세계 다라니문·더러운 세계에 깨끗한 세계를 나타내는 다라니문·깨끗한 세계에 더러운 세계를 나타내는 다라니문·순전히 더러운 세계 다라니문·순전히 깨끗한 세계 다라니문·평탄한 세계 다라니문·평탄치 못한 세계 다라니문·엎어진 세계 다라니문·인다라 그물 세계 다라니문·세계가 구르는 다라니문·생각을 의지해서 머무름을 아는 다라니문·작은 것이 큰 데 들어가는 다라니문·큰 것이 작은 데 들어가는 다라니문이며, 부처님들을 보는 다라니문·부처님 몸을 분별하는 다라니문·부처의 광명으로 장엄하는 다라니문·부처의 원만한 음성 다라니문·부처의 법륜 다라니문·부처의 법륜을 성취하는 다라니문·차별한 부처의 법륜 다라니문·차별 없는 부처의 법륜 다라니문·부처의 법륜을 해석하는 다라니문·부처의 법륜을 굴리는 다라니문·불사를 짓는 다라니문·부처의 대중 모임을 분별하는 다라니문·부처의 대중이 모임에 들어가는 다라니문이며, 부처의 힘을 두루 비추는 다라니문·부처님들의 삼매 다라니문·부처님들 삼매의 자재한 작용 다라니문·부처님들 머무시는 다라니문·부처님의 지니는 다라니문·부처님의 변화하는 다라니문·부처님이 중생의 마음과 행을 아는 다라니문·부처의 신통으로 변해 나타나는 다라니문·도솔천궁에 머무시며 내지 열반에 듦을 보이시는 다라니문·한량없는 중생을 이익하는 다라니문·매우 깊은 법에 들어가는 다라니문·미묘한 법에 들어가는 다라니문이며, 보리심 다라니문·보리심 일으키는 다라니문·보리심을 도와 주는 다라니문·모든 서원 다라니문·모든 행 다라니문·신통 다라니문·벗어나는 다라니문·다 지님이 청정한 다라니문·지혜 바퀴 청정한 다라니문·지혜가 청정한 다라니문·

보리가 한량없는 다라니문·제 마음이 청정한 다라니문입니다.

선남자여, 나는 다만 이 반야바라밀 두루 장엄하는 해탈문을 알거니와, 저 보살마하살의 마음이 광대하기 허공과 같고, 법계에 들어가 복덕이 만족하며, 출세간법에 머물러 세간의 행을 멀리하며, 지혜 눈이 걸림 없어 법계를 두루 관찰하며, 지혜 마음이 광대하여 허공과 같으며, 모든 경계를 다 분명히 보며, 걸림 없는 지위의 큰 광명장을 얻어서 온갖 법과 뜻을 잘 분별하며, 세간의 행을 행하여도 세간 법에 물들지 않으며, 능히 세상을 이익하고, 세간에서 파괴한 것이 아니며, 모든 세상의 의지가 되고 모든 중생의 마음을 두루 알며, 그들에게 알맞게 법을 말하여 온갖 시기에 항상 자유자재함이야 내가 어떻게 알며 그 공덕의 행을 말하겠는가.

선남자여, 여기서 남쪽에 한 나라가 있으니 이름이 세 눈〔三眼〕이요, 거기 비구가 있으니 이름이 선견善見입니다. 그대는 그에게 가서 보살이 어떻게 보살의 행을 배우며 보살의 도를 닦느냐고 물으라."

그 때 선재동자는 그의 발에 절하고 수없이 돌고 사모하여 우러러보면서 하직하고 떠났다.

(12) 선견善見 비구를 찾다

이 때 선재동자는 보살의 머물러 있는 행이 깊음을 생각하고, 보살의 증득한 법이 깊음을 생각하고, 보살의 들어간 곳이 깊음을 생각하고, 중생의 미세한 지혜가 깊음을 생각하고, 세간의 생각을 의지하여 있음이 깊음을 생각하고, 중생의 짓는 행이 깊음을 생각하고, 중생의 마음 흐름이 깊음을 생각하고, 중생의 그림자 같음이 깊음을 생각하고, 중생의 이름이 깊음을 생각하고, 중생의 말이 깊음을 생각하고, 장엄한 법계가 깊음을 생각하고, 가지가지 업과 행이 깊음을 생각하고, 업으로 장식한 세간이 깊음을 생각하면서 점점 남쪽으로 갔다.

세 눈이 나라[三眼國]에 이르러서는 도성과 마을과 골목과 저자와 내와 평원과 산골짜기 등에서 두루 다니며 선견善見 비구를 찾다가 숲 속에서 거닐며 갔다 왔다 함을 보았다.

한창 나이에 용모가 아름답고 단정하여 보기에 반가우며, 검푸른 머리카락이 오른쪽으로 돌아 어지럽지 아니하고, 정수리에는 살 상투[肉髻]가 있고, 피부가 금빛이요, 목에는 세 줄 무늬가 있고, 이마는 넓고 번듯하며, 눈은 길고도 넓어 청련화 같고, 입술은 붉고 깨끗하여 빈바頻婆 나무 열매 같으며, 가슴에는 만卍자가 있고, 일곱 군데가 평평하며, 팔은 가늘고도 길고 손가락에는 그물막이 있으며, 손바닥과 발바닥에는 금강 같은 바퀴 금이 있고, 몸은 유난히 아름다워 정거천인淨居天人 같고, 위와 아래가 곧고 단정하여 니구타尼拘陀 나무 같으며, 거룩한 모습과 잘생긴 모양이 모두 원만하여 설산과 같아 가지가지로 꾸몄고, 눈은 깜짝이지 않고 둥근 광명이 한 길이었다.

지혜는 넓어 큰 바다와 같아 여러 경계에 마음이 흔들리지 않으며, 잠기듯 일어나는 듯, 지혜도 같고 지혜 아님도 같으며, 움직임과 희롱거리 언론이 모두 쉬었고, 부처님이 행하던 평등한 경계를 얻었으며, 크게 가엾이 여김으로 중생들을 교화하여 잠깐도 버리지 않으며, 일체 중생을 이익하기 위하며, 여래의 법눈을 열어 보이기 위하며, 여래의 행하던 길을 밟기 위하여 느리지도 빠르지도 않게 자세히 살피며 지나가는 것이다.

한량없는 하늘·용·야차·건달바·아수라·가루라·긴나라·마후라가·제석·범천왕·사천왕·사람·사람 아닌 이들이 앞뒤에 호위하였고, 방위 맡은 신이 방위를 따라 돌아다니면서 앞을 인도하며, 발로 다니는 신은 보배 연꽃을 들고 발을 받들고, 그지없는 광명 신장은 빛을 내어 어둠을 깨뜨리며, 염부제 숲 맡은 이는 여러 가지 꽃을 내리고, 부동장不動藏 땅 맡은 신은 보배광(寶藏)을 나타내며, 두루 빛난 허공 맡은 신은 허공을 장엄하고, 성취덕成就德 바다 맡은 신은 마니보배를 비내리며, 때 없는 광 수미산신은 엎드려 예배하고 허리 굽혀 합장하며, 걸림 없는 힘 바람 맡은 신은 묘한 향과 꽃을 내리고, 춘화春和 밤 맡은 신은 몸을 장엄하고 온몸을 땅에 엎드리며, 항상 깨달은 낮 맡은 신은 여러 방위를 두루 비추는 당기를 들고 허공에 있으면서 큰 광명을 놓았다.

이 때 선재동자는 비구에게 나아가 엎드려 발에 절하고 허리 굽혀 합장하고 말하였다.

"거룩하신 이여, 저는 이미 아뇩다라삼먁삼보리심을 내었고, 보살의 행을 구하옵니다. 듣자온즉 거룩하신 이께서 보살의 도를 잘 열어 보이신다 하오니, 바라건대 보살이 어떻게 보살의 행을 배우며, 어떻게 보살의 도를 닦는지를 저에게 말씀하여 주소서."

선견 비구는 대답하였다.

"선남자여, 나는 나이도 젊었고 출가한 지도 오래되지 않거니와, 이 승에서 38항하의 모래 수 부처님 처소에서 범행을 깨끗이 닦았으니, 어떤 부처님 처소에서는 하루 낮·하룻밤 동안 범행을 닦았고, 어떤 부처님 처소에서는 7일 7야 동안 범행을 닦았으며, 어떤 부처님 처소에서는 반달·한 달·일 년·백 년·만 년·억 년·나유타 년·내지 말할 수 없이 말할 수 없는 해·한 소겁小劫·반 대겁·한 대겁·백 대겁·내지 말할 수 없이 말할 수 없는 대겁을 지냈노라.

그동안에 묘한 법을 듣고 그 가르침을 받들어 행하며 모든 서원을 장엄하고 증득할 곳에 들어가 모든 행을 닦아서 육바라밀을 만족하였으며, 또 그 부처님들이 성도하고 법을 말하심이 각각 차별하여 어지럽지 아니하며, 남기신 교敎를 호지하여 열반하는 데까지 이름을 보았으며, 또 저 부처님이 본래 세운 서원과 삼매의 원력으로 모든 부처의 국토를 깨끗이 장엄하며, 일체행삼매一切行三昧에 들어간 힘으로 모든 보살의 행을 깨끗이 닦으며, 보현의 법으로 뛰어나는 힘으로써 여러 부처의 바라밀을 청정히 하심을 알았느니라.

또 선남자여, 내가 거닐 적에 잠깐 동안에 모든 시방이 다 앞에 나타났으니 지혜가 청정한 연고며, 잠깐 동안에 모든 세계가 앞에 나타났으니 말할 수 없이 말할 수 없는 세계를 경과한 연고며, 잠깐 동안에 말할 수 없이 말할 수 없는 부처의 세계가 깨끗이 장엄하였으니 큰 서원을 성취한 연고며, 잠깐 동안에 말할 수 없이 말할 수 없는 중생의 차별한 행이 앞에 나타났으니, 십력의 지혜를 만족한 연고며, 잠깐 동안에 말할 수 없이 말할 수 없는 부처님들의 청정한 몸이 앞에 나타났으니 보현의 행과 원을 성취한 연고니라.

잠깐 동안에 말할 수 없이 말할 수 없는 부처 세계의 티끌 수 여래께 공경하고 공양하였으니 부드러운 마음으로 여래께 공양하려는 서원을 성취한 연고며, 잠깐 동안에 말할 수 없이 말할 수 없는 여래의 법을 받나니, 아승기의 차별한 법을 증득하여 법륜을 유지하는 다라니의 힘을 얻은 연고며, 잠깐 동안에 말할 수 없이 말할 수 없는 보살의 수행 바다가 앞에 나타나나니, 모든 행을 깨끗이 하여 인다라 그물과 같은 서원의 힘을 얻은 연고며, 잠깐 동안에 말할 수 없이 말할 수 없는 삼매 바다가 앞에 나타나나니, 한 삼매문으로 모든 삼매문에 들어가서 서원의 힘을 청정케 하는 연고니라.

잠깐 동안에 말할 수 없이 말할 수 없는 여러 근성 바다가 앞에 나타나나니, 모든 근성의 짬을 알고 한 근성에서 여러 근성을 보는 서원의 힘을 얻은 연고며, 잠깐 동안에 말할 수 없이 말할 수 없는 부처 세계의 티끌 수 시간이 앞에 나타나나니, 모든 시간에 법륜을 굴리는데 중생계는 다하여도 법륜은 다함이 없는 원력을 얻은 연고며, 잠깐 동안에 말할 수 없이 말할 수 없는 모든 삼세 바다가 앞에 나타나나니, 모든 세계에서 모든 삼세의 나뉘는 지위를 분명히 아는 지혜 광명과 원력을 얻은 연고니라.

선남자여, 나는 다만 이 보살이 따라 주는 등불의 해탈문을 알거니와 저 보살마하살들이 금강등金剛燈과 같아서 여래의 가문에 진정하게 태어나서 죽지 않는 목숨을 성취하면 지혜의 등불을 항상 켜서 꺼질 적이 없으며, 몸이 견고하여 파괴할 수 없고, 눈어리 같은 육신을 나타냄이 마치 인연으로 생기는 법이 한량없이 차별한 것 같거든, 중생의 마음을 따라 제각기 형상과 모습을 나타내어 세상에 짝할 이 없으며, 독한 칼이나 화재로도 해할 수 없음이 금강산과 같아서 파괴할 수 없으며, 모든 마와 외도를 항복 받고, 몸이 훌륭하기는 황금산과 같아서 인간 천상에 가장 제일이며, 소문이 멀리 퍼져서 듣지 못한 이가 없고, 세간을 보되 눈앞에 대한 듯하며, 깊은 법장을 연설함이 바다가 다하지 않는 것 같고, 큰 광명을 놓아 시방에 두루 비치니, 만일 보는 이가 있으면 모든 장애의 산을 헐고 모든 착하지 못한 근본을 뽑아 버리고 광대한 선근을 심으리니, 이런 사람은 보기도 어렵고 세상에 나기도 어렵거늘, 내가 어떻게 알며 그 공덕의 행을 말하겠는가.

선남자여, 여기서 남쪽으로 가면 한 나라가 있으니 이름은 소문난 나라요, 물가에 한 동자가 있으니 이름은 자재주自在主니라. 그대는 그에게 가서 보살이 어떻게 보살의 행을 배우며 보살의 도를 닦느냐고 물으라."

그 때 선재동자는 보살의 용맹하고 청정한 행을 끝마치려 하고, 보살의 큰 힘과 광명을 얻으려 하며, 보살의 이길 이 없고 다함이 없는 공덕의 행을 닦으려 하고, 보살의 견고한 큰 원을 만족하려 하며, 보살의 넓고 크고 깊은 마음을 이루려 하고, 보살의 한량없이 훌륭한 행을 가지려 하며, 보살의 법에 만족한 생각이 없고 모든 보살의 공덕에 들어가려 하며, 모든 중생을 거두어 제어하려 하고, 죽살이의 숲과 벌판에서 초월하려 하며, 선지식을 항상 뵈옵고 듣잡고 섬기고 공양하는 데 게으른 생각이 없어서, 그의 발에 절하고 한량없이 돌고 은근하게 앙모하면서 하직하고 물러갔다.

(13) 자재주自在主 동자를 찾다

이 때 선재동자는 선견 비구의 가르침을 받고 기억하고 외우며 생각하고 익혀서 분명하게 결정하였으며 그 법문에 깨달아 들어가고, 하늘·용·야차·건달바 무리들에게 앞뒤로 둘러싸여 소문난 나라로 향하면서 자재주 동자를 두루 찾았다.

이 때 하늘·용·건달바들이 공중에서 선재에게 말하기를 "선남자여, 이 동자는 지금 물가에 있느니라"고 하였다.

그 때 선재동자는 그곳에 나아가 이 동자를 보니, 십천 동자에게 둘러싸여 모래를 모아 장난하고 있었다. 선재는 그 발에 절하고 한량없이 돌고 합장하고 공경하면서 한 곁에 서서 말하였다.

"거룩하신 이여, 저는 이미 아뇩다라삼먁삼보리심을 내었사오나, 보살이 어떻게 보살의 행을 배우며 보살의 도를 닦는지를 알지 못하오니 원컨대 말씀하여 주소서."

자재주 동자가 말하였다.

"선남자여, 나는 옛날에 문수사리동자에게서 서법書法·산수법〔數筭法〕·인법印法 등의 법을 배워서 온갖 공교한 신통과 지혜의 법문에 들어갔노라.

선남자여, 나는 이 법문을 인하여 세간의 서법·산수법·인법·계界·처處 등의 법을 알았으며, 또 풍병·간질·조갈·헛것 들리는 모든 병을 치료하며, 또 성시·마을·동산·누각·궁전·가옥들을 세우기도 하고, 갖가지 약을 만들기도 하고, 전장·농사·장사하는 직업을 경영하기도 하며, 짓고 버리고 나아가고 물러가는 일에 모두 적당하게 하였으며, 또 중생들의 모습을 잘 분별하여, 선을 짓고 악을 지어 착한 길에 태어나고 나쁜 길에 태어날 것을 알며, 이 사람은 성문의 법을 얻고 이 사람은 연각의 법을 얻고 이 사람은 온갖 지혜에 들어가는 일들을 다 잘 알고, 중생들에게 이런 법을 배우도록 하며, 증장하고 결정하여 끝까지 청정케 하였노라.

선남자여, 나는 또 보살의 계산하는 법을 알았으니 일백 락차洛叉가 한 구지俱胝요, 구지씩 구지가 한 아유다阿庾多요, 아유다씩 아유다가 한 나유타那由他요, 나유타씩 나유타가 한 빈바라頻婆羅요, 빈바라씩 빈바라가 한 긍갈라矜羯羅요, 자세히 말하고 내지 우발라優鉢羅씩 우발라가 한 파두마波頭摩요, 파두마씩 파두마가 한 아승기[僧祇]요, 아승기씩 아승기가 한 취趣요, 취씩 취가 한 비유[諭]요, 비유씩 비유가 한 무수無數니라.

무수씩 무수가 한 무수 곱이요, 무수 곱씩 무수 곱이 한 한량없음이요, 한량없음씩 한량없음이 한 한량없음 곱이요, 한량없음 곱씩 한량없음 곱이 한 그지없음이요, 그지없음씩 그지없음이 한 그지없음 곱이요, 그지없음 곱씩 그지없음 곱이 한 같을 이 없음이요, 같을 이 없음씩 같을 이 없음이 한 같을 이 없음 곱이요, 같을 이 없음 곱씩 같을 이 없음 곱이 한 셀 수 없음입니다.

셀 수 없음씩 셀 수 없음이 한 셀 수 없는 곱이요, 셀 수 없음 곱씩 셀 수 없음 곱이 한 일컬을 수 없음이요, 일컬을 수 없음씩 일컬을 수 없음이 한 일컬을 수 없음 곱이요, 일컬을 수 없음 곱씩 일컬을 수 없음 곱이 한 생각할 수 없음이요, 생각할 수 없음씩 생각할 수 없음이 한 생각할 수 없음 곱이요, 생각할 수 없음 곱씩 생각할 수 없음 곱이 한 헤아릴 수 없음이요, 헤아릴 수 없음씩 헤아릴 수 없음이 한 헤아릴 수 없음 곱이요, 헤아릴 수 없음 곱씩 헤아릴 수 없음 곱이 한 말할 수 없음이니라.

말할 수 없음씩 말할 수 없음이 한 말할 수 없음 곱이요, 말할 수 없음 곱씩 말할 수 없음 곱이 한 말할 수 없이 말할 수 없음이요. 이것을 또 말할 수 없이 곱한 것이 한 말할 수 없이 말할 수 없음 곱이니라.

선남자여, 나는 이 보살의 산수하는 법으로 한량없는 유순의 광대한 모래 더미를 계산하여 그 안에 있는 알맹이 수효를 다 알고, 또 동방에 있는 모든 세계의 가지가지 차별과 차례로 머물러 있음을 계산하여 알며, 남방·서방·북방과 네 간방과 상방·하방도 그와 같이 알고 시방에 있는 모든 세계의 넓고 좁고 크고 작은 것과 이름과, 그 가운데 있는 모든 겁의 이름·모든 부처님 이름·모든 법의 이름·모든 중생의 이름·모든 업의 이름·모든 보살의 이름·모든 진리의 이름을 다 분명히 아노라.

선남자여, 나는 다만 이 온갖 공교한 큰 신통과 지혜의 광명 법문만을 알거니와, 저 보살마하살이 모든 중생의 수효를 알며, 모든 법의 종류와 수효도 알고, 모든 법의 차별한 수효를 알고, 모든 삼세 수효를 알고, 모든 중생 이름의 수효를 알고, 모든 법 이름의 수효를 알고 모든 여래의 수를 알고, 모든 부처님의 이름의 수를 알고, 모든 보살의 수를 알고, 모든 보살 이름의 수를 아는 것이야, 내가 어떻게 그 공덕을 말하며 그 수행을 보이며 그 경계를 드러내며 그 훌륭한 힘을 말하며, 그 좋아함을 말하며 그 도를 돕는 것을 말하며, 그 큰 원을 나타내며 그 묘한 행을 찬탄하며 그 바라밀을 열어 보이며 그 청정함을 연설하며 그 훌륭한 지혜의 광명을 드러내겠는가.

선남자여, 여기서 남쪽에 큰 성이 있으니 이름이 바다에 머무름[海住]이요, 거기 우바이가 있으니 이름이 구족具足입니다. 그대는 그에게 가서 보살이 어떻게 보살의 행을 배우며 보살의 도를 닦는가라고 물으라."

이 때 선재동자는 이 말을 듣고 온몸에 털이 곤두서며 기쁘고 뛰놀아 희유하게 믿고 좋아하는 마음을 얻었고, 널리 중생을 이익케 하려는 마음을 성취하였으며, 모든 부처님이 세상에 나시는 차례를 분명히 보고, 깊은 지혜와 청정한 법륜을 다 통달하였으며, 모든 길에 몸을 나타내고 삼세가 평등한 경계를 잘 알며, 다하지 않은 공덕의 바다를 내고 큰 지혜의 자재한 광명을 놓으며 세 세계[三有]의 성에 감긴 쇠통을 열고는, 그의 발에 엎드려 절하고 한량없이 돌고 은근하게 앙모하면서 하직하고 물러갔다.

(14) 구족具足 우바이를 찾다

이 때 선재동자는 선지식의 가르침이 큰 바다와 같아서 큰 비를 받아들여도 만족함이 없음을 관찰하고, 이렇게 생각하였다.

'선지식의 가르침은 봄 날씨와 같아서 모든 착한 법의 싹을 자라게 하며, 선지식의 가르침은 보름달과 같아서 비치는 곳마다 서늘케 하며, 선지식의 가르침은 여름의 설산과 같아서 모든 짐승의 갈증을 제하며, 선지식의 가르침은 연못에 비치는 해와 같아서 모든 착한 마음의 연꽃을 피게 하며, 선지식의 가르침은 대보주大寶洲와 같아 가지가지 법보法寶가 그 마음에 충만하며, 선지식의 가르침은 염부 나무와 같아서 모든 복과 지혜의 꽃과 열매를 모으며, 선지식의 가르침은 큰 용왕과 같아서 허공에서 자재하게 유희하며, 선지식의 가르침은 수미산과 같아서 한량없는 선한 법의 삼십삼천이 그 가운데 머무르며, 선지식의 가르침은 제석과 같아서 모든 대중이 둘러 호위하여 가릴 이가 없고 능히 외도의 아수라 군중을 항복 받는다.'

이렇게 생각하면서 점점 나아갔다.

바다에 머무르는 성에 이르러 곳곳으로 다니며 이 우바이를 찾았다. 그 때 여러 사람이 말하기를 "선남자여, 그 우바이는 지금 이 성 중에 있는 그의 집에 있느니라"고 하였다.

선재는 그 말을 듣고 그 문 밖에 나아가 합장하고 섰다. 그 집은 매우 넓은데 가지가지로 장엄하였고, 보배로 쌓은 담이 둘렸고 사면에는 보배로 장엄한 문이 있었다.

선재가 들어가니 그 우바이가 보배 자리에 앉았는데, 젊은 나이에 살결이 아름답고 단정하며, 소복 단장에 머리카락이 드리웠고, 몸에는 영락이 있으며 거룩한 모습에는 위덕과 광명이 있어 불보살을 제하고는 미칠 이가 없으며, 그 집안에는 십억의 자리를 깔았는데 천상·인간에 뛰어났으니 모두 보살의 업으로 이루어진 것이다. 집안에는 의복이나 음식이나 살림살이 도구는 없고, 앞에는 조그만 그릇 하나가 놓여 있다.

또 1만의 동녀가 둘러 모셨으니 위의와 몸매가 천상의 채녀들과 같고, 묘한 장엄거리로 몸을 단장하였으며, 음성이 아름다워 듣는 이가 기뻐하는 이들이 좌우에 모시고 있으면서 앙모하고 생각하고 허리를 굽히며 머리를 숙이고 시중을 들고 있었다.

그 동녀들의 몸에서는 묘한 향기가 나서 모든 곳에 풍기니, 중생들이 이 향기를 맡기만 하면 물러가지 아니하여, 성내는 마음도 없고 원수가 맺히지도 않으며, 간탐하는 마음·아첨하는 마음·구부러진 마음·미

위하고 사랑하는 마음·성내는 마음·못난이 마음·교만한 마음이 없고, 평등한 마음을 내고 자비한 마음을 일으키고 이익케 하는 마음을 내며, 계율을 지니는 마음에 머물러 탐하는 마음이 없으매, 그 소리를 들은 이는 기뻐하고 그 모습을 보는 이는 탐욕이 없어지는 것이다.

그 때 선재동자는 구족 우바이를 보고 그 발에 절하고 공경하여 두루 돌고 합장하고 서서 말하였다.

"거룩하신 이여, 저는 이미 아뇩다라삼먁삼보리심을 내었사오나, 보살이 어떻게 보살의 행을 배우며 어떻게 보살의 도를 닦는지를 알지 못하나이다. 듣자온즉 거룩하신 이께서 잘 가르치신다 하오니 바라옵건대 말씀하여 주소서."

구족 우바이는 말하였다.

"선남자여, 나는 보살의 다하지 않는 복덕장福德藏해탈문을 얻었으므로, 이렇게 작은 그릇에서도 중생들의 갖가지 욕망을 따라서 가지가지 맛좋은 음식을 모두 배부르게 하나니, 가령 백 중생·천 중생·백천 중생·억 중생·백억 중생·천억 중생·백천억 나유타 중생과 내지 말할 수 없이 말할 수 없는 중생이거나, 가령 염부제 티끌 수 중생·한 사천하 티끌 수 중생이거나, 소천 세계·중천 세계·대천 세계·내지 말할 수 없이 말할 수 없는 부처 세계의 티끌 수 중생이거나, 가령 시방세계의 모든 중생들이라도 그들의 욕망을 따라 모두 배부르게 하여도, 그 음식은 끝나지도 않고 적어지지도 않느니라.

음식이 그러한 것처럼 갖가지 좋은 맛·갖가지 자리·갖가지 의복·갖가지 이부자리·갖가지 수레·갖가지 꽃·갖가지 화만·갖가지 향·갖가지 바르는 향·갖가지 사르는 향·갖가지 가루향·갖가지 보배·갖가지 영락·갖가지 당기·갖가지 번기·갖가지 일산·갖가지 살림살이 기구들도 좋아하는 대로 모두 만족케 하느니라.

또 선남자여, 가령 동방의 어떤 세계에 있는 성문이나 독각이 나의 음식을 먹으면 모두 성문이나 벽지불과를 얻어 맨 나중 몸에 머무느니라. 한 세계가 그런 것처럼 백 세계·천 세계·백천 세계·억 세계·백억 세계·천억 세계·백천억 세계·백천억 나유타 세계와, 염부제 티끌 수 세계·한 사천하 티끌 수 세계·소천국토 티끌 수 세계·중천국토 티끌 수 세계·삼천대천 국토 티끌 수 세계, 내지 말할 수 없이 말할 수 없는 부처 세계의 티끌 수 세계에 있는 모든 성문과 연각이 내 음식을 먹으면 모두 성문이나 벽지불과를 얻어 맨 나중 몸에 머무느니라.

동방이 그런 것 같이 남방·서방·북방과 네 간방과 상방·하방도 그와 같으니라.

또 선남자여, 동방의 한 세계나, 내지 말할 수 없이 말할 수 없는 부처 세계의 티끌 수 세계에 있는 일생보처 보살이 나의 음식을 먹으면 모두 보리수 아래서 도량에 앉아 마음을 항복 받고 아뇩다라삼먁삼보리를 이루나니, 동방과 같이 남방·서방·북방과 네 간방과 상방·하방도 그와 같으니라.

선남자여, 그대는 나의 이 십천 동녀들을 보는가?"

"보나이다."

우바이는 말하였다.

"선남자여, 이 십천 동녀가 우두머리가 되는 것처럼, 이런 아승기 권속들이 모두 나와 더불어 행이 같고 원이 같고 선근이 같고, 벗어나는 길[道]이 같고 청정한 이해가 같고 청정한 생각이 같고 청정한 길[趣]이 같고, 한량없는 깨달음이 같고 모든 감관 얼음이 같고, 광대한 마음이 같고 행하는 경계가 같고, 이치가 같고 뜻이 같고 분명히 아는 법이 같고, 깨끗한 모습이 같고 한량없는 힘이 같고, 끝까지 정진함이 같고 바른 법의 음성이 같고 종류를 따르는 음성이 같고 청정하고 제일가는 음성이 같으니라.

한량없이 청정한 공덕을 찬탄함이 같고 청정한 업이 같고 청정한 과보가 같고, 크게 인자함이 두루하여 모든 것을 구호함이 같고, 크게 가엾이 여김이 두루하여 중생들을 성숙함이 같고, 청정한 몸의 업이 연을 따라 모은 것이 보는 이를 기쁘게 함이 같고, 청정한 입의 업으로 세상의 말을 따라서 법으로 교화함이 같고, 모든 부처님의 대중이 모인 도량에 나아감이 같고, 모든 부처님 세계에 가서 부처님들께 공양함이 같고, 모든 법문을 나타내어 보임이 같고 보살의 청정한 행에 머무름이 같으니라.

선남자여, 이 십천 동녀들은 이 그릇에 좋은 음식을 담아 가지고 한 찰나 동안에 시방에 두루 가서 모든 뒷몸〔後有〕을 받은 보살과 성문과 독각들에게 공양하며, 내지 여러 아귀들에까지 배를 채우게 하느니라.

선남자여, 이 십천 동녀들은 나의 이 그릇을 가지고 천상에 가면 하늘들을 만족하게 먹이고 인간에 가면 사람들을 만족하게 먹이느니라. 선남자여, 잠깐만 기다리면 그대가 스스로 보리라."

이렇게 말할 적에 한량없는 중생이 네 문으로 들어오니 모두 이 우바이의 본래의 소원으로 청한 것이었다. 모여 오는 대로 자리를 펴고 앉게 하고, 그들이 달라는 대로 음식을 주어 배부르게 하였다.

그리고 선재동자에게 말하였다.

"선남자여, 나는 다만 이 다하지 않는 복덕장 해탈문을 알거니와, 저 보살마하살들의 모든 공덕은 큰 바다와 같아서 깊이가 한이 없고, 허공과 같아서 광대하기 가이없으며, 여의주와 같아서 중생의 소원을 만족케 하고, 큰 마을과 같아서 구하는 대로 얻게 되며, 수미산과 같아서 모든 보배가 두루 모이었고, 깊은 고방과 같아서 법의 재물을 항상 쌓아 두며, 밝은 등불과 같아서 어둠을 깨뜨리고, 높은 일산과 같아서 여러 중생을 가리어 주는 일이야 내가 어떻게 알며 그의 공덕을 어떻게 말하겠는가.

선남자여, 남쪽에 성이 있으니 이름이 대흥大興이요, 거기 거사가 있으니 이름이 명지明智니라. 그대는 그에게 가서 보살이 어떻게 보살의 행을 배우며 보살의 도를 닦느냐고 물으라."

그 때 선재동자는 그의 발에 절하고 한량없이 돌고 앙모하여 만족한 줄 모르며 하직하고 떠났다.

(15) 명지明智 거사를 찾다

이 때 선재동자는 다함이 없이 장엄한 복덕장 해탈의 광명을 얻고, 저 복덕의 큰 바다를 생각하고, 복덕의 허공을 관찰하고, 복덕의 마을에 나아가고, 복덕의 산에 오르고, 복덕의 광을 붙들고, 복덕의 못에 들어가고, 복덕의 연못에 노닐고, 복덕의 바퀴를 깨끗이 하고, 복덕의 장藏을 보고, 복덕의 문에 들어가고, 복덕의 길에 다니고, 복덕의 종자를 닦으면서 점점 걸어서 대흥성大興城에 이르러 명지 장자를 두루 찾았다.

선지식에게 갈앙하는 마음을 내고 선지식으로 마음을 닦고 선지식에게 뜻이 견고하여지고, 방편으로 선지식을 구하는 마음이 물러가지 않고, 선지식을 섬기려는 마음이 게으르지 아니하였으며, 선지식을 의지하므로 모든 착한 일이 원만해지고, 선지식을 의지하므로 모든 복이 생기고 선지식을 의지하므로 모든 행이 증장하고, 선지식을 의지하므로 다른 이의 가르침을 받지 않고도 모든 선지식을 섬기게 되는 줄을 알았다.

이렇게 생각할 때에 선근이 자라고 깊은 마음을 깨끗이 하고 근기와 성품을 늘게 하고 덕의 근본을 더하게 하고 큰 소원이 많아지고 큰 자비가 넓어지며, 온갖 지혜에 가깝고 보현의 도를 갖추며, 모든 부처님의 바른 법을 밝게 비추고 여래의 십력과 광명이 증장하였다.

이 때 선재동자는 그 거사가 그 성안의 네 길거리 칠보대 위에서 무수한 보배로 장엄한 자리에 앉은 것을 보았다. 그 자리가 훌륭하여 청정한 마니보배로 자체가 되고 금강 제청帝靑보배로 다리가 되었으며, 보배 노끈으로 두루 얽었고 5백 가지 보배로 장식하였는데, 하늘 옷을 깔고 하늘 당기와 번기를 세우고 큰 보배 그물을 덮고 보배 휘장을 쳤으며, 염부단금으로 일산을 만드니, 비유리毘瑠璃보배로 일산대가 되어 사람들이 그 위에 받고 있었다.

청정한 거위의 깃으로 부채가 되었으며, 여러 묘한 향을 풍기고 여러 하늘 꽃을 내렸으며, 좌우에서는 5백 가지 음악을 연주하니 그 소리 아름답기가 하늘 풍류보다 뛰어나서 듣는 중생들이 모두 기뻐하며, 십천 권속이 앞뒤에 둘러섰는데, 모습이 단정하여 사람들이 보기를 좋아하며 하늘의 장엄으로 훌륭하게 꾸몄으니, 하늘 사람 가운데 가장 수승하여 비길 데 없으며, 보살의 뜻을 이미 성취하였고, 명지 거사와 더불어 옛날의 선근이 같은 이들이라, 시위하고 서서 명령을 받고 있었다.

그 때 선재동자는 그의 발에 엎드려 절하고 한량없이 돌고 합장하고 서서 여쭈었다.

"거룩하신 이여, 저는 모든 중생을 이익케 하려고, 모든 중생을 괴로움에서 벗어나게 하려고, 모든 중생을 끝까지 안락케 하려고, 모든 중생을 생사의 바다에서 뛰쳐나오게 하려고, 모든 중생을 법의 보배섬에 머물게 하려고, 모든 중생의 사랑의 물결을 말리게 하려고, 모든 중생들이 큰 자비심을 일으키게 하려고, 모든 중생이 애욕을 버리게 하려고, 모든 중생이 부처 지혜를 앙모하게 하려고, 모든 중생이 생사의 거친 벌판에서 벗어나게 하려고, 모든 중생이 부처의 공덕을 좋아하게 하려고, 모든 중생이 삼계의 성에서 나오게 하려고, 모든 중생을 온갖 지혜의 성에 들어가게 하려고, 아뇩다라삼먁삼보리심을 내었사오니, 보살이 어떻게 보살의 행을 배우며, 어떻게 보살의 도를 닦으며, 모든 중생의 의지할 곳이 될지 알지 못하옵니다."

장자는 말하였다.

"훌륭하고, 훌륭하다. 선남자여, 그대가 능히 아뇩다라삼먁삼보리심을 내었도다.

선남자여, 아뇩다라삼먁삼보리심을 내는 것은 그 사람을 만나기 어려우니라. 만일 이 마음을 내면, 그 사람은 능히 보살의 행을 구하리니, 선지식을 만나는 데 만족함이 없을 것이며, 선지식을 친근하는 데 게으름이 없을 것이며, 선지식을 공양하는 데 고달프지 않을 것이며, 선지식을 시중하는 데 근심을 내지 않을 것이며, 선지식을 찾는 데 물러가지 않을 것이며, 선지식을 생각하여 버리지 않을 것이며, 선지식을 섬기어 쉬지 않을 것이며, 선지식을 앙모하여 그칠 때가 없을 것이며, 선지식의 가르침을 행하여 게으르지 않을 것이며, 선지식의 마음을 받자와 그르침이 없을 것이니라.

선남자여, 그대는 나의 이 대중을 보는가?"

선재는 대답하였다.

"예, 봅니다."

거사는 말하였다.

"선남자여, 나는 그들로 하여금 아뇩다라삼먁삼보리심을 내게 하였더니, 여래의 가문에 나서 흰 법〔白法〕을 증장하고 한량없는 바라밀에 편안히 있으며, 부처의 십력을 배워 세간의 종자를 여의었으며, 여래의 종성에 머물러 죽살이의 바퀴를 버리고, 바른 법륜을 굴리어 삼악취三

惡趣를 없애며, 바른 법에 머물러 보살들과 같이 모든 중생을 구원하느니라.

선남자여, 나는 마음대로 복덕이 나오는 광의 해탈문을 얻었으므로 무릇 필요한 것은 다 소원대로 되나니, 이른바 의복·영락·코끼리·말·수레·꽃·향·당기·일산·음식·탕약·방·집·평상·등불·하인·소·양과, 시중꾼들의 모든 살림살이에 필요한 물건이 찾는 대로 만족되며, 내지 진실한 법문까지 연설하느니라.

선남자여, 잠깐만 기다려라. 그대가 마땅히 보게 되리라."

이렇게 말할 적에 한량없는 중생이 갖가지 방위·갖가지 세계·갖가지 국토·갖가지 도시로부터 오는데, 종류가 각각 다르고 욕망이 같지 않지만, 과거의 서원으로 그지없는 중생들이 모두 와서 제각기 자기의 욕망대로 청구하였다.

그 때 거사는 여러 중생이 모인 줄을 알고 잠깐 생각하면서 허공을 우러러보니, 그들의 요구하는 것들이 허공에서 내려와서 모든 대중의 뜻을 만족케 하였다.

그리고 다시 가지가지 법을 연설하니 이른바 맛난 음식을 얻어 만족한 이에게는 가지가지 복덕을 모으는 행과, 빈궁을 여의는 행과, 모든 법을 아는 행과, 법으로 기쁘고 선정으로 즐거운 음식을 성취하는 행과, 모든 거룩한 모습을 닦아 구족하는 행과, 굴복하기 어려움을 증장하여 성취하는 행과, 위없는 음식을 잘 통달하는 행과, 다함이 없는 큰 위엄과 덕의 힘을 성취하여 마와 원수를 항복 받는 행이요, 좋은 마실 것을 얻어 만족한 이에게는 법을 말하여 나고 죽는 데서 애착을 버리고 부처의 법맛에 들어가게 하며, 가지가지 좋은 맛을 얻은 이에게는 법을 말하여 부처님 여래의 맛좋은 모양을 얻게 하고 수레를 얻어 만족한 이에게는 가지가지 법문을 말하여 마하연摩訶衍 수레를 타게 하며, 의복을 얻어 만족한 이에게는 법을 말하여 청정한 부끄러움의 옷과 내지 여래의 청정한 모습을 얻게 하였으며, 이와 같이 모든 것을 만족케 한 뒤에 마땅한 대로 법을 연설하니, 법문을 듣고는 본고장으로 돌아갔다.

그 때 거사는 선재동자에게 보살의 불가사의한 해탈의 경계를 보이고 말하였다.

"선남자여, 나는 다만 이 뜻대로 복덕을 내는 광 해탈문을 알거니와, 저 보살마하살들이 보배 손을 성취하여 모든 시방의 국토를 두루 덮고, 자유자재한 힘으로 모든 살림살이 도구를 비내리나니, 이른바 가지각색 보배·가지각색 영락·가지각색 보배관·가지각색 의복·가지각색 음악·가지각색 꽃·가지각색 향·가지각색 가루향·가지각색 사르는 향·가지각색 보배 일산·가지각색 당기 번기를 비내려, 모든 중생의 있는 곳과 여래의 대중이 모인 도량에 가득하여, 모든 중생을 성숙하기도 하고 모든 부처님께 공양하기도 하는 것이야, 내가 어떻게 알며 그 공덕과 자재한 신통의 힘을 말하겠는가.

선남자여, 여기서 남쪽에 큰 성이 있으니 이름은 사자궁師子宮이요, 거기 장자가 있으니 이름이 법보계法寶髻니라. 그대는 그에게 가서 보살이 어떻게 보살의 행을 배우며, 보살의 도를 닦느냐고 물으라."

이 때 선재동자는 환희하여 뛰놀면서 공경하고 존중하며 제자의 예를 극진히 하고 생각하기를, '이 거사가 나를 생각하시므로 내가 온갖 지혜의 길을 보게 되었으니 선지식을 사랑하는 소견을 끊지 아니하고, 선지식을 존중하는 마음을 무너뜨리지 않고, 선지식의 가르침을 항상 따르고, 선지식의 말씀을 결정하게 믿고, 선지식을 섬기는 마음을 항상 내리라' 하면서, 그의 발에 엎드려 절하고 한량없이 돌고 은근하게 앙모하면서 하직하고 떠났다.

■ 이 운 허

운허 스님은 1892년 평북 정주에서 태어나 한학을 공부하였고, 1921년 강원도 회양 봉일사에서 경송은천(慶松銀千) 선사를 은사로 출가하였다. 금강산 유점사·동래 범어사·개운사 강원을 거치면서 대교과를 마치고, 1936년 봉선사 홍법강원(弘法講院)에서 강사가 된 후 동학사·통도사·해인사 등에서 강사를 역임하였다. 1952년 광동중·고등학교를 설립했고, 1961년 우리나라 최초로 『불교사전』을 간행하였으며, 1964년 동국역경원을 설립하여 원장에 취임하였고, 『능엄경』을 비롯하여 『화엄경』·『열반경』·『유마경』·『금강경』 등 여러 경전을 번역하여 '한글대장경'이라는 이름으로 간행하였다. 1980년 음력 10월10일 세수 89세로 봉선사에서 입적하였다.

대방광불화엄경 4

2006년 2월 28일 초판 1쇄 발행
2022년 6월 30일 초판 5쇄 발행

지은이 이운허
펴낸이 박기련
펴낸곳 동국역경원

출판등록 제1964-000001호
주소 04626 서울시 중구 퇴계로36길2 신관1층 105호
전화 02-2264-4714
팩스 02-2268-7851
Homepage http://dgpress.dongguk.edu
E-mail abook@jeongjincorp.com
인쇄처 네오프린텍(주)

ISBN 978-89-5590-415-4
ISBN 978-89-5590-411-6(전5권)

값 30,000원

이 책의 무단 전재나 복제 행위는 저작권법 제98조에 따라 처벌받게 됩니다.